ちくま学芸文庫

近代世界の公共宗教

ホセ・カサノヴァ
津城寛文 訳

筑摩書房

PUBLIC RELIGIONS IN THE MODERN WORLD

by José Casanova

Japanese translation rights arranged with

The University of Chicago Press, Illinois, U.S.A.

through Japan UNI Agency, Inc., Tokyo.

謝辞

蒙った恩恵に感謝するという伝統に対して、私はあらゆる宗教的伝統に対するのと同じような、両価的感情をおぼえる。しかし、諸伝統と現代の公的領域の活力との関連について研究する者としては、この伝統を避けて通ることはほとんど不可能であろう。私が蒙ったもっとも深い恩恵は私的なものであるが、ここでは私的領域と公的領域との境界線――この境界線は二つの領域を維持し保護するのにきわめて重大である――をつつしんで尊重し、公的な謝辞に限定したいと思う。

長い間にわたって、私は多くの先生方から学んできた。そのうちとりわけ二人の方が、宗教に関する私の考え方を作ってくれた。インスブルック大学の神学者であり、第二バチカン公会議後の粛正の最初の犠牲となったフランツ・シュップは、批判理論が宗教的実践の一つの形態でありうることを、教えてくれた。比較歴史社会学者のベンジャミン・ネルソンは、「社会学的な現実原則」が批判理論に課する限界を教えてくれた。あと二人の方、アーサー・ヴィディッチとスタンフォード・ライマンは、私の社会学の教育を援助してくれ、危機的な転機にあたっては、支援を申し出てくれた。

本書の企画は、まず『テロス』という「公的領域」で始まった。私の知的な成長は同誌での経験、とくにポール・ピッコーネ、ジュアン・コッラーディ、アンドリュー・アラートー、セイラ・ベンハビブ、ジーン・コーエン、ジョエル・ホワイトブックらとの友情と対話に負うところが非常に大きい。彼らは、討議倫理は批判理論と公的領域の両方に関連するというハーバーマスの主張を、深刻に受けとめていた。

教会その他の宗教的機関が、そうしようと思えば個人の魂の福祉のために配慮するという本来の仕事に専心することが可能であるように、大学その他の研究機関も、そうしようと思えば知識を獲得してそれを伝えるという本来の仕事に専心できるものである。しかしもし、それらが公的機関としての義務を怠るならば、結果として出てくるのは虚無であり、それは霊的（スピリチュアル）（精神）生活に影響し、そこで与えられる知識の質に影響し、公的領域の活力にも影響する。私は幸運なことに、ニュー・スクール・フォー・ソーシャル・リサーチという、学術的な私事化（プライヴァタイゼーション）の趨勢に抗してきた母校に、学問的な住まいを見出すことができた。

多くの友人や同僚が、タイプ原稿を読んでくれた。私の兄弟のジュリアン・カサノヴァをはじめとして、ジェフリー・アレグザンダー、サイード・アージョマンド、タラール・アッサド、ジョゼッチョ・ベリアイン、リチャード・バーンスタイン、ラルフ・デラ・カーヴァ、ムスタファ・エミールバイア、ロバート・フィッシュマン、カルロス・フォルメント、ヴィトリオ・ホスレ、アイラ・カツネルソン、ヤノシュ・キース、ホアン・リンツ、オットー・マドゥロー、ホセ・マリア・マルドーネス、マーティン・マーティー、エルズビータ・マティニア、マーティン・リースブロット、カタリーナ・ロメロ、ロマン・シュポルウク、ヤドヴィガ・スタニシキース、フランク・シスン、チャールズ・ティリー、ルイーズ・ティリー、エドワード・ティリアキン、アーサー・ヴィディッチ、フランシスコ・ウェフォールト、ジェフ・ワイントローブ、そしてアラン・ウルフ。これらの人々がくれた批判的査読とコメント、そして今も続く対話が、本文を改善する手助けをしてくれた。とりわけアンドリュー・アラートーには、長年にわたって、アイデアや支援、批判的技術などで、お世話になった。ジェフリー・ゴールドファーブの激励と支援も、特記しておきたい。

本書の各部分は、まず、コロンビア大学、ハーバード大学ヨーロッパ研究センター、UCLA、ミシガン大学、ニュー・スクール・フォー・ソーシャル・リサーチなどにおけるさまざまな会議や講義やセミナーで発表されたものである。とりわけ、私の議論は、大学院とユージーン・ラング単科大学の多くの学生との対話によって発展させられた。ペリー・チャン、ハリー・ダームズ、ランダル・ヘプナー、スーザン・ピアス、そしてエイミー・シスキンドは、もっとも長い、また有益な対話相手であった。悲しいことに、カルメン・エスパイヤートとの対話は、あまりにも早く、悲劇的に中断されてしまった。

最後に、本書の出版が、シカゴ大学出版局のドゥー・ミッチェルとジェニー・ライトナーの配慮と指導、そして専門的な編集作業のおかげで、ずっと容易に、そして喜ばしいものになったことを、記して感謝しなければならない。

目次

近代世界の公共宗教

改訂日本語版への序文

『近代世界の公共宗教』の改訂日本語版が出されるにあたり、序文を寄せるようにとの依頼を受けて、私はとてもありがたく思っている。オリジナル英語版（一九九四年）の日本語訳が出たのは一九九七年であり、これは他のどの西洋諸語や非西洋諸語に翻訳されるよりも、早かった。この日本語版はしたがって、私にとってとりわけ意味深いものになっている。『公共宗教』で展開された議論を、私はその後のさまざまな機会に振り返ってきた。原著が出て四半世紀が過ぎた今、新たな日本語版に序文を書くことは、最初の議論が、非西洋的・非キリスト教的な舞台装置にどのように関係するかを、とくに日本という特定の文脈に焦点を当てて再考するための、良い機会となった。

『公共宗教』の序論で述べたように、私はそこでの作業が「調査の対象となった事例の特殊性からみても、調査の指針となる規範的なパースペクティヴからみても、あきらかに西洋中心の研究」であったことを承知している。それはおおむね、現実的・方法論的・戦略的な理由からくる、自らに課した制限であった。現実的には、時間と知識が限られていたことを弁解しなければならない。方法論的には、非西洋の事例を、歴史的・比較的分析に持ち込もうとすれば、「チャーチ」、国家、ネーション、市民社会といった諸カテゴリーや、それらの諸関係を、かなり拡大しなければならなかったであろう。戦略的には、私はまず宗教の私事化（プライヴァタイゼーション）という命題に、挑戦しなければならなかった。この命題は、西洋近代やリベラルな民主主義の諸理論に組み込まれており、比較分析を西洋の外にまで拡大する前に、片づけておかなければならなかったのである。

その後の私の研究や出版のほとんどは、原点となるこの著書の短所と思われた三点に、取り組む方向をとってきた。「公共宗教」や世俗的なるものや世俗化といった問題を、西洋を超えて、教会組織や市民社会を超えて、また国民国家を超えて、グローバルでトランスナショナルな比較の視点から、研究する必要性があった。これについては、日本でも容易に読むことのできる「公共宗教の再探訪」で展開した議論を、ここで修正する必要はないと思う。[1]

『公共宗教』の日本語版が、日本の「公共宗教」の研究という下位分野の発展に寄与したことを知って、私はとくに喜んでいる。またこの機会に、本書の練達した翻訳者であり、日本の公共宗教に関する重要な著書の著者であり、友人となった津城寛文教授のパイオニア的な仕事に、深い感謝とともに謝辞を述べることを嬉しく思う。

日本に関する比較研究は、二人の古参の宗教社会学者、サミュエル・N・アイゼンシュタットとロバート・N・ベラーの諸理論の発展において、重要な役割を果たしていた。彼らの「多重の近代」「軸の時代」といった理論が、私自身の作業の発展に、大きなインパクトを与えた(2)。

私はこの一〇年間、グローバル化の初期近代の局面における、そのパイオニア的な担い手としてのイエズス会士の役割について、研究してきた。イエズス会士が、アメリカ、アフリカ、アジアなど、世界の諸宗教や諸文化とどのように遭遇したかを検討し、支配的な西洋中心のグローバル化の諸理論を修正しようと試みてきた(3)。それらの諸理論は、西洋の近代化が世界の残りの地域に広がるプロセスがグローバル化である、と解釈しているかぎり、西洋中心的となる。しかし、初期近代のグローバルなさまざまな植民地との遭遇を調べると、おおまかに、大西洋や太平洋を股にかけた交流が始まった一六世紀初期の「大航海時代」から、啓蒙の時代、アメリカ独立やフランス革命の一八世紀末まで、「最初のグローバル化」が起こったのは、西洋がヘゲモニーをとるよりも前、西洋近代の前であったことがわかる。

初期近代にイエズス会が日本と遭遇したことは、この点に関してきわめて重要な意味がある。このころ日本を訪れたアレッサンドロ・ヴァリニャーノが、順応(アコモデーション)と土着主義的な適応(インカルチュレーション)という方法を、そこではっきりと定式化したからである。これはその後のイエズス会が、中国やインド、ベトナムやチベットとの遭遇に際して採用した方法であった。「日本におけるキリシタンの世紀」と呼ばれてきたものの重要性を解釈するに際して、キリシタンに改宗した日本人信者数よりも重要なのは、ヨーロッパのカトリック文化との遭遇が、つづく徳川時代の日本の諸発展にもたらした意味である、と私は思う[4]。キリスト教を弾圧し追放するだけでなく、前時代のキリスト教との遭遇のあらゆる記憶を消し去り、キリスト教西洋の付着物や混交物を清め去って、真正の日本文化を構築しようという、徳川体制の断固たる努力をみれば、これはきわめて明らかである。

　比較歴史的なパースペクティヴから見て、日本における絶対主義国家の形成に関して目立っているのは、キリスト教少数派の民族的・宗教的な浄化、反キリスト教的な国家イデオロギー、一六三五年に導入された、仏教や神道の寺社を通した登録による、日本人全体の信仰告白、などが演じた役割である。国家によって強制された懲戒活動は、「宗門（しゅうもん）改（あらため）」実施の制度化を通じて、一七世紀の後半を通じて継続した。これによって日本人は、キリスト教が一掃された後でも、自分はキリシタンではないことを「証明」することを求められた。キリ・パラモアが指摘するように、「この制度の確立は、反キリスト教行動の単なる一例という以上のことを意味していた。それは、全人口に及ぶ社会的コントロールを、制度的なシステムとして確立し、このコントロールのシステムは、徳川幕府が幕を下ろす一九世紀後半まで、機能しつづけた[5]」のである。

　これら反キリスト教の施策は、負の信仰告白（ネガティヴ・コンフェッション）をさせるという性格をもっており、その目的は、日本の全人口を同質化し、まさに真正の「日本人」とすることであった。後世の解釈は、西洋だけでなく日本の学者によっても、この徳川日本のイデオロギーを当然のこととみなし、それによって、日本を外国や非日本的な宗教から、とくに西洋の植民地主義から日本を保護するための、「鎖国」という徳川の究極の孤立政策が理由づけられ、また同様に、イエズス会や日本のキリスト教が最終的に失敗したことの理由として、説明された(6)。

この議論が想定しているのは、「ナショナルな」日本の文化とアイデンティティは、ヨーロッパのカトリック文化と植民地的な遭遇をした時点で、すでに固定していて、変化することはなかった、という予断である。しかし別の仮説を立てれば、その時の日本文化はかなり流動的かつ開放的であり、日本のナショナルなアイデンティティを構築するプロセスにおいて、キリスト教を根源的「他者」として対置することが、決定的な役割を果たした、とも考えうる。このアイデンティティが、今日の時点からはるか歴史以前の日本の過去に投影されて、ユニークで、特殊主義的で、変化しない、変化できない、日本的なエッセンスである、と説かれることもある(7)。キリシタンの世紀において興味深いのは、回心した日本人がどれくらいの数あったかではなく、また、あらゆる社会的背景をもった日本人が、宗教的アイデンティティを根元から変えることに心を開いた、その広がりの大きさでもない。より興味深いのは、キリシタンの世紀の遺物や文書や絵画——これらの証拠品が主として西洋の保管所に残っているのは、日本の保管所からはキリスト教の存在が消されているからである——が示すように、日本の文化が、いかに流動的で開放的・混淆的になったか、ということである。日本の芸術、とくに絵画、衣装、ドレスコード、食べ物、言語、そしてもっとも日本的な儀礼である茶道、などは、イエズス会と日本文化の遭遇によって重大な変容を遂げた[8]。

日本は、非ヨーロッパ的な絶対主義的かつ世俗的な国家として、西洋の模倣をすることなしに、独自に発達した最初の例である。それはホッブズの『リヴァイアサン』の原理を意図的にたどることもなかったが、それでもなお、君主が臣民の宗教を決定する（クイウス・レギオ・エイウス・レリギオ）というウエストファリア原理に基づく、ヨーロッパ的な信仰告白的（コンフェッショナル）（宗教的）な国家と類似し、並行したパターンをたどった。徳川国家そのものは非宗教的で、この点では「世俗的」と性格づけられる。しかし、すべての国民に仏教か神道の社寺に登録させることを義務づけることで、信仰告白政策を導入したことは、ヨーロッパの教区への登録制度に似通っている。くりかえすが、重要なのは、万人が仏教徒にならねばならないということではなく、万人が国家の定めるところにしたがって、日本人にならねばならない、ということである。反キリスト教の国家的十字軍は、イエズス会士およびその他のカトリック宣教師が追放され、日本人キリシタンが公には消滅したあとも、なお一世紀のあいだ続いた。その狙いは、仏教を「宗教」そのものとして確立することではなく、住民を日本化することだった。仏教は、日本化のために国家が用いる道具にすぎなかった。

明治維新のあと、日本国家は、さらに強固な日本化政策を実施するための道具を、仏教から国家主義的な神道へとあっさり変更し、その一方で、反キリスト教のイデオロギーを刷新した。長崎の隠れキリシタン(クリプト・カトリック)が、徳川の異端審問によって地下に追いやられて以来二百年を経て、一八六五年、再び表に出てきた事実も、初期近代の日本文化が、外国の野蛮なキリスト教文化に対しても比較的オープンであった証拠として、用いられた[9]。

私は二〇一八年七月、新たに設立された東アジア宗教研究学会(EASSSR)の、シンガポールで開催された最初の年次大会での基調講演において、最初のグローバル化が起こった一六世紀よりかなり前に、東アジア(中国、韓国、日本、ベトナム)にはすでに、地理的・文化的な文明圏が、自らの特徴的な宗教分野をともなって先在していたことを論じた[10]。東アジアの宗教分野はまず、西暦紀元一世紀にはじまる、大乗仏教の浸透によって形づくられた。のちにそれは、中央王国から広がる国家的儒教に取り込まれ、東アジア中を覆う新儒教的な形をとった。結果として、東アジアは儒教と仏教と道教という、三つの教えを「三乗」として、そのダイナミックな統合を共有することになる。

この点で、グローバルな比較のパースペクティヴからみて、東アジアは比較研究のための理想的なユニットを構成している。内的には、意味深い類似かつ差異が組み合わさっているからであり、外的には、西洋との根本的な差異を示しているからである。同時に、この地域全体の近代になってからの根本的な変容は、西洋植民地主義との遭遇が多様であるのに応じて、きわめて異なっている。いずれにしても、東アジアの宗教分野を比較して検討することで、普遍的性格をもつと考えられている西洋のプロセスと、そこに由来する歴史的な諸カテゴリーを、疑問に付すことが容易になる。

東アジアの「宗教分野」の際立った性格のうち、重要なものを三つ示すことができる。

一つめは、すべての西洋諸国よりも古い「諸国家」の存在である。それは、「神聖な」正当性をともなう「準宗教的」な国家として、逆説的に性格づけることができる。[11] しかし同時に、東アジアの諸国家は、権威をもって宗教分野を組織し、その権力によって「正統」と「異端」を区切る（定義する）、「原世俗的（プロトセキュラー）」な国家、とも性格づけることができる。

二つめは、多重の宗教的教え（儒教、仏教、道教）が流動的に競い合う、非独占的なコンテキストである。諸宗教はこの三者間で、また民間のアニミズム的な民俗「宗教」（日本における神道、韓国のシャーマニズム、ベトナムのアニミズム）のさまざまな地域版とのあいだで、ヘゲモニーを争わねばならない。このうちのどれでも、どの時点でも、国家宗教になりうるし、あるいは少なくとも公式に認められた「公共」宗教になりえて、他の宗教を抑圧したり、地下に押しこめたり、少なくとも私的領域に追いやろうとするだろう。

三つめは、鋭い観察眼をもった学者、「原世俗的」な儒教「知識人」の積極的な存在である。彼らは、他の宗教の達人や、あらゆる形の民俗宗教の活動を、「迷信」（つまり呪術）と見下す傾向がある。この点で、儒教の学者は、「宗教的ではなく、スピリチュアル」というアイデンティティの、前近代における原世俗的な形態を代表しているといえるかもしれない。この東アジアの不安定で流動的な宗教分野は、最初のグローバル化の時代、イエズス会士やその他の西洋植民地主義のエージェントの到来によって、劇的に変えられた。イエズス会士は、改宗させる使命をもった宣教師で、新たな「天の主の教え」、つまり、「真実の宗教」をもたらすと主張した。そのような者として彼らは、東アジアの教えを代表する者たちとの競争に入ったのである。しかしイエズス会士は同時に、西洋からきた観察眼の鋭い、新たな「原オリエンタリスト」であり、西洋の知識を東洋にもたらし、逆に、東洋の知識を西洋にもたらした。そのような者として彼らは、大きな好奇心をもって迎えられ、東アジアの学者たちとの文化間交流や対話に携わった。宣教師にして学者というこの二重のアイデンティティが、イエズス会士を、最初のグローバル化におけるそのパイオニア的な担い手にしたのである。

西洋のヘゲモニーによるグローバル化の第二の局面は、東アジアでは、一方的に押しつけられた不平等条約とともに始まった。それは保護国をとおした自由貿易や、西洋植民地主義の出入りを要求し、あるいはフランス領インドシナでは公然と植民地化を進め、競合するプロテスタントやカトリックの宣教師にも宗教の自由を要求した。実際、「レリジョン」という近代西洋の世俗的な概念にあたる「宗教」という新たな言葉は、この不平等条約において、彼らが「レリジョンの自由」を翻訳するに際して、はじめて用いたものであった。もともとは「特定のセクト」を表わす仏教用語が、今や、「西洋の宗教」つまりキリスト教ばかりでなく、漠然と国民的「文化」とみなされていたものと並置される、私的な特殊主義的「セクト」の翻訳にも用いられた。明治維新は、宗教の自由という、西洋植民地主義の要求に便宜を与える一方、国家が強制する神道は、組織化された「宗教」ではなく、日本のナショナルな「文化」であると主張した。

「宗教」と「世俗性」という近代的概念が、特殊な道筋をとって近代日本に根を下ろした経緯については、かなりの研究がなされてきた[12]。しかし、翻訳や、宗教的そして世俗的言説の意味論上の再形成や、宗教分野の抜本的な変容といった似たような諸問題は、アジア社会全体にわたるすべての近代化のプロジェクトにおいて、共通の現象となっていた[13]。近代の宗教的／世俗的という二分法的な言説のなかで、儒教をどう位置づけるかという意味論上の困難が続いていることも、よく知られている[14]。

マルクス・レーニン主義が、無神論的で科学的な唯物論として、また東アジアの知識人たちにとって社会の近代化のイデオロギーとして、幅広い魅力をもったのは、それが儒教の原世俗性とのあいだに、なんらかの選択的親和性（セレクティヴ・アフィニティ）をもっていたことに関係しているかもしれない。いったん権力を握ると、東アジアの知識人たちは、中国でも韓国でもベトナムでも、国家世俗主義の過激なヴァージョンを制度化し、それは伝統的宗教や封建的迷信のあらゆる形態に向けられた。

今われわれは、ポストモダンの、ポスト世俗の、グローバルな時代に入りつつある。それは、西洋のヘゲモニーが終わった後の、第三のグローバル化の局面とみなしうるかもしれない。そこに、「宗教問題」が東アジア全体に再登場してきている。[15] 中国、日本、韓国、ベトナムの宗教分野は、この新たな宗教の、グローバルなダイナミクスの影響下で、再び急激かつ多様な変容を受けつつある。とりいそぎ必要なのは、変化しつつある東アジアの宗教分野のよりよい理解を提供するために、宗教、世俗、呪術、スピリチュアリティといった諸概念を脱構築し、東アジア諸地域のタームで、再考察することである。[16] この一〇年のあいだ、世界中の「グローバルな宗教と世俗のダイナミクス」の研究において、「多元化（プルーラリゼーション）」と「多様性（ダイヴァーシティ）」という二つのテーマが現われてきている。諸宗教と諸公的空間の、世俗化とライシテの諸タイプの、そしてなによりも、これら諸概念の意味をめぐる多重で多様な紛争の、多元化と多様性がテーマとなってきている。[17] そうした多元化と多様性は、個人化と民主化の一般的な諸プロセスと、分かちがたく結びついている。すべての位階制や権威、国家や教会、宗教的なものや市民的なものが社会的な意味で断片化し、疑問に付されるからである。これまではそれらがヘゲモニーを争って、宗教領域だけでなく公的領域も、支配しようとしていた。

もはや誰も、宗教や公的領域を、単数形で語ることはできず、むしろ諸宗教や諸公的空間として、複数形で語らねばならない。『近代世界の公共宗教』は、それまでの世俗化の諸理論が、ヨーロッパ特有の歴史的プロセスを、すべての近代化する社会に当てはまる一般的で普遍的なプロセスへと変容させていたことを明らかにし、単純化したヨーロッパ中心的な見方を疑うよう促した。ここから引き出されるべきレッスンは、世俗化は神話であるということではない。むしろ、世俗化の諸プロセスは複数であり多様であり、社会的な諸抗争や現象学的な諸経験から生じる偶発的な産物であるということであり、その結果として、類似した比較可能な諸プロセスが、異なった諸社会や、異なった歴史的諸時代において、多様なダイナミクスをとり、多様な産物となって終わるかもしれない、ということである。

この本はまた、近代世界の「宗教」(単数形の) はただの私事になってきたし、そのままであるべきだ、とくに民主的な諸社会においては、という広く共有された経験的かつ規範的な前提を、問い直す手助けをした。本のタイトルに論争的な味わいをもたせたのは、そのためである。民主的な社会においてはとくに、すべての市民は、宗教的であれ非宗教的であれ、彼ら彼女らの信条、規範、価値を公的に表明するために、民主的に確立した規範の埒内で、公的空間に入り、そこに参加する同等の権利を有している。真に世俗的なあらゆる民主国家の義務は、すべての市民が公的空間に出入りする権利を、いかなる宗教的機関も、またいかなる世俗イデオロギーも特別扱いすることなく、同等に保護することである。独裁国家においては、公的領域における宗教の存在を、うまく制限することができるかもしれない。これと対照的に、民主的な国家は、宗教的な市民が、そうでない市民と同等に特別扱いもなく、公的空間に参加する権利を制限できないので、独裁国家のようなうまいことはできない。

宗教的・道徳的な多元主義は、グローバルな人間性と分けられない事実であることが、自ずと明らかになってきた。これは、今のわれわれのグローバルな時代における、根源的なレッスンの一つであり、この現実をポジティヴな事実として、またポジティヴな規範として受けとめるよう、われわれを招いている。この事実と規範は、すべての人間的尊厳の相互承認に基づいた、平和に満ちた、グローバルな共存のために、必須のものである。諸大陸のなかでも、ラテンアメリカは、二重の並行したカトリックとプロテスタントの改革の結果、もっとも劇的な宗教多元主義の拡大を経験してきた[18]。カトリックのヘゲモニーが続いてきた大陸は、わずか一世代のうちに、大きな暴力的紛争を経験することなく、宗教的な多元主義の大陸に変容した[19]。この物語はグローバルな問題に関連しているにもかかわらず、暴力的な宗教間紛争で苦しんできた世界において、十分な注目や評価を受けてこなかった。世界で起こっている宗教間の紛争は、諸宗教が多元的な世界システムへと形成されるプロセスの一部とみなされるべきであり、このシステムの基盤にあるのは、私が「グローバルなデノミネーショナリズム」と呼んできたものである[20]。

公的領域における宗教をめぐる論争の、新たなすべての形式のなかで、もっとも紛争的でもっとも直接的なのは、実践的にも分析的にも、あらゆる現われ方をした、性道徳とジェンダー間の平等性の諸問題を扱うものである。これはわれわれの時代の、最優先の社会的・道徳的問題であり、それはちょうど、一九世紀半ば以来、階級間の不平等が顕著な問題であったのと同様である。ジェンダー問題は、現実的に世界中のすべての社会において、政治的・宗教的・道徳的な紛争の原因になってきた。その理由は、おそらくそれが人類史のなかで、もっとも過激で、急速で、重大な道徳の変容に関わるものだからである。『公共宗教』における私の分析において、ジェンダー問題はほとんど不在であったが、以後、同時代の紛争でそれらが演じている中心的な役割を省察したことで、今やそれは私の作業のなかで、はるかに重要なものになっている[21]。

すべての宗教的伝統、すべての今日の社会は、この問題に向き合うべきである。そして、現在の性的・道徳的変容のどの局面が、人類社会の道徳の進化、つまり人間の尊厳を強化するようなポジティヴな要素を代表しているのか、他方また、どの局面がばらばらの利己的な個人主義の表現、つまり他人の尊厳や道徳的共同体の結束を犠牲にして、自分の快楽を満たそうとしているだけのものとして疑問に付されなければならないのか、見分けることができなければならない。

近代の諸社会は、宗教的多元主義をポジティヴな規範として組み込むことで、古い暴力的な宗教間紛争を克服できることを証明してきた。しかし道徳的多元主義を社会の規範として受け入れるのは、より困難であることを証明しつつあり、世界中の社会で、これが主要な紛争の原因として残っている。今日の「文化戦争」のほとんどは、性の多様性とジェンダーの平等性をめぐる論争を、最優先の議題としている。[22]予見できる範囲の将来において、道徳的多元主義と道徳的相対主義の議論は、公的で宗教的な紛争の主な原因として残りそうである。

I 序論

前置き——一九八〇年代の宗教

一九八〇年代の宗教は、二重の意味で「公的なものになった」。それは「公的領域」に入り、そのことによって「公共性（パブリシティ）」を獲得した。さまざまな「公的存在」——マス・メディアや社会科学者や専門政治家や、その他の「社会全般」——が、急に宗教に注意を向けるようになった。思いがけないこの公的な関心が起こったのは、宗教が、それまで私的な領域で当てがわれていた位置を後にして、道徳や政治に関する公的な論争の闘技場（アリーナ）に身を乗りだしてきたからである。とりわけ、一見したところ無関係でありながらほとんど同時に展開した四つの出来事によって、宗教は全世界的な公共事となり、近代世界におけるその位置と役割の再評価を強いた。その出来事とは、イランにおけるイスラム革命、ポーランドにおける連帯（ソリダリティ）運動の高まり、ラテンアメリカのサンディニスタ革命その他の政治抗争に際してカトリックが果たした役割、そしてアメリカの政治に再び公的な勢力として姿を現わしたプロテスタント根本主義（ファンダメンタリズム）、この四つである。

一九八〇年代を通じて、世界中の至るところで起こった深刻な政治抗争の背後には、必ずといってよいほど、紛れもない宗教の介入が見えている。中東一帯においては、かつての権力闘争によって育まれたすべての宗教と原理主義（ファンダメンタリズム）——ユダヤ教的な、キリスト教的な、あるいはイスラム教的な――同士が、内戦や戦争でぶつかりあった。さまざまな世界宗教同士の、あるいは同じ宗教内部の異なる分派同士の古くからの反目が、北アイルランドからユーゴスラビア、インドから旧ソビエト連邦にわたって、再燃した。同時に世界中で、宗教的な活動家や教会は、解放や正義やデモクラシーを求める闘争に、ますます深く関与するようになった。解放の神学はラテンアメリカを越えて広がり、アフリカやアジアの、プロテスタントやユダヤ教の、黒人運動やフェミニズムの、といったさまざまな新たな形態と名前を身につけた。社会主義が崩壊したあと、解放の神学は今やただ一つ残された「インターナショナル」のように見える。

一九七九年のイランとニカラグアの革命、ポーランド出身の教皇の母国訪問、「モラル・マジョリティ」の設立という事件で幕を開けたこの一〇年間は、幕開けと同じほど劇的かつ曖昧に幕が閉じられた。その幕引きとなったのは、サルマン・ラシュディ「事件」、アヤトラー・ホメイニの死去、東ヨーロッパ中に鳴り響く連帯の決定的な凱歌、ゴルバチョフの教皇訪問であった。象徴的なことにこの年代記は、ハンガリーの改革派の牧師によって火をつけられたルーマニア革命にも当てはまる。エルサルバドルにおける事実もこれに負けず劣らず多くを語っており、この一〇年間はロメロ大司教の暗殺で幕を開け、国家の恐怖政治によってさらに六人のイエズス会士が殺害されることで幕を閉じた。

この一〇年を通じて、宗教はそのヤヌスの顔というべき二面性を示した。排他的で特殊主義的で原始的なアイデンティティの担い手としての顔のみでなく、包容的で普遍主義的で超越的なアイデンティティの担い手としての顔を、である。宗教の復興は同時に、原理主義（ファンダメンタリズム）・根本主義の台頭、被抑圧者の抵抗運動におけるその役割、無力な者の台頭を告げるものとなった。イスラム革命の知的な父とされるアリ・シャリアティは、フランツ・ファノンの『地に呪われたる者』を翻訳するに際して、コーランに鳴り響くモスタザフィン（抑圧され剝脱された者）というタームを選んだ。このタームは、イスラム革命のレトリックにおいて中心的な位置を占めることになる[1]。同じように、解放の神学の父とされるグスタボ・グティエレスは、プロレタリアートを聖書的な貧しい者（ロス・ポブレス）と言い換えて、世俗的なカテゴリーから宗教的なカテゴリーへと移し、価値の転換を引き起こした。「歴史における貧しい者の爆発」が、グティエレスの終末論的神学の中心的カテゴリーとなった[2]。「無力な者の力」という似たようなタームが、〔チェコスロバキアの〕「ビロード」革命の父とされるヴァツラフ・ハヴェルによって造語された[3]。合理的な集団行動から原始的な反乱へのこうした逆行はすべて、近代化の逆転のように見える。

　これらは、単に時間的に同時に起こっただけのものだ、とはとうてい思えない。むしろそれらは、中東とラテンアメリカと東ヨーロッパとをつないで起こる、聖書的預言に沿った政治運動の実例とみなしうる。ニーチェが聖書的な奴隷道徳と呼んだものが、古典的な貴族主義的文明のダイナミクスに持ち込んだ価値の変換が、明らかに今なお機能している。

奴隷状態から解放される出エジプトという原型的な夢は、そのユートピア的で終末論的な力を、いまだに失っていない[4]。

以上、一九八〇年代の宗教を記述してきたが、そこで取り上げなかった宗教現象のなかにも、この一〇年間に広く公共性を獲得して、たしかに公的な政治的重要性をもつに至ったものが多い。しかしそれらは、私が「公共」宗教と呼ぶ種類のものではない。私がこういうのは、次のような現象を念頭においてのことである。すなわち、「ニューエイジ」の霊性（スピリチュアリティ）、さまざまなカルトの成長とそれらをめぐって起こった論戦、さまざまな微罪を伴ったテレビ伝道、ジョーンズタウンの人民寺院の居住者の集団自殺、ラテンアメリカにおける福音主義プロテスタンティズムの広がり、合衆国におけるイスラム教の急速な成長、近代世俗社会に生きる多くの人々――ホワイトハウスのレーガン大統領夫人を含む――が深刻に受けとめている占星術、ノリエガ将軍がヴードゥー教を実践していたかもしれないという事実、あるいはあらゆる場所で多くの人々が、一九七〇年代に実践していたような宗教を一九八〇年代にも同じように実践しつづけるか、あるいはしないままでいた、というような事実である。

これらはどれも重要な宗教現象であり、一九八〇年代を包括する宗教史が扱ってしかるべきものである。量的な調査であれば、まさにこれらを、問題となっている当の現象の典型的で標準的な適例として選ぶこともありそうである。だがしかし、それらは、少なくとも解釈上の主要な問題を提出しないかぎり、社会科学や近代性の自己理解にとって、とくに適例とはいえないのではないか、とも言える。それらは予想の範囲内にあり、既成の世俗化論の枠組み内で解釈できるものだからである。それらは異様で新しくみえるかもしれないが、それでも近代世界の典型的で標準的な現象とみなしうる。それらは「私的」な、あるいはトマス・ルックマンのいう「見えない」宗教の例として、分類できる。そのような宗教現象そのものは、支配的な構造やパラダイムに対する挑戦にはならないのである。「新宗教運動」や「宗教的実験」や「新たな宗教意識」の出現はどれも、新たな予想外の現象として、一九六〇年代と一九七〇年代の社会科学者や公衆の想像力をとらえてきた[5]。しかし、一九八〇年代における新たな予想外のことは、世俗化論や宗教復興の周期論によれば、近代世界においてますます周縁的になり時代と無縁になっていくであろうと想定されていた当の宗教的な諸伝統そのものが、むしろ再活性化して公的役割を引きうけるようになった、ということである。実際、メアリ・ダグラスがいみじくも指摘したように、「伝統的諸宗教がこれほど大規模な政治的反乱を鼓舞するだけの活力をもっているとは、誰も信じていなかった[6]」。

本研究で明らかにすべき中心的な命題は、われわれは今まさに、近代世界における宗教の「脱私事化(デプライヴアタイゼーション)」を目撃しつつある、ということである。私が「脱私事化」というのは、世界中の宗教的諸伝統が、近代化論や世俗化論によって当てがわれてきた周縁的で私という事実を指してのことである。本質的に宗教的であったりあるいは宗教の名においておこる社会運動の中には、もっとも世俗的な領域である国家や市場経済の法秩序と自律性に、異議を申し立てるものが現われてきている。似たようなことだが、宗教的な諸機関や諸組織は、個人の魂の世話という羊飼いのような仕事に甘んじることを拒否し、私的道徳と公共道徳との間の関係についての疑問を呈し続けている。また下部システム――とくに国家や経済――が、システム外の規範に配慮する必要はないと主張しているのに対しても、宗教は異議を申し立てている。この現在進行中の論争の結果の一つは、二つの関連したプロセス、すなわち、個人の宗教的および道徳的領域の再政治化と、公共の経済的および政治的領域の再規範化である。これを私は――他によいタームがないので――宗教の「脱私事化」と呼んでいる。

私は別に、宗教の脱私事化が何かまったく新しいものである、と言っているわけではない。ほとんどの宗教的伝統は、世俗化のプロセスにも、またそれに伴いがちな私事化と周縁化のプロセスにも、ずっと抵抗してきた。もし結果的に宗教がそのプロセスを受け入れて、近代世界の分化した構造に適応してきたとしても、それは嫌々ながらそうしたにすぎない。一九八〇年代において新たな「ニュース」になったのは、「発展段階を異にする三つの世界」のすべてにおいて、拒否が広範で同時発生的な性格のものになったことである。その拒否はこれまで、ユダヤ教やイスラム教、カトリシズムやプロテスタンティズム、ヒンドゥー教や仏教といったさまざまな宗教的伝統の、私的な領域に限られるべきとされてきたものであった。

「脱私事化」というあまり優雅でない造語は、論争上の目的と記述上の目的をもっている。まずそれは、世俗化の諸理論——それは近代世界における宗教の個人化ということを仮定するにとどまらず、処方する傾向すらもっていた——を、尋問の場に引き出すことを狙っている。ただし私は、有力な世俗化論に対抗して最近出されてきている批判の多くに賛成する一方で、世俗化とは昔も今も一つの神話であるという見解には、与(くみ)しえない。世俗化論の核心、つまり世俗的な領域が宗教的な制度や規範から分化し離脱していくという命題は、有効なままである。しかしまた、「脱私事化」というタームは、新たに現われてきた歴史的な展開を指し示すことを狙っている。それらは、少なくとも質的にまとまってきて、かつて世俗的傾向と見えていたものを、逆転させているのである。世界中の宗教が公的な領域に参入し、政治的な論争のアリーナに上がってきているのは、かつてそうであったように宗教の伝統的な領域を擁護するためだけではなく、私的領域と公的領域との間、システムと生活世界との間、法制と道徳との間、個人と社会との間、家族と市民社会と国家との間、国民(ネーション)と国家(ステート)と文明と世界システムとの間に、近代的な境界線を定める闘争そのものに参加するためである。

基本的に、一九八〇年代の宗教からは、二つの教訓を引き出すことができる。一つめは、啓蒙主義の夢のような甘い見通しを裏切って、宗教は今ここに残っている、ということである。二つめはもっと重要な教訓で、宗教は現在進行中の近代世界の構築において重要な公的役割を果たしつづけそうだ、ということである。とくにこの二つめの教訓はわれわれに、宗教と近代との関係、さらには近代社会の公的領域において宗教が果たしうる役割について、体系的に再考すべきことを強いている。一九八〇年代の宗教の話をすることが文字どおり本書の前置き（プレ・テキスト）として役立つのは、こうした点においてである。

本文の構成

本書は近代世界における公共宗教（パブリック・レリジョン）の、理論的かつ経験的な研究である。最初の二つの章はこの課題を理論的に提出したもので、世俗化の諸理論や近代に関するほとんどの理論に矛盾するかのようにも見える問い、つまり、近代において公共宗教が可能となる条件は何か、という問いに答えようとしている。

1章の「世俗化と啓蒙主義と近代宗教」は、西洋近代の発展の歴史的記述に埋めこまれた世俗（セキュラリゼーション）化の概念と理論を、批判的に概観する。私がそこで論じたのは、現在の世俗化論を放棄する必要はないが、宗教の脱私事化はわれわれに、世俗化論の再考と再定式化を促している、ということである。一言で世俗化論として通用しているものを分析すると、実際は宗教の衰退（デクライン）という意味での世俗化、分化（ディファレンシエーション）としての世俗化、私事化（プライヴァタイゼーション）としての世俗化、という三つの異なった命題から成り立っているのがわかる。このことは、古典的なパラダイムの三つの主要な前提を分析的に区別し、違ったものとして評価することの必要性を、強く示唆している。近代化の進展に伴って宗教は消滅する傾向に向かうだろうという憶測は、宗教の啓蒙主義的批判にまでさかのぼることができるが、これは経験的な一般論としては明らかな間違いであることがすでにわかっている。宗教的領域と世俗的領域との分化という命題を分析すると、これは今なお擁護可能な世俗化論の核心であることが確認できる。しかしこの命題には、近代的分化は「必ず」宗教の周縁化と私事化を伴うとか、あるいは逆に、公共宗教は「必ず」分化した近代の構造を脅かして防衛不可能なものにするという、関連する命題が含まれていることが多い。

　われわれが必要としているのは、公的領域と私的領域との間に網の目をかけわたすためのより良い理論である。とくにわれわれは、分化した領域とそのなかで宗教が果たしうる構造的な役割との間の変化する境界線について、また境界線そのものに異議を申し立てる時に宗教が果たす役割について、再考する必要がある。2章の「私的宗教と公共宗教」では、これらの命題のうちのいくつかが提出される。公共宗教の一般理論や、包括的で網羅的な類型論が展開されるわけではない。そこで行われるのは、宗教の比較社会学と、公的領域と市民社会に関する理論という、二つの異なった伝統に棹（さお）さす作業であり、その理論的・類型論的な目的は、現代の規範から見て存立可能でかつ望ましい近代的な公共宗教の形態を考察することである。「存立可能（ヴァイアブル）」という言葉で私は、分化した近代の構造と本質的に両立不可能ではない、そのような公共宗教の形態を念頭においている。また「望ましい（デザイラブル）」という言葉で私は、近代の市民社会の公的領域を強化するために実際に貢献するかもしれない、そのような公共宗教の形態を念頭においている。

本書の核となる3章から7章は、近代社会における公共宗教の諸相とでも呼べそうな調査研究となっている。そこでは同時代の宗教の変容の五つの事例が提示されている。事例は、スペイン、ポーランド、ブラジル、そして合衆国という四つの国をフィールドに、カトリシズムとプロテスタンティズムという二つの宗教的伝統から選ばれており、それぞれの事例研究は、互いに異なった無関係の変容譚を語っている。スペイン・カトリシズムの事例では、公認された独裁的な国家宗教（ステート・レリジョン）から、多元的な市民社会における非公認（ディスエスタブリッシュド）教会（チャーチ）への変容が、当面の問題になっている。ポーランドの事例の分析は、国民国家を外国の支配から保護する非公認教会から、ポーランド的な独裁国家に対抗する市民社会の出現を促す国民教会（ナショナル・チャーチ）への、もっと微妙な変容をたどっている。ブラジル・カトリシズムを扱った章では、ブラジルの教会がたどった、国家志向で寡頭制（オリガルキー）的でエリート主義的な制度から、市民社会志向でポピュリズム的な制度への、急進的な変容を分析している。つづいて合衆国にうつり、6章では、アメリカにおける福音主義プロテスタンティズムが、一九世紀の間ずっと保っていた市民宗教としての公的で支配的な地位から、一九二〇年代後半における根本主義的なサブカルチャーのセクトの地位へと撤退し、さらに一九八〇年代においては再び公的な形で活動するようになるまでの変容を分析している。最後の事例で分析するのは、アメリカ・カトリシズムにおける、不安定なセクトから防衛的で私的なデノミネーション［支配的なチャーチがない宗教状況で、互いに競合、共存する教派］へ、そしてさらに公的な自己主張を行うデノミネーションへの変容である。

これらの特殊な事例をどのような基準で研究対象に選んだか、自明でないかもしれないので、選択の根拠を説明させていただきたい。まず解釈学的な見地からみて、それぞれの変容譚は、本質的に筋のとおったものである。さらにいえば、五つの事例は話そのものが興味深いばかりでなく、公共宗教のさまざまなタイプの経験的な実例を説明する役に立つ。したがって私は、それぞれの異なった事例が自らを語るのに任せ、できるかぎり外からの分析的な枠組みを押しつけないように努めた。しかし、単一の社会学的研究のなかの一つの比較歴史的な枠組みのなかにすべてを配置したことから、次のように多少の不均衡が生じている。

まず第一に、比較のための事例が、一つのプロテスタンティズムと四つのカトリシズムになっている。もしカトリシズムとプロテスタンティズムを、個人の救済に関わる「私的」宗教として比較しようとすれば、こうした不均衡は問題であろう。救済宗教としてみれば、スペインとポーランドとブラジルとアメリカにおけるカトリシズムは――いちじるしい相違点がいくつかあるにしても――根本的には似通っている。宗教的信条や実践に関していえば、トランスナショナルなカトリシズム全体のなかでみた国ごとの相違は、それぞれの国内のカトリック信者のさまざまな地域ごとの相違よりも、おそらく大きくはない。事例にあげた四つのカトリック教会はどれも、基本的に同じ教義、儀礼、組織構造をもっている。しかしながら、「公共」宗教としては、さまざまな国のカトリック教会は、歴史的にはっきりした根本的な相違をみせている。実際、スペイン、ポーランド、ブラジル、アメリカのカトリシズムを比較すると、宗教の公的性格は、少なくとも近代国家が出現して以来、まず第一に、その宗教が国家と社会の間のどこに位置するかという、それぞれの特定の構造的な事情によって決定されることがわかる。したがって、公共宗教のありとあらゆる形態を研究するに際して、四つのカトリシズムと一つのプロテスタンティズムからなる比較研究のための一群の宗教が、公共宗教に関する首尾一貫した類型論をつくる一助になれば、十分な意味をもつといえるだろう。

さらに、論述がカトリシズムに集中しすぎている点は、理論的な根拠からも正当化できる。カトリシズムは、啓蒙主義的な宗教批判の主な焦点であったからである。それは何世紀にもわたって、近代のあらゆる領域における世俗化と近代化のプロセスに対抗して、もっとも生気に満ち、原則的で根本主義的な、そして紛れもなく無益な抵抗運動を行ってきた。カトリシズムは資本主義と戦い、自由主義と戦い、そして近代世俗国家、民主主義革命、社会主義、セックス革命と戦った。一言でいえば、カトリシズムは、反近代的な公共宗教の典型的な形態だったのである。しかしながら、一九六〇年代半ばになると、カトリック教会は、世俗的な近代へと公式に路線をうつす苦痛にみちた現代化（アジョルナメント）のプロセスをたどりはじめ、近代という時代の正当性を受け入れた。それでもカトリシズムは、私的宗教になることは拒否している。近代的でかつ公的であることを望んでいるのである。実際、第二バチカン公会議以来、カトリシズムが世界中でみせているのは、きわめて公的な横顔である[7]。

第二の明らかな不均衡は、ここであつかう一群の宗教が、三つの完全な単位体と、それより大きな単位体のなかの二つの断片、であることである。前者は、宗教的な市場に対して国がほぼ単一のコントロールを行っている三つの国民教会であり、後者はこれとまったく構造的に異なった、自由かつ高度に多元主義的な一国の宗教的な市場のなかの、二つのデノミネーションである。ここでもまた、この明らかな不均衡は、現象の理論化に役立つかもしれない。信教の自由と多元主義は近代の構造的な条件とみなされているので、アメリカにおけるアメリカ・カトリシズムとプロテスタント根本主義という二つの異なったデノミネーションが含まれていることは、近代世界において公共宗教が可能となる条件を比較研究するのに、かえって好都合かもしれない。この二つは、自由かつ多元主義的という同じ宗教的システムを共有しつつ、異なる構造上の位置づけをもつ、異なったタイプの公共宗教だからである。

最後に、近代化論という時間的な発展のパースペクティヴからみても、あるいは世界システム論の空間的な発展のパースペクティヴからみても、世界システムの序列のなかでこんなにも不均衡な位置を占める国々、近代化――つまり世俗化――の段階がこんなにも違う国々を扱うこの研究には、疑問が呈されるかもしれない。しかし、(もはや現存しない)発展段階を異にする「三つの世界」から、あるいは世界システム上の三つの区域――中心、準周辺、周辺――から事例をとってきたことは、やはり好都合であったとわかる。もしこの研究によって、発展段階を異にするすべての世界で、近年に公共宗教が存在していること、あるいは再び出現してきていることが示されれば、それは宗教の脱私事化が実にグローバルな現象である、という主張を支持するものとなるからである。(8)

最後の8章「近代宗教の脱私事化」では、最初の二つの章で展開された理論上の主な議論が、それにつづく五つの事例研究で示された歴史的証拠によって実証されたものとして、その要点をくりかえす。そしてこれらの研究から、いくつかの比較対照と一般的な結論を引き出し、脱私事化の命題をより体系だてて再定式化し、それをさらに一般的でグローバルな視野のなかに位置づける。

とはいえ、本書にまったくの不均衡があることは、みとめなければならない。この研究は、調査の対象となった事例の特殊性からみても、調査の指針となる規範的なパースペクティヴからみても、明らかに西洋中心の研究である。たしかに、補足的な事例研究としてイラン革命をあつかうことができれば、もっとも望ましかっただろう。なんといっても、イスラム教の公的な復活は、宗教が公的視野に再び押し入ってくるという展開の、主要な事例の一つだからである。イスラエルのユダヤ教における脱私事化や、インドのヒンドゥー教における脱私事化、そしてミャンマーの仏教における脱私事化の研究も、ひとしく問題としてふさわしいし、望まれることである。もちろん、そのような膨大な仕事をしようとすれば、私が公共宗教について行った類型化や、宗教的・政治的分化についての理論、またこの研究で採用された一般的な分析の枠組みは、修正され、拡大されなければならなかったであろう。困難ではあるにせよ、そのような仕事をすることも、不可能ではなかった。

残念ながら私は、ポストモダンの知性は対象を過度に均質化する危険に過敏である、という弁解もさることながら、時間と知識と資源が限られていたことを、弁解しなければならない。私は、あれこれの非西洋文化が「他者」であると思っているわけではない。すべての人類の言語は翻訳可能であり、すべての言説は最終的に理解可能なものである。異文化間コミュニケーションにおいて、誤解と誤訳の余地が非常に大きいことはたしかであるが、原則的にいってそれは、日々の生活のなかに本来ひそんでいる危険と、必ずしも異なったものではない。われわれは日常生活のなかでも、お互いのメッセージをしばしば取り違えるものである。さらに、誰でも、どんな「信仰」にでも、回心することが可能である。ともかくすべての人類が、性や人種、階級、氏族、カースト、部族、民族（エトノス）などに関わりなく、新しい「自己」に「生まれ変わる」可能性があるということは、すべての普遍的な救済宗教が人類に与えてくれた不朽の啓示である。われわれはみな、好むと好まざるとにかかわらず、単一の人類的市民社会の市民になったのである。われわれは避けようもなく互いの意志を伝えあう言説を必要としているが、その言説を支配する諸規則を見出せるかどうか、あるいは作り出せるかどうかは、われわれ次第である。

1章　世俗化と啓蒙主義と近代宗教

誰かまだ、世俗化（セキュラリゼーション）という神話を信じているだろうか？　宗教社会学における最近の議論は、世俗化論に関する今日的な議論をはじめるには、こういう問いの出しかたが適当であることを示している。ブライアン・ウィルソンやカレル・ドベラーレのような「古い信者」も幾人かはおり、彼らはまさしく、近代の歴史的プロセスを説明するのに世俗化論は今なお有効である、と主張している。[1]　しかし大多数の宗教社会学者は、それに耳をかさないだろう。彼らは、かつて世俗化論に批判ぬきの性急さでとびついたのと同じように、そのパラダイムをあっさり打ち捨ててしまったからである。実際、彼らのなかには、宗教の未来についてでたらめな予言ばかりしていた合理主義者を嘲笑する者もある。それはあたかも、かつてフランス啓蒙主義の哲学者たち（フィロゾフ）が、宗教的な幻視者や曖昧主義の司祭たちを嘲笑したのと、よく似ている。「科学的」な証拠で武装した宗教社会学者たちは、今や、宗教の明るい未来を予言できるように感じている。ほんの二〇年ほど前、デヴィッド・マーティンとアンドリュー・グリーリーが、世俗化論の背後にある概念と経験的な証拠――

あるいはその欠落――についての疑いをはじめて口にした時、ほとんど誰も耳をかそうとしなかったことを考えると、この逆転は驚くべきことである。しかし、神学者さえもが神の死を宣言し、世俗社会の到来を祝福している時に、いったい誰が、そんな話にまじめに耳をかたむけるだろうか?[2]

この逆転は、どのように説明できるだろうか? かつてはきわめて多くの神話があったのに、今まったく少なくなったのはどうしてだろうか? 一九六〇年代以来、世俗化論に対立するような経験的な反証が積みかさなってきている、というのは本当である。しかし似たような反証はずっと存在してきたのだし、それにもかかわらず、証拠は人目につかないまま放っておかれるか、あるいは問題に無関係なものとして説明されてきたのである。おそらく答えは、われわれが知覚するほど現実は変わっておらず、われわれが目撃しているのはクーン的な科学のパラダイム革命である、ということだろう。この特殊な文脈で、「科学的」という言葉を使うのに反対する者があるかもしれない。しかし疑いもなく、われわれが扱っているのは、知的な風土とその背景をなす世界観――通常、これらがわれわれの社会科学的な合意を支えている――の、根本的な変化なのである。

世俗化という原野の入り口には、「自分の責任で進め」という看板がつねにかかっている。われわれは多くの罠に気づいているが、それでもなお、世俗化論を打ち捨てようとしている不信心者に、もう一度それを見なおすよう説得できるようななんらかの分析的な区別を導入すべく、希望をもって進んでみよう。世俗化論のいくつかの局面は、救いあげることができるばかりではない。もしわれわれの過去、現在、さらにあえて言えばグローバルな未来のいくつかの重要な局面を意味あるものにしようとすれば、それは必要ですらある。まずはじめに、世俗化の概念と理論との区別を導入させていただきたい。それからさらに進んで、世俗化論のもつ三つの異なった契機——それらは明確に分離しなければならない——を区別しようと思う[3]。

概念としての世俗化

「世俗的」「世俗化」という概念は、きわめて多次元的で、相矛盾する含意があって、皮肉なほどに逆転可能であり、また歴史を通して幅広い意味が付加されているので、「世俗的」あるいはその派生語である「世俗化」という概念そのものと、純粋に社会学的な理論としての世俗化とを、まず区別することが重要である。そんな概念は処分してしまったほうが多分理にかなっている、とすら思われるほどである。そうしないのはただ、そんなことをすると社会学にとってさらに大きな問題を抱え込むことになるからである[4]。この概念は、その意味の広がりと矛盾のせいで、経験科学的な分析において支配的な方法によっては、事実上操作できないものになっている[5]。結果として、非歴史的な実証主義的社会学は、それを明確で検証可能な仮説、宗教的な人々の心情や精神の数値を数える長期的調査で容易に立証できる仮説、にまで還元しなければならなくなる。しかし、この概念をまったく除外してしまえば、概念的な貧しさはさらに大きくなるだろう。その概念のなかに蓄えられた複雑な歴史の記憶が失われてしまい、この歴史を図表にして理解するための適切なカテゴリーが得られなくなるからである。アメリカの世俗社会の現在に自らの心を奪われているような宗教社会学ならば、おそらくこの概念を抹殺することもできるかもしれないが、比較歴史社会学には、そんなことはできない[6]。

「世俗化」という概念の歴史的契機を三つだけ思い出して、それらが世俗化の実際の歴史的プロセスにどうからんでいたのか、説明してみよう。この概念の語源である中世ラテン語の *saeculum* は、三つの未分化な語義を内包していた。これに相当するロマンス諸語(*secolo, siglo, siècle*)は、これら三つの意味を保存している。カッセルのスペイン語辞典の *siglo* の項目には、「世紀。時代。世界」と書いてある。ただし、現在の世俗的「時代」において、また現在の世俗的「世界」においては、三つの語義のうち最初の「世紀」という語義だけが、日常生活のなかで保存され使用されてきている。それは、時間と空間を、聖と俗という二つの異なった現実に分化することが、カトリック国スペインにおいてすら、遠い昔にまったく無意味になって以来のことである。

これと関連する、しかしまた別の語義的な契機は、教会法からきている。そこでの世俗化とは、個人に実際の法的な結果をもたらす「法的措置」というべきものを指している。つまり世俗化とは、「宗教的な」人物が、修道院生活から出て、誘惑に満ちた「現世（ワールド）」に帰ってきて、それによって「世俗的」な人物になる、という法的（教会法的）な手続きを指している。教会法的には、司祭は「宗教的」でもありうるし、「世俗的」でもありうる。現世（サエクルム）から隠遁して、自らを完全な生活に捧げようと決心した司祭たちが、宗教的な聖職者集団を形成する。一方、現世に住む司祭たちは世俗的な聖職者集団を形成する。マックス・ウェーバーが世俗化という言葉で呼んだのは、「召命（コーリング）」という概念が宗教的領域から世俗的領域に移されて、はじめて現世での世俗的活動の実践を意味するようになったプロセスを指してのことであるが、ウェーバーはその時、この概念を教会法的な意味とのアナロジーで使ったのである。

　最後に、実際の歴史的プロセスをみると、「世俗化」というタームはまず、プロテスタントの宗教改革にはじまる宗教戦争以後、教会のもつ修道院や土地所有や永代所有の資産が、おおむね国家によって、まとまって徴収されたり専有されたりする事態をさして使われた。それ以来、世俗化とは、人物や事物や機能や意味などが、もともと宗教的な領域に占めていた伝統的な位置をはなれて、世俗の領域に「推移」、移動、あるいは場所を移すことを意味するようになってきた。このようにして、世俗化というタームは、それまで教会の機関が伝統的に掌握していた機能を、教会の怠慢によってであれ、世俗の強制力によ

ってであれ、世俗の機関が専有することを意味する習慣となってきた。(7)

歴史的にこのように沈澱してきた「世俗化」というタームの語義的な重要性は、われわれが次のような事実を受け入れる時にのみ、意味をなす。つまり、「昔々」の中世ヨーロッパにおける現実のほとんどが、「この世界」を「宗教的」領域と「世俗的」領域という異質な二領域にわけるという分類法の上に実際上成り立っていた、という事実である。この特殊な、歴史的にはむしろ異例な、聖・俗論の一変種における、二領域の分離は、デュルケームがつねに考えていたほど、絶対的に異質なものではない。両者の境界はおおくの場合はなはだ曖昧であり、たわみやすく、相互浸透的であり、しばしばまったく混じりあっている。ここで理解しておくべき重要なことは、この二元論が社会のいたるところで制度化され、社会的領域そのものが二元論的に組み立てられていた、ということである。(8)

霊的(スピリチュアル)・現世的(テンポラル)な「二本の剣」の存在、そしてそのどちらもがカリスマの自律的な源を所有していると主張していること――一種の制度的な二重主権――は、さらなる緊張と公然たる抗争の源に、あるいはまた、一方を他方に取りこむことでこの二元論に終止符を打とうとする、誘惑の源にならざるをえない。「叙任(インヴェスティチャー)」にあたってくりかえされる抗争は、この常在する緊張の、目に見える表現にほかならない。教会と霊的支配者たちには、現世的な支配者たちに対して優先権をもちたい、そしてそれによって現世的な事柄までも支配する究極的な主権と権利をもちたい、という神権政治的な主張がある。これは、神的な権利によって聖なる支配を具体化しようとする王たちの皇帝教皇主義（シーザロペイピズム）的な主張や、霊的な領域を現世内の教会財産や隷属状態として組み入れようとする現世の支配者たちの企てと、ぶつかることになる。

似たような二重構造は、知的な緊張と抗争のなんらかの機会と傾向をともなって成立しつつあった中世の大学において、制度化されるようになった。そこでは信仰と理性が、認識論的な基礎――おそらくは神という単一の真理にいたるための――として、分離しつつも、併存していた。そこでは、神学の絶対主義的な主張が、まずは自己主張の強い合理主義哲学に対して、つづいて初期の近代科学に対して、反論を展開した。理由は、前者は神学の補助的な位置に甘んじることを拒否したからであり、後者は、自然の書（ブック・オブ・ネイチャー）は啓示の書（ブック・オブ・レヴェレーション）と一列に並ぶべきだ、二つの書は神にいたる認識論的な方法として、分離しつつも同等の価値をもつ、と主張したからである。

「この世界」を、「宗教的」領域と「世俗的」領域との二つに分けるこの構造的分け方は、「この世界」と「別の世界」というもう一つの分け方と、はっきり区別しておかねばならない。世俗化を議論するに際しての誤解は、かなりの程度まで、これら二つを明確に区別しないところから起こっている。正確にいえば、二つの「世界（ワールド）」があるのではなく、世界は三つなのだ、と言えるかもしれない。空間的には、「別の世界」（天上）と「この世界」（地上）がある。しかし「この世界」自体がさらに、宗教的な世界（教会）と世俗的な世界そのもの（サエクルム）とに分かれる。時間的にも同じような三区分がある。神の永遠の時に対して、過ぎゆく歴史的な時があり、これ自体がさらに、教会暦によって表わされる聖なる霊的な救済の時と、世俗的な時そのもの（サエクルム）とに分かれるのである。教会論的にいえば、この三区分は、終末論的な「見えない教会」（聖なる共同体（コンムニオ・サンクトルム））、「目に見える教会」（唯一の、聖なる、普遍的な、使徒伝承の（ウナ・サンクタ・カトリカ・アポストリカ）ローマ教会）、そして世俗社会、の区別として表現される。政治的にいえば、超越的な神の国（天の王国）、その地上における秘跡的な代表としての教会（教皇の王国）、そして人間の都市（神聖ローマ帝国およびキリスト教的王国のすべて）、の三つがある。近代の世俗的なカテゴリーにおいては、自然的な現実と超自然的な現実とがあるといえるが、超自然的な領域自体はさらに、非経験的な超自然的現実そのものと、経験的な領域におけるその象徴的で秘跡的な表現とに分かれている。

　したがって、われわれは、前近代の西洋キリスト教世界は、二重の二元論的な分類システムをとおして構造化されていた、と言ってよかろう。一方には「この世界」と「別の世界」という二元論があり、他方には「この世界」の中の「宗教的」領域と「世俗的」領域という二元論があった。さらに、どちらの二元論も、教会の「秘跡的」な性質によって媒介されていた。それは中間に位置することで、二つの世界に同時に属しており、そのため二つの間を秘跡的に媒介することができたのである。もちろん、そのような分類システムは教会の主張するところにのみ基づいており、人々がそれを当然のことと受け入れなければ、現実を構築することができなかった。実際、どのような理由からにせよ、宗教的領域が世俗的領域よりすぐれているという言い分が受け入れられることによってのみ、そのような二元論的なシステムに固有の葛藤が、埒内におさえこまれていたのである。

概念としての世俗化が指し示しているのは、「この世界」におけるこの二元論的なシステムと、この世界と別の世界とを媒介する秘跡的な構造とが漸進的に壊れてゆき、ついには中世的な分類システムがまったく消滅し、その領域の空間を構造化する新たなシステムに取って代わられる、という実際の歴史的プロセスである。修道院の壁の崩壊というマックス・ウェーバーの表現力豊かなイメージは、今なお、この根源的な空間の再構造化をもっともみごとに表現したものとして、命脈をたもっている。「この世界」における宗教的領域と世俗的領域とを分けていた壁は、崩壊している。「この世界」と「別の世界」との間の壁は、少なくとも今のところ残っている。しかしこれからは、ただ一つの「この世界」、すなわち世俗的な世界しか存在しなくなり、宗教はそのなかに自らの場所を見出すしかなくなるだろう。以前であれば、すべてを包摂するものとみえていたのは宗教的領域であり、世俗的領域はそのなかにおいて自らの場所を見出さなければならなかったが、今では世俗的な領域がすべてを包摂するものとなり、宗教的な領域がそれに適応しなければならない。この世俗的世界においてどのような分類と分化の新たなシステムが出現してくるか、あるいはその分化したシステムのなかで、宗教が新たな場所を見出すとすれば、それはどのようにしてか、これこそがまさしく世俗化論の分析的な課題である。

　これまで、われわれが行ってきた宗教の分析は、中世キリスト教世界の社会的現実を組み立てるのに一役かった分類システムにおいて、宗教がどのような位置を占めていたかという、もっぱら空間構造的なものであった。この社会的空間に生活する個人について、その宗教的信条、宗教的実践、そして宗教的体験など、つまり個人の宗教性の私的次元については、何も語られなかった。しかし個人の宗教性の公的な次元のうち、二つの点に関しては、われわれはかなりの確信をもって語ってよい。まず教会の信者率は、事実上一〇〇%であった。キリスト教世界のなかの特別な飛び地に住むことを許されたユダヤ教徒やイスラム教徒のようないくつかの例外はあったが、教会の信者であることは強制的であり、したがって、その信者率自体は、個人の宗教性については何も語っていない。全員がキリスト教徒だったのだ。反対や異端すら――それらは近代の権威主義国家で行われたのと同じような非人間的な扱いを受けはしたものの――、キリスト教世界の改革、あるいは原始の純粋さへの回帰と表現されるのが通常で、キリスト教の拒絶とはされなかった[9]。次に、いわゆる宗教的な要因あるいは宗教がもたらす次元――ということは、世俗的領域の行動が宗教によって影響をうける程度――に関して言えば、われわれは次のように言うことができる。すなわち、世俗（サエクルム）における生活そのものが、少なくとも公式にはキリスト教的とみなされる原則にしたがって律せられているかぎり、言葉の定義上、キリスト教世界のキリスト教徒は皆キリスト教的な生活を送っていた、と。

当然のこと、すべての社会がそうであるように、キリスト教世界にも一部の反対者がいる。事実、キリスト教の公式の教義は、人間はすべて罪人である、というものである。許されうる程度の罪人もいれば、死に値する罪人もあり、永遠の罪のなかに生きている者もあり、破門されて世間の埒外に生きている者もあった。たしかに、教会法とローマ法と普通法あるいはゲルマン法との間には、分化と緊張があった。しかし、宗教的な罪と、道徳的な違反と法律的な犯罪との間の分化は、まだ明瞭ではなかった。いずれにせよ、罪人をさまざまなカテゴリーに統計的に区別するための、あるいは罪人の宗教的信条、実践、体験の広がりと密度を知るための信頼できる一般的なデータを、われわれはほんの少ししかもっていない。たとえ歴史家が、かなりの正確さで、社会のなかの司祭と宗教的人物の比率を確定できたとしても、その統計そのものは、彼らの実際の宗教性については、ほとんど何も語らない。その一方でわれわれは、教皇庁に広がる腐敗、修道院にはびこる快楽主義（ヘドニズム）、聖職を売買する司祭たちについては、十分すぎるほどの情報をもっている。もし宗教的な達人たちがそのような生活を送っていたのだとすれば、普通のキリスト教徒たちがそれよりも高潔な達人的生活を送っていたとは、とても信じられない。実際、キリスト教的に公認された社会の構造そのものが、すべての人間がキリスト教的な生活を送っていることをまさに保証しているので、個人的な帰依を強調する必要は、それほどなかったのである。宗教的――ということはキリスト教的ということだが――なのは構造そのものであって、必ずしもそのなかで生きる個人の生活ではなかった。この構造のなかでは、キリスト教と異教、また公式な宗教形態と民間の宗教形態とは、分裂するだけでなく融合する余地もあった。民族学者や社会歴史学者たちが、中世や近代初期の宗教に関する新たな修正主義的な展望を引き出したのは、正統と異端の間との抗争、公式な宗教と民間の宗教の間との緊張の記録に基づいてのことであった[10]。

単純化しすぎかもしれないが、以上によって示された理念的で典型的な性格づけがともかく正しいとすれば、前近代のヨーロッパ人が近代のヨーロッパ人よりも宗教的であったという憶測は、まさに検討されるべき憶測であることが、かなり確実である[11]。実際、そのような根拠のない仮定に基づいて、世俗化のプロセスを近代世界における宗教的信条や実践の漸進的な衰退ととらえる世俗化論のいくつかの異説は、歴史とは迷信から理性へ、信仰から無信仰へ、宗教から科学へいたる人類の漸進的な進歩である、という神話を再生産しつづけている。世俗化のプロセスのこのような神話的説明こそ、まさに「脱聖化」する必要がある。しかしこのことは、世俗化論をまったく放棄すべきだということを意味しない。宗教社会学がなすべきは、世俗化の普遍的プロセスを神話的に説明するかわりに、世俗化の歴史的プロセスが起こったとすればそれはいつ起こったのかを、比較社会学的に分析することである。

世俗化の理論

世俗化論に関するなんらかの議論、とくにそれが社会科学――とりわけ最終的に世俗化論の安息の地となった社会学――に組み入れられて以来の学説の系統と歴史を跡づけようとする企ては、衝撃的なパラドクスを述べることから始めなければならない。世俗化論は、近代の社会科学において、パラダイムとしての真の地位を獲得した唯一の理論かもしれない。アレクシス・ド・トクヴィルやヴィルフレッド・パレートやウィリアム・ジェイムズは例外としても、カール・マルクスからジョン・スチュアート・ミルまで、オーギュスト・コントからハーバート・スペンサーまで、E・B・タイラーからジェイムズ・フレイザーまで、フェルディナント・テンニエスからゲオルク・ジンメルまで、エミール・デュルケームからマックス・ウェーバーまで、ヴィルヘルム・ヴントからジークムント・フロイトまで、レスター・ウォードからウィリアム・G・サムナーまで、ロバート・パークからジョージ・H・ミードまで、すべての学説の創始者たちは、世俗化という命題を共有していた。[12] 実際この理論は、論争にさらされなかったばかりか、明らかに吟味する必要もないものだ、といった合意があった。誰もが当たり前のことと思っていたのである。そしてそのことは、セオリーというよりはむしろテーゼというべき世俗化が、しばしば創始者たちの多くの理論の暗黙の前提になってはいたものの、世俗化それ自体は決して厳格に吟味されたことも、はっきりと体系だてて定式化されたこともなかった、ということを意味している。

世俗化論の比較的体系だった定式化の基礎は、エミール・デュルケームとマックス・ウェーバーの仕事のなかに見出すことができる。たとえデュルケームが自らを実証主義者と思いつづけ、ウェーバーが自らをつねに啓蒙主義によって蒙を啓かれた者とみなしていたにせよ、幻想ぬきに限界ぎりぎりまで科学的啓蒙の課題をやりとげるという義務にしたがった結果、この二人は、実証主義的で啓蒙主義的な宗教批判から自由になることによって、宗教の社会科学的研究のための基礎を打ち立てた[13]。宗教の真偽問題から、宗教の象徴的構造や社会的機能を分離することによって、デュルケームの社会学は、社会学と人類学のどちらにおいても、のちの構造機能主義的な分析の基礎として役立った。一方、ウェーバーの方はというと、宗教をエッセンスにまで還元するという強迫観念を放棄し、宗教の社会歴史的な条件と影響はもちろん、宗教のきわめて多様な意味の研究に専心することによって、宗教の比較社会学、歴史社会学そして現象学的社会学の基礎を打ち立てた。

ウェーバーにとってもデュルケームにとっても、宗教社会学は、彼らの社会学の仕事の中心に位置している、と言ってよかろう。二人の考えは明らかに異なっているにしても、分化の理論は、それぞれの社会学理論において中核をなしている。また、世俗化という命題が、分化理論の中核をなしており、分化のプロセスの前提として、あるいは結果としての役割を果たしている。[14] 厳密にいえば、世俗化論は分化の一般理論——デュルケームによって提案されたような進化論的で普遍的な種類の、あるいはウェーバーによって展開された西洋の近代化論に関するもっとも歴史的に特殊な種類の一般理論——の、下位理論以上のものではない。実際、世俗化論には、その本来の性格からして、近代世界のすべての理論や、近代性の自己理解が一緒に織りこまれているので、単純に世俗化論だけを捨てようとしても、それは社会科学の自己理解をほとんど含むこの織り物全体を問題にすることなしには、不可能なのである。[15]

しかしデュルケームやウェーバー自身すら、のちの世俗化論の基礎を敷いたとはいえ、近代的な世俗化のプロセス、またとくにこれらのプロセスが近代世界における宗教の位置や性格や役割にどのように影響を与えたか、という問題については、ほとんど何も経験的な分析を提出していない。宗教に関する合理主義的な、また実証主義的な先入観から自らを解き放ったあとにおいてすら、彼らはなお宗教の未来については、当時優勢だった知的な憶測を共有していた。宗教の未来についての彼らの予測は異なっていたが、現在についての診断は一致しており、歴史的宗教は近代世界の猛攻をしのいで生き延びることはできないだろう、と見ていた。二人とも、デュルケームの言葉でいえば「古い神々は老いたか、あるいはすでに死んでしまった」[16]こと、また、いずれにしても古い神々は、新しい神々や近代の価値の多元主義との闘争に耐えられないであろうことを、当然のことと思っていた。デュルケームは近代社会が自らのために新しい神々を作り出すと信じていたし、ウェーバーは、さまざまな世俗的領域が「内的な自己法則性」の実現を求める分化のプロセスの結果、近代的な価値の多元主義が生じ、それが古い神々との間にたえず融和不可能な闘争が起こるとみていた。ウェーバーの見るところ、古い教会は「男らしく時代の運命に耐えられない」で、不可避的に「知的な犠牲」を払おうとしている者たちにとっての、避難所として残るにすぎなかった。[17]

世俗化の命題をめぐる社会学内部における広い合意にもかかわらず、より体系的かつ経験的な基礎づけの上にたって、世俗化論の定式化を展開しようとする試みが現われるのは、一九六〇年代になってからであった。世俗化論の欠点が目立ちはじめ、最初の批判が聞かれるようになったのも、その頃である。[18]この時はじめて、世俗化論を、啓蒙主義的な宗教批判というイデオロギー的な起源から分離することが可能になった。また、世俗的領域と宗教的領域とが近代になって自律的に分化してくるという意味での世俗化論と、近代の分化のプロセスの最終的な結果として宗教が漸進的に浸食され、衰退し、結局は消滅するであろうという命題とは違うのだ、とする区別も可能になった。新たな機能主義的な世俗化論――これはトマス・ルックマンの『見えない宗教』においてもっとも体系的に定式化されている——は、近代社会における宗教の衰退が不可避であることは仮定せず、ただ宗教がもっている伝統的な社会に関する公的機能の喪失と、宗教として分化した領域における私事化と周縁化とを、仮定していた。一九六〇年代と一九七〇年代における多くの「新たな」宗教や宗教運動が、ルックマンのいう「見えない宗教」の実例として解釈されうるようになって以来、これらの宗教現象を世俗化論にそむく反証として用いる者は、ほとんどいなかった。一九八〇年代に、宗教が公的領域に突然噴出してきたあとではじめて、分化と社会的機能の喪失は、必ずしも「私事化」を伴うものではないことが、明らかになったのである。

いずれにせよ、もはや古い世俗化論を維持することはできない。残されたオプションは二つしかない。近代世界についての非科学的で神話的な説明であることがいったん暴かれたからには、まったくその理論を捨ててしまうか——これが現在の多くの宗教社会学者の傾向のようである——、あるいはその理論を、現実そのものによって課された批判や疑問に答えうるよう修正するか、どちらかである。

世俗化論の三つの異なった契機

世俗化論における主な誤りは、世俗化の歴史的プロセスそのものと、それらのプロセスが宗教のうえに及ぼしたと想定され期待される結果とを、混同するところにある。弁明する者も批判する者も同じようにその誤りを再生産し、そのためこの理論は、社会科学に用いることがほとんど不可能になっている。すでに述べたように、世俗化論の核となる中心的命題は、社会の近代化のプロセスを、世俗的な領域——主として国家、経済、科学——が宗教的領域から機能的に分化して解放され、同時に宗教の方は新たに見出した宗教的領域の内部で分化して特殊化する、そういうプロセスとして概念化したところにある。[19] 分化説と呼ぶことができるかもしれないこの中心的命題には、しばしば、世俗化のプロセスの結果として宗教に何が起こるかを説明すると自称する、二つの下位命題がくっついてきた。一つは宗教の衰退説であり、これは世俗化のプロセスはその結果として宗教の漸進的な縮小と衰退をもたらすと仮定し、極端な場合、ついには消滅してしまうという結論にまで行きつく。もう一つは宗教の私事化説であり、こちらのほうは、世俗化のプロセスがもたらすのは宗教の私事化であり、さらに付け加えて、近代世界における宗教の周縁化がもたらされる、と仮定する。これら三つの命題を分析的に分けて考えさえすれば、われわれは近代史の複雑な現実を、完全に理解することができるだろう。

社会の分化と世俗化

世俗化論のパースペクティヴから近代の歴史的変容を見ることは、ほとんど宗教のパースペクティヴから現実を見ることを意味している。というのも、世俗とは概念上、その片割れである宗教との関係においてしか、意味をなさないからである。このパースペクティヴが有利なのは、西欧社会がまさにこの点で根本から激変してきたことを示しうるからである。現実を宗教と世俗の二つの領域に分けるという中世の二分法的な分類は、おおむね教会の指図によるものだった。この意味で、中世社会が自らを見ていた公式なパースペクティヴは、宗教的なものだったといえる。もし宗教的なるものを世俗的なるものから分けることが思考の主なカテゴリーだったとすると、世俗内のすべてのものは、いわば外部の宗教的なパースペクティヴから見られているかぎり、未分化な一全体のままだった。この二分法的な思考がなくなってはじめて、世俗的領域は、自らをさまざまに見ることのできる複数のパースペクティヴを確立することができた。[20] 宗教的な壁が崩壊したことで、さまざまな世俗的領域の内的分化のプロセスのために必要な空間が、まったく新たに開かれた。さまざまな世俗的領域は、今はじめて、自らの当然の権利を完全に受け継ぎ、互いに分化し、ウェーバーのいう「内的な自己法則性」にしたがうことができるようになった。ウェーバーはその名著『中間考察——宗教的現世拒否の諸段階と諸方向』において、この分化を、「内的な自己法則性」に従うそれぞれの領域が、兄弟愛というカリスマ的な宗教倫理や、あるいは教会の有機体的な社会倫理との間でおこす根源的な衝突、というパースペクティヴから見ているので、分化に関するウェーバー理論は、まさしく世俗化論といってよい。[21]

同じ分化のプロセスを、それぞれの領域が宗教から分化するのではなく、互いが互いから分化すると見るパースペクティヴで分析すれば、当然見え方は違ってくる。そのようなパースペクティヴによれば、近代への移行という特殊な事例においては、とりわけ近代の絶対主義国家や資本主義経済のようないくつかの世俗的領域が、他のものと比べて、より自己法則的であった、ということがわかるだろう。そのパースペクティヴはおそらく、このプロセス全体のダイナミクスを指図したのは、なによりも互いの分化であり、それらの相互依存と衝突であった、ということも示すだろう。[22] 実際、今やこれら二つの世俗的領域、つまり国家と市場は、まさに新たな近代的システムを構築するのに役立つ分類原則を指図する方向に向かっていた。空間構造的な表現をすれば、もしかつての現実が一本の主要な軸のまわりに構築されていたとすれば、今や二つの主軸をもつ多軸空間が全体を構築している、といえるかもしれない。機能主義的なシステム理論の言語でいえば、下位システム同士は互いにとっての環境をつくるが、しかし二つの下位システムは、他のすべてにとっての第一次的な環境をなす、と言える。したがって、この新たな空間構造のなかにおいては、宗教的領域はそのような一つの領域として、自らの自己法則的な軸のまわりに構築されつつ、二つの主要な軸の重力圏に入らざるをえない。しかしながら、われわれがどちらのパースペクティヴを選んだとしても、新たな世俗的システムの中において、宗教的領域は今やますます中心的な位置を追われて消滅してゆく領域になっていることが、わかるだろう。しかも、近代的な分化の新たなヘゲモニーというパースペクティヴから一言付け加えると、宗教的領域は今やまったく「自らに固有の宗教的」機能に特殊化されて、かつて一身に集中したものの、もはや十分に処理できなくなった他の多くの「非宗教的」機能を、手放したり失ったりしている。[23]世俗化論は、近代の分化のプロセスを起動させた最初の原因をもとめて、議論の多い調査に足を踏みいれる必要はない。ただ、その特定のパースペクティヴから、四つの相互に関連し同時に起こった展開――プロテスタントの宗教改革、近代国家の形成、近代資本主義の成長、そして近代初期の科学革命――が、中世の宗教的システムを掘り崩すのに果たした役割を強調すれば、それで十分であろう。四つの展開はそれぞれ、近代的な世俗化のプロセスに原動力を供給するという形で寄与した。ということは、この四つはおのおのが世俗化のプロセスの担い手であった、ということである。それら四つが一つになったことが、このプロセスを遂行するのに十分以上のことであったのは、確かである。[24]

プロテスタントの宗教改革の役割は、三つの異なったレベルで分析することができる。まず、もっとも控えめなレベルでいっても、プロテスタントの宗教改革が一つの破壊的な役割を演じたことについては、ほとんどの観察者が同意するだろう。それは、かの教会の一致、尊厳、普遍性、使徒伝承性（アポストリシティ）などの主張を掘り崩すことによって、西欧キリスト教世界のシステムを破壊し、それによって、なにか新たなものが出現する可能性を開いた。これ以後その教会は、他の競合するキリスト教的な諸教会から自らを区別するために、「ローマカトリックの」という修飾語を必要とすることになる。[25] 古い有機体的なシステムを破壊することによって、改革は、おそらくそれと知らずに、世俗的領域を宗教のコントロールから解放することになった。[26] 次に、もう少し高いレベルでは、プロテスタンティズムは、新たなもののために場所をあけた腐食性溶剤として見ることができるばかりではなく、さらには新たな秩序の宗教的な上部構造として、または資本主義的近代における宗教として、あるいは、イデオロギー的な階級闘争がいまだに宗教的な装いのもとに戦われていた時点においては、ブルジョア階級と新たな企業家階級の台頭や、普遍的なキリスト教的君主国に対抗する近代的な主権国家の台頭や、カトリックのスコラ哲学に対抗する新たな科学の勝利、などを正当化するのに役立った宗教的イデオロギーとして、見ることができるかもしれない。[27] そして最後に、プロテスタンティズム、とりわけウェーバーのいう「禁欲的プロテスタンティズム」は、すでに進行しつつあったプロセスに宗教的な正当性を提供する助けとなっただけでなく、また新たな宗教的原則と新たな世俗的倫理の導入を通じて、自らこれらのプロセスを特定の方向に推し進め、形づくるのに役立った。そのようなパースペクティヴから見る時、プロテスタンティズムは世俗化させる力であると同時に、宗教の内発的な世俗化の一つの形態――それを通じて宗教的な中身が制度化された世俗的形態をとり、それによって宗教的／世俗的という区別をまったく消し去ってしまうような——でもある、といえよう。[28]

自らを救済機関であると主張する教会の普遍主義が、宗教改革によって導入された宗教的多元主義によって掘り崩されたとすれば、教会の独占的で強制的な性格は、暴力と圧政の手段を徐々に自らの手に集中し独占しうるようになった近代世俗国家の台頭によって掘り崩された。初期の絶対主義の段階において、王座と祭壇との同盟は、いっそう強調されるようになった。いや、より正確に言うと、その本領を実際に発揮するようになった。新たな世俗の国家理性（レゾン・デタ）という正当化の諸原則は、古い神聖呪術的（サクロ・マジカル）な原則と混じりあい、絶対主義的な支配者は、魔力に加えて神的な権利をも要求した。[29] 教会は国民レベルでキリスト教世界のモデルを再生産しようと企てたが、しかし、領土的国民教会（テリトリアル・ナショナル・チャーチ）はすべて、英国国教会もルター派も、カトリックも正教会も、絶対主義国家の皇帝教皇主義的な支配に屈してしまった。非国教主義（ノンコンフォーミズム）が、政治的な国教反対（ディセント）に転化したあとでは、国教主義（コンフォーミズム）を施行するための政治的コストは、きわめて高くつくものとなった。「領土の属する人に宗教も属す（クイウス・レギオ・エイウス・レリギオ）」という原則は、まもなく、宗教的寛容の原則と私事化された宗教に対する国家の中立性——これが自由主義国家の好む宗教のあり方である——へ転化した。公式には、教会の公認はさらに続いており、いくつかの事例では今日にいたるまで続いてきているかもしれないが、公認教会は次第にますます弱体化し、もはや国家から自らを解放することもできなくなった。すべての宗教のなかでも、世俗国家のなかの「公認」教会は、もはや公認教会を必要としない世俗国家と、自分たちの宗教的欲求を満たしてくれるものを余所に探しにいきたいと思っている人々との間にはさまれて、世俗化の風をしのぐことがもっともきびしい状態にある。[30]

資本主義、「すべての固いものを溶かし、すべての聖なるものを俗なるものにする」この歴史のなかの革命的な力は、それが非人格的な法則に支配される自己再生産的なシステムになる以前から、中世都市における古いキリスト教社会という子宮のなかにすでに胚胎していた。[31] 新たな経済関係を、伝統的なキリスト教の原則と調和的に調整しようという教会の企ては、失敗するほかなかった。経済学的な詭弁をいくらかき集めても、公正価格理論と資本家の利益との間の隔たりを隠蔽することはできなかった。また新たな資本主義的な関係と、伝統的な「モラル・エコノミー」――つまり共同体的な兄弟倫理あるいは有機体的な社会倫理――との間の、調停不能な抗争を隠すこともできなかった。あるいはまた、教会がいかにはげしく高利貸を非難しても、財政的・商業的な資本主義の成長に抵抗することはできなかった。教会自らが、より大きい収入源を貪欲に追求したことで、その成長に少なからず寄与したからである。世俗の領域において、資本主義市場ほど、道徳的規制に対して俗的で鈍感なものが他にないのは、明らかだった。「マネー」ほど、交換や社会的相互作用の手段として、非人格的で一般的なものが他にないことも、明らかだった。

「慈善」——これはもっともキリスト教的な徳である——と貧しさに対する態度は、中世のキリスト教からピューリタンのキリスト教にいたる間に変化したが、そこで起こった根本的で明瞭な諸価値の変容は、他に類を見ないものであった。「貧しい者は幸いである」という福音書の宣言は、物乞いが托鉢教団という宗教的な「専門職」になる地点まで高められていたが、今や事態は一転し、施しは非難され、貧しさは罪に対する神的な罰である、と見られるようになった。ウェーバーによれば、資本主義的な世俗化は、三つの位相と意味に区別される。まずピューリタン的な位相においては、「禁欲主義が修道院の小部屋から、日常生活に持ち出され」て、世俗的な経済活動が、宗教的な召命・天職としての意味と強制力を得た。次に功利主義的な位相においては、宗教的な根は枯れてしまったので、非合理的な強制力は、「まじめな経済的徳」と「功利主義的な俗心」に一転してしまった。最後に、資本主義がいったん「機械的な基盤に支えられる」と、それはもはや宗教的あるいは道徳的な支えを必要としなくなり、宗教的領域そのものに浸透して植民地化しはじめ、それを商品化（コモディフィケーション）の論理に従わせるようになった。[32]

信仰と理性の緊張は、中世の知的生活に本質的なものだった。この緊張を包括的な形而上学システムへ制度化したことは、中世のスコラ哲学、とりわけアリストテレス＝トマス主義の、偉大な達成であった。中世後期の唯名論によってこのシステムに亀裂がもたらされると、理性の領域および信仰の領域における、新たな基盤と新たな確実さをさがす必要がでてきた。近代初期における、科学的・哲学的・神学的思想革命の間に、類似性と並行性があるのは、このためである。[33]今ようやく、この三つの領域ははっきり分化して、それぞれ別の近代への道を歩みはじめた。ガリレオ裁判に象徴される、教会と新しい科学（ニュー・サイエンス）との抗争は、コペルニクス的な新たな宇宙論の本質的な真偽問題に関わるものというよりは、真理を獲得し実証するための新たな自律的方法を発見したと主張する新しい科学の、その主張の有効性に関わるものだった。厳密にいえばこれは、宗教と特定の科学的パラダイムとの内容上の抗争ではなく、教会と、そこから分化した自律性を要求する新たな方法との抗争であった。このようにして、ガリレオ、ケプラー、ニュートンといったすべてのパイオニアたちは、「自然の書」を、「啓示の書」とは別の意味で、神にいたるための正当で同等な認識の道であるとして、その位置づけを試みたのである。[34]

この試みはピューリタン国イギリスではうまくいったが、ルター派や、とりわけカトリック諸国ではひどくみじめに失敗した。ピューリタンは、近代の科学的事業の分化した組織におけるパイオニアとして、活躍することになった。[35]ニュートン的な啓蒙主義は、信仰と理性に新たな総合をもたらし、それはアングロサクソン諸国においては、一九世紀後半に進化論がもたらす危機まで、つづくことになる。しかしニュートン的な啓蒙主義がイギリス海峡をわたると、それは明らかに急進化し、戦闘的に反宗教化した。[36]科学は、科学的で科学主義的な世界観へと変容し、その世界観は、新科学的なパラダイムが流行遅れのパラダイムに取って代わったように、宗教に取って代わったと主張した。今や世俗化のプロセスのなかには、ありとあらゆる無知や宗教的な迷信と一戦まじえようと身構えている新たな歴史的担い手、つまり、さまざまな戦闘的な世俗主義運動が見られた。そのなかには、イギリスの世俗主義運動のように、どちらかといえば無害で先細りになるものもあったが、それは一つには、社会自体が概して世俗化したからである[37]。また、「実証主義」(コント的なあるいはスペンサー的な)が、一九世紀後半の多くのラテンアメリカ諸国で公式の国家イデオロギーとして採用されるというように、予想もしない場所に現われたものもあった[38]。しかしその他の多くの場合、それは、国家権力を手に入れることによって――宗教に対してだけというのではなく――極悪非道なものとなった。ソビエト国家は、上からの強制的な工業化計画と農民に対する戦争と並行して、上からの強制的な世俗化と宗教に対する戦争のキャンペーンにのりだした。やがて共産主義国家において、宗教のために残された唯一の場所は、無神論の博物館だけということになる。そこには、宗教的な迷信から科学的な啓蒙の頂点――マルクス・レーニン主義のスターリン版――にいたるまでの「人類の向上」を記録したプチブルジョア的な歴史哲学のなかに、反宗教的なフィロゾフたちの、長々としたご託宣が祀(まつ)られることになる[39]。

かりに世俗化を近代の歴史的プロセスとしてとらえ、また以上のような同時発生的な四つのこと――プロテスタントの宗教改革、近代国家の台頭、近代資本主義の台頭、近代科学の台頭――が、中世のシステムを掘り崩すと同時に、世俗化を一つの局面とする分化のプロセスの担い手となることでそのプロセスの運動を引き起こした、という仮定を受け入れたとしよう。すると、世俗化にはさまざまな歴史的パターンがあることも予想できると言わねばならなくなる。これらの担い手は、それぞれちがう時間に、ちがう場所において、ちがう運動を展開したのであるから、当然そこからでてくる世俗化の歴史的プロセスとパターンは、異なっているはずである。直観的には、さまざまな歴史のきわめて表面的な知識だけからもそのとおりだと言えるが、いずれにしても、世俗化に関する歴史的な比較研究は、愕然とするほど乏しい[40]。

もしプロテスタンティズム自体――これはいくつかの理由で今引用した例よりもはるかに複雑である――が、世俗化の担い手の一つであるとすれば、プロテスタント諸国とカトリック諸国とでは、異なった世俗化のパターンがあると予想すべきであろう[41]。また、もし近代国家自らが世俗化のプロセスの担い手であるとすれば、たとえばフランスやイギリスや合衆国における国家形成のパターンの違いは、世俗化のパターンの違いになんらか影響したはずだ、と予想すべきであろう。さらにまた、科学や科学的世界観が世俗化のプロセスの自律的な担い手であるとすれば、ヨーロッパ大陸やイギリスや合衆国における啓蒙の性格の違いによって、宗教に対する闘争的な批判があるかどうかということに影響するだけでなく、世俗化のプロセスにも重要な因子として影響する、と予想すべきであろう。資本主義に関して言うと、経済発展が「世俗化の度合」に影響を与えることは、ほとんど普遍的に認められるようになっている。しかしながら、この否定しがたい洞察は、世俗化の異なった度合を説明する唯一の主変数にされたことで、かえって事の真相を見えにくくした。その結果、以上のような例では、工業化や都市化やプロレタリア化や教育など、要するに経済発展の指標と世俗化の度合との間に、予想されたほど積極的な相関関係は見られなかったのだが、これらは「標準」から逸脱した「例外」などと呼ばれることになってしまったのである。[42]

もしも世俗化が、最終的な結末がすでにわかっている宇宙的な目的論的プロセスであったならば、異なった社会がそれぞれ異なった道を通って世俗化にたどりつく諸プロセスの研究に、社会科学者がとくに関心をもたなくても、不思議なことではない。さらに、しばしば宣言されてきたように、もしその結末が「神の死」に決まっているとするならば、さまざまな社会が世俗化のプロセスのどこにあるかを測れるような、単純で一般的な指標を見つけることもできるだろう。異なった近代社会がいちじるしく異なった世俗化のパターンを示すという圧倒的な証拠が、非常に長い間無視されたり、事実に無関係と思われてきたという事実は、宗教は消滅しつつあるという確信がそこにあったからだ、とでもしなければ、説明できない。

宗教の衰退という命題

かつては、近代世界において衰退しつつある宗教はさらに衰退しつづけ、最終的には消滅するであろう、という支配的な憶測が、ほぼ暗黙のうちに社会科学者の間に広がっていた。「近代的」宗教についての最初の諸理論、すなわち、近代世界において宗教はどのような特別な近代的形態をとるかを自問する理論が見られるようになったのは、ようやく一九六〇年代になってからである。「近代的」という言葉で私は、過去の伝統的な残存物や残留物でもある前近代的な諸宗教もさることながら、むしろ特別に、近代性の産物である諸宗教を、意味している[43]。しかし、宗教は近代世界において衰退しつつあるようだという憶測は、どのような経験的証拠があってのことだろうか? 私は、この憶測が神話にすぎないと信じている人とはちがって、その背後になんらかの経験的証拠があるにちがいないと思うので、この憶測を構成している神話的な成分を見るまえに、まず証拠調べをしてみたい。

いくつかの警告からはじめるべきだろう。まず、グローバルなパースペクティヴからみて、十分使いものになる経験的証拠は多くないし、実際に存在するのは、まったく比較の役に立たないものばかりである。しかし、その後の議論のための出発点となるような、なんらかの経験的な情報をともなった所説を述べようとするだけなら、そのために利用できる証拠は、十分かつ適切なものかもしれない。次に、現存する証拠を評価する段になった時に起こってくる周知の困難――明らかに宗教的領域に固有の――を念頭においておかねばならない。なにをもって宗教とするかについては、なんの合意もないし、これからもおそらくありえまい。さらに、たとえ研究対象に関して同意ができたとしても、何に基づいて評定すればよいのか、つまり、宗教性のどの次元（信者の入信、信条、儀礼的あるいは非儀礼的な実践、倫理的な効果など）について測定すればよいのか、あるいはさまざまな次元をどのように位置づけて比較すればよいのか、などについての同意は、とても得られそうにない。最後に、西洋の宗教の研究から導かれたカテゴリーや尺度を、非西洋の宗教にあてはめるに際しては、よくよく注意する必要がある。[44]

とはいえ、フランク・ホエーリング編の『今日の世界における宗教』[45]に集められた、あまり頼りにならない証拠にもとづいて、次のような事実に関する所説からはじめることができる。

グローバルなパースペクティヴからみて、第二次世界大戦以来、世界中のほとんどの地域におけるほとんどの宗教的伝統は、いくらか成長したり、あるいはその活力を維持するという経験をした。この時期、世界中で工業化と都市化と教育その他が急速に進展してきたにもかかわらず、事情はつねにそのとおりだった。

この明らかにグローバルな傾向に逆行する主な例外は、主な宗教の急速な衰退、共産主義国家体制をとる国々における宗教の急激で劇的な衰退、あるいはほとんどの西ヨーロッパ（これに、アルゼンチンやウルグアイやニュージーランドなど、かつての西ヨーロッパの植民地の辺境を付け加えることができる）における、宗教のとめどもない衰退である。

このあまり頼りにならない証拠を、どのように評定すればよいのだろうか？　人々（イスラム教徒やキリスト教徒など）が信仰を捨てたのは、しばしば「強いられて」であり、そしてほとんどは別の宗教に移ったらしいので、それらの主要宗教の衰退に関する証拠は、無視できるかもしれない[46]。また共産主義諸国における宗教の衰退に関する証拠も、それが国家によって強いられた衰退であることは明白な事例であり、国家の威圧が消滅するか減少すれば、いつでも状況が劇的に逆転するようにみえるので、これも無視してよいかもしれない。中国でおこった同時代の宗教復興や、東ヨーロッパの旧共産主義国でナショナリズムと手をたずさえておこった劇的な宗教の復興は、このプロセスの可逆性を確証しているように思われる[47]。

したがって、圧倒的に目立った証拠として残るのは、西ヨーロッパにおいて現在進行中の、歴然たる宗教の衰退である。この証拠は、ほとんどの世俗化論の経験的論拠としてつねにもちいられてきたので、軽々しく捨てさることはできない。実際、西ヨーロッパ社会は世界中でもっとも近代的で、分化が進み、工業化され、教育の行き届いた社会に属している。日本とアメリカという、同じくらい近代的な二つの社会において、宗教がヨーロッパほどは衰退していないという事実がなければ、「近代化」という進歩主義者の仮説、すなわち、「遅れた」社会がより「近代的」な社会においつくのは時間の問題だという仮説は、おそらく今でも維持することができたかもしれない。しかし、そのような仮説は、もはや批判に耐えられない。日本から得られる証拠はひとまずおくとしても——しかし、もし世俗化に関する「一般」理論を展開しようとすれば、それは決定的に重要になるはずである——、われわれには、西ヨーロッパ（ここでは西洋キリスト教世界に属するすべてのヨーロッパの国々と宗教、つまりカトリック・ヨーロッパとプロテスタント・ヨーロッパ）と合衆国における、明らかに対照的な宗教的傾向を説明する義務がのこされている。[48]

少なくとも一九世紀のはじめ以来、アメリカを訪れたヨーロッパ人たちは、アメリカの宗教の活力と、アメリカ人がヨーロッパ人と比較して非常に宗教的な人々であるという事実に、衝撃をうけてきた。このような印象は、一八三〇年代のトマス・ハミルトンやボーモンやトクヴィルにも共有されていた。マルクスはこの証拠をブルーノ・バウアーに反論する「ユダヤ人問題について」というエッセイのなかで使っており、そのなかで、アメリカは「完全な公認廃止」かつ「すぐれて宗教的な土地」の実例なので、国家が宗教から政治的に解放されるべきだというバウアーの提案は、人間の全面的な解放へむけた解決にはなりえない、と論じた。[49] 同じ議論をもちいれば、工業化や都市化や科学教育などは、かならずしも宗教の衰退をもたらすとはかぎらないことを、例証することもできるであろう。

さらに、われわれがもっているのは、ヨーロッパ人訪問客によるエピソード風の証拠だけではない。歴史家たちは、一七〇〇年から今日にいたるアメリカの宗教の物語は、下降というよりは上昇の、衰退というよりは成長の物語である、ということを示しはじめている[50]。長期的な調査研究はまた、今世紀アメリカにおいては、それとわかるほどの宗教の衰退は見られなかったことを示している[51]。しかし、ヨーロッパにおける宗教の衰退を示す証拠が、これと同じくらい圧倒的に見えるのであれば、これら対照的な二つの傾向を、われわれはどのように説明すればよいのだろうか[52]？　そのような説明の試みや比較観察のほとんどは、ごく最近まで、ヨーロッパ側からやってきた。それらの説明を見ると、まず衝撃的な事実は、ヨーロッパ人は決して、アメリカにおける反証を考慮にいれて世俗化の命題を問題にしよう、という促しを感じていないようにみえることである。実際、彼らにとっては、ヨーロッパの発展が近代の標準であるという仮定はまったく疑問の余地のないことなので、グローバルなパースペクティヴで見ればまことに衝撃的なこと、つまりヨーロッパにおける宗教の劇的な衰退という事態が、説明を要するように見えないのである。それどころか、彼らにとって説明を要するのは、ヨーロッパの標準からのアメリカ的な「偏差」と見えるものの方である。基本的に、その説明は二つのグループにおちつく傾向があるが、そのどちらにも、世俗化というパラダイムを問題にすることを避けるという、あからさまな戦略が露呈している。

一つめの戦略はこじつけのようなもので、アメリカにおける証拠を、問題に無関係なものとして除外するものである。ウェーバーは次のように論じている、「さらに精査してみると」、アメリカの宗教は自ら非常に「世俗的」になり、それが果たすのは純粋に世俗的な機能だけになったので、もはやそれを宗教とみなす必要はないことは明らかである[53]、と。ルックマンも、「ヨーロッパとアメリカにおける教会宗教の性格の相違」をはじめて体系だてて説明しようとした時、似たような戦略をつかった。そして、「伝統的な教会宗教は、ヨーロッパにおいては「近代的」生活の周辺に押しやられたが、一方、アメリカにおいては、それは内的な世俗化のプロセスを経ることによって、より「近代的」なものになった」という同じような結論に達した[54]。二つめの典型的な戦略は、あまり公然とは使われないが、「最後の手段」、つまり「アメリカの例外性」にうったえるものである。そこでは、アメリカはヨーロッパの法則を確実にするような例外的現象であって、したがってヨーロッパの法則を問題にする必要はない、とほのめかされる。

ヨーロッパ的な説明の足元を見なおしてみると、本当に説明を要するのは二つの事柄である。一つは、衝撃的なヨーロッパの世俗化のパターン、つまり、ヨーロッパにおける宗教の劇的な衰退。もう一つは、ヨーロッパ人そして多くの社会科学者が、かくも長い間、アメリカの反証を正面から深刻にとりあげることを拒否してきた、という事実である。言い換えると、圧倒的な反証に直面しても失われない、世俗化パラダイムが保持している説得力を、われわれは説明しなければならない。ここではとりあえず、二つの疑問に対して、可能な説明を暗示するだけにしよう。最初の疑問に対してもっともらしい答えをだすには、独立変数に関する研究、つまり、ヨーロッパには存在するが合衆国にはない世俗化の独立の担い手に関する研究が必要である。すでに述べてきた歴史的な四つの担い手をみると、プロテスタンティズムも資本主義も、候補になりそうにないことは明らかである。アメリカの主流をなすプロテスタントの諸デノミネーション（聖公会派、会衆派、長老派、バプテスト派、メソジスト派）は、すべて基本的にはイギリスのプロテスタンティズムからの移植である。[55]一見したところ、両地域における資本主義の発展もまた、それが独立の担い手かもしれないという考えを保証するほど、異なってはいない。これに対して、政教関係や啓蒙主義によって担われた科学的世界観は、ヨーロッパとアメリカにおいてきわめて異なっていたから、国家と科学文化が独立変数として作用したということがありうるかもしれない。

アメリカはかつて一度も、絶対主義国家とその教会側の片割れともいうべき皇帝教皇主義的な国家教会をもった経験がない。これこそ真に、アメリカとヨーロッパのプロテスタンティズムを区別する点である。諸植民地の多数のプロテスタントの公認宗教すら、厳密にいえば、決して皇帝教皇主義的な教会ではなかった。アメリカのプロテスタンティズムにおけるデノミネーションの論理は、教会と国家の分離が憲法によってさだめられるずっと前から機能していた。国家教会がないため、非国教的なセクトの存在理由もなくなって、すべての宗教団体が、教会もセクトもひとしなみに、デノミネーションになっているのである。[56]

おそらく他のなにものにもまして、ヨーロッパにおける教会宗教の衰退を決定づけたのは、絶対主義のもとに王座と祭壇を抱きこむ皇帝教皇主義であった。この命題は、なにも新しいものではない。それはトクヴィルによって提出され、また別の形ではマルクスによって、異なった規範的なパースペクティヴから、再度言明されていた。[57]それはアメリカの観察者にとっては、ヨーロッパの潮流をみた瞬間に、明らかになるものである。[58]またヨーロッパ人にとっても、もし彼らがヨーロッパ自身のカトリック諸国相互のいちじるしい差異、たとえば、一方ではいまだかつて皇帝教皇主義的な国家教会をもったことのないアイルランドおよびポーランドと、他方フランスおよびスペインとの違いを一見しさえすれば、明らかになったはずである。しかも、ヨーロッパ中の多くの国の非公認教会やセクトは、公認教会よりもうまく、世俗化の潮流を超えて生き残ることができた。[59]この違いは、少数派と多数派の対立ではなく、公認の有無によって説明できる。ヨーロッパの教会をほとんど破壊してしまった原因は、すべての国民国家におけるキリスト教世界を維持し延命し、それによって近代の機能分化に抵抗しようとする、教会の試みそのものであった、と言えるかもしれない。

もし、教会の公認が教会宗教の衰退の原因である、という説明がかなり妥当だとすれば、このような手近な証拠がこれほど長く無視され気づかれないままでいたという事実は、どう説明できるだろうか？　一般にパラダイムというものは、当然とみなされる性格をもっているが、おそらくはそのようなパラダイムを維持し支持しているのと同じ因子によって、というのがその答えであろう。すなわち、この問題に関わる者たちの共同体の内部に、自分たちはすでに、問題となっている現象に関して、一貫して筋の通った説得的な説明をもっている、という合意があるかぎり、手近な説明でうまくいっていれば、それに代わる説明をさがす理由はないのである。社会科学にそのような説明を供給してきたのは、啓蒙主義的な宗教批判であった。そして啓蒙主義から受け継いだこの基本的な仮定が存続するかぎり、この説明のもっともらしさは、明らかに保たれたままだった。宗教的な変化や圧倒的な反証によって、このパラダイムが次第に掘り崩されてきたのはたしかだが、しかしこのような証拠の多くが目に見えるようになったのは、足元の仮定が突然崩壊するほどの危機の結果、新たな疑問が呈せられた時であった[60]。

啓蒙主義的な宗教批判

ある程度まで、啓蒙主義的な宗教批判は、多くの場所で自らの予言を成就してきた。啓蒙主義とその宗教批判は、公認教会が、機能分化という近代的プロセスを妨げていたあらゆるところで、自ら世俗化のプロセスの独立の担い手となった。対照的に、宗教自らが、宗教的領域から世俗的領域が機能分化していくことを受け入れるか、あるいはむしろ推進さえしたところでは、急進的な啓蒙主義とその宗教批判は不必要であった。ニュートン的な啓蒙主義の諸理想は、イギリスにおいては科学界や教育を受けた公衆や、また王室においてすら、かなり確立した流行になっていたが、それがモンテスキューやヴォルテールなどによってフランスや大陸の絶対主義的ヨーロッパに輸入されると、そこでは扇動的で冒瀆的なものになった。これらの諸理想は、フリーメーソンの集会所や陰謀的な結社へと潜行することを余儀なくされると、さらに急進化した形で再登場してきて、教会的諸機関が、個人や集団を、知的・政治的・道徳的にコントロールしつづけようと試みているあらゆるところに、広がっていった。個人や集団は、絶対主義国家や階層的な社会関係や教会などのあらゆる「自ら招いた後見」から解放されようと、奮闘していた。[61]

啓蒙主義的な宗教批判は、はっきり区別できる三つの次元からなっている。まず、形而上学的あるいは超自然的な宗教的世界観に対抗する認識的な次元、次に、教会的制度に対抗する政治実践的な次元、そして、神の概念そのものに対抗する主体的で表現的・審美的・道徳的な次元、この三つである。最初の認識的な局面においては、啓蒙主義的な批判は、近代の科学的方法を正当化し制度化する道に立ちはだかる、宗教的世界観に対抗する方向性をもっていた。自然科学につづいて社会科学と文化科学も、自然や社会や文化に関する伝統的な宗教的・形而上学的な説明に対抗して、自律性と正当性を打ち立てなければならなかった。そのためこれらの科学は、自分たちは前科学的な世界観よりすぐれており、現実を説明する唯一の全体的な説明を提供することができる、という絶対的な主張を強調しはじめた。宗教は、前科学的(プレ)で前論理的(プレ)な思考と知識の形態、という地位にまでおとしめられて、知識や教育や科学的世界観のさらなる進歩のまえに、消滅しなければならないものだった。宗教的無知と迷信の「闇」は、理性の「光」にさらされて、消え失せるかと思われた。当然、そのような宗教批判は、教会がいまだ中世のアリストテレス＝トマス主義的な形而上学的総合にコミットして、近代の認識上のあらゆる異説に抵抗し、教育をコントロールする絶対的な権利を主張しているところでは、とくに効果的だった。しかし、宗教が中世のスコラ哲学の束縛から自らを解放し、新しい科学(イギリスにおけるニュートン的総合と、アメリカにおけるスコットランド的な素朴実在論)と新たな関係をむすぶか、あるいは自然や社会といった外部の客観世界をまったくうちすてて、人間の心の内なる主観的な世界に居場所を見つけているところ(敬虔主義やロマン的宗教のさまざまな形態がこれだ)では、この同じ批判は、ほとんど的外れにならざるをえなかった。[62]

しかしながら、ひとたび科学があたかも神がいない「かのように」自由に前進しはじめると、それは自らの方法を転用して、神という仮説を分析しはじめた。最初の原始宗教——のちのすべての宗教はそこから発生したと考えられていた——の起源に関する最初の「科学的」説明は、宗教は、自然の圧倒的な力のまえで原始人が感じた恐怖と無力感にさかのぼるとか、あるいは、人間の心が自らの魂（サイキ）や夢やヴィジョンを理解しようと泡をふき口ごもりつつ行った試みにさかのぼるとか、あるいは最初の社会集団が自らを理解し表象するために行った試みにまでその系統をたどることができる、とか結論づけていた。したがって宗教は、原始的物理学であるか（ナチュリズム）、原始的心理学であるか（アニミズム）、あるいは原始的社会学であるか（トーテミズム）、いずれにしてもこれらはみな、いずれは対応する近代科学のパラダイムに取って代わられるべき運命にあった(63)。科学的世界観が宗教的世界観に取って代わることによって、科学は——ウェーバーの定式化によれば——、宗教が呪術から自己を解放することによってはじまった脱呪術化の普遍的なプロセスの、最後の担い手となった。このプロセスの最後の場面では、科学的世界観自体が、科学としての自己限定を自ら受け入れるという世俗化のプロセスに屈し、「理性のカリスマ」を脱呪術化することになる。このプロセスの最後において、科学は真の芸術にいたる、真の自然にいたる、神にいたる、あるいは幸福にいたる道である、というあやまった自己像は、多くの幻想に満ちたものであることが明らかにされる(64)。

認識上の宗教批判は、真実性を主張する宗教的世界観に対抗していたが、他方で政治実践的な批判は、宗教的制度のイデオロギー的機能に対抗していた。王座と祭壇の絶対主義的な同盟に対抗する闘争において、フィロゾフたちは、ほとんど自然に、啓示宗教の歴史的起源に関する別の説明に到達した。古代の密儀宗教に魅惑されたり、また秘教的なイニシエーションによって秘密のフリーメーソン結社に入るという彼ら自身の個人的経験に魅惑されたり、あるいは陰謀的な結社として地下にもぐることを余儀なくされたりして、フィロゾフたちは、宗教とは、僧侶たちと支配者たちが人々を無知で従順で抑圧されたままにとどめておこうとした、壮大な歴史的陰謀である、という説明に達した。ヴォルテールの「下劣者をひねりつぶせ（エクラゼ・ランファーム）」（ヴォルテールが百科全書派の人々への私信の末尾にしばしば記した言葉）は、教会およびすべての教会的機関に対する宣戦布告となった。急進的な啓蒙主義は宗教に反抗して、聖なるテキストは偽造文書であり、聖なる実践は感染性の病理現象であり、教祖は詐欺師であり、僧侶は怠け者の偽善者であり低能者であり変質者である、と暴きたてた。かつてカトリック的合理主義が民間の宗教的迷信に適用した手法、また転じてはプロテスタンティズムのセクトがカトリック的制度に対してふりかざしたのと同じ手法が、今や啓示宗教やあらゆる形態の聖職権主義（クレリカリズム）にふりむけられた。ルソーが分析した三つの宗教の形態——「人間の宗教」「市民の宗教」「僧侶の宗教」——のうち、「あまりにも明らかに悪いものだから、それを論証してよろこぶのは時間の浪費」なのは、三番めの宗教である。[65] 実際、反聖職権主義の有無は、あらゆる国において政治的な宗教批判が適当かどうか、効果的かどうかをはかる、もっともよい指針なのである。

啓蒙主義のすべての分派は、この「僧侶の宗教」、つまりローマ教会とすべての公認教会が、旧体制の没落と政治的自由の確立にともなって消滅しつつある、という点で意見が一致していた。しかし啓蒙主義のなかには、宗教をもたない社会の末路はどうなるのかという恐れから、ためらいを見せる流れもあった。理神論者ヴォルテール——彼は無神論や自由思想家の言説が使用人におよぼす結果をよく弁えていた——によってもっともよく代表される保守的な伝統は、古代の二重真理という理論を支持して、不可知論的な教育をうけたエリートと、迷信深い大衆との距離をたもっておくことを望んだ。リベラルな伝統は「人間の宗教」を好みながらも、いかなる宗教であれ、それが公認教会的なありかたと一線を画し、経済から分離されて——つまり私事化されて——いるかぎり、宗教に寛容だった。そのような形態の宗教がむしろ有用ですらあることに関しては、リベラルな政治家と企業家の意見が一致していた。「ローマ世界に普及していたさまざまな礼拝様式はすべて、人民にとってはひとしく真実のものと考えられ、哲学者にとってはひとしく虚偽であると考えられ、行政の長にとってはひとしく有用なものと考えられた」といったのはギボンだが、この古代宗教に関する有名な一節に信心深くえがかれたような宗教的現実を、蒙を啓かれた自由思想家たちは、近代の宗教に難なく発見することができた[66]。

もう一つの流れは、デュルケーム派の社会学において頂点に達する。これは、功利主義的な規範や利己的な自己利益によってのみ支配される社会は、結局はアノミーと非連帯にいたることを憂えて、社会において規範的・統合的な機能を果たす、新たな「市民宗教（シビル・レリジョン）」の必要性をうったえるものである。わずかにオルバック主義者やマルクス主義者のような極端な唯物論者だけが、無神論の論理的な筋書きにしたがった。オルバック主義者たちは、世俗の独立国は、苦痛と快楽を適当に管理することで、宗教的な正当化や規範的な統合の必要なしに、うまくやっていけると確信した。僧侶ではなく絞首刑執行人が、社会秩序の究極的な保証人であった。[67] マルクスは、宗教は抑圧する側のイデオロギーであるだけでなく、「被抑圧者のためいき」であり「転倒した世界の転倒した意識」でもあるとする認識から、国家による抑圧や宗教的な慰めや偽りの意識は、それらの一般的な供給源である階級社会があるかぎり必要でありつづけるだろう、と論じた。「歴史の課題」は、資本主義の発展にはじまる世俗化のプロセスを完成させて、社会から「神秘のヴェールをはぎとり」「人間同士そして人間の自然に対する、まったくわかりやすく道理にあった関係を提供する」ような、完全に合理的な社会を建設することであった。[68]

しかしながら、マルクスの宗教批判は、すでに「宗教問題の人間学的な転換」からはじまっている。[69] この人間中心的(アントロポセントリック)な転換は、まずヘーゲル左派によって展開され、とくにフォイエルバッハの「投影」理論や「自己疎外」理論にもっとも体系的な議論が見られ、それが、マルクス、ニーチェ、フロイトの宗教批判で示された三つの異なった方向で継承され、最後にフランクフルト学派の初期の批判理論において再び合流した。[70] 主観的で審美的で道徳的な宗教批判がルター派のドイツに現われて影響を与え、また認識論的で政治的な批判がカトリックのフランスで盛んになり、英国国教会派のイギリスではもっとやわらかい形の批判がいくぶん遅れて出てきたとしても、驚くにはあたるまい。いずれにせよ、「キリスト者の自由」というパンフレットのなかで、自由は「内なる」人、人格の「内なる」領域のものであり、「外なる」人格は救いようもなくこの世の権力のシステムに従属している、と主張して、自由と不自由との間に深い溝を作り出したのは、ルターであった。[71]社会や自然という外の世界は、文字どおり悪魔の手にわたされており、他方で宗教は目に見えて主観的な内面化のプロセスをたどった。主観的で表現的な内なる領域に退くことによって、また敬虔主義的な心の宗教となることによって、ルター派や表現的宗教のあらゆる近代的な形態は、科学による宗教的世界観の批判や、政治による教会制度の批判に対して、かなり免疫をもつことになった。実際、政治の領域は、暴力と悪の領域であった。公認教会としてはこの領域に関係をもたざるをえなかったが、しかしルター派教会は、「役所」のような外なる領域用の世俗道徳と、人格の「内」なる領域用のキリスト教道徳とを分離するという二重道徳の原則を導入し、これによって「内なる宗教」の自由が保障された。[72]

もし、エンゲルスが指摘したように、フォイエルバッハの『キリスト教の本質』が一般的な熱狂でむかえられ、読者に解放的な効果をもったとすれば——ヘーゲル左派についてはまちがいなくそのとおりだったろう[73]——、それは同書が、広く共有されていながらいまだ言語化されていない経験、つまり、キリスト教の本質は人間愛であり、神学は人間学であり、宗教の目的である神は人間の本質の表現にほかならない、という経験を、もっとも単純で曖昧さのないタームによって表現したからであった。フォイエルバッハは、自分の無神論の出発点は「宗教は不合理であり、無効であり、まったくの幻想である」という認識上の実証主義的仮定ではなく、あるいはまた、宗教は僧侶の陰謀であるとか、福音書は偽造文書であり「イエスの生涯」は神話である、というたぐいの政治的な反聖職権主義的仮定でもなく、むしろ、宗教そのものがわれわれに無神論を教えていることの再認識である、と主張している。なぜなら、「宗教そのものは……その精神において、その本質において、人間の本性の真実さと神聖さ以外の何ものも信じない」からである[74]。さらに――と彼は言いそえている――、神学はずっと前から人間学になっている。ルターの関心はすでに、神の存在論的な本質から、神とは人間にとって何なのかという問題――すなわちキリスト論――にうつっていたし、シュライエルマッハーは、宗教を単なる「感情」に還元していた。このような還元がいきつく所までいけば、ヘーゲルがシュライエルマッハー批判において指摘しているように、宗教や神や宗教経験はすべて、単なる主観主義へと溶解してしまいかねない[75]。実際、人間の主観的状態をもってはじまる人間学は、人間学的な声明しか出せない。したがってフォイエルバッハは、宗教とは「人間の隠された宝のヴェールを厳粛にはがすことであり、その親密な考えを露わにすることであり、その愛の秘密を公に告白することである」と結論することができたのである[76]。

「神を富ませるためには、人は貧しくならねばならない。神がすべてであるためには、人は無でなければならない」[77]。――もしこれが神の全能と人の無能の秘密であるとすれば、今こそ、人間たちが天に投影してきた自己疎外的な本質を、自らのものとして再要求すべき時がきたのだった。いかなる形であれ、官能の拒否、自己否定、宗教的苦行をやめるべき時であった。青年マルクスにとって、「今や、平信徒と彼の外部の司祭との闘争ではなく、彼自らの内なる司祭、司祭的な本性との闘争こそが、問題となった」[78]。もし、フォイエルバッハがいうように、「宗教は人間の心(マインド)の夢である」のならば、宗教の実証主義的批判ではなく、むしろ夢の精神分析的な解釈のほうが、宗教批判の手段として適切である。フロイトが言ったように、宗教的な幻想は実現されることを切望する人間の強烈な欲望の表現であり、「宇宙的な強迫神経症としての」宗教は本能的な衝動の抑圧と置換に基づいている、ということを認めるべき時がきていた。人類にとって、幼児的なナルシシズムを捨てて成年に達し、現実原則を受け入れ、文化と和解し、文化が要求する剝脱と本能のコントロールの結果起こってくるすべての不満を、克服すべき時がきていた[79]。

深い心理学的な内省を通じて、ニーチェも同じように急進的な、しかし異なった結論に達していた。それはもはや、単なる科学的な無神論の問題でもなく、宗教や父性的権威の代用品なしに生きていくのに必要な成熟の問題でもなかった。『道徳の系譜』が明らかにしたむきだしの真実は、フロイトの現実原則やその他のすべての科学的事実よりも、さらに受け入れるのがきびしいものだった。それはつまり、近代文明の構造全体、その合理的で世俗的な道徳、その人類愛の宗教は、ユダヤ・キリスト教の世俗化された形態にほかならず、そのユダヤ・キリスト教は僧侶階級の手によるきわめて巧妙な復讐であり、彼らは禁欲主義的理想の感染症のヒステリーの担い手、あるいは怨恨の方向転換者としては比肩するもののない名人であることを証している、という真実である。[80]「神の死」によって空白になった無限の大洋を、単純に人間愛で満たすことができなかったのは、まさにこの理由による。ニヒリズムを克服して、近代社会が直面している破局を回避することができるのは、ただ善悪を超え道徳を超えた良心をもつ超人の誕生だけだった。

一九世紀ドイツの啓蒙主義あるいは反啓蒙主義の思想家はみな、キリスト教哲学の総合を打ち立てようとしたヘーゲルの最後の努力に対抗して、フォイエルバッハのように、次のようなことを当然視した。

キリスト教は、理性からだけでなく、人間の生活から事実上消え去って久しいので、それはもはや一つの「固定観念」にすぎず、今日の火災保険会社や生命保険会社、鉄道や蒸気機関車、絵画や彫刻のギャラリー、陸軍学校や工業学校、劇場や科学博物館とは、はなはだしく矛盾した状態にある。[81]

そのような世界では、生き残っている宗教がもしまだあったとしても、それはきわめて主観的で私事化されたものとなるので、「見えない」宗教、つまり社会の周縁にあって社会とは無関係なものになってしまう。

宗教の私事化という命題

宗教の私事化という命題の、もっとも精緻で体系的な定式化は、トマス・ルックマンとニクラス・ルーマンの著作にみることができる。この命題の出発点にして主要な仮定は、世俗化のプロセスはすでにそのコースを十分進んでいるということ、そのプロセスはほとんど「不可逆的」らしいということ、キリスト教にとっても他のどの宗教にとっても、このプロセスの結末は、ヴォルフガング・シュルフターがまとめた次のような二つの命題どおりになる、ということであった。

(1) 世界観に関するかぎり、十分完成した世俗化とは、生活に関する別の諸解釈が出てくることによって、宗教的信仰が主観的なものになることを意味する。それらの諸解釈は、原則としてもはや単一の宗教的世界観に統合されることはありえない。

(2) 制度に関するかぎり、十分完成した世俗化とは、組織宗教が、社会の機能分化の結果として非政治化されることを意味し、原則としてその分化は、もはや制度的宗教を通じて統合されることはありえない[82]。

互いに関連するこれら二つの命題は、まずルックマンによって精緻に体系化され、のちにルーマンによってシステム理論の言語で再定式化された。

『見えない宗教』においてルックマンは、まず、伝統的な宗教組織は近代世界の機能を果たすことにますます無関係になり周縁的になってきており、そして近代宗教そのものが教会のなかにはもはや存在しないと論じて、世俗化命題を徹底した[83]。救済と個人的な意味の近代的追求は、各自の私的領域にしりぞいてしまった。ルックマンは、のちのナルシシズム分析と「新たな宗教意識」分析をにらみながら、「自己表現」と「自己実現」が近代の「見えない宗教」になっている、と論じた。ルックマンの説明は、制度と役割の分化理論にむすびつけられている。近代的分化は、さまざまな制度的領域が、自らの内なる「機能合理的」な規範の支配をうけて自律的な領域になることによってするどく分裂する、という事態を導く。抽象的で非人格的で、他のものでも代替のきく役割のパフォーマンスにますます依存するようになったその機能合理的な領域にとって、人格としての個人は無関係なものになる。個人の社会的存在は、無名の特殊化された社会的役割の脈絡のない一連のパフォーマンスになるので、制度的な分裂が、個人の意識のなかの分裂となって、再生産される。

宗教的制度は、他の制度と同じように、分化のプロセスと制度的な特殊化を経験するので、宗教的な役割もまた、個人の意識の内で、特殊化された「パートタイムの役割」になる。非宗教的な役割のパフォーマンスが自律的な「世俗的」規範によって決定されるようになればなるほど、宗教的規範が伝統的に行っていたグローバルな主張は、ますます信憑性が乏しくなってきた。その結果、「特別に宗教的なパフォーマンスや規範と、非宗教的なパフォーマンスや規範――それぞれが管轄権を主張していた――とを、意味ある統合にもたらすことが、問題として残った[84]。原則として、その問題に対する解決策としては、(a)「前反省的な態度のなかで、「世俗的」パフォーマンスから宗教的パフォーマンスへと、お決まりのやりかたで方向をかえる」という解決から、(b)少し調査したあとで個人の宗教性を反省的に再構築するという解決、さらに、(c)競合する「世俗的」価値システムを採用するという解決にいたる、典型的なものがいくつかあった[85]。重大なのは、個人はこれらの解決のうちの一つを選ぶことができるし、少なくとも暗黙の内に選ばざるをえない、という事実である。したがって、どれを選ぶかにかかわりなく、その解決は個人的なものになるだろう。自由選択は消費者の態度を決定する。それは、「自律的」な個人が広範なオプションに向かいあった時にみせる態度であって、個人は買い手として、「宗教的」な表示の幅広い品ぞろえに直面する。伝統的宗教から世俗的な新宗教まで、専門のサービス代理店によって製造され包装されて販売されるこれらの品々のなかから、個人は一人であるいは心を同じくする者同士で集会をつくって、究極的意味の私的なシステムを、不安定とは知りつつ、構築あるいは再構築するのである。

近代世界の構造にとって重要なのは、この主観的な意味の追求がまったくの私事（パーソナル・アフェア）だ、という事実である。一次的な「公的」制度（国家、経済）はもはや、聖なる秩序あるいは公的な宗教的世界観を維持する必要がなくなり、それに興味ももっていない。言い換えると、近代社会は、デュルケーム的意味での「教会（チャーチ）」として、つまり公に共有された実践と信仰によって統一された道徳共同体として、組織される必要がないということである。個々人は、断片を縫いあわせて主観的に意味のある全体を作り出そうと、私的な努力をつづける。個々人自らが、これら断片的なパフォーマンスを「一つの主観的な意味のシステム」に統合できるかどうかは、そこで支配的な経済と政治の諸制度に関わる問題ではない――少なくともこの問題が、それらの制度が効率的に機能するのに逆効果でないかぎりは。いずれにせよ、資本主義市場と管理国家が、デュルケーム的な社会統合の危機に達する段階以前に、多くの個人的また社会的「アノミー」と共存できていたという事実は、十分明らかである。さらにルックマンは、「主観的自律性」が神聖化され、個人が私的領域に引きこもることによって、事実上「一次的制度の自律性」は正当化され強化されたことを示している。この点で、「個人の祭祀（カルト）」が社会の産物であり、それは近代社会が自ら創りだした新たな社会的形態の宗教である、とみたデュルケームは正しかった。しかし、ルックマンが指摘したように、「それは、増大する人間存在の主観性に聖なる資質を付与することによって、世俗化を支えたばかりではなく、われわれが社会構造の非人間化と呼ぶものをも支えた[86]」。ルックマンは、人は近代のこのような「非人間化」への趨勢を望ましくないというかもしれないが、それでもこれは「逆行不能」になってしまうかもしれない、と悲観的な結論を書きとめた。

ニクラス・ルーマンのシステム理論は、ルックマンの機能主義的な命題をさらに精緻にした。ルーマンの理論は、社会の分化に三つの異なった形態（分節（セグメンテーション）、階層化（ストラティフィケーション）、機能分化）を区別し、それによって、デュルケームの『分業論』によって課された問題に、説得的な解答を与えている。ルーマンの作業は、デュルケーム派の伝統の埒内で、機能的に分化した近代社会は、デュルケームが仮定したような規範的な社会の「積極的」統合のたぐいは必要としないし、それを所有しそうもないことを示す[87]。したがって、「新たな神の誕生」や「聖なるものの回帰」や「宗教復興」がありそうだとか、「市民宗教」が存在するのではないか、などと仮定するような近代宗教の理論は、あやふやな前提に基づいているのである。ルーマンの機能分化理論はまた、なぜ宗教の私事化が近代の支配的な趨勢なのか、ということを説明するのに有利な立場にある。実際、このようなパースペクティヴから見る時、デュルケームの宗教社会学は、かなりの程度、現代社会の宗教を理解するには不適当なものに見えてくる。

私事化の理論や命題は、宗教的諸機関は近代世界でどのように働くべきかというような、処方的で規範的な理論として転用されると、問題がでてくる。それらはもともと、歴史の支配的な趨勢に関する理論、立証や反証が可能な経験的理論だからである。「世俗化の逆行不能」というシュルフターの議論は、機能分化の理論をそのように用いることがはらむ危険を、よく表現しているかもしれない。すでに述べた二つの命題に基づいて、シュルフターは二つの疑問をあげている。

(1) 世俗的世界観に対する宗教的な抵抗運動のなかに、単に啓蒙主義の結論を受け入れるのを拒否するだけにとどまらない、正当な抵抗があるだろうか？

(2) 非政治化に対する宗教的な抵抗運動のなかに、単に受け継いだ特権にしがみつくだけにとどまらない、正当な抵抗があるだろうか？(88)

この二つの疑問に対する私の答えは無条件にイエスであり、それは本書でのちに行う五つの事例研究から得られる経験的な証拠に基づいている。しかしこのことは、そこでの証拠が世俗化の逆行可能性という命題を支持する、ということを意味しない。これが意味するのはただ、シュルフターの二つの疑問は、世俗的世界観と啓蒙主義との関係、また宗教の政治化によって機能分化が脅やかされるという関係を、予断的に定式化している、ということである。世俗的世界観のうちのいくつかは反啓蒙主義的かもしれないし、そのような場合に宗教的抵抗運動は正当であり啓蒙主義の側に立っているかもしれない。このような可能性を説明できるくらいの柔軟性をもたない理論は、まだ完成していない近代とまだ完了していない世俗化という、歴史の「あれこれの偶発性(コンティンジェンシー)」を扱うには、粗雑すぎる。

実際、世俗化論は、「宗教的世界観と世俗的世界観との間、また宗教的な行為と世俗的・人間的な行為との間には、根本的な緊張と葛藤があるはずだ」という前提から出発すべきではなかった。(89)われわれは一定の確信をもって、今日、少なくともアメリカにおいては、宗教的「根本主義者」も根本主義的な「世俗的ヒューマニスト」も、かろうじてその存在がわかるほど少数派であって、大多数のアメリカ人は、宗教的であるとともに世俗的なヒューマニストの傾向があるといえるだろう。世俗化論は、この経験的現実がパラドクスではなくなるように、あらためて定式化されるべきであろう。もし、シュルフター自身がみとめているように、緊張が弱まって「かつての最前線がほとんど消滅したのだ」としても、それは啓蒙主義が、理性という自らのカリスマの呪縛を解いた結果として、根本主義的な反宗教の刃のするどさをいくらか失ったから、という理由だけではないのである。友好回復は互恵的であったが、それというのも、宗教は「啓蒙の弁証法」に対する防波堤として、また世俗的領域とそれが絶対的に主張する内なる機能的自律性に対して人権とヒューマニズムの価値を擁護するものとして、しばしば役立ってきたし、いまなお役立っているからである(90)。実際、宗教は、ヒューマニズムの自己言及的な概念化は理論的なアナクロニズムである、とするシステム理論の主張に対してすら、防波堤として役立ちえただろう。つまり宗教は、あらゆるポストヒューマニティ、ポストヒストリーの命題に抗して、立つことができるのである。

世俗化論はまた、次のような歴史的「偶発性」を説明することができるほど、十分複雑でなければならない。すなわち、近代世界において、かならずしも「積極的」な社会統合の役割を果たすとはかぎらないが、なんらかの政治的な役割を演じる正当な「公共」宗教の諸形態があるかもしれないということ、かならずしも近代的な機能分化を危うくしない「公共」宗教の形態があるかもしれないということ、あるいはまた、宗教の私事化や主観的な宗教的信仰の多元主義の存在を許すような「公共」宗教の諸形態があるかもしれないということ、などである。そのような可能性を概念化しうるためには、世俗化論は、特殊な歴史的背景をもつ自民族中心主義的（エスノセントリック）な先入観のうち、三つの点を再考する必要がある。まず、プロテスタント的な主観的宗教形態への偏向、次に政治と「公的領域」に関する「リベラル」な概念への偏向、そして分析の組織単位としての主権的国民国家への偏向、この三つである。

世俗的分化は、依然として近代の構造そのものを定義するために役立つ構造的な趨勢だが、宗教の私事化というのはそれと違って、一つの歴史的なオプションである。たしかに「好まれるオプション」ではあるが、それでも一つのオプションであることにかわりはない。内部的にみると、私事化は、一般的な聖職者の流れを見ても、宗教の個人化のプロセスを見ても、また近代宗教の融通性のある性質を見てもわかるように、宗教の内部において好まれている。他方、外部的にみると、私事化は、構造的な分化の趨勢によって、境界線で囲まれた宗教的領域のなかに宗教をおしこめようとする圧力をうけている。イデオロギー的にみると、私事化は、近代の政治や憲法の理論にも浸透しているリベラルなカテゴリーの思考に支配されている。

実際、私事化の命題を分化の命題から解きはなち、それによって近代の公共宗教が可能となる条件を確認する作業が可能になるのは、宗教に関わる公／私のリベラルな区別を問題にし、公的領域に関するこれまでとは別の概念化を精緻にすることによってのみである。

2章　私的宗教と公共宗教

物事を二つに区分することは分析的な手続きであり、それが有益だからといって、存在がそのように分かれている保証になるわけではない。二種類の人々がいるとか、二種類の現実やプロセスがあるなどと宣言する人々を、われわれは疑いの目で見なければならない。[1]

メアリ・ダグラス

あらゆる社会現象のなかで、宗教ほど捉え所がなく、したがってまた、二つに分類しにくいものは、おそらくほかにない。また、あらゆる二分法的な対（つい）をなすタームのなかで、公／私の区別ほど、曖昧で多義的で、討議や論争を招きやすいものは、ほとんどない。しかし、公／私の区別は、近代的な社会秩序のあらゆる概念にとって決定的であり、また宗教そのものはもともと、近代史における私的領域と公的領域との分化に関連している。経験的な発言以上の正確さはもたないかもしれないが、それでも「宗教は私事である」ということは、二重の意味で西洋近代にとって重要である。まずそれは、宗教的自由は、良心の自由という意味で、時間的に「最初の自由」であるばかりでなく、他のあらゆる近代の自由の前提条件でもある、という事実を指している。[2] 実際、良心の自由が本来「プライバシーの権利」――つまり、私的領域が行政の侵入や教会のコントロールから自由なものとして制度化されていること――と関係しているかぎり、また、「プライバシーの権利」が近代の自由主義や個人主義の基礎となっているかぎり、宗教の私事化は近代性にとって本質的なものである。[3]

もう一つ別の意味においても、宗教の私事化は近代の社会秩序と本来的な関係があるといえる。近代世界では「宗教が私的になる」ということはまた、近代を構成する制度的な分化のプロセスそのものを、すなわち、世俗的領域が教会のコントロールや宗教的規範から自らを解放するという近代の歴史的プロセスを、指している。宗教は、近代世俗国家や近代資本主義経済から身を引いて、新たに発見された私的領域へと避難することを、ますます強いられるようになった。近代科学ばかりか、資本主義市場や近代国家の官僚制も、あたかも神が存在しない「かのように」機能することができるようになった。このことが、近代の世俗化論の難攻不落の核を形づくっている。この核は、近代世界のほとんどの人々がいまだに――あるいは今ふたたび――神を信じていること、そしてあらゆる種類の新旧の宗教が近代世界でどうにかうまくいっていることを、批評家たちがいくら正しく指摘し主張しても、無傷のままで残っている。

ところが世俗化論は、次のような批評家たちの指摘に答えようとすると、さらに大きな困難をかかえこむことになる。つまり、教会と国家をへだてる近代のさまざまな壁はさまざまな亀裂を生じており、そこを通じて両者が相互浸透しているということ。また宗教的機関はしばしば、私的領域のなかに割り当てられた周縁的な場所を受け入れることを拒否して、目につく公的役割をどうにか果たしているということ。また、宗教と政治はあらゆる種類の共生関係を形成しつづけているため、人がいま目撃しているのが宗教的な装いをとった政治運動なのか、それとも政治的形態をとった宗教運動なのかを確かめるのは容易でないということ、こうした指摘である。(4)

このように、宗教が近代世界においてますます私事化していく一方、われわれはまた同時に、宗教の「脱私事化」のプロセスのようにも見えるものを、目撃しつつある。このパラドクスをあつかうには、われわれはもう一度、私的宗教と公共宗教との区別がもっているさまざまな意味を、再考する必要がある。以下の作業は、網羅的で普遍的に妥当する分類図式を作り出そうとするわけではなく、概念を明確にするためのもので、三つの目的をもっている。(1)近代世界における「公共宗教の諸相」とでも呼びうるものを説明するための、概念上の道具として役立つこと、(2)世俗化の諸理論が、近代社会のプロセスに関する経験的で記述的な理論としての側面と、また近代社会に関する規範的で処方的な理論としての側面と、この両面を兼ねることで生じる広がりを明らかにし、それによって、近代の制度化の特殊な歴史的形態をイデオロギー的に正当化するのに役立つこと、(3)近代世界において私的領域と公的領域との間で境界線の引きなおしが争われたが、それに際して公共宗教が役割を演じなかったかどうかを調べること、以上の三つである。

公／私の区別について

「公／私の区別の理論と政治」において、ジェフ・ワイントローブは、今日の社会分析において、「公的」と「私的」の区別を行うために用いられる四つの主な方法を、次のように再構築している。

(1) 自由経済主義的モデル……これは公／私の区別を、なによりもまず、国家管理と市場経済との区別、という観点からみる。

(2) 共和主義的な美徳という（古典的な）アプローチ。これは「公的」領域を、市場と管理国家の双方から分析的に区別して、政治共同体や市民精神の観点からみる。

(3) たとえば、アリエス（それに社会史や人類学における他の人物たち）の仕事を典型例とするようなアプローチ。これは「公的」領域を、流動的で多様な形をもつ社交の領域としてみる。

(4) ある種の経済史とフェミニズムの分析における……一つの傾向。「私的」と「公的」の区別を、家族と市場経済（後者が「公的」領域になる）の区分、という観点から理解する。[5]

ターム上の不一致がいくらかあるのは、近代の現実——これは少なくともヘーゲル以来、家族、市民／ブルジョア社会、国家の三者関係として知られていた——を、「公的」「私的」という二分法的な二つのカテゴリーに合致させることの難しさによるものであろう。この公／私という二分法は、かなりの程度、古代都市がオイコスとポリスへと二元論的に分化したことに由来している。近代に特有の新しさは、複雑に錯綜した自律的な領域である「市民社会」あるいは「社会的なもの」が出現したことから起こっている。この領域は、純粋な「公と私の間」に立ちつつ、しかも双方に浸透して溶解させようとする、膨張主義的な傾向をもっている。三つの領域の間の実際の境界線は、経験上きわめて浸透性が高く、相互浸透がおこっているので、つねに位置を変えている。実際、三つのそれぞれの領域は、公的次元と私的次元をともにもっている、といってよい。[6]

社会的現実そのものは二分法的なものではないので、二つのカテゴリーを使用すると、両極の一方の境界を明快に決定して、残りの現実を不定形な残余カテゴリーとしてほうっておくか、あるいは公と私の境界を明快に決定して、両極端の間になんらかの不定形な領域を残すか、どちらかの結果になる。[7] たとえば、私的領域の境界を明快に決定するような諸概念は、その私的領域が個人的な自己の領域として理解されているにせよ、あるいは家庭的でパーソナルな関係にある親密な領域として理解されているにせよ、残りの部分をすべて「公的なるもの」という未分化のカテゴリーに入れがちである。アーヴィング・ゴフマンの社会学は、その極端な一例としてあげられる。ゴフマンが「公的生活の場」と呼ぶものは、フェイス・トゥ・フェイスの相互作用が行われる全領域を包摂し、そこには「私的な家庭内のフェイス・トゥ・フェイスの相互作用」も含まれている[8]。純粋な私的領域は、個人が誰にも観察されずにリラックスできる「楽屋裏（バックステージ）」に制限されている。個人はいったんそこから出ると、公的自己（パブリック・セルフ）として演技用の仮面（ペルソナ）をかぶり、「相互作用の儀式」という戦略的なふるまいをするのである。これと対照的に、公的領域の境界を政府の公的部門の境界とみなすようなリベラルな概念は、他のすべての領域を未分化な「非政府的」な私的部門として、一括する傾向がある[9]。

しかし、さまざまな立場の間に存在する概念上のいくつかの相違は、単にターム上のものではなく、また経験上の境界が現実そのもののどこに実在するのかといった、認識上のものでもない。それらはかなりの程度、ワイントローブが指摘したように、「理論的（そしてイデオロギー的）なコミットメントのより深い相違」を反映しているのである[10]。言い換えると、それらは、近代世界における公的領域と私的領域の実際の歴史的分化を、規範的かつ対抗事実的（カウンターファクチュアル）に批判したものであり、また近代の歴史的趨勢を正当化するのに役立った概念的な実体化を、イデオロギー的に批判したものでもある。最近の批判のなかでは、次のような例をあげることができるだろう。(a)行政上の国家における政治的領域を政府の領域にまで還元するという近代的傾向に対する、古典的／共和主義的な観点からの批判。この傾向が批判されるのは、それが「公的領域」そのものの解消につながるからである。[11] (b)近代の功利主義的個人主義に対する、共和主義的な美徳の観点からの批判。この個人主義が批判されるのは、公的な利害関心を個人の私的な利害関心の集合に還元したり、また道徳を主観主義的な道徳情緒説や唯我論的な価値決断主義へと私事化しがちだからである。[12] (c)男性的・公的・政治的・非道徳的な領域と、女性的・私的・非政治的・道徳的な領域とをわける二分法に対する、フェミニズムからの批判[13]、などである。

これらの進化論的な説は、私が近代宗教の「脱私事化」と呼んでいるものを、近代的分化という不可避のプロセスに対する、反近代的でファンダメンタリズム的な反応として解釈するのを好んでいる。それらに対して私が論じたいのは、「公共宗教」の形をとるもののうちには、支配的な歴史の趨勢に対する対抗事実的で規範的な批判として理解されうるものも、少なくともいくつかあるのではないか、またそれらは多くの点で古典的・共和主義的・フェミニズム的な批判と似ているのではないか、ということである。それらの宗教的批判の公的なインパクトの大きさは、単に、宗教が自らの儀式書(アジェンダ)を社会に課すことができるかどうか、あるいは宗教が自らのグローバルな規範的主張を他の自律的領域に押しつけることができるかどうか、という点で測られるべきではない。分化した近代社会においては、宗教がふたたび体系的で規範的な統合の役割を演じることはありそうもないし、それは望ましいことでもない。しかし公共宗教は、あれこれの境界線を横断したり、また分化した諸領域が、道徳的規範や人類的問題を無視して、あたかも自律的な機能を果たしているかのようにふるまう事態に対して、公的に疑問を呈することによって、人々を動員するのに役立つかもしれない。公共宗教はまた、境界線の引きなおしに貢献するかもしれないし、もっとも控えめにいっても、そのような問題に関する公的な討論を促したり、あるいは公的な討論そのものに貢献するかもしれない。そのような討論から何がでてくるにせよ、あるいはその歴史的なインパクトが何であるにせよ、宗教は重要な公的役割を演じたことになるだろう。フェミニズムや共和主義的美徳の観点から近代の発展が批判されたのと同じように、宗教は、対抗事実的で規範的な批判として機能したことになるだろう。その上また宗教は、近代的発展が特殊で偶発的な歴史的性格をもっていたことを明らかにしたり、近代的事実性の規範的性格を問題にしたりするのに、役立つかもしれない。しかもこれらのことを認めるには、必ずしも宗教的批判の規範的な前提を受け入れなくてもよいのである。

宗教的分化のパースペクティヴからみた私的宗教と公共宗教

私的宗教と公共宗教の近代的分化のいくつかの局面は、すでに宗教の社会科学的研究のなかに、相互作用レベルの分析においては「個人」の宗教性と「集団」の宗教性の区別として、また組織レベルの分析においては「宗教共同体」と「共同体祭祀」の区別として、あるいは社会レベルの分析においては「宗教」と「現世」の区別として、現われている。[14]

「個人の宗教性と集団の宗教性」

私たちは宗教を……個々の人間が孤独の状態にあって、いかなるものであれ神的な存在と考えられるものと自分が関係していることを悟る場合だけに生ずる感情、行為、経験である、という意味に解したい。ウィリアム・ジェイムズ[15]

宗教とは、個人と超自然的な力とのきまぐれな関係ではなく、一つの共同体の成員すべてと、共同体の神を深く心に秘めた力との関係である。ロバートソン・スミス[16]

右の二つほど両立しえない立場はほかにないだろう。ウィリアム・ジェイムズら個人主義学派は、最初にあったのは「個人的宗教」であって、「礼拝と供物、神意にうったえるための手続き、神学と儀礼と教会組織」といった宗教の制度的な局面は、二次的なものだと主張する。[17]ウェーバーも、かれの方法論的な個人主義をいくらか拡大すれば、この陣営に入れることができるだろう。ウェーバーは個人のカリスマ、つまり「個人の恩寵」を宗教性の本質的で一次的な形態とみなし、宗教的役割や制度を「カリスマの日常化」と解釈したからである。[18] しかし、ウェーバー自身のカリスマ論は、個人のカリスマの力は、他者に認められることによって確認され維持される、ということも暗示している。この意味でカリスマは、すぐれて間主観的な――つまり社会的な――カテゴリーである。それが表わしているのは、指導者と追従者との関係であり、これがカリスマが制度的宗教へと変容するに際しての基礎になる。なんらかの一次的なカリスマ共同体に制度化されることがなければ、個人のカリスマは自閉したまま、社会学的・歴史的なものと関わりをもたない経験にとどまる。

これと対照的に、ロバートソン・スミスやデュルケームにもっともよく代表される集団主義学派は、宗教はつねに集団の集合的な事柄であり、「ただ一つの道徳共同体へと結合されるような……信仰と実践の統一されたシステム」をもたない宗教はない、と主張する。デュルケームは、「個人が自分のために作り出し、自分だけで祝うような私的宗教」のない社会はまずないことを認めつつ、しかしまた、「これら個々人の祭祀(カルト)は明瞭な自律した宗教ではない」こと、また、個人的宗教は集団的宗教から派生したものか、あるいはまったく宗教ではなく、それは呪術である、と主張している。実際、デュルケームによれば、教会の有無は、宗教と呪術の定義を分けるポイントであって、教会のない宗教は存在しないし、呪術の教会というものも存在しない。[19]

宗教を二つの両極の一つに還元し、残された側のもう一つの極をそれからの派生物として説明する右のような試みは、どれも満足のいくものではない。この問題を、二つの形態を進化論的な順序に、つまり原始的で集団的な宗教から、近代的で個人的な宗教へと並べることで、解決しようとする試みもある。この方向を明らかな歴史的な趨勢として事実上示すことはできるにしても、これもやはり問題点を含むことが明らかである。マリノフスキーは結論的に、「原始社会においてすら、情緒を高めたり、個人を本人から高く引き上げることは、決して集会や群衆に限られた現象ではない」ことを示している。[20] デュルケームは、原始的祭祀の社会的性格を強調した点では正しかったかもしれないが、他方、「宗教的啓示はほとんど孤独のなかで起こっている」ことを認識しそこなっている。これに対してマリノフスキーは、宗教的なものと集団的なものは、かならずしも外延が同じではないことを示した。つまり、多くの集団的沸騰や公的儀式は、なんらの宗教的意味をもたない一方、ほとんどの宗教は個人的で私的である、というのである。[21]

「共同体祭祀対宗教共同体」

原始的祭祀（カルト）、とりわけ政治結社の祭祀は、あらゆる個人的利害関心を考慮外においていた……かくして、共同体祭祀においては、集合性そのものが神になった。個人は、病気といった自分に関わる諸悪を避けたり除去したりするためには、共同体祭祀にはおもむかず、一個の個人として、最年長の人格者で「霊的助言者」である妖術師に相談をもちかけた。……これは条件がととのえば宗教的な「共同体」の形成につながるが、それは民族的結社とは独立のものだった。すべてがそうだとはいわないが、「秘儀」には、このコースをたどったものがある。それらは、病気や貧乏やその他あらゆる種類の困窮や危険からの、個人の個人としての救済を約束してきた。

マックス・ウェーバー[22]

ロバートソン・スミスも、「宗教が存在しているのは、魂の救いのためではなく、社会の保護と福祉のためである」とか、「呪術的な迷信が……部族や国民の宗教に侵入してくるのは……社会が分解する時だけである」と書いている。ここで彼が行っているのは、公的な「共同体祭祀」と私的な「宗教共同体」とを区別する、似たような線引きである。[23]二つのタイプの宗教は、異なった入会規則をもった二つのタイプの共同体に対応している。共同体祭祀の場合、政治共同体と宗教共同体とは、外延を同じくする。したがって、人は共同体祭祀のなかに生まれ、社会政治的な共同体の成員であることと、宗教的な共同体の成員であることとは一致する。[24]デュルケームが、ロバートソン・スミスとフュステル・ド・クーランジュにしたがって、共同体祭祀の神を、共同体が象徴的に表象され神聖化されたものであるとみなしたのは正しい。しかしながら、彼が、実際は一つの宗教形態にしか当てはまらないことが後になって判明するような特殊理論を、一般的・普遍的な宗教理論として提出したのは、正しくない。

これと対照的に、宗教共同体は、宗教的メッセージに応答する個々人の結社や集会のなかに、あるいはそれをとおして設立される。宗教共同体は、のちには政治的形態をとるようにもなるが、そもそものはじまりは、政治共同体とは分かたれており、外延も同じではない。宗教共同体のもっとも発展した形態である諸「救済宗教」は、もともと救世主や人格神や、預言者や霊的助言者とのパーソナルな関係をとおして設立され、やがて個人化され、通常は私事化された宗教の形態を表わしている。それらは、贖い(あがない)を必要とする「病める魂」の経験を前提とした「二度生まれ」の宗教、「統合」を必要とする「分裂した自己」の宗教である。[25] 救済宗教は個人を特殊主義的な、帰属的な束縛から解放するので、潜在的には、兄弟愛(および姉妹愛)が次第に拡大していくプロセスをとおして、普遍主義的な宗教共同体の形成に資するものである。[26]

厳密にいえば、これらは分析的な理念型である。社会によっては二つのタイプの宗教が併存している場合もあるが、通常ほとんどの宗教は、この二つの要素がいくらかずつ組み合わさった混合タイプである。宗教は普通、心理的な機能も社会的な機能も果たし、個人的な要求にも集団的な要求にも応えるものである。しかし、発展段階上のある歴史的な時期においては、特定の文化や宗教的伝統においてそうであるように、一つの形態が他の形態を明らかに圧倒していることがありうる。しかし、類型的な変動や変容のダイナミクスを正当に討論しようとするなら、宗教的領域の合理化の内的プロセスと同じく、宗教と政治の領域の分化のプロセスも考慮にいれた、組織レベルの分析まで立ち入らねばならない。この分野において、マックス・ウェーバーの骨折りによって探究された基盤を、ここであらためてなぞる必要はない。ただ二、三の批判的な注意をしておきたい。

共同体祭祀の形態は、他の事情が同じであれば（そんなことは歴史上ほとんどないが）、なによりもまず明らかに、政治共同体のタイプ――氏族、部族、同盟、王国、帝国、共和国、国民国家など――によって決定される。しかし考えうる組み合わせの諸相をすべて網羅しようとすれば、要点を見失うことになろう。次に、宗教共同体の形態は、やはり他の事情が同じであれば、なによりもまず、宗教的メッセージそのものの内容や構造によって、また、その宗教的メッセージが発せられた当の集団や階層のもつ理念的あるいは物質的な関心によって決定される。これはウェーバーの作業によれば、さらにいっそう明らかなことである。しかし、この二つの形態――共同体祭祀形成のダイナミクスと宗教共同体形成のダイナミクス――があらゆる組み合わせで出会い、融合し、浸透し、そして反発しあう時、この問題に真に関連するダイナミクスが、歴史的に現われてくる。

キリスト教の「チャーチ」は、宗教共同体と政治共同体の組み合わせのうちの、特殊な一つの歴史的タイプにすぎず、それはキリスト教的な宗教共同体と、ローマ帝国の国家構造の複雑な出会いとから生まれたものである。これはわかりきったことのようだが、それでもやはりくりかえし強調する必要がある。なぜなら、社会学者たちはいまだに、ウェーバーやトレルチによって展開された類型論を、他の時代や地域にも適応できる一般的な理念型として、用いる傾向があるからである。もし「チャーチ」や「セクト」といった概念が、厳密には「歴史的」な理念型であるのなら、それを無批判に非西洋のコンテキストに適応すれば道をあやまるおそれがあるし、また近代国家という、これまでとまったく異なる根本的に新しい形態の政治共同体が現われて以後の近代にそれを適応すれば、同じように道をあやまることになるだろう。初期のキリスト教教会は、特殊なまたほとんど典型的な形態の会衆の「宗教共同体」あるいは「救済宗教」であった。それはキリストの救済論的・終末論的な祭祀の周辺に組織されたものであり、それがやがて、ローマ的政治共同体から明確に分離し、ローマの帝国組織と対峙してのち、ローマ帝国によって「共同体祭祀」として採用された。[27] のちになって、西ローマ帝国の崩壊とともに、キリスト教的な宗教共同体自らが、帝国国家の政治的な機械装置である管理や法制の構造を採用するプロセスで、帝国国家の政治的構造をもった、救済宗教になったのである。

そのような「チャーチ」、救済宗教と政治共同体のそのような特定の組み合わせは、イスラム教と仏教というもう二つの偉大な普遍主義的な救済宗教が、それぞれ政治共同体と宗教共同体のさまざまな組み合わせを発達させているのを除いては、どこでも起こりうるというものではない。[28] 近代のあらゆる領土的な国民教会は、強制的で威圧的で独占的な「秘跡的な恩寵の機関」であることをやめた時点で、社会学的な意味での「チャーチ」ではなくなっている。このような事態は、チャーチが威圧と執行の手段を失った時か、あるいは国家が、チャーチの強制的で独占的な地位を維持するためにもはや威圧的な手段を使いたがらないかもしくは使えなくなった時に、起こるものである。実際、同じ政治共同体のなかで、異端的な「セクト」や「背教」が公式に許容されるか、もしくは宗教的自由の原則が制度化された時点で、たとえ依然として国家教会として公認されていようと、それは厳密な意味での「チャーチ」ではなくなる。宗教共同体と共同体祭祀の分化が、ふたたび問題化してくるのだが、しかしそれは、もはや政治共同体を維持し統合するために宗教的な共同体祭祀を必要としない、政教分離した近代世俗国家にそった問題であるにすぎない。近代世界における「公認された」国民教会（ルター派、英国国教会、カトリック、正教などどれも）の不安定さは、もはや共同体祭祀としてのチャーチを必要としない世俗国家と、個人的な宗教的必要を満たすには宗教共同体に参加することのほうを好む人々との間に、板挟みになっているものとして理解できる。

イスラム教は、救済のためのカリスマ的な宗教共同体かつ政治共同体として生じた宗教であり、ユニークな歴史的事例といえる。これは創唱者であるムハンマドの、神の使徒であると同時に政治的・軍事的指導者であるという、宗教的かつ政治的な二重のカリスマのうちに表現されている。これはまた字義的には、イスラム紀元が創唱者の誕生や死去、あるいは啓示の日付によってではなく、メジナ（都）におけるイスラム的政治共同体の創立を記念するヒジュラ、つまり移住によってはじまるところに、端的に現われている。イスラム的共同体であるウンマは、だいたいにおいて、宗教共同体であると同時に政治共同体であり、信仰者の共同体であると同時にイスラム国家である、と見られてきた。しかし、イスラム教には宗教的領域と政治的領域との分化がない、とするのはまったく不正確な議論である。実際、イスラム教史をみると、それはムハンマドの宗教的そして政治的な二重のカリスマを、宗教的そして政治的な制度へと、二重に分化させていくさまざまな制度化の歴史であるといえる。(29)

わかりきったことだが、カリスマ的共同体の創立神話はどれも、伝統が歴史を通じて伝達されていく際に、範例としての特別な力をもっている。とくに神話が神の啓示の力を利用できる場合は、そうである。反抗や改革や革命や、その他すべての歴史的変化は、現世とのあれこれの調整が起こる前の初期の純粋さに立ちもどるのだと主張しつつ、創立神話の名において始められるものである。他の諸宗教と同じく、キリスト教も、近代や世俗的領域の分化との間で、調整の方途をさぐらなければならなかった。しかし、キリスト教、とくにセクト的なプロテスタンティズムは、近代性と世俗化を原始的な教会への回帰として抱きこむことに、最終的に成功した。そしてその時、救済をめざす排他的な宗教共同体が、政治共同体から分離して組織された。同様にして二〇世紀におけるカトリックの「宗教改革」も、「コンスタンティヌス的なキリスト教王国」の意識的な拒否、という形態を

とったのである。(30)

宗教と「現世」

王侯や統治者や圧政者との関わり方には、三通りあることを知っておくがよい。まず、最悪なのはあなたが彼らを訪ねていくこと。次に、すこしましなのは彼らのほうがあなたを訪ねてくること。最後に、一番安全なのは、互いに顔を見なくてすむよう、あなたが彼らから遠く離れていることだ。

アル・ガザーリー

この一二世紀のイスラム教神学者の発言は、救済宗教が、政治の世界や「現世（ワールド）」一般に対してとる、典型的で伝統的な態度をよくとらえているばかりでなく、基本的なオプションをもっとも簡潔にとらえている。仏教徒やキリスト教徒やイスラム教徒は、それぞれの宗教が求める模範的態度も、時代を通じて集積してきた歴史的経験も、いちじるしく異なっているので、この発言を違ったふうに聞くかもしれない。それでもなお、もしこの三つのオプションに序列をつけるようにいわれたら、三つの偉大な「世界宗教」は、おそらくそれらを同じ順序に並べるだろう。それというのも宗教は、あらゆる形態の皇帝教皇主義――つまり、政治的支配を正当化し、経済的抑圧や既存の階級システムを是認するための、「現世」による宗教の支配と利用――をもっとも恐れるからであり、近代においてすらしばしばそれに巻き込まれて、抵抗できなかったことを知っているからである。

二つめのオプションである神権政治、神のやり方にしたがって現世に影響を与えてそれを形づくる権力のあり方は、一つめのものよりは好ましい。それはまた、もっとも来世志向的な宗教ですら、しばしば抵抗することができないほど、非常に誘惑的なオプションでもある。禁欲的宗教のもつ権力への意志、現世を超越しつつ現世を形成し変容させようとする権力は、それがもっとも存在しそうにない場所、たとえばチベットの山々やユタ砂漠のような場所で見出される。しかしあらゆる神権政治的な企ては、結局は予想もしなかった逆説的な成り行きになりがちである。つまり、宗教が現世を宗教的な方向に変容させようとすればするほど、宗教は「現世的」事柄に巻き込まれ、現世によって変容させられるのである。三つめのオプションである、距離をとり、とらわれず、離れていることは、現世を宗教から保護し、宗教を現世から保護するので、宗教的な人々からも現世的な人々からもひとしく好まれそうな、究極的に普及しそうなオプションである。しかしながら、これら三つのオプションのどれも、「現世」と「宗教」との間の緊張を、永久的に解決するものではない。

さまざまな差異を平坦化する危険をあえておかして、世界史を高所から鳥瞰するパースペクティヴをとってみると、宗教と現世との関係のあり方に、二つのおおきな「軸」転換があることが、すぐわかるだろう。最初の軸転換は、ざっと紀元前六世紀頃にはじまり、インドから中国、中東からギリシアにいたる古代文明を次から次に震撼させた、現世拒否の波である。これはカール・ヤスパースによって注目され、マックス・ウェーバーによってその世界史的な宗教社会学の基盤として用いられたものである。[31]

この現世拒否という新たな態度は、はじめ知識人やエリート、哲学者や預言者たちの心をつかんだ。しかしのちになると、より高い世界のために現世の価値を低めて相対化するというこの態度は、新たな救済宗教によって民主化され、大衆化された。それらの救済宗教そのものが、軸転換のもっとも直接の結果として、世界史に登場したものであった。少なくとも地中海海域の場合、この広くいきわたった転換——公共宗教から私的宗教への、また共同体祭祀から密儀宗教や救済宗教への、あるいは市民的人間から内的人間への、さらには客観主義的な哲学から主観主義的な哲学への転換——は、思想史家や社会史家によって詳細に記録されている。ピーター・ブラウンは、古代の異教世界におけるキリスト教の逆説的で革命的な勝利を、「哲学者たちの上流階級の対抗文化が、キリスト教会の指導者たちによって、おどろくべく速やかに民主化されたもの」と説明している。[32]

しかし、宗教が内面へと方向転換し、私的な個人救済に向かったことで、外の公的世界では逆説的なことが起こった。というのは、宗教がこの世をほったらかしておこうと思ったちょうどその時、この世の諸勢力は、宗教をほったらかしておくことができなかったらしいのである。この世の王国というメシアニックな希望を捨てよ、「神の国」を自分の「内なる心」に求めよ、というイエスのメッセージは、公的契約の宗教であるユダヤ教の核心をおびやかすものだった。「十字架の恥辱」は、そのような公的犯罪に対する処罰であった。ローマ帝国は、古い共和主義的な市民宗教を捨てさり、あらゆる異国の神々を自らのパンテオンのなかに取り込み、臣民がもっとも異国的な宗教や密儀祭祀を私的に信仰することも許可した。ただし、諸宗教のなかでもっとも私的で現世的関心がなく謙遜なキリスト教が、唯一残された共同体祭祀である皇帝崇拝への参加を拒むことだけは、許すことができなかった。かくして、キリスト教は公的な迫害に遭うことになる。

「他界志向的な個人主義」をめざしたキリスト教の「内的」方向転換は、思いがけず別の外的結果を、現世にもたらすことになった。他界志向的な禁欲主義は、現世放棄と現世支配の組み合わせのなかに、ヤヌスの顔のような二面性を見せた。マックス・ウェーバーからルイ・デュモン、ノルベルト・エリアスからミシェル・フーコーまで、非常に異なった前提から出発した歴史社会学者たちは口をそろえて、内的な修練のほうが、現世的な諸勢力の影響を受けるいかなるこの世の報酬や外的な修練や処罰よりも、ずっと大きな「教化的」効果をもつことを、詳細に説明してきた。たしかに、この世における「神の国（キウイタス・デイ）」の設立、つまり、直接的にせよ間接的にせよ、この世をあえて支配しようとする、現実的で重要な現世的権力をもったローマ教会のユニークな設立は、決定的に重要なものであった。観察者のなかには、近代国家を、世俗化され「形を変えた教会」として見るのでなければ、そのユニークな歴史的性格が理解できない、と主張する者もあった。いずれにしても、この物語は、現世に対するキリスト教徒個人の前例のないコミットメントによって、また現世外的個人が現世内的個人へと新たに変容することによって、そして近代的個人が出現することによって、逆説的な結末を迎えた。[33]

近代国家と近代資本主義の同時的な出現を、この新たなキリスト教的態度によって同時に決定されたものと見るにせよ、あるいはまた、新たなプロテスタントの現世内的態度を、近代の世界システムの出現によって決定されたものと見るにせよ、いずれにせよ、そのことが宗教と現世との関係における新たな軸転換を画することには、何の疑いもない。その結果、宗教は現世によって新たに創りだされ、そして歴史上はじめて「制度化された」私的領域へと、引きさがることを強いられた。新たな領土的な国民教会は、次々と王室の絶対主義的支配に屈し、世俗化法によって広大な保有地を奪われてゆき、台頭するブルジョア階級に迎合しなければならなかった。同じような二つのプロセスは、一八世紀のヨーロッパ中で顕著になってくる。すなわち、エラストゥス主義や、帝王教権主義や、皇帝教皇主義による上からの支配と、新たな敬虔主義による内向と、この二つである。前者はキリスト教の諸分派を、新たな国民国家の「公認された」しかし無力な共同体祭祀へと変容させ、後者は近代的な個人を、外的で儀礼的で秘跡的な教会の支配から解放して、さまざまなデノミネーションをさらに私的な「宗教共同体」へと変容させた。[34]

プロテスタンティズム——内部にはさまざまの重要な種類があるが、ここではそれに触れずに、分析的なモデルとしてこの語を用いる――は、このプロセスの先駆者となり、諸領域の制度化された分化のこれまでの特定のプロセスを形づくるのに役立った。[35] この点でプロテスタンティズムは、強力な歴史的前例を示したといえる。他の世界宗教は、それぞれのやり方でこれに応答してこなければならなかったし、今もしなければならない。何世紀にもわたって、カトリック教会は、近代の現世内への方向転換や、諸領域の近代的分化を異端視し、風車に挑むドンキホーテのように、それらと戦ってきた。最終的には第二バチカン公会議において、近代世界の正当性が、遅ればせながら「公式」に認められた。世界中のカトリシズムは、徹底的に現世内へ向きなおった。カトリック教会は、「信教の自由」という近代的原則を受け入れて、事実上ウェーバー的な意味での「チャーチ」でなくなる一方、[36] それでもやはり、倫理共同体の「チャーチ」の原則を維持しつづけている。近代カトリシズムは、現世内的であると同時に、公共的な宗教であることを望んでいる。しかし、「公認」教会、国家教会あるいは社会的教会になろうとしないような、そのような公共宗教の近代的形態がありうるのだろうか?

近代世界における私的宗教と公共宗教

分析的な枠組みとして、ジェフ・ワイントローブによって検討された「公/私」の区別の四通りの概念化を用いれば、原則として、私的宗教と公共宗教の四つの組み合わせを設定することができる。網羅的な類型化はひとまずおくと、結果としてでてくる諸タイプは、諸宗教が近代の分化した世俗世界の条件下でもちうる基本的オプションを明らかにする一方で、三重の区別を組み込んでいる。つまり、個人の宗教性と集団の宗教性との区別、宗教共同体と政治共同体との区別、そして宗教的領域と現世的・世俗的領域との区別、この三つである。

個人的神秘主義 対 デノミネーショナリズム

ゴフマンが、自己の私的な「楽屋裏」の領域と、フェイス・トゥ・フェイスの相互作用が起こる「公的生活」の場との間に設定した、政治学的というよりは社会学的な区別から話をはじめよう。この区別は、ワイントローブがフィリップ・アリエスの社会史から引用した区別よりもずっと明快であり、それによってわれわれは、私的な個人の宗教性、つまり、私的な自己の宗教と、団体的な宗教のあらゆる公的形態とを区別することができる。この区別は、おおまかにいって、トマス・ルックマンが見えない宗教と教会宗教との間に引いた類型的な区別に対応する。それはまた、エルンスト・トレルチが「個人的神秘主義」とか「霊的宗教」と呼んだものと、自発的で個人主義的で多元主義的な宗教団体である「デノミネーション」との区別にも、対応している。トレルチの三類型にはうまくあてはまらないが、近代のデノミネーションは、トレルチが組織宗教の伝統的な二形態と見た「チャーチ」と「セクト」に取って代わろうとはしないまでも、それらを拡散させて吸収しようとしている。[37]

近代の自律的諸領域の分化が、規範や価値や世界観の多元主義へと、修復不可能な道をたどるというのは、社会学的分析のきまり文句である。マックス・ウェーバーは、「近代的価値の多神教」は、この分化のせいであるとした。[38] 疑いもなく、諸領域の分化は、さまざまな神々（エロス、ロゴス、ノモス、マルス、リヴァイアサン、マモン、ミューズなど）の間の抗争につながっている。しかしこの抗争は、体系的な機能分化を通じて制度化され、内部におさえこむことが可能である。[39] いずれにせよ、これは近代の多神教の真の源泉ではない。古代の多神教の寺院が、既知のあるいは未知のあらゆる神々を同時に礼拝できるパンテオンであったとすると、近代の多神教の寺院は、個々の自己の心である。実際、近代の個人は、さまざまな神々の存在を信じるような心性をもっていない。それどころか、彼らは、あらゆる宗教や個人が礼拝しているのは同じ神であり、ただ名前と言葉が違うだけだということ、また、近代の個人だけが、自らこの神に名前をつけ、彼（あるいは彼女あるいはそれ）を自己一流の言葉で礼拝する権利をもっている、と信じる傾向にある。ルソーの「寺院も祭壇も儀礼もない……人間の宗教」、トマス・ペインの「私の心（マインド）が私の教会である」、トマス・ジェファーソンの「私自身が一つのセクトである」などという言葉は、近代的形態をとった個人的宗教性からでてくる、ハイ・カルチャーの典型的な表現である。[40] 個人的神秘主義と啓蒙的合理主義との典型的な融合物である理神論が、これら三つの表現にそろって認められる。ロバート・ベラーらは、インタビューしたなかの一人が自分の「信仰」を彼女自身の名前（シーラ）にちなんで「私だけのシーライズム」と呼んだのを受けて、今日のロウ・カルチャーの表現を、「シーライズム」と名づけた。「私は神を信じています。でも狂信的なのとは違います。教会に行かなくなってからどのくらいたったかもう覚えていません。自分の信仰をもつようになってから、私ずいぶんと変わりました。それ、シーライズムって呼んでいます。私自身のささやかな内なる声なのです」。インタビュアーは、「この論旨からすると、アメリカには一人につき一つ、総計二億二〇〇〇万の宗教があることになる」と付け加えている。[41] 近代的多神教の祭祀の形式は、偶像崇拝ではなく、人間的ナルシシズムである。この意味にかぎっていえば、デュルケームが予見したような個人の祭祀、近代性の宗教が、実際に到来したのである。

未来の宗教は個人的神秘主義である、ということには気づきながら、トレルチはその組織的な形態を予期することはできず、「個人的神秘主義は、教会組織の真意が失われたところから起こったものなので、教会や安定した永久的組織との間に、満足のいく関係を打ち立てることがむずかしいであろうことを承知している」とだけ述べた。[42] しかしながら個人的神秘主義は、アメリカに肥沃な土壌を見出した。福音主義的な敬虔主義である「心（ハート）

の宗教」という器は、個人的神秘主義を盛るのに役立った。個人的神秘主義は、アメリカの偉大な宗教的発明であるデノミネーショナリズムが組織的形態となっているところ、いわばアメリカ中のプロテスタンティズムのなかで、民主化し、大衆化した。実際、敬虔主義が近代の宗教の変容において占めている位置と、マッキンタイアによって情緒主義が伝統的道徳哲学の変容――溶解――において占めているとされた位置とは、同じである。

デノミネーショナリズムの教義的な基礎は、すでに第一次大覚醒とともに現われていた。しかしヨーロッパと同じように、公認教会とセクト的反対派という構造が制度化されていたので――これ自体すでに高度に多元主義的だったとはいえ――、デノミネーショナリズムは結晶化できなかった。その後、まず憲法で公認宗教制が廃止されたことによって、次に第二次大覚醒によって、プロテスタントのチャーチもセクトも、ひとしなみにデノミネーションに変えられたのである。一八三〇年代までに、デノミネーション的に組織された福音主義プロテスタンティズムは、政治的にではなく文化的に、アメリカの市民宗教として、事実上の公認宗教になった。第二次世界大戦後、カトリシズムとユダヤ教がこのシステムに加えられ、「プロテスタント・カトリック・ユダヤ」が、アメリカ宗教のデノミネーションとして、尊敬すべき三つの形態となった。一九六〇年代の偉大な宗教的実験は、デノミネーションの門戸をひろく開放した。そして一九七〇年代のウェルシュ事件の判決とともに、自由競争的でデノミネーション的な宗教市場への参入規則を統制してきた最高裁判所は、この規則にしたがって競争しようとするかぎり、基本的にすべての信仰を参入させることにした。[43] アメリカの宗教的下位組織のこのデノミネーション的構造によって、すべての宗教が、その起源や、教義的主張や、教会的なアイデンティティに関わりなく、ひとしなみにデノミネーションへと変容させられるのである。[44]

ロバート・ウスノーは、「第二次世界大戦以後の社会と信仰」(『アメリカ宗教の再構造化』所収)という包括的な研究において、デノミネーション内のむすびつきの弱化、デノミネーション相互の抗争と偏見の減少、デノミネーションを通じてというより、それらを横断した宗教的資源の組織化と流動化の増大、などを詳細に記録している。この証拠を、デノミネーショナリズムの論理がいっそう進んだ指標として解釈することも可能であろうが、しかし彼はそれを、「デノミネーショナリズムの重要性の衰退」と解釈している。[45] 第一次大覚醒におけるそもそもの発端から、デノミネーショナリズムは、人が特定のデノミネーションに絶対的排他的に献身するということなど、まったく意味していなかった。「新しい光(ニュー・ライト)」派の救いの力を個人的に「体験」した「二度生まれ」の魂たちは、自らのデノミネーションの「旧い光(オールド・ライト)」派よりは、他のデノミネーションの類縁の精神の持ち主たちのほうに、より親密な仲間意識をもつ傾向があった。[46] いったんそれぞれのデノミネーションが、個々人の宗教体験のための手段になると、特定のデノミネーションの外的な組織形態や教義内容は、ますます二義的なものになる。人々はもはや、自分に合った信仰を発見するためにデノミネーションの所属を変える必要はないし、多くのデノミネーションが参加する社会運動のなかで、気の合った連中と仲間になる必要もない。このことは、デノミネーション的な諸教会の重要性が衰退しているかもしれないが、一方それはまた、デノミネーション的原則の勝利として解釈することも可能である。

プロテスタント根本主義や、唯一の、聖なる、普遍的な、使徒伝承の（ウナ・サンクタ・カトリカ・アポストリカ）ローマ教会は、外的にはもちろんデノミネーションの一つとして機能することを強いられたのだが、さらに重要なことには、内的にもそうなるよう促された。無数の「独立した」根本主義的な教会や説教者たちは――どれもが他者よりもっと神聖でもっと根本主義的であった――、聖書という同じテキストに含まれる同じキリスト教信仰の原理を、「彼ら自身の」字義的な解釈を主張することによって、近代個人主義の力を立証した。テキストを個人が私的に読解することは、教義的な根本主義の基盤を、非常にあやうくする。それら根本主義的な無数の分子が、自分たちをモラル・マジョリティとして公的に組織しようとして、それまでたてこもっていた私的でセクト的な隔離部屋から出てくる時、あるいは――結局同じことだが――これらの個々人の資源が政治的企業家によってたくみに集団的行動へと動員される時、根本主義はまさしくもう一つのデノミネーションとなる。

カトリック教会も、同様の外圧あるいは内圧にさらされている。教皇の最近の訪米に対する反応は、アメリカのカトリック信者たちが、「キリストの代理者」との団結と教皇庁への忠誠を、公的かつ感激的に表現したくてたまらないことを、決定的に示していた。しかし他の近代的個人と同様、アメリカのカトリック信者たちは、自らの良心のために、伝統的信仰のうちどの教義が真に本質的なのかを決定するという、究極的に譲ることのできない権利を留保しているように思われる。カトリック信者たちが、ある教えの権威を、ドグマとしてあるいは権威ある教義として自発的に受け入れたとしても、解釈上の問題あるいは解釈の余地は残っている。書かれたあるいは語られたテキストが、所与のコンテキストでどのような意味と関連性をもつのか、これはやはり解釈を必要とする問題である。そのうえさらに、その解釈を行うのは個々人である。したがって、それに反対するバンパーステッカーを自動車に貼っても、ローマの命令があっても、あるいは神が大きな声ではっきり語ったという事実をもってしても、決して問題は解決しない。ユダヤ教、キリスト教、イスラム教といった偉大な経典宗教の歴史をみると、神権政治的な教会制度があるかどうか、あるいは権威ある神学校があるかどうかにかかわらず、どれもが同じように、教義解釈の泥沼にはいりこんでいる。近代の構造的な分化や宗教的個人主義が導入される時にはいつも、デノミネーショナリズムの同じ論理がはたらくことがわかる。いずれにせよ合衆国においては、さまざまな宗教組織――プロテスタントの諸教会、プロテスタントの諸セクト、カトリシズム、東方教会、ユダヤ教、東洋の諸宗教、そして最近ではイスラム教――が次から次へと、内的にも相互的にも、互いにデノミネーションになってきている。

しかしながら、次のような疑問は強調されるべきであろう。つまり、信教の自由と宗教的多元主義に基づいて、近代の宗教団体はデノミネーションという形態を自発的にとるが、このデノミネーションは、近代の分化した諸社会において、別種の「公共性」、つまり政治的な公共性をも、引き受けることができるかどうか、という疑問である。

公認宗教 対 非公認宗教

リベラルな政治的伝統の枠内においては、私的宗教と公共宗教との区別は、憲法上の政教分離によって、明確な線引きがなされてきた。公的領域を行政上の公的部門に制限し、残りすべてを大きく「私的」部門に一括するというリベラリズムの傾向に呼応して、公認された国家教会は「公共」宗教と呼ばれ、一方、その他のすべての宗教は「私的」なものと考えられた。リベラルな概念は、国家に関することと、公的なことと、政治的であることとを、混同し融合しがちなので、宗教の公認廃止のプロセスは、私事化および非政治化のプロセスと同時に起こるものと理解され、かつそのように処方されている。リベラルな概念によれば、宗教とは私事であるし、私事にとどまるべきものなのである。宗教が政治化することに対してリベラルな側がいだく恐怖は、同時に、個人の良心の自由を脅かす宗教公認制度に対する恐怖であり、また、脱私事化された倫理宗教に対する恐怖でもある。それは、リベラルな公的領域の「中立的」慎重さのなかに、正義や公益や共通善や連帯といった、異質な概念をもちこみかねないからである。

高度に非政治化され私事化された英国国教会という宗教（あるいはエラストゥス主義的な原則を受け入れたナショナルな国家教会なら何であれ）と、自由で会衆的で「水平化」する非国教徒的な諸セクトや、あるいは不正と罪に満ちた国家と衝突しようと構えているあらゆる非公認宗教の公的で政治的な姿勢と、この両者間の逆説的なコントラストを見る時、リベラルな概念化にともなう不適合が、ただちに明らかとなる。リベラルな政治的パースペクティヴから見てさらにいっそう逆説的なのは、トクヴィルの「アメリカの宗教は社会の政治においてなんら直接の役割を担っていないが、しかしそれは、アメリカの諸政治機関の最初のものとみなされるべきである」[47]という、洞察力のある、そして少なくとも当時としてはおおむね正確であった発言である。

宗教の公認廃止に関するリベラルな理論的根拠は、昔も今もかわらず妥当なものであり、論難できない。政教分離をめざす歴史的圧力は、宗教内部の合理化と、宗教からの世俗国家の解放という、二重のダイナミクスから生まれてきた。宗教そのものからは、「宗教的自由」というセクト的要求がでてきた。ゲオルク・イェリネックが包括的に示したように、譲れない人権という近代の原則は、急進的なセクトに源を発し、アメリカのさまざまな州の人権規定のなかに法制化された。[48] もしこの宗教的なセクトの介入がなくても、宗教的「寛容」の原則は得られたかもしれないが、宗教的「自由」の原則は、かならずしも得られなかったかもしれない。実際、寛容をめざす圧力は、それが「思想の自由」という啓蒙的でリベラルな原則になる以前の歴史を見ると、しばしば国家理性(レゾン・デタ)から、つまり、宗教から解放されようとする近代国家の切迫した事情から、出てきていた。[49]

合衆国憲法修正第一条にある、「公認宗教はない」「信教上の自由な実践」という二節は、政教分離のこの二つの歴史的根拠を組み合わせたものである。この二元性は、今日にいたるまでずっと論争の源泉となってきたが、それというのも、トマス・ロビンズが示したように、それは分離の原則をまったく異なった解釈に導くからである。[50]「厳格な分離主義者」の読み方は、急進的セクトの、自由思想的な、あるいはリベラルな「中立性」の原則に基づいており、いかなる形であれ、宗教に対する政府の支援も規制も、どちらも一貫して拒絶する。これと対照的に、「穏健な分離主義者」の読み方は、歴史的伝統と「本来の意図」に基づき、あるいは宗教の積極的な社会的機能に関する機能主義的な議論に基づいて、宗教に対する政府の規制は拒絶するが、政府による一般的な支援は、むしろこれを要求する。この対極には、「世俗主義者」の読み方があり、これは宗教の否定的な機能に疑惑の目をむけ、政府が宗教を支援することを否定し、むしろ宗教を規制することを期待する。最後に、「国家統制主義者(ステーティスト)」の解釈はまた、公式には分離を受け入れたとしても、政府が宗教を支援しつつ絶対的コントロール下におくという、皇帝教皇主義の原則で一貫している。[51]

リベラルな概念の限界は、それが、宗教的な関係をふくむすべての政治的関係を、司法上・憲法上の政教分離の条文にそって、あまりに狭く理解しがちなところから出てくる。しかし、宗教と政治の関係は、教会と国家の憲法上の分離という割りきった問題に、単純に還元することはできない。国家からの宗教の自由、逆に宗教からの国家の自由、また国家と組織宗教の両者からの個人の良心の自由を保障するために、公認宗教制の廃止と政教分離が必要であるとしても、そのことが即、これらの自由を保障するために宗教は私事化されるべきだ、ということにはならない。ここでもまた、法的な分離の原則と、私事化というリベラルな規範的処方との区別を、明らかにしておく必要がある。「分離」というリベラルな原則が穏当であることは、カトリック教会がそれを「チャーチ」の原則と相容れないとして頑固に拒絶してきた挙げ句に受け入れたという事実によって、間接的に確証されるだろう。実際、カトリックは、良心の自由という近代的原則が宗教的に正当であることを最終的に認め、今やその原則を教義的に「人間の神聖なる尊厳」とすら認めている。このような認知は、強制的な機関としてのアイデンティティを放棄することなしには、不可能であった。カトリックは第二バチカン公会議において、「宗教的自由」の原則を採用することによって、公式に、社会学的な意味での「チャーチ」であることをやめた。それでもやはりカトリック教会は、これに関連する、宗教と道徳の絶対的な私事化というリベラルな原則は、受け入れることを拒否している。

言うまでもなく、私事化というリベラルな原則もまた、疑いえない。良心の自由は、侵すべからざる「プライバシーの権利」の基礎であり、それなしには近代民主国家も近代市民社会もありえない。そして法律上の分離の原則は、近代の分化した多元主義的な社会秩序の必要条件である、国家理性の原則やリベラルな寛容の原則に基づくだけでなく、この良心の自由という原則そのものにも基づいている。であれば、宗教のプライバシーを前提とする宗教の「脱私事化」は、プライバシーの権利と良心の自由が宗教から法律的に保護される場合にかぎり、正当なものとされうる。[52] 言い換えると、規範的なパースペクティヴから近代を見る時、宗教が、プライバシーの権利の不可侵性と良心の自由という原則の神聖さを受け入れる場合にのみ、宗教は公的領域にはいっていって、公的形態をとることを許されるのである。

この条件が満たされており、したがって宗教の脱私事化が正当とみなされうるのは、少なくとも次の三つの場合である。

(a) 宗教が、自らの自由を保護するためだけでなく、近代のあらゆる自由や権利、絶対主義的で独裁的な国家に対抗して存在する民主的市民社会の権利そのものを保護するために、公的領域にはいる場合。スペイン、ポーランド、ブラジルの民主化のプロセスにおいてカトリック教会が果たした積極的な役割が、この事例によくあてはまるであろう。

(b) 宗教が、世俗的領域には絶対的な自己法則性があり、それは外部の倫理道徳を考慮することなく、機能分化の原則にしたがって組織化されているのだ、という主張に対して、疑問と論争をなげかけるために、公的領域にはいる場合。資本主義経済システムは、私的な繁栄を絶対化しがちであり、抑制のない市場法則によって自己規制されているとすら主張している。そのシステムの「正義」や非人間的な結果に対して、また軍備競争や国家の核戦略に対して、アメリカのカトリック司教たちの司牧書簡が疑問をなげかけたのは、この二つめの事例にあてはまる。

(c) 宗教が、伝統的な生活世界への、国家の行政的・司法的な浸透を防ぐために、公的領域に入り、またそのプロセスにおいて、規範と意志形成の問題をオープンにし、近代的討議倫理を公的かつ集合的な自己反省の場にもたらす場合。いわゆるモラル・マジョリティが公的に動員されたり、カトリックが妊娠中絶に公的に反対して「ライト・トゥ・ライフ」を擁護したのは、この三つめの事例である。

一つめの事例では、宗教はまさに、リベラルな政治社会的秩序を構成する役割を果たすだろう。二つめと三つめの場合、宗教はまさに、リベラルな政治社会的秩序の「限界」というものを示して問題化し、議論を戦わせる役割を果たすだろう。もっとも控えめにいっても、宗教の脱私事化は、近代宗教の私事化という命題の経験的な妥当性に、疑問をなげかける役割を果たすだろう。さらに重要なことは、これによって私事化の理論は、公的領域というリベラルなモデルを考えたり、公的領域と私的領域を司法上厳密に分離する際に立っている自らの規範的基礎を、問題にせざるをえなくなるだろう、ということである。

公的な市民宗教 対 私的な宗教共同体

「市民宗教」という近代的な概念は、ルソーの著作にはじめて現われてからロバート・ベラーによって磨きあげられるまで、古典的な共和主義的美徳の伝統と、およびその伝統がもつ近代のリベラルな政治的伝統への不信とに、密接なつながりをもっている。ベラーによるアメリカの市民宗教論においては、この共和主義的な伝統は、契約宗教的で政治的な共同体のカルヴィニズム的伝統と融合し、またデュルケーム派の規範的な機能主義的伝統とその道徳概念――利己主義的、功利主義的、非機能的な個人主義に対置された、機能的個人主義――と融合したものになった[53]。

古典的な共和主義の伝統は、宗教についていては、一方には政治共同体の祭祀として機能する公的な市民宗教があり、他方には私的で家庭的な祭祀、結社的共同体祭祀、個人の私生活主義(プライヴァティズム)的な救済宗教がある、という区別をたてようとする。ここでの緊張は、全市民を一つの政治的祭祀――これは政治共同体と外延を同じくする――に統合するような倫理的共同体の特殊主義と、それに匹敵するより原初的あるいはより普遍主義的な形態の共同体に対する忠誠との間に見られる。共和主義的な市民宗教のなかでもっとも侵食性があるのは、救済宗教論的な教義である。それは、政治共同体への絶対的な忠誠から個人を解放し、現世内的な道にしろ現世外的な道にしろ、各自が救済への個人的な道を選ぶ自由を与えるものであり、また都市国家にしろ国民国家にしろ、政治共同体の特殊主義を超えた、より広く普遍化できる宗教共同体を形成しようとする人々の営みに参加する自由を、個人に与えるものである。実際、共和主義的な伝統にとって問題なのは、宗教をいかに政治化するか、神権政治の脅威に身をさらすことなくいかに宗教の統合力を活用するか、ということである。もし神権政治が勝利を得れば、政治的領域の自律性が排除されることになる。しかし、たとえそれがうまくいったとしても、宗教的機関に対して世俗の支配を及ぼそうとするエラストゥス主義や、それに類似するあらゆる企てが、宗教に損傷を与えることになるだろう。そして、政治的偶像崇拝に対する偶像破壊的な預言者的批判か、あるいは私生活主義的で救済論的な撤退か、そのどちらかに道が開かれるであろう。

ルソーの「市民宗教について」の議論は、これらのあらゆるジレンマを活写している。[54] ルソーは、かつて未分化に融合していた国家の「神々」と「法」は、キリスト教がもちこんだ「彼岸の王国」という考えによって破壊され、もはや建て直すことができなくなった、という認識から出発している。古代の政治システムに取って代わった中世キリスト教世界の二元論的な政治構造は、「もっとも強暴な専制」ばかりでなく、「二重の権力」をもたらした。この二重主権の原則の結果、「果てしのない管轄争いが生まれて」、これが、キリスト教国においては、およそよい政治というものを不可能」にしてしまった。ルソーは、近代の政治形態への提案を定式化する際、「宗教が基盤の役を果たすことなくして、決して国家が建設されたことはない」という前提から出発している。とはいえ、ルソーは、現存する三つの宗教形態はどれも、「よい政治」のための諸条件を満足していない、と判定している。「僧侶の宗教」、つまりローマカトリック教は、政治的には無価値であり、悪いものである。それは、内的には「人間に二つの立法、二つのかしら、二つの祖国を与えて、人間を矛盾した義務に服従させ、彼らが、信心をしながら同時に市民ではありえないようにする」。また外的には、トランスナショナルな教会的組織は、[55] 領土的な限界や、市民の政治共同体や、近代国民国家の規範的な主権を、超えるのである。

対照的に、「市民の宗教」は、国家と国民の世俗化をとおして、間違いなく忠実な臣民を作り出すだろう。しかしこれもまた「悪い宗教である」、というのは、それは「あやまちといつわりの上に基礎づけられて」おり、不寛容な排外的愛国主義と残忍な主戦論に導くからである。結局、人類すべてを「兄弟」へと変容させる「人間の宗教」が、「神聖、至高にして、真」なるものになる。しかし政治的には、それは「政治体となんら特別の関係をもっていない」ので、法律の正当性に対しても、「特定社会の偉大なきずな」に対してもなにも付け加えず、役立たずである。さらにそれは、「市民たちの心」のなかの国家への愛着を、自らの私的な現世的あるいは彼岸的な関心と置き換えることによって、共和主義的な美徳を掘り崩す。[56] ルソーはこのジレンマを、宗教的自由と言論の自由という近代的権利と、「純粋に市民的な信仰告白」への要求を、同時的かつ矛盾的に確認することによって、最終的に解決している。前者は、いかなる主権者も奪ったり支配する権利をもたないものであり、後者は、「その信仰箇条を、厳密に宗教のドグマとしてではなく、それなくしてはよき市民、忠実な臣民たりえぬ、社交性の感情として、主権者がその項目をきめるべき」ものなのである。(57)

デュルケームの企ては、ホッブズ的な問題とルソーの政治的ジレンマを、規範的な社会統合に関する社会学的理論をとおして、解決しようとしたものである。この社会統合は、近代社会の市民宗教としても役立ちうるような、科学的・世俗的な道徳に基づいている。しかしそれは所詮、昔のままの未解決な緊張を、単に新たな社会学的言語をつかって、言いなおしたものにすぎなかった。ベラーによるアメリカの市民宗教論は、経験的な根拠に基づくという利点をもっている。それは、ベラーが、アメリカの政体のなかには、市民宗教と呼びうるようななにかが歴史的にあるらしい、という前提から出発しているからである。しかしもし、聖書的／ピューリタン的、共和主義的／啓蒙主義的、リベラル／功利主義的、宗教的／道徳的な諸原則の一定の組み合わせからなる市民宗教があったとしても、またアメリカの政体が、実際にその市民宗教をとおして統合されていた時代がかつてあったとしても、もしまたこの市民宗教がなんらか残っていたとしても、ベラーがこの理論を定式化した時点では、それは明らかに、ますます時代遅れのものになっていた。ベラー自身、国民的な「契約」は「破られ」てきたこと、それを単に嘆いても古い契約を組み立てなおすことはできないだろうということを、認めるようになった。それればかりか、アメリカの市民宗教を作り上げている原則はまさしく三つあり、それはいくつかの点でルソーのいう三つの宗教と似ていなくもないが、この三つがまた同じようなジレンマを示しているのである。共和主義的な伝統、聖書的な伝統、近代個人主義の伝統、これらを、互いを掘り崩すことなく、束ねることができるのだろうか？　アメリカの市民宗教は、帝国としての明白な宿命（マニフエスト・デステイニー）を国民が愛国的に礼賛する祭祀や、あるいは自分たちの私的で功利主義的な形の宗教を追求する個人が集まった国を礼賛する祭祀以外に、何物かでありうるだろうか？　どちらの祭祀も、共和主義的な美徳を掘り崩すであろう。もし、より共和主義に徹しようとすれば、宗教を私的領域に追放して、政治という世俗的宗教を追求する道を選ばねばならないだろう。(58)

市民宗教が、政治共同体の規範的な統合力として、国家レベルで政治学的に考えられたものであれ、あるいは社会共同体の規範的な統合力として、社会レベルで社会学的に考えられたものであれ、そのように概念化された市民宗教は、近代社会には、とてもふたたび現われそうにない。さらに、もし市民宗教のようなものがなにか残っているとしても、それは生活の伝統を、近代の諸条件に適応させたもののようである。いずれにせよ、近代社会がそのような市民宗教を「必要としている」という機能主義的な根拠に基づいて、市民宗教の存在を想定するのは、理論的には支持できないし、規範的には望ましくないことである。吟味されねばならないのは、新旧のあるいは伝統的もしくは近代的な諸宗教が、市民社会の公的領域において、公的な役割機能を良好にあるいは不良に演ずる、その演じ方の違いである。したがって、「市民宗教」の概念は、国家あるいは社会共同体のレベルから市民社会のレベルに移って、定式化しなおさねばならない。

アルフレッド・ステパンによれば、近代の「政体」は、三つの分化した闘技場（アリーナ）、すなわち国家、政治社会（ポリティカル・ソサエティ）、市民社会から成るものとして、概念化できるという。[59]「公的空間」の「討議（ディスカーシヴ）」モデルによれば、「公的領域」は、政体のこれら三つのアリーナを構成する次元として、概念化することができる。[60] 原則としていえば、宗教は、政体のこれら三つの公的空間のそれぞれに、位置を占めることができる。国家レベルにおいては、「チャーチ」を典型例とするような「公共」宗教がありうる。政治社会レベルにおいても、宗教が他の宗教運動や世俗運動に対抗して政治的に動員されたり、あるいは他の宗教政党や世俗的政党と競合する政党として制度化される場合などに、「公共」宗教がありうる。フランス革命からスペイン内戦にいたるまでの期間、カトリックがとった対抗革命的な運動の全域を、デヴィッド・マーティンはいみじくも「反動的有機体説」と性格づけた。以下にあげる例はすべて、政治社会レベルに位置づけられる「公共」宗教の、さまざまなタイプとして見ることができる。すなわち、国家や他の宗教的あるいは世俗的運動や集団からしかけられた、さまざまなタイプの文化闘争（クルトゥーアカンプフ）に対抗したり対峙したりする、宗教的少数者の政治的動員。ベルギーやオランダで特徴的に展開しているような宗教的・政治的な「柱石化（ピラーリゼーション）」の構造的システム。教会の利益と特権を保護し増進するため、教会が「カトリック・アクション」をとおして平信徒たちを動員すること。第二次世界大戦後、カトリック内部や、またルター派諸国においてもある程度結晶化した、キリスト教民主主義的な政党の諸組織。最近の選挙における新キリスト教右翼の動員、などである。(61)

本書の研究の中心的命題の一つは、この歴史的なエポック、つまり、反動的有機体説の「時代」、世俗と宗教、聖職権主義と反聖職権主義、文化と政治などが交戦状態にある「時代」、カトリック・アクションの「時代」、宗教の柱石化の「時代」、キリスト教民主主義の「時代」が、少なくとも西ヨーロッパでは終末をむかえた、ということである。(62) 反動的有機体説は、一九世紀の自由主義革命やフランス革命に対する教会の反応であった。一方、カトリック・アクションやキリスト教民主主義は、世紀の変わり目における世俗主義的、俗人主義的、とくに社会主義的な大衆政党の出現に対する反応であった。どちらもまさに、宗教に敵対的と認められた近代的・世俗的環境に対する防衛反応であった。もし今日の教会が、社会に対するコントロールを獲得するために、平信徒を動員して再び国家に参入しようとしていないとすれば、それはかなりの程度、敵対的な世俗国家や社会運動の脅威を、教会がもはや感じていない、という事実によるのである。カトリック諸国における日常的政治から反聖職権主義が消滅しているのは、おそらく、この歴史的変容をもっとも雄弁に示す指標である。

宗教と近代との間に、啓蒙主義的な宗教批判からはじまった堂々めぐりの抗争をおしまいにして、互いに認めあい和解するという、補強しあう動きが起こってきている。一方では、啓蒙の弁証法が批判的に認識されたり、世俗的救済という合理主義的な計画にポストモダン的な自己限定が加えられたりしたことによって、宗教は有効であるという主張が再発見されるようになった。また近代国家の絶対主義的な傾向——ポーランドの共産主義的な異形もあれば、ラテンアメリカにおける「国家安全保障」的な異形もある——に対して、カトリック教会が積極的な歯止めの役割を果たしている、という再認識にもつながってきた。他方また、カトリックの現代化（アジョルナメント）、すなわち教会が現世内的に方針転換することによって、また社会的・政治的秩序のなかの世俗的現実性やその自由・正義・連帯といった諸原則への預言者的なコミットメントを、教会が宗教的に再評価することによって、啓蒙主義的な宗教批判の諸局面は不要なものになった。そうした批判は、スペインやブラジルのような場所では、ごく最近まで意味をもっていたのだが。

もっとも重要なことは、カトリック教会が、「チャーチ」としての、つまり、地域的に組織され、政治共同体や国家と外延を同じくする、強制力をもった宗教共同体としての自己アイデンティティを、ほとんど自己否定したことである。この自己アイデンティティの変化は、もはや宗教的な正当化を必要としなくなった近代国家が、さらに世俗化したことに刺激されたもので、カトリック教会の位置づけと方向づけが、国家志向から市民社会志向へと、根本的に変化することにつながった。カトリック教会が、スペインからポーランド、ブラジルからフィリピンにいたるまでの民主化のプロセスにおいて、積極的な役割を演じることができたのは、カトリックの自発的な「非公認化」という、この自己アイデンティティの変化によるのである。

カトリック諸国における最近の民主化への移行から現われてきた、もっとも意味深い展開がある。それは、カトリック教会が、市民社会のなかで圧倒的な威信と影響力をもって多数派の位置を占めているにもかかわらず、あらゆる国で憲法上の政教分離と、宗教的自由の原則を受け入れたうえ、教会の特権や主張を政治的に保護したり促進したりするための、公式なカトリック政党の設立や支援という伝統的な試みを放棄した、という事実である。教会は、非公認化を受け入れただけでなく、政治社会そのものから離脱することを受け入れたかのようである。しかしながらこのことは、カトリシズムが私事化されたとか、あるいは教会はもはや何の公的役割も果たしそうにない、ということを必ずしも意味しない。それはただ、教会が公的位置を占めるのは、もはや国家や政治社会のなかにではなく、市民社会のなかである、ということを意味しているにすぎない。

「家庭」対「仕事」——宗教と道徳という私的で女性的な領域 対 仕事と法律という公的で男性的な領域

最後に、フェミニズムの批判や、経済分析のいくつかの方法によって線引きされた、公的な「仕事」の領域と私的で家庭的な領域との間の区別を、宗教の分野に応用することもできるだろう。語義的にいえば、「仕事(ワーク)」の反対語は「家庭(ホーム)」ではなく、当然「余暇(レジャー)」となる。たしかにそうだが、この仕事と家庭という区別は、職場が家庭から分離していく近代史の実際のプロセスを、よく表現している。さらにそれは、近代を成り立たせている二重のプロセスに注意を喚起するのに、決定的な働きを演じている。まずそれは、商品生産という近代的状況下においては、給与をともなう雇用の領域しか「仕事」と認められておらず、したがって人間的・社会的な再生産の領域のすべて、すなわち、出産という「労働」から子育てや労働力の再生産に関わる家事全般にいたる領域——これらはすべて女性の努力と働きがほとんどの部分を占める活動にほかならない——をまったく考慮せず、力や地位や富としての評価もしない、ということを示す。[63] さらにそれは、近代資本主義の状況下においては、余暇そのものが、産業化された「大衆文化」という自律的領域へ、つまり、文化的なものが生産され分配され、消費される領域へと商品化され変容されている、という事実を指摘している。

「公的」仕事と「私的」家庭との区別を宗教の分野に応用しようとすると、近代世界において宗教の占める位置の曖昧さが、ただちに明らかになる。一方では、ほとんど機械的に、宗教は文化の領域に属するということもできる。文化人類学や文化史や文明研究がそろって証明しているとおり、歴史的にみれば、宗教はつねに文化の「核」であった。もっとも良質な社会学的分析のいくつかは、近代世界における宗教は、他の文化現象と同じように、商品化の諸力にさらされていることを示してきた。「多元主義的な状況とは」と、ピーター・バーガーは書いている、「なによりも市場状況である。そこでは、宗教的機関は市場の代理店になり、宗教的伝統は日常的消費財になる」[64]。実際、合衆国において、「救済」をあつかう売場(デパートメント)は、大衆的な文化産業全体のうちでも、もっとも品揃え豊富で収益のあがる部門の一つかもしれない。しかし、近代世界において宗教が占めている位置の不確かさは、近代文化の諸理論や、新たに確立した文化社会学の分野が、宗教をまったく無視する傾向にあるところに、よく表われている。文化という言葉は、少なくとも暗黙のうちに、もっぱら「世俗」文化を意味するものと、理解されているのである。

近代における宗教の私事化の深い意味にもっとも明らかな光をあてるのは、おそらく、公的で男性的なものと、私的で女性的なものとの分裂に関する、フェミニズムからの批判であろう。「宗教は私的な事柄である」ということは、制度が分化する歴史的プロセスを記述しているばかりでなく、むしろ社会生活のなかで宗教が現実に占める正当な場所を処方しているのである。近代が宗教に割り当てた場所は「家庭」であるが、それは物理的な空間というよりは、「人の愛情がとどまる場所」(『ウェブスター辞典』)として理解されている。家庭は、愛、表現、親密さ、主観性、感傷、情緒、非合理、道徳、霊性、宗教などの領域である。なによりもこの家庭内的（ドメスティック）な領域は、すぐれて女性的なものである。実際、アン・ダグラスは、一九世紀前半のアメリカで起こった宗教の私事化の歴史的プロセスを、「女性化」のプロセスとして、正確に記述している。[65]

フェミニスト批評家や道徳哲学者たちは、宗教や道徳が女性化することによって、私的な領域と公的な領域の双方に対する、それらの影響が貧弱になったことを指摘している。[66]宗教は、道徳的美徳と同じく、あまりに感傷的で主観的で私的なものになったため、公的な力を失っただけでなく、間主観的な公的関わりまで失った。公的な討議上の合理性と責任を免除されることで、宗教は道徳と同じく、単に個人の私的な好みの問題になってしまった。前近代社会は、宗教に対して、公共の広場における集団的な「異端との絶縁式（アクトス・デ・フェ）」から公的な悔悛（かいしゅん）の秘跡にいたるまで、公的表現を強いる傾向にあった。これと対照的に近代社会は、宗教の公的な表現を追放する傾向にある。現に、宗教の私事化は、公衆のまえに自分の宗教生活をさらすのは「不適切」で「悪趣味」なことだ、とする状態にまで達している。はっきり仕切られた宗教的領域の外で信仰告白をすることは、ちょうど身体の一部や感情を、頼まれもしないのに人前にさらすようなもので、自分のプライバシーを貶（おとし）めるだけでなく、他人のプライバシーの権利を侵害することになるのである。

「仕事」という公的領域の成り行きも、同様に意味深いものがある。政治と経済は文字どおり「道徳外の」領域、すなわち、道徳的あるいは宗教的な配慮が排除されるべき領域になった。その過程で、「公的領域」そのものも、貧弱になった。セイラ・ベンハビブは、「公的対話」のリベラルなモデルと、その「中立性」の規則が、一定の「会話上の慎み」を義務として課すことを示した。これは、「箝口令」として機能しうるもので、公的な討議から、「私的」とみなされた事柄をすべて、私的な経済状況から、私的な家庭の領域、私的な規範形成にいたるまで、排除する。とはいえ、ベンハビブが指摘しているように、「会話上の慎みに基づく公的対話というモデルは、中立的ではない。そこではまず、道徳的・政治的な認識論が前提とされている。そして次に、このことが、そうした公的なものと私的なものとの暗黙の分離を、排除されたある特定の集団の諸関心を沈黙させるにいたるものとして、正当化するのである」[67]。さらにいうと、「対話上の中立性」は、政治の闘争的な次元を無視する傾向をもっており、「近代世界の抑圧に対抗するあらゆる闘争は、かつては「私的」で非公共的で非政治的な問題と考えられていたことを、正義の問題、討議上の合法化を必要とする権力の所在、といった公的関心事として、定義しなおすことからはじまる」という点を、認識しそこなうのである[68]。

ベンハビブは、女性運動の実践的経験と、フェミニズムの理論的関心とを、自らの政治理論に柔軟に組み入れることによって、「公共空間」のリベラルなモデルの限界を示すことに成功している。そればかりでなく彼女は、ハーバーマスの「討議モデル」が、「リベラルな社会契約から、うたがわしい区別」をいくらか不必要に受け継いでいることを示している。社会契約論をもっと徹底的な手順をふんで読めば、そのような区別はでてこないようである。リベラリズムについていえば、近代的な個人の自由とプライバシーの権利を保護するためには、法と道徳のはっきりした領域分化を維持する必要が大きかったが、このことから、公と私が、司法的概念で過度に分割されることになった。

さらにベンハビブは次のように論ずる。ハーバーマスは、これまたもっともな関心にしたがって、「公的な正義の問題」と「善良な生活という私的概念」との間に、また、「公的利害」と「私的要求」との間に、また、「公的な規範の問題と私的な価値の問題」との間に、厳密すぎる境界線を引いた[69]、と。もちろん、問題は、これらの境界線を除去することなどではない。それらの境界線は、近代の諸自由を保護し、分化した近代社会を組み立てるのに、必要不可欠なものである。問題となっているのは、これらの境界線そのものをオープンに討論し、定義しなおし、引きなおせるよう、討議によって正当化する必要性を認めることである。ベンハビブによれば、「もし談話の議事項目(アジェンダ)が徹底的にオープンであれば、もしまた参加者たちが、すべての事柄を批判的に精査し、内省的に問いつめることができるならば、そもそも談話のはじまる前に、議論の対象となっている問題を、正義の問題であるとか、善良な生活そのものの問題であるとか、あらかじめその性質を定義するようなことはありえない[70]」。ここには、私的と公的、道徳と法律、正義と善良な生活、宗教的と世俗的、などを仕切る、あらゆる境界線の問題が含まれているはずである。そこにはまた、国家、経済、市民社会、家族、宗教などといった、機能分化した諸システムの領域間の境界線の問題も、含まれているはずである。

私が近代宗教の「脱私事化」と呼ぶのは、宗教が私的領域のなかに割り当てられた場所を放棄して、論争や討議による正当化や、境界線の引きなおしなど、進行中のプロセスに参加するため、市民社会の未分化な公的領域に入っていく、そのプロセスのことである。一九八〇年代には、世界中の宗教が、さまざまな形の公的で集団的な行動の最前線にたっていた。宗教は、討議的であるのみでなく闘争的になって、しばしば論争の両側にたち、自らが論争や討論の主体になったり対象になったりした。したがって、ここで問題になるのは、宗教は基本的に、政治にとって良いのか悪いのか、社会システムにとって機能的なのか機能不良なのか、歴史的には進歩的なのか退行的なのか、ということではありえない。社会科学者は、「区別」したり境界線を引いたりする仕事に、実践的な行為者としてまた理論家としてたずさわっているので、公共宗教のさまざまな形態と、そのありうべき社会歴史的な成り行きを差異化するための、分析的かつ規範的な規準を創りだす必要があるだろう。しかしとりわけ、社会科学者は次のことを認める必要がある。それは、あらゆる構造的権力、合理化の圧力、また、近代の世俗的世界において宗教を私的領域に押しこめようとする多くの妥当な理由にもかかわらず、宗教は公的な次元を今ももちつづけているし、将来ももちつづけるであろう、ということである。宗教のこの公的次元を丸々無視するような近代論、近代政治論、集団行動論は、必然的に不完全な理論である。

II　五つの事例研究——分析的序論

これから行う五つの事例研究では、近代への道をたどる公共宗教の変容に関して、五つの異なった物語を検討する。それぞれの経験的研究は、二つの部門に分かれている。まず歴史的な部門では、きわめて図式的に、いちじるしく異なった世俗化のパターンを再構成し、また二つのタイプの背景をもった教会、国家、社会の間の構造的関係の歴史を再構成する。次に、現代を扱う部門では、ここ数十年のうちにいくつかの宗教が果たしたさまざまな公的役割を分析する。

二つのタイプの背景とは、領土的国民教会（テリトリアル・ナショナル・チャーチ）と、自由で多元主義的な宗教的市場で競争するデノミネーションである。スペイン、ポーランド、ブラジルにおけるカトリシズムを扱う最初の三つの事例研究では、三つの典型的な領土的国民教会の、三つの異なった物語を扱う。これらの諸教会は、カトリック的な教義、儀礼、教会構造を共有するとはいえ、教会と国家と社会の相互関係は、いちじるしく異なったパターンを示している。同じ中心的なカテゴリーをめぐって組み立てられているけれども、それぞれの物語は、独自のものになるはずである。私が試みたのは、異なった歴史に平凡な分析的枠組みを押しつけることではなく、それぞれの物語が、中心となる分析的カテゴリーの意味の異同と変化を描くにまかせていることである。

社会学的なカテゴリーは、その本性上、歴史的かつ現象学的である。それが歴史的だというのは、それによって分析することができると考えられている社会的現実が、歴史的だからである。現実というものは歴史的に変化するので、この現実を分析するのに用いられるカテゴリーの意味も、それにつれて変化しなければならない。またそれが現象学的だというのは、社会科学者が、根本的なカテゴリーのほとんどを、社会的な行為者――社会学的カテゴリーの意味は彼らによってたえず定義され再定義されている――と共有しているからである。歴史的な変化や、行為者によって変化させられる現象学的な意味から、自分たちのカテゴリーを隔離しようとする社会科学者たちの企ては、無益で幻想的なものである。そのような事態は当然、非常に不正確なカテゴリーと、不正確な科学に向かうことになる。しかし社会学においては、カテゴリーや科学の正確さは、通常、解釈上の適切さを犠牲にして得られる。問題は、比較歴史社会学においてとりわけ先鋭である。今行っている比較歴史社会学的な研究において、分析的カテゴリーの中心になるのは「教会(チャーチ)」である。たとえば、一六世紀、一九世紀、二〇世紀において、またスペイン、ポーランド、ブラジルにおいて、それぞれの「チャーチ」の歴史的な現実と現象学的な意味が根本的に異なっていることは、明らかであろう。したがって、こうした性格をもつ比較歴史的な研究を、チャーチとは何かといった定義からはじめることは、的はずれであろう。

実際、この研究の全体にわたって、次のような立場の間に緊張がある。つまり、(a)マックス・ウェーバーやエルンスト・トレルチによって定義されたような、社会学的・理念型的なチャーチというカテゴリー。この定義は、コンスタンティヌス帝による公認後のローマ帝国の教会という、特定の歴史的現実から引き出されたものである。(b)教会的（エクレシアスティカル）機関としてのチャーチを構成するのに関わる行為者集団の、現象学的・教義的な自己定義——ここでは、カトリック教会は、特定の国民社会を超越する、トランスナショナルな機関であると同時に、特定の国々の歴史と構造に深く根をおろしたナショナルな機関である、ということを念頭においておくことが重要である。そして、(c)国民教会の歴史的に変化する現実、とくに国家や社会との関係で見たチャーチの構造的な位置づけの変化、という立場。

本書の研究の特殊なパースペクティヴ、つまり、チャーチを「公共」宗教と見るパースペクティヴから言って、もっとも大きく関連するのは、チャーチの変化しつつある構造的現実、変化しつつある関係という、三つめの意味である。スペイン、ポーランド、ブラジルの諸教会の比較歴史的な分析から引き出すことができるもっとも重要な結論は、国家や社会のなかで教会が占める構造的な位置づけが、かなりの程度、そのようなチャーチが担う公共宗教としての形態を決定する、ということである。ウェーバーが定義したとおりにチャーチが強制力をもった機関であるとすれば、チャーチはその定義からして国家を志向する機関である。チャーチが強制的な地位を守るためには、チャーチ自らが強制の手段をコントロールするか——その場合にはチャーチは神権政治的国家機関になる——、さもなくば国家に頼らなければならない。このことが意味するのは、チャーチが強制的な機関であろうとするかぎり、チャーチのさまざまに変化する性格を決定するのは、なによりも国家のさまざまに変化する性格である、ということである。

このパースペクティヴから見る時、研究対象となる期間のうちでもっとも重要な変容は、二つある。まず、中央集権化した絶対主義国家という近代システムの出現と、それに関連した領土的国民教会の出現。次に、チャーチからの独立と、宗教的・規範的なタイプの統合からの政治共同体の解放と、この二つを主張する世俗国家の出現である。スペイン・カトリック教会は、マルチナショナルな帝国国家の公認教会の典型例と見ることができるかもしれない。それは、リベラルな国家による公認廃止に暴力をもって抵抗し、カトリック国家の公認教会としての地位を、やはり暴力によって主張することができた。

ポーランド・カトリック教会は、国家教会をめざすもの、つまり、国民国家をめざす領土的国民教会の典型例となっている。それは国家不在の状態で、国民の象徴的な代表者となって、その宗教的・規範的な統合の役割を果たし、分裂と外国による占領から国民を守り、教会の国民的公認を廃止しようと企てる世俗国家の押しつけに抵抗した。

ブラジル・カトリック教会は、植民地教会の典型例と見ることができるであろう。それは主に、帝国的植民地国家の、皇帝教皇主義的な行政の手段であったが、のちにリベラルで実証主義的な国家の公認教会へと変容した。そして公認廃止ののちは、ポピュリズム的な国家とその国家開発計画と連合した国民教会になることを切望して、再登場してきた。

これらとは別の背景において、合衆国は、歴史上初の典型的な政教分離の例を代表している。完全な政教分離は、チャーチが制度的に廃止され、宗教的デノミネーションの一つに変容する、という結果をともなう。制度的にいえば、つまり法律的な見方では、すべての宗教団体は、それらが自己をどう定義しているかにかかわりなく、デノミネーションとしての同じ地位しかもっていない。デノミネーションはいやおうなしに、社会志向的でなければならず、自発的で互いに競争する宗教団体にならねばならない。それ以後の諸宗教団体の性格を決定するのは、なによりもまず、それらの社会との関わり方である。福音主義プロテスタンティズムは、アメリカ社会における、デノミネーションの枠を超えてヘゲモニーを手にした市民宗教として、姿を現わした。それに対してカトリシズムは、セクト的で領土的に組織された、カトリック移民集団のナショナルなデノミネーションとして、姿を現わした。

一九六〇年代における、第二バチカン公会議において最高潮に達した、いわゆるカトリックの現代化（アジョルナメント）によって、カトリック教会の自己アイデンティティは、公式に再定義された。つまり、問題に関わる行為者集団——位階制的な教会の場合、グローバルな教会の代表的司祭たちがこれにあたる——が、自らのアイデンティティを教会として再定義したのである。本研究のパースペクティヴからいえば、状況のこの集団的な再定義の結果のうちでもっとも重要なのは、カトリック教会が、国家を主な関心事とする機関から、社会を主な関心事とする機関へ変容したことであった。

かくして、本書の事例研究のうちの歴史的部門は、公共宗教のタイプを決定するにあたって、宗教的な教義つまり宗教が自己をどう定義しているかは問題でなく、問題は構造的な位置づけだけであることの証拠として、読むことができる。その一方で現代をあつかう部門は、宗教的な教義、つまり、問題に関わる集団的な行為者が自己をどう定義しているかという点における公式の変化が、当該の教会の構造的な位置づけに重大な影響を与えるかもしれない、ということを示している。第二バチカン公会議より前、スペイン、ポーランド、ブラジルのそれぞれのカトリック教会は、きわめて異なった政治体制のなかで、これまたきわめて異なった構造的位置を占めていた。公会議の後、これらの三教会――および世界中の他のナショナルなカトリック教会――は類似した構造的位置をとりはじめ、またそれぞれ独裁的な体制に挑戦したり、民主制への移行を促進したりするに際して、類似した積極的役割を演じはじめた。第二バチカン公会議が出した四つの文書は、教会の新たな集団的自己定義の核を形づくり、またナショナルなカトリック教会の一般化された改革に対して、主要な方向づけを与えた。四つの文書とは、『ディグニタス・フマーネ』『ガウディウム・エト・スペス』『ルーメン・ジェンティウム』『クリストゥス・ドミヌス』である。[1]

世界史的なパースペクティヴからみると、宗教的自由の宣言つまり『ディグニタス・フマーネ』は、おそらくもっとも重大かつ急進的な、伝統からの離脱である。それはまさに、近代的なタイプのカトリック的な公共宗教が可能となる条件を打ち立てた。この宣言がなければ、他のすべての文書のあらゆる実践上の目的は、無意味になってしまっただろう。すべての個人の良心の自由は不可侵のものであること――これは人間の神聖な尊厳に基づく――を教会が認めたことは、チャーチが強制的な性格を放棄して、「自由教会（フリー・チャーチ）」になったことを意味する。真理はもはや外から課されうるものではなく、また個人の良心を外的な命令に従うよう強制することも許されない。この宣言からは、次のような歴史的結果がじかに出てきた。(a)公認廃止と政教分離という近代的原則の受容。(b)カトリック教会によって公式に支援されたカトリック政党あるいは政治的運動が論争の俎上に乗せられたこと。(c)権威ある伝統のドグマ的な概念と、良心の自由の原則とは、長い目でみて両立できなかったこと。[2]

カトリシズム、とりわけその経済的・政治的な倫理（言葉のウェーバー的な意味で）の内的変容という点から見ると、目に見える世界史的な結果をともなうもっとも急進的な伝統からの離脱は、近代世界における司牧に関する教会憲章である『ガウディウム・エト・スペス』に見られる。この文書は、近代性のうえに掲げられていたカトリックの呪詛（アナテマ）の解除と、近代という時代ないし世界の正当性をカトリックが最終的に受容したことを表現している。この世俗化のプロセスは、空間的な次元における結果としては、他界志向から現世内志向への変化をもたらす。これ以後、平和と正義のための行動と、世界の変容をめざす参加は、教会の聖なる使命のうちの、付随的な次元ではなく、まさに本来的な次元になる。時間的な次元においては、近代という時代の正当性は、教会が歴史性の原則を受容し、「時のしるし」を読むことを余儀なくされることを、結果としてもたらす。問題なのはもはや、教会が現世に永遠の真理を教えるかどうか、自然法のなかにもともと書きこまれた客観的な道徳秩序を維持できるかどうかではない。むしろ問題は、教会が、歴史的な解釈において、あるいはそれを通じて、福音の意味を当てはめるべき課題を受け入れるかどうかである。

教会学的には、ドグマに関する教会憲章である『ルーメン・ジェンティウム』が、本文冒頭で教会を「神の民」と定義することで、宗教的機関としての教会の自己アイデンティティを、根本的に変更した。これにより、平信徒であるか聖職者であるかに関わりなく、万人がキリストの司祭としての同じ資格を分かちもつ——まったく平等でないのは確かだが——ことになる。その時にはじめて、教会内部における司教の地位や、階級的な分業についての議論が、起こってくる。同様に、教会における平信徒の機能や、神聖への普遍的な召命についての議論が出たあとで、はじめて「宗教的なるもの」やその機能と召命についての議論が出てくるのである。

最後に、教会における司教の司牧任務に関する教令である『クリストゥス・ドミヌス』は、十二使徒の集まりの継承者としての司教団の、集団的な参事会としての性格を強調している。司教団は教皇のもとで聖餐式に参加して、全教会の司牧任務を厳然と執り行うのである。最後の二つの文書、『ルーメン・ジェンティウム』と『クリストゥス・ドミヌス』のもっとも重要な含意は、いったい誰が教会の集団的な自己アイデンティティを、権威をもって定義する仕事に関わるのかという、まさに行為者の再定義の問題である。

カロル・ヴォイティーワが教皇ヨハネ・パウロ二世に就任して以来、またとりわけラッツィンガー枢機卿が古代の「異端審問所長」にあたる地位に就任して以来、教会の内部で起こったイデオロギー闘争に示されているように、これらの本文を神学的にどう解釈するのが正当かに関しては、関係者たちの間でも、同意はまったく得られていない。しかし社会学的にいえば、これらの文書が出版され、そのメッセージが広く内面化されたことによって、束縛が解かれたことの社会歴史的な結果は、それが意図されたものだったかどうかはともかく、否定できない。これをもっともよく確認させるのは、カトリックの「復古」プロジェクトの出現そのものである。それはまさに、これらの社会歴史的な成り行きが、バチカンの本来の意図を誤解したところから起こった予想外の望ましからぬ結果であることを、前提するからである。[3]

もし、教会の性格を決めるに際して、以前は国家の性質が決定的であったとすれば、ひとたび教会が強制的な機関であることをやめるか、あるいはもはやその努力をしなくなると、公共宗教としての教会の変化する性格を決定するのは、それに関わる社会的行為者の担う社会の性質あるいはモデルである。スペイン、ポーランド、ブラジルにおいて、民主化のプロセスにおけるカトリック教会の役割がそれぞれ異なっていたのは、独裁的な体制の性質が違ったからというだけではなく、三つの国における社会の性質やモデルが異なっていたからでもある。ギジェルモ・オドンネルによれば、「市民社会」「国民」「人民」という諸カテゴリーは、三つの比較歴史的な研究のなかで、代替可能で競合的な社会のモデルとして、また国家と社会、教会と社会を媒介する代替可能な原則や構造として、用いられているという(4)。

スペイン・カトリック教会は、最終的に、国家からの公認廃止と多元主義的な市民社会の現実とを受け入れた。問題は、そのような状況下で、教会は公共宗教としての役割を、はたして見出すことができるかどうか、ということである。ポーランド・カトリック教会は、ポーランド的な市民社会の出現を正当化するのに、決定的な役割を果たした。そこでの問題は、はたして教会が、国家教会をめざしてきた歴史的アイデンティティを完全に放棄して、国民による公認廃止を進んで受け入れるかどうか、ということである。ポーランドにおいては、社会の集団的なアイデンティティの原則を組み立てるものとしての国民と市民社会との間に緊張がある一方、ブラジルにおいては、市民社会の原則と「民(ピープル)」との間に緊張がある。ブラジルのカトリック教会が、「民の教会(ピープルズ・チャーチ)」としての新たなアイデンティティの原則を採用したことは、民主制への移行を促すのに、決定的なことだった。しかし民主的な政治体制が制度化された時、このアイデンティティは、多元主義的に組み立てられた市民社会の現実、および政治社会を媒介するエリート主義的な専門機構の現実との間で、緊張関係にあることがわかった。

カトリックのアジョルナメントは、アメリカのカトリシズムにも重大な結果をもたらした。そもそものはじめから、合衆国におけるカトリシズムは少数派のセクトであり、時に迫害され、時にかろうじて許容されつつ、周囲の状況によって自らを私的宗教の埒内にとどまることを強要された。そうしたなかで、自らの移民たちを同質に保ち、自らの信仰を他の信仰と分離して守り、またアメリカのデノミネーションとして受け入れられるよう、努力してきた。バチカンの再定義は、アメリカ・カトリック教会に、自らのアメリカニズムを問題にし、私的姿勢を放棄し、公共的なデノミネーションとしてのアイデンティティをとることをせまった。

福音主義プロテスタンティズムの研究を、カトリック教会の近代性にむけた変容を研究する比較歴史的な文脈において見ることは、二重の意味で、とりわけ示唆的である。それはまず、プロテスタント根本主義がセクトへと引きこもったことを、教会が社会からの公認廃止に抵抗し、単なる私的なデノミネーションになることを拒否するためにとった典型的な反応、と見ることを可能にする。さらに、二〇世紀のアメリカにおける、カトリック的および福音主義的なデノミネーションがとった並行的な軌道を一見すれば、今日の福音主義の信仰復興（リヴァイヴァル）とその公的な再出現を、福音主義のアジョルナメントの一形態として、理解できるのである。

3章　スペイン――国家教会から公認廃止へ

イスラム教徒の征服者からイベリア半島を奪回しようとする、何世紀にもわたるキリスト教の国土回復運動(レコンキスタ)によって、スペインの宗教的および国民的な初期のアイデンティティが形成された。しかし、教会と国家が一体化して、スペインのキリスト教が戦闘教会(チャーチ・ミリタント)に変容したのは、カトリック王を戴く近代初期のスペイン国家の形成によってである。このスペイン国家ができるにあたって、宗教的動員が果たした役割は決定的なものだった。実際、遅ればせに導入された異端審問所（一四八一年）は、国家形成の機能を果たすことになり、真にナショナルな、統一された、中央集権化された、最初の国家機関になった。ユダヤ教徒やイスラム教徒やムーア人たちは、スペインから排除されたが、これは下からの民間の圧力と、上からの宗教的動員という、典型的なパターンのなかで起こったことであった[1]。

スペインは、ヨーロッパとの再統合のために、自分のなかにある望ましくない二つの宗教を切り離した。それはちょうど、ヨーロッパ自身が、プロテスタントの宗教改革とカトリックの対抗宗教改革によって、ばらばらに切り刻まれていた時だった。対抗宗教改革は、スペインの近代初期における、経済、政治、文化の熱狂的な実験に、終止符をうった。ハプスブルク君主国と普遍教会とアメリカ植民地帝国のすべてが結合して、スペイン国民国家の萌芽を、「普遍的なキリスト教君主国」という、台頭するヨーロッパ諸国家の国際的なシステムに対抗する歴史的なプロジェクトの、観念的・物質的な利害の犠牲に供した。[2]

戦闘教会は、地中海やアジアにおいてはイスラム教と戦い、アメリカにおいては異教徒と戦い、ヨーロッパにおいては異端者と戦いつづけた。スペインは、宗教的十字軍という考えを、キリスト教ヨーロッパにむかって投げかえした。スペインは、ドンキホーテ的な帝国主義が破れたことにより、台頭する近代ヨーロッパから孤立するという、苦い目に遭った。王国と教会は、政治と宗教の統一という目的を共有していたが、これをヨーロッパにおいて力ずくで維持することには失敗していたので、今やスペインの支配のおよぶ領土内において、その普遍主義的なカトリックの理念を保存することを決定した。スペインは、他のヨーロッパ諸国とちがい、一般的な一七世紀の危機から回復しないことになろう。[3]

一八世紀において、ブルボン家は、ふたたびヨーロッパ志向のゆるやかなプロセスをとりはじめた。しかし「啓蒙的」な改革に対抗する諸勢力は、スペインとヨーロッパの差は量的な「後進性」であるという見解を受け入れることを拒否し、互いに排他的な二つの文明の間には質的にうめられない裂け目があると主張したので、ヨーロッパに追い付くという課題は、複雑なものになった。「古代」と「近代」との間に起こった一六世紀風の典型的な抗争は、スペインには一八世紀になって現われたが、その様子は、東ヨーロッパ諸国――とくにロシア――において、また西洋化に抵抗する非西洋の諸文明において起こったような形態に、似通ってきた(4)。

一八世紀スペインにおいて、この抗争は、はじめは教会そのものの内部で、改革派と伝統派との間に起こった。前者は、アウグスティヌス主義者や啓蒙的な聖職者によって率いられ、啓蒙的な専制政治によって保護されたものであり、後者はイエズス会士やドミニコ会士によって率いられたものであった。教皇至上権論者（ウルトラモンタニスト）のイエズス会士がもっとも敵対したのは、ブルボン王党派と、改革派のピューリタン的なヤンセン主義とであった。他方、スコラ哲学の伝統をもったドミニコ会士は、スペインの大学に近代哲学と近代科学をもちこむことに頑強に反対した。一七六七年における、スペイン領からのイエズス会士の国外追放は、マドリードにおける一連の都市「暴動」――都合のいいことに、これはイエズス会士の所為だった――を受けたもので、改革主義的でガリア主義的な皇帝教皇主義の、束の間の勝利を記念する印となった。しかし、「啓蒙的」なモデルに基づいてエリートがコントロールするという上からの改革は、フランス革命とナポレオンのスペイン内政への干渉によって粉砕され、絶対君主制からは「威光」が取り除かれ、そのあとに、近代的な諸形態をとった政治的抗争と集団的行動がもちこまれた(5)。

教会は、ナポレオンの侵略に対抗してスペイン人民を動員するにあたって、決定的な役割を演じた。独立戦争は、地域的にはほとんどの場合ゲリラ司祭に率いられ、「不敬なサタンの軍勢」に対する宗教的十字軍として戦われた。カトリック信仰とスペイン国民とを同一視する伝統は、これによって強化された。その間、スペインの多数派から孤立した政治的エリートを自任する者たちが、国民主権を宣言する一八一二年憲法〔自由主義憲法、カディス憲法。最初のスペイン憲法〕を起草するため、カディスに集まっていた。カディス議会においてリベラル派と民衆派との間にはげしい神学論争をまきおこしたのは、旧体制を解体するために、たとえば領主司法権や教会の土地相続の廃止などのような手段をとるべきかどうかといった問題以上に、一八一三年における異端審問所の廃止問題であった。突出したリベラルな聖職者は、この聖域への攻撃を指導した。実際、聖職者たちからは九七名の代議士が出ており、これは国民議会のほぼ三分の一を構成していた。しかし教会の高位聖職者と田舎の聖職者は、異端審問所を解消する企てに反発して、それまでフランスの侵略者に向けていた猛烈な非難を、身内の異端というべきリベラルなフランスびいき（アフランセサドス）に向けて発するようになった。今やカトリックのスペインが、リベラルなスペインに向けて、宗教的十字軍という考えを起こした。かくして「二つのスペイン」という現象、つまり、カトリック的でヒスパニック的なスペインが、リベラルでヨーロッパ化したスペインと対立する、という現象が生まれた[6]。

一八一四年、マドリードの人々が、復位した絶対主義国王フェルナンド七世に向かって、「束縛よ永遠なれ」と叫び、熱狂的な歓迎を繰り広げたのは、「束縛を打ち破ろう」というリベラルな啓蒙主義のスローガンを揶揄するものであった。一九世紀のはじめ、教会は、つまり、その高位聖職者と聖職者のほとんどは、王と一般人民の側に立って、リベラルな改革派のエリートに対抗していた。絶対主義が復活したことで、スペインのリベラル派は追放されるか、あるいはフリーメーソンの支部や、なにか陰謀的な秘密結社として、地下に潜ることを強いられた。そこで起こったのは、リベラリズムと反聖職権主義とのきわめてラテン的な融合であり、同じくまた、リベラリズムと執政官政治とのきわめてイベリア的な融合であった[7]。

スペインは、国民と宗教的信仰とがはやくから一体化していたため、近代初期の国家形成が促進され、かつ近代初期のヨーロッパに起こった宗教的内戦の憂き目から守られた。しかしそれは今や、かえって近代的な国民形成の障害となり、近代的な政治抗争を宗教戦争に変容させるものになった。近代スペインにおける三つの内戦——第一次カルリスタ戦争(一八三三—三九年)、第三次カルリスタ戦争(一八七二—七六年)、そしてスペイン内戦(一九三六—三九年)——はすべて、反近代的な対抗革命運動として始まり、のちに戦闘態勢を整えたカトリック教会によって、神なきリベラリズムや無神論の共産主義に対する、宗教的十字軍として聖別された。またそれに対抗するものとして、教会や修道会の焼き討ちや、聖職者や修道女の殺害が、一八三〇年代から一九三〇年代にいたるスペインの、近代政治の動乱にくりかえし現われる特徴となった。一八三〇年代といえば、マドリードなどの主要都市において、はげしい反聖職権主義がはじめて公的に噴出した年である。[8]

スペインの歴史の展開には、それ自体としてユニークなところはない。それは、デヴィッド・マーティンが、世俗化の「フランス的（ラテン的）パターン」と名づけたものの、極端な代表例である。このパターンにおいて起こるのは、マーティンによれば次のようなことである。

そのような革命的な爆発は風土病のようになり、宗教はそのようなものとして、しばしば政治問題となる。一かたまりになった世俗主義が、同じく一かたまりになった宗教性と対決し……一つのエートスが他の代替可能なエートスと対決する。とくに、世俗的な啓蒙主義のエリート文化が大衆的な構成員を獲得し、歴史化されたイデオロギーつまりマルクス主義を達成した時には、そうである。[9]

スペイン史の展開においてユニークなのは、まず、スペイン内戦においてカトリックの反動的な有機体説が、近代的な世俗主義に勝利したことである。次に、スペインにおいては「古代」と「近代」との間の長引く宗教的・政治的抗争が、カトリックのヒスパニック的なスペインと、リベラルなヨーロッパ化されたスペインとの間の、文明的な抗争という形態をとった、という事実である。

一八三〇年代、教会は新たな立憲君主国に対抗して、カルリスモ〔フェルナンド七世の王弟のカルロスを支持する〕を抱き込み、北スペインの小作農階級を糾合することによって、国内のほとんどの社会的な諸勢力を、どうにか仲違いさせることができた。これに対して国家側は、教会の土地相続を無効にし、十分の一税を廃止し、修道会を解散することで対抗した。教会の土地が競売で速やかに売れたことで、スペインの国庫は、カルリスタの暴動に応戦するための歳入を、確保することができた。しかしこれによってまた、リベラルな体制に忠実な土地持ちの小作農階級を作り出そうという古いリベラルなプロジェクトも挫折した。それらの地所は保守的な地主たちの手におちて、地主たちはそれ以後自分たちの物質的な利害関心から、リベラルな主張に向かうようになった。このようにして、「裏切られた」リベラルな革命によって、中央および南スペインの「大土地所有」的な土地資本主義が強化された。その一方で教会は、田舎の経済的な基盤を失い、そこで発生してきた労働者階級との連帯も失った。しかしながら同時にまた、正統王朝派のカルリスタの主張が、周辺のバスク地方およびカタルーニャ地方のナショナリズムと融合し、カルリスタに対する教会の支援は、これらの地域における教会の存在を強化した。(10)

一九世紀半ば、スペインの教会は、財産没収によって、貧困のどん底にあった。修道院が閉鎖され、男子の修道会が解散されたので、教育と慈善をとおして教会が社会に影響を与えることは、終わりをつげた。北部を除けば、教会が目にするのは、国家や支配階級から見捨てられて縁を切られた己れの姿であった。スペイン全体では人口増加が著しかったにもかかわらず、聖職者階級の規模が、一八〇八年の約二〇万人から、一八六〇年の五万六〇〇〇人へと劇的に減少したことは、スペイン社会における世俗化を雄弁に物語っている[11]。

しかしながら、教会はまもなく、リベラルな寡頭制国家(オリガルキック・ステート)との刷新された同盟を通じて、スペイン社会の再征服にとりかかった。一八五一年協約(コンコルダート)は、教会と国家との間に緊張緩和をもたらした。それによって、カトリシズムが漸進的また部分的に公認されることとひきかえに、バチカンはリベラルな体制をついに承認することとなった。一八六八年の「名誉革命」(無血のうちに君主制を打倒した。九月革命)によって、二度目の、より短期間の、そしてより表面的な公認廃止がもたらされた。しかし一八七四年の王政復古(レスタウラシヨン)によって、教会と国家との同盟は立ち直った[12]。ブルジョア階級と地主層は、革命が無事に成しとげられた今こそ、困窮した教会と和解する潮時であることに気づいた。新たな支配階級は、尊敬すべき相当の地位を獲得し、急進的な民主主義者の政治的要求や下層階級の社会経済的な要求をブロックするための、重要な同盟関係を得た。ブルジョア階級は、教会のふところのなかに帰ってきた。そして、私的な良心と道徳の問題について教会からコントロールされることは拒絶したけれども、文化としてのカトリシズムの主要な外面的形態は採用した。スペイン・カトリシズムは、北部の土地持ちの小作農階級に大衆的な基盤をもつ一方で、次第に都会的で「ブルジョア的」な機関になった。その間、成長する田舎と都会のプロレタリア階級は、次第に「非キリスト教化」されつつあった。教会は、迷った羊を群れに連れもどすことに熱心なあまり、大きな群れそのものを見捨ててしまったのである。二〇世紀になる時点で、資本家階級と労働者階級との、また寡頭制的なカシキスモ〔各政党に属するカシーケと呼ばれる地方名望家・政治的ボスに依拠した政治システム〕と大衆的な民主主義との慢性的な抗争状態のなかで、スペインの教会は、わずかの例外をのぞいて、はっきりと資本家側、カシキスモ側に立った。[13]

しかし、リベラルなスペイン国家はまた、カトリック教会の正当性のために高い代価を払わねばならなかった。これ以後国家は、聖職者を経済的に支えなければならず、それによって国家と教会に対する下層階級の恨みを宥めることを、国家運営の一つの仕事とすることになる。しかしもっと重要なことは、リベラルな国家が、公的および私的な教育のコントロールを教会に委ねてしまい、近代的国民を育てて市民精神を形づくるための最良の機関を、みすみす手放したことである。聖職者による教育は、直接的にも間接的にも、宗教的、階級的、そしてエスニック・ナショナルなアイデンティティへの傾向を強化し、いかなる全スペイン的なナショナルなアイデンティティよりも、それらを重要なものにした。さらに、人口の大部分が教会を打ち捨て戦闘的な無神論を受け入れつつあった時点で、信仰を自認する国家が再び設立されたことは、「公式」のスペイン国民国家とカトリック信仰との間の古くからのアイデンティティを強化した。反聖職権主義的および反国家統制主義的な諸イデオロギーが、これと同時発生的に成長してきたことは、驚くにあたらない(14)。

国家とカトリック教会との同盟は、第二スペイン共和制（一九三一—三九年）の間に終わりを迎えた。共和制は、国家と教会の分離を制度化し、公教育を教会のコントロールから奪回し、カトリシズムの私事化とスペイン社会の非聖化を強力に推進した。共和制の指導者マヌエル・アサーニャがカディス議会で「スペインはすでにカトリック国ではない」と宣言した時、彼はただ、憲法上の現実を論争的に述べたにすぎない。しかし、カトリック教会はこの宣言を、攻撃的な反聖職権主義と俗人主義の文脈のなかで、軍備への呼びかけとして理解した。教会は、新たな共和体制に不忠誠で反対であることを、公的に表明するところまではいかなかった。しかしスペイン・カトリック教会は、教会と国家との分離や、公教育の国家管理、良心の自由、宗教の自由、カトリシズムの私事化などというリベラルな原則を、受け入れたくないことが明らかになってきた。カトリック教会は、特権を失いたくないために、また公式に容認された反聖職権的な攻撃を懸念したため、また差し迫った社会主義革命というさらに深刻な脅威を恐れたために、軍事的暴動に熱狂的に参加し、血なまぐさい内戦を解放のための宗教的十字軍として聖別した。共和主義地帯にある多くの地域で、暴力的で容赦のない宗教的迫害が起こったことで、スペイン左翼の戦闘的な無神論に対する教会の恐れは確証された。しかしながら、それに対する教会の反応は、ナショナリズム地帯におけるさらに暴力的で無差別な公式の抑圧を容認し、それどころか、しばしばそれを聖別することであった[15]。

内戦における勝利は、カトリック的なスペインに「その他のスペイン」を圧倒する凱旋をもたらした。カトリシズムは再びまた、公式な国家宗教となった。教会は、かつての制度的な特権をすべて再び掌中におさめたうえ、その宗教的な独占権を強化して国民に信仰の統一を課すための、近代的な管理手段までも与えられた。国家の強制を通して、スペイン社会は再びカトリックになった。国家カトリック主義(ナショナル・カトリシスモ)という言葉は、通常は悪い意味で用いられるが、フランコ体制の性格を手早く分析的に表わすには、もっとも適当なものであろう。フランコ体制は、そのイデオロギーや組織や象徴装置において、外面的にはファシズムの表現を多く採用したけれども、体制の制度的およびイデオロギー的な主柱をなしていたのはカトリック教会であったといって過言ではない[16]。

教会は体制に、内戦を正当化する独自のイデオロギーを提供し、また初期には多くの大衆を動員する主な源泉となった。戦後、体制が戦闘員を復員させはじめると、カトリシズムは体制の正当性を普及させる源泉となり、その独裁的な「心性」の基礎ともなった。体制にとって、カトリック的なコーポラティズムは、イデオロギー的・形式的にかろうじて筋のとおった、唯一の原則となった。カトリックの平信徒組織——まずエリート主義的な全国カトリック伝道協会(アソシアション・カトリカ・ナシオナル・デ・プロパガンディスタス)(ACNdP)、のちにはさらにエリート主義的なオプス・デイ――が、フランコ主義国家に、多くの重要な行政幹部を供給した。枢軸国側が敗北したのち、フランコ体制そのものが世界の除け者になってボイコットされているのに気づいた教会は、バチカンやその他のカトリック諸国との繋がりをとおして、フランコ体制が国際的に承認されるための、最初の基盤を提供した[17]。

この体制は、カトリックの政教関係の理想的なモデルとして、またリベラルで民主主義的な資本主義と全体主義的社会主義との間で、カトリックがとりうる「第三の道」の典型例として描かれることがあり、それは公式なレトリックの少なくとも一部となっている。フランコ自身、公的な演説やまたとくに文書のなかで、典型的なカトリックの反近代的な歴史哲学を援用して、内戦はフリーメーソン（これは彼の大きらいなものだった）やフランス百科全書とその近代的派生物――すなわち、自由主義、資本主義、そして社会主義――に対する十字軍であった、と宣言している。一八世紀の啓蒙主義から第二スペイン共和制にいたる近代的でリベラルなスペインは、抑圧され忘却されるべきものであった。「新たなスペイン」は、くたびれ果てた近代世界との結びつきを、すべて見捨てることになった。カトリック諸王と対抗宗教改革の大帝国時代を模範にしてスペイン史を編むことは、外国から異端が流入してスペインの衰退が早まる前の時点で、スペイン史を要約することだった[18]。

教会と国家、カトリシズムと体制との間にこのような融合があるとすれば、体制からの教会との距離が徐々に広がってきたこと——それは一九六〇年代初期にはじまり、一九七〇年代には両者間に公然たる抗争が起こって、ついには決裂した——は、正当性が危機に瀕し、体制が最終的に解体するに際して、重要なことであった[19]。それらの変化を、教会側が制度に抵抗するためにとった意識的な戦略として、まったく機械的に説明してしまっては、明らかに間違ったことになるだろう。また、もしそのような予断的な解釈をもっている人でも、次のようなことを説明する必要はある。つまり、スペインの教会が、その伝統とする反動的な有機体説を放棄して、近代史上はじめて、変化する環境に適応しようという合理的な未来志向の戦略をとりえたのはなぜか、という問題である[20]。スペインの教会が、国家志向から社会志向へと戦略を方向転換したことは、部分的には次のような三つの相互に関係するプロセスの結合によって、説明できるかもしれない。

スペイン・カトリシズムの内的変容

大体において、内戦後のスペイン社会の広範な再カトリック化は、かなり表面的なものだった。というのも、それは主に、行政的な強制と公的な圧力の結果だったからであり、強制と圧力が徐々に小さくなるにつれて、カトリックの信仰復興は先細りになった。しかし、信仰復興のいくつかの局面は純粋なものであり、スペイン・カトリシズムの変容と、教会、国家、社会の関係との双方に、やがて深い影響をもつことになる。[21] カトリックの信仰復興の表われの内、スペイン・カトリシズム内部における内的変化を指し示しているのは、次のようなことである。

● 近代スペイン史においてはじめて、自律的で尊敬すべき平信徒のカトリック知識人グループが出現したこと。彼らは、フランコ・スペインの知的言説のなかで重要な批判的役割を演じるようになり――彼らなしにはその言説はきわめて貧弱なものになったであろう――、「二つのスペイン」の間の裂け目を媒介するのに役立つことになる。アラングレンやライン・エントラルゴやトバールのような人物が、その典型である。また、平信徒のカトリック知識人たちが、スペイン・カトリシズムの神学的言説に影響力をもったのも、同じようにはじめてのことだった。[22]

● 近代的、つまり現世内的なカトリック宗教運動が、二つ出現したこと。一つは、フランコ・スペインにおいて重要な役割を演ずることになる宗教運動、もう一つはスペインを越えた広がりをみせて、スペイン・カトリシズムによる普遍教会への最初の近代的な貢献となる宗教運動である。キリスト教講座(クルシロス・デ・クリスティアンダード)は、スペインのカトリシズム内における、カトリック型の福音主義的な信仰復興と、二度生まれ型のキリスト教との、歴史上最初の表われであった。同様に、オプス・デイは、スペインのカトリシズム内における、闘争型のプロテスタント倫理の最初の表われであった。とくに、内戦後に明らかとなったのは、秘密主義の平信徒カトリック運動・組織であるオプス・デイが、若い上昇志向のエリートたち向けに、自らの専門的仕事を聖別して、その専門職に禁欲的に献身すべきだという新たなメッセージを流して、彼らのリクルートに大きな成功をおさめたことである。[23]

● カトリック・アクションに源を発する、純粋な社会的カトリシズムが出現したこと。これもスペイン史上最初のことであった。カトリックの労働者運動のなかのいくつかの集団、たとえばカトリック・アクション労働組合（HOAC）や、カトリック青年労働者連盟（JOC）は、一九五〇年代に急進化し、カトリックの位階制と体制の双方に、立ち向かうようになった。[24]

体制の構造的変容

一九五六年、マドリード大学において、カトリック学生とファランヘ党学生との間で、学生運動のヘゲモニーを争う一連の暴力衝突が起こった。この学生間の抗争は、政府内部で起こっていた権力闘争と並行するものだった。政府内のどちらのグループも、輸入代替工業化モデルが疲弊したように見えた時、現体制が迷いこんだ経済の袋小路を克服すべく、新たな経済政策の方向を決定しようとしていた。予期に反して、フランコは闘争中の両党派のリーダーたちを解任し、オプス・デイのメンバーを政府に招聘した。オプス・デイの

「テクノクラートたち」は、輸出中心の経済成長という積極的な政策に切りかえることによって、また国家行政を合理化することによって、さらにスペインを世界の資本主義システムに組み入れることによって、体制の経済政策に根本的な変化をもたらした。[25]
カトリック・アクションのエリートを、オプス・デイ出身の成り上がりのエリートで置き換えることは、教会と他の体制側のエリートとの距離をますます広げるという、意図せざる結果をもたらした。カトリック・アクションは、そもそもの初めから体制に奉仕してきたカトリック教会の位階制と密接な関係にあり、オプス・デイはスペイン・カトリシズムのなかのセクト的運動であって、教会からも経済、政治、文化の支配階級からも、疑いの目で見られていた。権力の座から追われたエリートたちは、体制に対して半ば忠誠、半ば民主的な反対の姿勢をとった。そして、より急進的な民主主義的反対派との仲をとりもつものとして動きはじめた。さらに、テクノクラシー、発展の諸イデオロギー、そして「イデオロギーの終焉」を主張する諸イデオロギーは、カトリシズムが体制のイデオロギー的正当化の基礎であるとして、それに取って代わるようになった。カトリックのエリートのなかには、ヨーロッパのキリスト教民主主義との結びつきを確立して、純粋にキリスト教的な民主主義を採用するものもあった。[26]
テクノクラートたちによって導入された、新たな通貨安定策の社会的結果がはっきりしてくるにつれて、南部出身のカトリック司教のなかの幾人かは、はじめは個人的に、のちには集団的に、司牧書簡のなかで、体制の社会政策を公然と批判しはじめた。この点において、大土地所有制のスペイン南部の司教たちが果たした役割は、ブラジル北東部の司教たちが果たした役割に似ている。ただし、ブラジルよりもスペインの場合のほうが、急進化の度合はゆるやかだったけれども。ブラジルの教会でドン・エルデル・カマラが占めていたのと同じような位置を、アニョベロス司教がスペインの教会内で占めるようになり、体制の目にもそのように映っていた。さらにまた、スペインにおいてはそれほど厳しくなかったが、国家が反体制のカトリック司祭や平信徒を鎮圧したことで、教会の穏健な部門が、市民社会から起こってきた新たな反対運動を擁護しつつ、組織的な団結をかため、体制に公然と立ち向かうという事態が起こった(27)。

急激な工業化と都市化のプロセスをともなう、スペイン社会の先鋭な世俗化は、はじめは教会の上層部から驚きの目で見られた。しかし徐々に、スペイン・カトリシズム内の意識の高い者たちはほとんど、スペインを、本来はカトリック的だが新たに再征服されるべき国民としてではなく、むしろ今や布教すべき国(パイス・デ・ミシオン)として、語るようになった。カトリック信仰は、もはや上から強制的に強いられるものではありえず、個人の回心のプロセスを通して、自発的に選びとられるべきものであった。バチカンの新たな政策を公式に採用することで、スペイン・カトリシズムははじめて、近代の世俗化のプロセスに抵抗することをやめた。教会は徐々に世俗化の諸プロセスと折り合うようになり、それらのプロセスを

「時のしるし」と見ることすら、学ぶようになった。(28)

カトリシズムの外的変容

第二バチカン公会議において、スペインの司教たちは、集まった高位聖職者のなかでも、おそらくもっとも保守的な一団を成していた。公会議に先立って、スペインの聖職者や平信徒の一部門は、かれらなりの現代化(アジョルナメント)にとりかかっていた。しかし彼らの要求するところは、上層部のなかではほとんど反響を得られなかった。ところが今や、ローマ発の公式の方針が、スペイン・カトリシズムの近代的な一部門に、梃子(てこ)のような力を与えた。それは位階制に圧力を加えて、体制に立ち向かうために必要なものだった。(29)

回勅『パーチェム・イン・テリス』(一九六三年)の発布が転換点となった。今や、キリスト教の民主的部門――彼らは前文部大臣ルイス・ヒメネスと影響力をもった『対話のためのノート』誌のまわりに集まっていた――は、法の支配を制度化することや、体制を法治国家に変容すること、またスペイン人民の人権や公民権や参政権を守ることを、率先して要求した。皮肉なことに、一九五〇年代に国内外において、カトリック的秩序の模範として体制を代表していたカトリック集団や個々人のなかには、体制の正当性を、先頭に立って疑問視する者もでてきた。さらに、カトリック出版物は戦後には国家検閲を特権的に免除されていたが、それは今や、体制を批判したり、表現の自由と出版の自由という一般原則を守るために、用いられるようになった[30]。

スペイン・カトリシズムの変容は、突然かつ広範に起こった。言語がラテン語から自国語に変化したのにともなって、カトリックの言説内容が変化するという、さらに重大なことが起こった。一九五〇年代と一九六〇年代のカトリック出版物を、ほんの表面的に比べて見るだけでも、その違いは明らかである[31]。神学校における司祭の養成も、抜本的な解体修理を被った。スコラ哲学はにわかに地におち、あれこれの近代哲学や近代神学に場をゆずった。新世代の司祭たちは貪欲に新たな方向を採用し、上の世代の司祭たちや高位聖職者たちや混乱した信者たちに対立的な態度をとった[32]。スペインの民間の宗教性は、ポーランドと比較するとすでに弱体化していたけれども、新たな祈禱式や新たな礼拝式による偶像破壊的な猛攻を、もはやしのいで生き延びることができなかった。カトリックの活動的な幹部や平信徒のなかには、とくに中産階級において、新たな融和的カトリシズム（カトリシスモ・コンシリアール）に安堵感を覚える者たちもあった。しかし多くのカトリック信者は、そのような移行の仕方ができずに、礼拝をまったく止めてしまった。ほとんどの若い司祭は――なかには老いた司祭すらも――、秘跡を仲介する者としての伝統的な役割に、次第に落ち着かないものを感じ出し、個人的あるいは社会的に、何かふさわしい礼拝式の在り方を探し求めて、多くの場合、さまざまな形態の社会奉仕や政治的行動主義を採用した。社会的流動性の伝統的な通路の一つであった聖職はますます不人気になり、修道院に属する聖職者と世俗で生活する聖職者の世俗化が、どちらもますます劇的に進行した。たとえば神学生の数は、一九六一／六二年における八三九七人から、一九七二／七三年における二七九一人へと減少した。一九六六年から一九七一年の間に、毎年およそ四〇〇人の司祭が聖職を去った。また一九六六年から一九七五年の間に、スペインのイエズス会士の三分の一が教団を去った[33]。

一九六〇年代を通じて、スペインの教会は、一方には六〇歳以上の世代（多数の司教と少数の司祭が属する）があり、他方には四〇歳以下の世代（少数の司教と多数の司祭が属する）があって、世代間で鋭く分裂していた。バチカンは、スペインの司教団の組織構造や構成を変更することによって、スペイン問題に干渉し、力のバランスを、新たなカトリシズムに有利な方向へと傾けた。一九七〇年までには、新たに創立されたスペイン司教協議会——これはかつての大司教協議会に代わるものであった——のヘゲモニーを、改革者の側が手に入れた。フランコ体制は当初、司教推薦権の放棄を拒否して、スペインの司教団を刷新しようというバチカンの企てにとって深刻な障害となった。しかしバチカンは、古株の司教たちを引退に追い込んで、司教協議会における彼らの投票権を失わせ、もっと若い副司教を任命して彼らに投票権を与えることで、この障害をどうにか迂回することができた。副司教の任命によって、バチカンは体制が任命に干渉するのを排除できた。一九六六年には、スペインの司教団を構成する七〇人の司教の内、六五％が六〇歳以上であり、副司教はたったの五人にすぎなかった。しかし一九七三年には、七七人の司教の内、一七人が副司教で、六〇歳以上の司教の数は全体の四〇％にまで減少していた[34]。

二つの出来事が、一九七一年という年を、スペイン教会の変容における転換点にしている。この年、穏健な多数派を代表するタランコン枢機卿が、司教協議会の議長に選ばれた。これ以来、教会は体制に対して、自由化と民主化を公然と要求するようになる。フランコ体制からのカトリック教会の分離をもっともよくとらえているのは、おそらく一九七三年の有名な事件である。この年、バスク地方のテロ組織ETAに暗殺されたカレロ・ブランコ首相の葬儀に際して、式を主宰するタランコン枢機卿に向かって「タランコン、壁の前に立て（アル・パレドン）」と極右は、叫んだ。スペイン左翼がその歴史的な反聖職権主義を放棄したまさにその時、スペイン右翼がその主義を採用した。それは、教会が体制からさんざん甘やかされてきたにもかかわらず今になって体制を見捨てようとしている、その裏切りに憤慨したからであった[35]。

一九七一年に起こったもう一つの重要な出来事は、第一回司教・司祭合同全国集会の総会である。そこでは、スペイン内戦で教会が演じた役割の罪深さについて、名高い公的告白がなされた。有名な本文は次のように述べている。「われわれは、謙虚にわれわれの罪を認めて、許しを乞う。同胞相争う戦争に引き裂かれて、われわれは人民のなかでいかにして「融和の牧者」となればよいのか、わからない[36]」と。この融和という方針は、スペイン・カトリック教会が、スペインの民主化への移行に際して貢献したもののうち、おそらくもっとも重要なものであろう。

民主化移行における教会の役割

教会がフランコ体制から分離したことが、体制の正当化の危機に寄与したとするならば、教会が民主主義的な反対派を支援したことは、市民社会の強化に寄与した。民主化のプロセスにおける教会の役割は、三つの異なったレベルで分析することができる。

民主主義的反対派におけるカトリック行動主義者の闘争性

一九五〇年代の後半以来、カトリック信者は、新たな民主主義的な反対運動が出現するに際して、積極的な役割を演じた。君主制主義から極左まで、あらゆる位相の反対党の指導者のなかに、社会参加する(アンガージュ)カトリック信者が見出される。とりわけて象徴的な重要性をもつ展開がいくつかある。たとえば、一八三〇年代から一九三〇年代までの三つの内戦すべてにおいて、対抗革命的なカトリシズムの奇襲隊を供給した、神権政治主義的・君主制主義的・カルリスモ的な運動は、体制に反対するに際しては急進化し、「社会主義的」な綱領を採用した。もっとも過激な反対派の地下集団、たとえばカストロ主義的な人民解放戦線（FLP）や、トロツキー主義的な労働者革命協会（ORT）などは、カトリック的な起源をもっている。しかし、これらのグループのどれも、選挙による民主政治への移行を生き延びることはできなかった。それよりも歴史にもっと重大な関係があるのは、スペイン史においてこの時初めて、カトリック信者が、歴史的な左翼――社会党（PSOE）と共産党（PCE）――に参加し、積極的な役割を演じたという事実である。実際、カトリックと世俗的左翼とが、体制に反対する地下運動において融合したことは、スペイン政治から反聖職権主義が消滅するにあたっての重要な要素であった。[37]

一九五〇年代におけるカトリック労働運動出身の、労働者の司祭たちと平信徒の行動主義者たちも、一九六〇年代に新たな労働者階級運動が出現するにあたって、また半ば秘密の労働組合――労働者委員会と全国労働組合連合（USO）――が出現するにあたって、中心的な役割を演じた。

カトリック行動主義者はまた、一九六〇年代のカタルーニャ地方およびバスク地方のナショナリズム運動が再び出現するにあたって、重要な働きを演じた。しかしこの事実は、それほど注目に値しない。というのも、カトリック教会は歴史的に、この二つの地域におけるナショナリズム運動をいつも支援して、中央集権主義的なカスティーリャ国家に対抗するそれらの社会と、密接な同盟関係を維持してきていたからである。

教会による民主主義的反対派の保護

フランコ主義の圧政が最悪だった時でも、市民社会の規範と価値、スペインにおけるリベラルな民主主義の伝統は、家庭や労働者階級や知的なネットワークを通じて、保存され、伝えられていた。一九六〇年代初期、圧政が終わった時、体制への反対行動が、国中のあらゆる社会的領域において急増した。この点で、スペインの民主主義的な反対運動は、機関としての教会からの支援もなしに、独立に現われたといえる。[38] ポーランドやブラジルと違い、スペインの教会は「声なき者の声」になる必要も、あるいは市民社会の再構成の推進者になる必要もなかった。しかし教会は、民主主義的な反対派を強化するのに、二つのやり方で貢献した。

(a) まず、反対行動の基盤となるような民主主義の諸原則――表現の自由、集会結社の自由、公民権と参政権――に、宗教的な正当化を提供することによってである。教会は体制の抑圧的な政策を掘り崩すことで、反対派を強化した。民主主義的な反対派について体制がもっていた伝統的なイメージは、主に共産主義など、外部からカトリック国スペインに対して陰謀を企むものの仕業、というものであった。しかしこれはもはや当てにならないものになり、したがって圧政は、もっぱらむきだしの武力による不当な権力システムの表現としか見えなくなった。一九六〇年代に、体制が自由化の最初の方策を導入した時、反対派は勇気づけられて、対抗的な行動を拡大した。一九六〇年代後半、体制は反対派の行動を終焉させようとして、さらに抑圧的な政策に逆戻りしようとしたが、もはや公共の秩序をコントロールする力を再び手にできないことが明らかになった。しかも体制は、スペインの物言わぬ多数派の間に広くもっていたはずの正当性を、ほとんど失ってしまっていた。

(b) また教会は、反対派のなかの地域、階級、党派を超えた者たちが出会うことのできる、比較的守りの固い聖域として、教会の建物や修道院などの施設を提供した。そうすることによって教会は、さまざまな民主主義的な反対派の諸部門を、独裁的な国家に対抗する市民社会運動へと統合し統一するのに寄与した。重要な秘密会議――たとえば労働者委員会の国民総会や、カタルーニャの民主主義的な反対派の集会のような――が行われていた教会に、警察が踏み込んだ時に起こった悪名高い出来事は、民主主義的な反対派が教会の支援を受けていることを、全市民の目にさらしてしまい、かえって体制に一層の不信が向けられる結果となった。

国民の融和に果たした教会の役割

教会は、反対派が一堂に会することのできる物理的な空間を提供する以上に、もっと重要な役割を果たした。それは、全スペイン人が融和するための、象徴的な空間を提供したことである。近代スペイン政治において、宗教と世俗との裂け目は、破壊的な役割を果たしてきていたが、それというのもこの裂け目は、他の二つの主な裂け目——資本家階級と労働者階級との間の階級的抗争と、中央の支配的なカスティーリャと周縁のナショナリズムとの間の地域的抗争——に自らを押し付けることによって、これらを手のつけられないものにしたからである。カトリック教会が最終的に近代世界の正当性を受容したことと、スペイン左翼がその伝統としてきた反聖職権主義を放棄したことで、近代スペインにおける宗教と世俗との裂け目は消滅し、それによって他の二つの抗争は、交渉や妥協などの政策を受け入れやすくなった。実際、スペインの民主化への移行におけるもっとも注目すべき性格として、妥協の精神、同意の模索、条約に喜んで加入すること、などがあった。和解（レコンシリアシオン）、調和（コンコルディア）、寛容（トレランシア）、同意（アクエルド）、講和（パシフィカシオン）、共存（コンビベンシア）というような含意をもった言葉が、議会討論だけでなく選挙演説においても、民主化移行の政治的言説のなかに、くりかえし現われた。この民主化移行は、軍事的攻撃の危険や右翼と左翼のテロリズムにいまだに脅かされており、それらから身を守ることは差し迫った必要事だった。ほとんどの政治的な諸勢力が妥協案を進んで受け入れたのは、そのためである。しかし、スペインの民主化移行に特徴的だった合意政策が、それ自体目的になったという事実は、もっと遠い背景によって、つまり内戦とそれに続く排他的システムという否定的経験の集合的記憶によってしか、説明できないかもしれない[39]。

民主化移行の二つの重大な歴史的協定は、この合意政策を反映している。政府と主な政党によって調停されたモンクロア協定（一九七七年）は、おおむねシンボリックなものではあったけれども、資本家階級と労働者階級との間の、史上初の妥協だった。しかしながら、歴史的により重大な意味があるのは、この一年後に主な政治勢力の間でむすばれた新憲法に関する協定だった。この協定によって、スペイン史上はじめて、政治闘争における勝者の意志を敗者に押し付けるのではなく、むしろ代議政治のエリートたちが責任をもって楽屋裏で交渉し、そのきびしいプロセスの最終結果として憲法が起草される、ということが可能になった。(40)

民主化移行の期間を通じて、カトリック教会は、控えめな、それでいて積極的な楽屋裏の役割を演じた。教会は、スペインの人口の大多数はカトリックであるという「社会的事実」を認める一節を、一九七八年の新憲法に書き込ませるだけの力をまだ保有していた。しかし最終的に、スペイン・カトリック教会は、公式に、また表面上不安も見せずに、教会と国家の分離および宗教的自由という現実を受け入れ、さらに重要なことには、その原則すら受け入れた。(41)またそれと等しく重要なことは、教会が、いかなる「カトリック」政党といえども後援しないこと、またいかなるキリスト教的・民主主義的な政党といえども支持しないことを決定したことである。民主化移行に際して教会がとった政治的中立には、おそらく次のような諸要因が寄与している。すなわち、まず宗教的平和への純粋な希望。また、聖職者を含むカトリック共同体の内部が政治的に多元化してしまい、もはやいかなる一枚岩のキリスト教政党をも支持することはないだろうという現実認識。さらに、もしそのような政党を公式に支持しても、それが少数政党になることによって、スペインの国民宗教はカトリシズムであるという主張を掘り崩すことになりはしまいかという恐れ、などである。競合する三つのキリスト教的民主主義政党のどれも、一九七七年の両院選挙を勝ち残ることができなかった。ある意味で、民主化移行の期間中に教会がとった政治的中立は、スペイン・カトリック教会が、国家からの分離を受け入れただけでなく、カトリック信徒を動員することをとおして政治社会に参入しようとする伝統的な企てを放棄した、ということを意味していた。

結局、これらのプロセス全体の帰するところは、宗教的献身は任意であるという原則の承認であった。スペインの教会は、ウェーバー的な意味でのチャーチ——国民と外延を同じくする、強制的で独占的な信仰共同体——ではもはやない、という事実を受け入れた。カトリック信仰は、原則においてと同じく事実のうえでも、国民的信仰ではなくなった。最終的にスペインにおいては、宗教信仰の諸原則と、国民的なアイデンティティと、政治的な市民精神とは、切り離すことが可能になった。さらに、スペインはマルチナショナルな国家であるということが憲法上承認されたことで、実質的かつ自動的に、単一スペイン民族（ネーション）という原則そのものが掘り崩された。さまざまな民族（ネーション）がスペイン国家を形成しているということが、多元主義的に組織された市民社会のなかにおいて、制度化された。多元主義的に組織された市民社会という事実と原則を、二つながら承認することによって、教会は、市民社会の埒内でその機能を果たす一つのデノミネーション——きわめて強力ではあるが、それでも一つのデノミネーションであることに変わりはない——になったのである。[42]

民主主義の地固めが成功したあとの意識調査を見ると、スペイン住民もこれらの諸原則を内面化していることが示されている。一九八四年でも、圧倒的多数（八六％）を占めるスペイン人は、依然として自らをカトリック信者であると考えていた。[43] しかし、信仰を実践するカトリック信者の数はずっと低くなり、人口の三八％前後を示す傾向にある。カトリック信仰を実践する若いスペイン人の数も、目にみえて減少しているようである。日曜日のミサに出席する若者の数は、一九七五年の六二％から、一九八二年の三五％にまで落ちている。[44] また、社会的階層や選挙の際の政治的選択を二極化する原因になりかねないような、そのような宗教的な裂け目がもはや存在しないことも、明らかである。信仰を実践するカトリック信者は、スペイン住民の全体に比較的偏りなしに分布しており、中の上クラスの四四％、中の下クラスの三八％、労働者クラスの三四％を、それぞれカトリック信者が構成している。おそらくこれは、内戦前の傾向と対照してみた時、もっとも劇的な歴史的変化であろう。これほど均等ではないが、信仰を実践するカトリック信者は、投票全体の広がりと同じように分布している。[45] 社会主義政党が政権をとった一九八二年、そこに投票した者の二五%は、信仰を実践するカトリック信者であった。[46] こうした点を見れば、教会によって政治的に動員することができるカトリック票など、現状ではもはやないといえる。

しかも、教会はもはや、スペイン人の公共道徳を統御できないばかりではない。信仰深いカトリック信者の私的な道徳をコントロールすることさえ、あやしくなってきている。一九八四年の調査では、スペイン人の六五%が避妊具の使用を是認した。五四%は司祭の結婚を認めてもよいと答えている。またわずかな差だが、離婚に賛成するもの(四七%対四〇%)、婚前性交に賛成するもの(四五%対四一%)が、反対派を上まわった。[47] したがって、宗教教育や離婚や妊娠中絶というような、教会の特定の権限内にあると自認していた諸問題そのものに関する新たな法令を、社会主義政権が導入したのに対して、カトリック教会が、制度的なコーポラティズムによる圧力やカトリック信者の動員を通じて、それを阻止したり修正したりするのに失敗したのは、驚くにはあたらない。同調査はまた、スペイン人の大多数の次のような考えを示している。すなわち、教会は政府に影響力を及ぼすべきではない(四三%対三二%)。教会は個人の要求や問題について、あるいは家庭生活の問題について、適当な解答をもっていない(それぞれ四三%対三九%、四九%対三四%)。教会が道徳的権威をもっているという主張は、現実の知識に基づくものではない(四一%対二七%)、などである。[48]

このように見てくると、スペインにおいては宗教的な信仰と道徳は私事化されつつある、と結論できるかもしれない。スペインはヨーロッパ共同体に加入しただけでなく、また明らかに、一般的なヨーロッパの世俗化のパターンを取り入れてきている。しかし、次のようなことが、なお調査されるべきこととして残っている。つまり、カトリック教会は、諸個人の魂を癒やす役割へと後退することにより、また制度的なコーポラティズムの利害関心と考えるものを擁護しようと努めることにより、この世俗化の傾向を強めるのかどうか、という問題。あるいはまた教会は、まだ残されている制度的あるいは道徳的重要性を用いて、スペインの公的討論に対等に参加することにより、スペイン市民社会の公的領域に活気を与えるような批判的な道徳的発言者となりうるかどうか、という問題である。

カトリック教会は、いくつかの場面においてスペインの公的討論に参加したが、その結果はおおむねぱっとしないものだった。さまざまな理由があるが、主たる理由は、教会の言っていることは社会主義政権に対する保守的で党派的な批判であるとか、あるいは近代的な世俗文化に対する伝統主義者の空疎な批判であるとか、そのように簡単に片づけられてしまわないよう、教会は言説にそれなりの体裁をもたせる必要があったのに、それに失敗したからである。一九九〇年の夏、ちょうど社会主義者たちが公的なスキャンダルに悩んでいた時、カトリック教会は、スペイン文化に蔓延する不道徳と、スペイン政治にひろがる腐敗に対して、公的な非難を表明した。このことは、社会主義の政治についての不満度を高め、一般的な政治離れを促したかもしれないが、しかし、現代社会における私的道徳と公共道徳の意味や性質に関する、真剣な公的討論へと発展することはなかった。同様に、スペインは「非キリスト教化」し、道徳的に堕落して「新たな異教崇拝」に陥っているという、教皇のごく最近の批判は、世俗文化に対して伝統的に行われてきた、宗教的批判の一つと受け取られた。教会による批判を、過去の頑迷な反近代的姿勢と同一視するなど、人を惑わすものだと、教皇が主張したにもかかわらず、である。[49] しかも、どちらの場合においても、社会主義内閣の防衛的な過剰反応は、この問題を、かつてのスペイン政治によく見られた聖職権主義と反聖職権主義との反目がまたぞろ蘇ってきたものである、として枠づけるのに役立った。カシアノ・フロリスタンやエンリケ・ミレット・マグダレーナのような批判的な神学者までもが、バチカンから放たれる復古主義的な圧力によって戦いを仕かけられたように感じながらも、党派的な論争を真剣な公的討論にまで高めることができずに、教会の批判は近代主義を異端として非難する昔のやり方にもどっただけであるとか、あるいは失われた新キリスト教王国への郷愁である、などと片づけてしまいがちだったのは、象徴的であった。

4章　ポーランド——国民の教会から市民社会へ

スペインがそうであったように、カトリック国ポーランドも、その「辺境的」諸条件のために、早くから、宗教的アイデンティティと国民的・文化的アイデンティティとを同一化していた。そしてその同一化は、その後の展開によって維持され、強化された。[1] ポーランド・カトリシズムは、カトリシズムが拡大する時も、あるいは東ヨーロッパの他のさまざまな宗教、たとえば偶像崇拝や正教、イスラム教やプロテスタンティズム、あげくの果ては無神論的な共産主義などからカトリシズムが自らを護る時にも、くりかえしその最前線に立たされた。このことが、ポーランドのカトリシズムに独特の「戦闘的」性格を与えている。しかし、中世スペイン——そこでは、三つのアブラハムの宗教が、宗教的共存の雛型と、建設的な文明の出会いとを、作り出すことに成功していた——と同じように、つねに忠誠を尽くすポーランド（ポローニア・センペル・フィデーリス）は、宗教的寛容というユニークな実験の場としても、役に立っていた。戦闘的方向が採用されるか、寛容な方向が採用されるかを決定する因子は、教会と国家の同一化の仕方であるように思われる。実際、スペインとポーランドにおけるカトリックの展開がどこで分かれるかを説明する因子としては、ポーランドが近代初期に中央集権国家を作り出すのに失敗したということが、最重要かつ唯一の因子かもしれない。ポーランドでは、連邦主義的な「貴族共和制」である士族民主制（シラフタ）が、中央集権的な絶対主義と、教会と国家の同一化を、双方とも挫折させた。近代初期のポーランドは、ヨーロッパに広がった宗教戦争から逃れてくる、反対派諸信仰の避難所となった。対抗宗教改革によってポーランド文化におけるカトリックのヘゲモニーがふたたび強調され、また対スウェーデン戦争が反プロテスタント的な強い反応を引き起こした後ですら、ポーランドは依然として、宗教的寛容のみごとな実例のままだった[2]。

カトリック国ポーランドには、カトリック国アイルランドと同様、絶対主義と皇帝教皇主義との典型的な融合が見られない。これらは、デヴィッド・マーティンが「世俗化のフランス的・ラテン的パターン」と名づけたものから逸脱した、示唆的な例の一つである[3]。ポーランドとアイルランドのどちらにおいても、宗教は、征服者への抵抗運動の中心となることによって、強化された。ポーランドが三つに分割された時、プロシア領ポーランド、ロシア領ポーランド、オーストリア領ポーランドを横断できる唯一の機関が、カトリック教会であった。ここから教会と国家の同一化が起こった。一九世紀を通じて、カトリシズムとロマン的合理主義とスラブ的メシアニズムとが融合して、ポーランドの新たな市民宗教になった。最初このプロセスは、主に上流階級と知識階級内にかぎって起こった。しかし一八七〇年代になると、ビスマルクの文化闘争（クルトゥーアカンプフ）が、ポーランドの農民階級の言語的また宗教的アイデンティティに脅威を及ぼしたことから、農民階級がナショナリズム運動に参加することになった。(4)

注目に値することに、バチカンの反動的な政策――一貫して保守的な君主制を支持し、ポーランド人の反乱を断罪した――に直面した時も、ポーランドの国民的アイデンティティとカトリック的アイデンティティとの融合が起こった。しかしバチカンのこの「裏切り」は、急進的な下級聖職者の献身によって、また少数の高位聖職者たちの先見の明ある指導によって、また一九世紀の終わり近くに出現したポーランド版の「社会的カトリシズム」によって、相殺された。集団的地位、階級的アイデンティティ、イデオロギー的立場、そして政治集団などの形成は、ナショナルな問題によって屈折させられた。カトリック教会とリベラルな世俗国家との抗争、ますます反聖職権主義的になっていく世俗的ヒューマニストの知識階級と教会との抗争、反聖職権主義からさらに戦闘的な無神論に転じていく社会主義労働者運動と教会との抗争などの典型的なパターンの抗争を、一九世紀のポーランドは回避した。教育や工業化や都市化やプロレタリア化と世俗化との間に典型的に見られる積極的な相互関係は、ポーランドでは強まりもしなかったし、それほど弱まりもしなかった。(5)

工業化の第一段階が始まった時、国家と資本のほとんどは、外国の所有だった。したがって、国民は教会を、国家による支配や資本主義による搾取を正当化するものとはみなさなかった。その結果、ポーランドの第一世代の労働者は、他のところで通常そうなるのと違い、非キリスト教的にも、非国民的にもならなかった。それどころか反対に、階級的アイデンティティと宗教的アイデンティティと国民的アイデンティティが、しばしば融合するのが見られたのである。

ポーランドの独立とポーランドの「例外的状況」の終焉

第一次世界大戦後にポーランド独立国家が設立されるとともに、外敵に対抗する国民の統一はゆるみはじめた。権力を手にしたナショナリズムが見せるあらゆる狂信的愛国主義が、少数民族であるユダヤ人やウクライナ人に対して、醜い態度をとるのが目につきはじめる一方で、階級間、政党間、イデオロギー間のおなじみの裂け目が現われてきた。教会と国民との統一もゆるみはじめ、保守的な高位聖職者と、より急進的な下級聖職者との間の亀裂も現われてきた。さらに、国家権力に与ら(あずか)ず、むしろしばしばポーランド国家と抗争状態にあった教会は、それでもドモフスキのナショナリズム的な政党エンデツィアに傾斜することで、他の政党を疎(うと)んじたり、宗教的少数派や民族的少数派を苦しめる結果になった。反聖職権主義も、ローマカトリック的な基準からすれば穏やかなものだったとはいえ、現われはじめた。それは、非宗教的なポーランド国家と教会との争いのなかに見られ、象徴的にはピウスツキ元師とクラクフの首座大司教サピエーハとの反目として現われた。それはまた知識階級にも広範囲に現われ、最終的には、啓蒙主義的な宗教批判と、実証主義的・マルクス主義的な宗教批判とを取り込んだ。この反聖職権主義をもっともよく代表するのは、おそらく、知名度は低いが注目すべきポーランド学派の宗教社会学であろう。それは、予想されるとおり、社会主義的左翼のなかに、さらにヴィンツェンティ・ヴィトスに率いられた農民運動のなかにも現われた[6]。

もしもこれらの傾向が続いていれば、それによってポーランドの例外的状況には終止符が打たれていたことであろう。しかしそうした傾向は、第二次世界大戦や、分割と外国による占領という新たな経験や、統一された歴史的抵抗運動によって、中断された。国民的連帯は、苛酷な試練によって再強化された。ポーランド教会は、野蛮なナチスの抑圧の苦痛を、分不相応なほど我が身に引き受け、また地下組織を物質的にも精神的にも支援することで、もう一度国民の側に立つことになった。かくして、ポーランド人が教会に対してもっていたかもしれない悪意はすべて、すみやかに忘却された。

カトリック国民 対 共産主義国家

カトリック教会とポーランド国民とのつながりを切断しようとする共産主義体制の企ては、すべて失敗した。新体制にはもともと勝ち目がなかった、というのは本当である。教会の威信はつねに高いものだった。そしてポーランド系ユダヤ人の根絶、大量のポーランド系ウクライナ人の再定住、ポーランド国境の後退などの結果として、第二次世界大戦後のポーランドは、ほとんど全人口が、少なくとも公式には、近代ポーランド史上はじめて、同質的なカトリック信者になった。この事実によって、教会と国民との同一化は強化された[7]。これと対照的に、ポーランドの共産主義者の威信は、決して高くなかった。スターリンによる全共産党の事実上の清算は事態を解決せず、それに取って代わったポーランド労働者党も、体制と同じように、外来の考えであるという原罪の烙印を押された[8]。

それでもなお体制は、過去ときれいさっぱり訣別したいというほとんど普遍的なあこがれや、急進的な社会改革の広範な受容や、また大部分の知識階級の妄想などを、当てにすることができた[9]。それにもまして、体制はさまざまな力——強制する力、買収する力、操作する力——を当てにすることができた。しかしながら、全権力を掌握するという体制の目標は、教会の抵抗によってくりかえし挫折した。教会は、一方では自ら進んで体制を承認し、カイザルのものはカイザルに返し、また国民とポーランドの国家理性(ラツイア・スタヌ)——これはヴィシンスキ枢機卿によってくりかえし強調されたものであった——の要求するところにしたがって、体制に支援と正当性さえも与えた。しかし他方で教会は、教会が神のものとみなすもの、つまり教会と宗教的領域の支配権を、カイザルに返すことは断固拒否する、という頑固さを見せた。教会の姿勢が一貫しているのに対して、教会に対する国家の、単なるかけひき上の配慮という特徴しかない政策や戦略は、まったく一貫性を欠いていた[10]。

体制の究極の目標は明らかであり、ポーランドの生活から、教会と宗教を完全に除去することをたえず宣言しつづけた。しかし、共産主義の最終段階が遠い未来にあるように、この目標もいまだはるか遠くにあり、そこに到達するまでにはさまざまな紆余曲折があるだろうということも理解されていた。上からの世俗化を強いる諸戦略は、最初にソビエト連邦で用いられた後、やがて東ヨーロッパ中で使われて、比較的うまく奏功した。しかし、これをポーランドでも使おうというさまざまな試みは、ほとんどすべて成功しなかった[11]。

教会を国家に公式に組み入れることによって、それを中立化し支配しようとする試みは、失敗した。正教会とちがって、カトリック教会は、社会主義的な皇帝教皇主義に対して、かなり免疫力があることがわかったのである。「愛国的な司祭」や「進歩的なカトリック信者」を作り出しても、また分離主義的なポーランド国民カトリック教会を支援しても、頑固なポーランドの高位聖職者を迂回してバチカンと直接交渉しようとしても、教会を分断することはできず、その威信を掘り崩すこともできなかった[12]。

威圧政治という戦略も失敗した。全国民を恐怖に陥れるのに必要な抑圧の総量は、スターリン的な基準からしても、気が遠くなるほどのものだった。代表的な司教や司祭や修道尼を選んで抑圧しても、それはただ、ヴィシンスキ枢機卿が釈放された時の民間の勝ち誇った喝采が証明したように、彼（彼女）らを殉教者や英雄に変えるだけだった。[13] 社会主義的な再社会化も失敗した。新たな市民宗教を樹立しようとする試みや、新たな「社会主義的人間」を作り出そうとする試みは、東ヨーロッパの他のどこの国でもとても成功したとはいえなかったが、ポーランドにおいてはまったく失敗したといってよかった。通信や教育や社会化の公式な手段が、国家に支配されていたにもかかわらず、教会とポーランドの家族は、社会化に対抗できる有効な力として機能し、両者あいまって、全ポーランド人の宗教教育に関する権利を守るのに成功した。ポーランド史を書き換えようという試み、また教会が国民と人民の敵であると叙述しようとする試みは、すべて逆の結果に終わった。[14] 公式な宣伝機関が信用をまったく失ったのと対照的に、教会は、国民の歴史、文化、伝統と、ポーランド人民の集合的記憶とを預けることのできる、大事な機関になった。[15]

宗教を私的な宗教的領域という周縁に押しやろうという試みも、結局は失敗した。教会も国家も、その境界線の引き方で合意に至らず、あるいは慣習上の境界も受け入れられなかったからである。[16] カトリック的な原則にとってもポーランド的な伝統にとっても、次のような宗教性を受け入れることは、とても考えられなかった。すなわち、ブルジョア的なプロテスタンティズムから借用してきた宗教性、個人の良心と神との取り継ぎなしの私的な関係に制限された宗教性、せいぜい正教会的な儀式儀礼風の装飾が施された宗教性、精神的に啓発されてはいるが聖所にのみ制限された宗教性、などである。ソビエト社会主義もまた、「反社会主義的」、つまり反体制的な規範や価値が発生しかねないような、自律的な領域が存在する権利を、まともに承認することはできなかった。諸領域の自律的な分化というそのようなモデルは、ブルジョア的な近代性から借用されたもので、そこに含意されているのは、規範や価値の多元主義——これはまったく「党の指導的役割」と相容れないものだった——を認めることだった。

最後に、経済開発を通じての世俗主義的な計画も、所期の結果をもたらすのに失敗した。経済開発という、物質的にも精神的にも西洋から借用された現象が、西洋と同じような世俗化の効果をポーランドにももたらすだろうというギエレク時代の希望も、実現されなかった[17]。経済開発というモデルそのものが失敗したのだ、というのは本当である。しかし、その失敗が明らかになる以前においてすら、進展する世俗化の証拠とされたものは、よくいって両義的なものだった。

マルクス主義的な宗教社会学者は、世俗化の法則がポーランドにおいても作用している、ということを支持するような兆候を集めつづけていた[18]。しかし、ギエレク時代の末期においても、ほとんどの指標は、次に見るように、むしろ逆に、脱世俗化のプロセスを指し示しているように見えた[19]。

共産主義以前のポーランドと比べた時、司教、司祭、修道女、神学生などの数は、絶対的にも比較的にも、増加していた。教区や教会、カトリックの定期刊行物や出版物の数は、加速度的に、ますます増加していた。

住民の宗教的信仰を測る指標は、つねに法外な高い値のままだったが、さらに高まる傾向すら見せた。しかもそれは、若者層において、もっとも顕著だった。宗教的実践に関する数字は、さらに圧倒的であった。これは、自らを「信仰者」と考えていない者ですら、体制への象徴的な反対行為として、宗教的儀式に参加したからである。

明らかに、教会は他のすべての闘争においてと同じく、世俗化との戦いにも勝利したのである。宗教教育の支配をめぐって、あるいは聖職の任命をめぐって、神学校のカリキュラムをめぐって、千年祭をめぐって、さらには憲法の改正をめぐって、カトリック教会と共産主義体制との間に直接の対立があった時はつねに、交渉の過程で、体制は引き下がることを余儀なくされ、教会の力と威信は高められた。

ヴィシンスキ枢機卿は、うたがいもなく、この教会の勝利にもっとも直接的に貢献した人物であった。歴史的には、ポーランドの王位が空白の期間には、ポーランドの首座大司教が、中継ぎ王(インターレックス)としての、現実的あるいは象徴的な摂政としての役割を、果たしてきた。

非公式ながらほとんど四〇年の間、ポーランド史上の他の首座大司教と比べてまさるとも劣らないほど、ヴィシンスキ枢機卿は中継ぎ王の任を全うした。一九七四年二月七日、ワルシャワ大聖堂における説教で、ヴィシンスキ枢機卿は、ポーランドにおける教会と国民と国家の関係について、よく練りあげられた考えを述べて、教会の勝利の要因は、教会と国家の関係よりも、教会と国民との関係を優先したことにある、と説明した。

そもそもの初めから、ポーランドでは教会と国民との間に真実の協力があり、しばしば教会と国家との間にも同じような協力があった。もちろん、教会と国民とのつながりが増大するという話と、教会と国家が協力関係にあることとは、別の次元のことである。何といっても国民は、家族と同じように、永遠の現象であり、その家族から国民が生じてくるのである。この永遠性は、次のような事実で証明される。つまり、(さまざまな)文化や言語、信仰や祭典の接する境界線上で生活しつつ自らの独立を守るために、これまで被らねばならなかった迫害と増加する闘争にもかかわらず、それでも国民は今日まで生き延びてきた、という事実である。教会は、ポーランド国民が破壊されないよう支援の手を差し伸べて、その生き残りを助けた。……国家は沈黙する時があったが、ただキリストの教会のみが、ポーランド国民のなかで思い切って物を言うことができた。教会は、国家が分割されて沈黙を余儀なくされていた時においてすら、決して物言うことを止めなかった。……もっとも困難な状況においてすら、決して働きを止めないことこそが、教会に特有の長所なのである。われわれは、われわれの国土における国民と教会、そして国家と教会との間の正しい関係の樹立について語る時、このことを了解していなければならない。[20]

ポーランド・カトリシズムの信条と実践の構造は、ほとんどの部分が、対抗宗教改革運動の間に形成されたもので、現在に至るまで、事実上変わらないままである。[21] この構造のもっとも顕著な性格としては、次のようなものがある。

● 巡礼（チェンストホーヴァ）、行列（キリスト聖体節）、受難劇（カルヴァリア・ゼブジドフスカ）など、典型的なポーランドの儀礼にみられる、公的で儀式的で、高度に神聖呪術的な性格。[22]

● 高度に中央集権化された教会の位階構造。その頂点には、ポーランド教会の首長であると同時に中継ぎ王でもあるという、ユニークな二重の役割をもつことで、教会と国民の統合を象徴している、首座大司教が位置する。[23]

● カトリックの世界においても、おそらく他に匹敵する国がないほどの威信と影響力をともなった、聖職者の卓越した地位。これは、聖なるものと俗なるものとの間、また神とポーランド人民との間を、司祭制によって秘跡的に仲介するものとして機能するだけでなく、また社会的に、共同体の仲介者、代表者、指導者としても機能する。[24]

● マリア信仰と、ポーランドのもっとも代表的な二つの国民的祭祀、つまりチェンストホーヴァとカルヴァリア。とくに、ヤスナ・グーラにおけるチェンストホーヴァの聖母は、ポーランド・カトリシズムの国民的巡礼の聖地として、また外国の侵略に対抗する国民の象徴的な要塞として役立った。黒い聖母のイコンは、長い間、国民の苦難や抵抗や最終的な勝利の、歴史的・集合的な記憶と結びついて、連想されてきた。

ヴィシンスキ枢機卿が、投獄中に考えたマリア計画を、釈放後実行に移すため、教会と国民を動員した時、チェンストホーヴァの聖母は、もっとも効果的に、共産主義体制に対する国民的・カトリック的抵抗運動の、感動的なシンボルに祭り上げられた。一九五六年、ヤン・カジミェシ国王の誓いの三百年祭において、国民は「ポーランドの女王」(黒い聖母)に再奉献された。大ノヴェナの毎年の誓いが積み重なって、一九六六年の千年祭になった。毎年ポーランドの一つ一つの町におもむく黒い聖母の行列は、一九七九年には、聖スタニスワフの殉教九百年祭を執り行うことになった。

当局は、こうした宗教行事を止めさせようとしたり、あるいは並行する世俗行事を演出して宗教行事を掘り崩そうと企てたが、それらはすべて失敗した。全体主義的な体制は動員力をもっていると主張していたが、それはその都度、教会の動員力の前では卑小なものに見えた。マリア計画は、二〇年以上もの間、宗教問題の周辺に、カトリック人口を動員しておくことができた。それればかりではなく、それはまた象徴的に、ある劇的なやり方で、ポーランドの宗教史と世俗史、教会と国民との融合、教会および国民と国家との両義的な関係を、つなぎあわせていた。実際、マリア計画は、宗教的信条と実践の力を典型的に証明しており、国民的連帯の結束をあらためて創りだすことで、国民的統合の原因となったのである。

教会と国家の抗争

社会主義ポーランドにおける教会と国家の抗争関係は、通常、対決、改善、適応、和解といった、時代に関わる制度上の関係というパースペクティヴから分析されてきた[25]。私はこれと別の角度をとって、これらの関係を、教会の活動を活気づけている抵抗の諸原則というパースペクティヴからながめてみたい。私の見るところでは、教会と国家の関係における三つの局面におおまかに対応するような、三つの抵抗の原則を区別することができる。すなわち、宗教的な抵抗の原則、国民的な抵抗の原則、市民的な抵抗の原則、この三つである。

宗教的な抵抗の原則

一九四八年から一九五六年まで、教会は、独立した宗教的機関としての自らの生き残りのために戦っていた。当然、コーポラティズム的な私利が、他のいかなる関心よりも勝っていた。しかし、無神論的なそれでいて神権政治的な国家が、自らの世俗的宗教を国民に押しつけようとする全体主義的傾向をとった瞬間、この闘争は、それに対する宗教的自由のための闘争になり、コーポラティズム的な私利は超越された[26]。ポーランドの労働者が「パンと神」を要求して蜂起した「ポーランドの十月」事件は、この局面における転換点であった。教会は、体制を整えたゴムウカ政府を支援することを交換条件に、自律的存在としての承認と権利を獲得した。しかし、国家の全体主義的傾向に対する闘争は、一九五六年以降も、たえずくりかえされねばならなかった。というのも、国家が譲歩するのは、弱体化して教会の支援が必要になった時だけで、そうした譲歩を永続的に制度化する用意のまったくないことが、明らかになったからである。

国民的な抵抗の原則

教会は、制度・機関としての生き残りを確実にしたので、今や国民を守るという伝統的な役割に精進することができた。宗教的制度・機関として手に入れた新たな自律的空間は、国民を守るために使うことが可能だった。説教壇、宗教教室、神学校、司牧書簡、カトリック大学、カトリック出版物――これらの自律的空間すべてにおいて、集合的な国民のアイデンティティと、ポーランド文化の諸伝統と諸価値とが保存され、伝達された。しかし、教会活動は、外国による分割の時期には、この伝統的形態の「組織的働き」に限定されていたわけではない。ポーランドとドイツの新たな国境線の承認をバチカンは渋っていたが、教会はそもそもの初めから、西部の領土を「ポーランド化」するのに、積極的な役割を演じてきていた。やがて教会は、国民の主権を守ることが国民に対する国家の義務として最優先である、とくりかえし主張して、国家が直接回答することを要求しはじめた。これは、国家は国民への義務を冒瀆・無視しており、この理由で国家には正当性がないということを露骨に含意していた。これに続く一連の告訴と逆告訴は、ポーランド人の心を引きつけようとする闘争の反映であり、教会と国家の双方がそれに自覚的に関わっていた。国家は、教会が、外交的にも（ポーランドの司教がドイツの司教に出した和解の手紙をめぐる抗争において）、内政的にも（一九六六年の千年祭をめぐる抗争において）、国民を代表しようとして、国家の主権機能を我慢ならないほど私（わたくし）しているというかどで、教会を告発した。ポーランド人は、国家が教会に対抗して主催した千年祭よりも、ポーランド・キリスト教主催の千年祭に大挙して参加し、そうすることで、このバランスを、教会側へと決定的に傾けた。

市民的な抵抗の原則

教会は、宗教的な権利と国民の権利の双方を守るための、自らの権利を確立したうえで、今度は守る対象を、人権や公民権や労働者の権利など、新たな分野へと徐々に拡大した。

はじめ、これらの新たな諸権利は国民の権利と関連して守られたが、それはあたかも、公民権は国民の権利に由来するのだ、あるいは少なくとも、人権や公民権を守るというポーランド教会の義務は、国民を守るという役割から出てくるのだ、といわんばかりであった。しかしながら教会は次第に、普遍的権利という、いかなる特定の宗教的あるいは国民的伝統からも独立した、新たな言葉をもちいるようになった。さらにいうと、それらの諸権利を守るというポーランド教会の権利と義務は、もはやポーランド・カトリック教会の国民性に基づくものではなく、むしろ、キリストの教会の普遍的な使命に基づくものだった。

ポーランド教会を新たな方向に向かわせるのを促進した要素は、おそらく「ポーランドの十二月」事件であり、これは、食料価格の上昇、労働者の抗議、党の指導体制の変化などの、典型的なパターンを強化した。[27]「我らが共通の母国の全同胞」に当てて発せられた、一九七〇年一二月二九日付の司教団の書簡は、すでにチャーティスト運動の宣言書の様式に似ており、これ以後の教会の公的発表は、その様式を示すようになる。

最近の出来事は、国民の生存と独立の権利が、次のようなものを含んでいなければならないことを十分明らかにした。すなわち、良心の自由と宗教的生活の自由の権利……わが国民が自由な文化的活動をする権利……社会的正義の権利……社会生活における真実、真実の情報を求める権利、表現の自由の権利……物質的によい状況を求める権利……市民が、虐待や不正な傷害や迫害をもって扱われることのない権利、などである。中央の当局筋、国家の行政部の全体、そしてとりわけ社会秩序を保守する義務を負った者たちは、これらの諸権利を保障する責任がある。一国の全市民は、この責任を分かちあうべきである。[28]

市民的責任を要求する教会の呼びかけは、一九七六年の憲法改正に反対する広範な公衆の反応において、具体化した。当局筋は明らかに、これらの諸権利を保障するという責務を怠ったばかりか、憲法に違反することを書き込むことさえもくろんでいた。権利の付与と義務の履行を憲法上抱き合わせにしようとする企て、ポーランド人の主権を憲法上制限しようとする企て、指導者と指導される者との事実上の分離を憲法に書き込もうとする企てなどがあったが、教会は、これらに反対する公衆の反応に参加した。

さらに深く侵入してくる国家に対する抵抗（レジスタンス）は、社会の自己防衛と自己組織化をめざす運動の出発点になった。初めは知識人によって推進され、のちに教会によって防御され支援されたこれらの市民行動は、その年内に労働者擁護委員会（ＫＯＲ）の設立となって具体化し、やがて、国民的、民主的、労働者の運動という三つの次元にわたる連帯（ソリダリティ）の出現で、その頂点に達することになる。教会と左翼との間に新たな対話がはじまったこと、またカトリック信者と世俗的知識人がＫＯＲに合同したことが、連帯の出現とその性格にとって、決定的な重要性をもつことになった。[29]

近代国家の独裁的で全体主義的傾向に対する規範的挑戦

市民を守るというポーランド教会の新たな役割は、国民を守るという教会の歴史的役割の延長として、見ることができるだろう。しかし、強調しておかねばならないのは、この延長は質的な変化を含意しており、ローマカトリック教会の一般的な発展の影響を受けていた、ということである。実際、一九七〇年代初頭から書かれはじめたポーランド司教団の司牧書簡の言葉が、スペインやブラジルの司教団の書簡の言葉と似ていることは、驚くばかりである。[30]もちろん、これらの書簡の言葉が似ているのは、近年の教皇庁の回勅——『マーテル・エト・マジストラ』『パーチェム・イン・テリス』『ポプロールム・プログレシオ』——や、第二バチカン公会議の文書、とくに現世における教会のあり方を述べた『ガウディウム・エト・スペス』を、共通の出典としているからである。[31]

カトリック界を通じて、一九六〇年代半ばから、教会が——少なくともその一部が——、独裁的な国家や、経済面で抑圧的な体制に対して、人権や公民権や社会的権利を守るために、非常に活発な発言をするようになってきたのは、否定できない。[32]スペインやブラジルのような多くのカトリック国においては、この新たな姿勢にともなって、政教関係や、教会の階級との同盟関係が、急進的に変化した。ポーランドの場合、この変化の性格は、教会と国家との間の抗争、および教会と国民との間の同盟という、既定のパターンの連続のように見えたので、ほとんどそれと気づかれることなく過ぎ去った。「ポーランドはポーランドのままに」というスローガンは、そこでも同じだった。しかし、ポーランドが何であるべきかという、その意味は変わっていた。

ミフニクは『教会と左翼』のなかで、ポーランドの司教たちの司牧書簡と、教皇の意見表明が、近代的で分化した社会、また多元主義的で自己規制した社会に対して、宗教的な正当性を与えたことを、正確に論じている。もちろん彼は、そのような社会は、世俗的な左翼によって追求された社会モデルでもあることを注記している。そして彼は、教会が、近代性と啓蒙主義の中心的な規範と価値のなにがしかを採用したという事実に、衝撃を受けているように見える。[33] ミフニクの分析にみられる驚いたような論調は、少なくとも一九六八年まで、ポーランド左翼と全世界のほとんどが、ポーランド教会は反動的で超保守的で反近代的であるとみなしていた事実に関係している。[34] すべてカリカチュアというものがそうであるように、この明らかな歪曲の背後にも、一分の真理がある。ミフニクによれば、「教会から遠くに隔てられた」世俗的な知識人は、まさに政治的な反対党に関わりあっていく過程において、教会そのものが民主的で人間的な価値の源泉であることを、発見するようになったのである。[35]

教会と左翼との新たな対話を説明するにあたって、ミフニクは、キリスト教を近代性の根として再発見できるようになった、左翼側の再考のプロセスを、彼独特の自己批判的なやりかたで強調している。カトリック批評家のなかには、対話への呼びかけにかなり荒々しく反応するものもあり、時として、いったいミフニクのような世俗的知識人に、教会に恩着せがましく道徳的判断を下す——と彼らにはみえた——権利があるのかどうか、疑問を呈しさえした。ミフニクは過去に、体制と汚れた関係にあったではないか、と。しかし実は、ミフニクはその時、次のような事実を強調しなかったという意味で、教会に対して明らかに寛容であった。すなわち、近代性を正当なものとして受け入れたり、またそれまでずっと抑圧してきた近代的発展の多くが、実はキリスト教的な根をもっていたことを発見するのに、カトリック教会は数世紀かかったという明らかな事実である。もしも教会が、初めからずっとこの見解をとっていたとすれば、啓蒙主義による宗教批判は余計なものだったろう。

実際、教会内部における再考のプロセス、すなわち、新たな対話を可能にした現代化(アジョルナメント)は、東ヨーロッパの左翼がマルクス主義的信条に関して経験したプロセスと同じくらい、劇的であった。[36] しかし、カトリック教会が見解の根本的な変化を承認したがらなかったことと、またヴィシンスキ枢機卿がこの期間ずっと指導的立場にあったことによって、これらの変化の性格は曖昧なものになってしまった。ミフニクが指摘したように、伝統的なカトリック教会すら、反全体主義的な潜在力をもっていることは疑いない。しかし、東ヨーロッパの他のカトリック教会を見ても、この潜在力が現実化したのは、ポーランドにおいてのみである、ということがわかる[37]。

バチカンのアジョルナメントがポーランドにおよぼした衝撃は、スペインほど唐突でもなく、急進的でもなく、広範でもなく、また決定的でもなかった、というのは本当である。このような差は、一つには両国における政教関係のありかたの違いによるのであり、他方ではポーランド・カトリシズムの戦闘に慣れた性格による。前者についていうと、ポーランドの教会は、公認された国家教会ではなかったので、役立たずになった旧体制の多くの重荷を、比較的速やかに下ろしやすかった。そのため、ポーランドの変化は、スペインほど急進的である必要がなかったのである。皮肉なことに、スターリン主義的な国営化もまた、保守的な有産階級との歴史的つながりから、教会を解放するのに役立った。さらに、第二バチカン公会議の宗教的自由の原則の宣言と、そこから必然的にでてくる教会と国家の分離の暗黙の要求は、スペインではカトリック的な体制のまさに核心をなすアイデンティティに打撃を与えたが、ポーランドではむしろ、無神論的な体制に対抗する教会の闘争の支柱になるものと受け取られた。他方また、ずっと戦闘態勢にあったポーランドのカトリシズムは、急激に変化できなかった。したがってそこには、分割の試練を通じてずっと、ポーランドの文化的アイデンティティを保存するのに役立ってきた、頑固さと保守性が残されたのである。

われわれは、ポーランド・カトリシズムもアジョルナメントの内的プロセスをたどりつつあったのだ、と付け加えることができるかもしれない。宗教的・階級的・国民的アイデンティティが例外的に融合したおかげで、近代的なカトリックの社会的教義は、ポーランドで自然な共鳴を得た。[38] ヴィシンスキ枢機卿は、あらゆる頑固さと保守性をもっていたにもかかわらず、「社会的カトリシズム」の声高な擁護者でありつづけた。大衆の教会、「人民（ピープル）」の教会という彼のヴィジョンは、疑いもなく、伝統主義的な愛国心に根をもっていたが、しかしそれは、平凡な人々を教会の囲いのなかに閉じこめておくのに役立った。カトリック平信徒のインテリ層はといえば、カトリック・クラブや、『ティゴドニク・ポフシェクニ』『ズナック』『ヴィエンシ』といったカトリック出版物の周辺に組織されて、ヒューマニズムやパーソナリズムといった、外国からの近代的なカトリックの流れに理解を示していた。[39] 第二バチカン公会議のもっとも重要な影響の一つは、スペインと同様ポーランドにおいても、聖職者のコントロールを脱した自律性を伝統的に求めてきたカトリック平信徒のインテリに、公会議が支持を与えたことである。

重要なこととして覚えておくべきは、ヴォイティーワ枢機卿が、教皇ヨハネ・パウロ二世となる前、ポーランド教会内で、すでに卓越した役割を果たしていたことである。彼が同僚たちによって教皇に選ばれたのは、たまたまそうなったのではなかった。[40] 彼は、第二バチカン公会議で、いくつかの重要な調停を行っている。そのうちの一つの会議で、彼は、宗教的自由の原則を擁護するという点で、アメリカの司教たちに同調した。彼は、ポーランドにおける公会議後の改革をめざす運動の、陰の主要な力であった。彼自身知識人であったので、彼はヴィシンスキ枢機卿よりも容易に、改革的精神をもったカトリック知識人たち、とくにズナック〔クラクフにあるカトリックの圧力団体。月刊誌『ズナック』発刊〕のグループと、密接なつながりを作り上げることができた。このグループはしばしば、ポーランドの他の多くの高位聖職者よりも、より速やかに、またより深く、公会議のメッセージを内面化した。ヴォイティーワはクラクフの枢機卿として、ポーランド・カトリシズム内における最初の信仰復興主義的・福音主義的な運動である「オアシス」もしくは「光明生活」運動を推進した。教皇としての彼は、グローバルなローマカトリック教会とポーランドのカトリシズムとの間の、相互影響と相互依存の印であるとともに、矛盾の印でもある。[41]

近代カトリシズムは、世俗的な諸領域の自律性を認めはしたけれども、それらが道徳にはまったく配慮しないと主張している点を、受け入れたわけではない。また宗教と道徳が私的領域に格下げされることも受け入れておらず、私的道徳と公共道徳との連結を主張している。近代カトリシズムは、個人の良心の絶対的な権利を支持すると同時に、私事化の結果起こってくる急進的な個人主義には抵抗し、信仰の宣言と宗教的実践のもつ集合的で共同体的な――つまり教会的な――性格を強調している。このようにして近代カトリシズムは、ドグマと良心の自由とを、同時に支持しているのである。それはまた、社会を有機体と見る考えを維持しており、社会のすべての部分が共通善をめざして働き、より高い道徳原則に従うべきことを要求している。この意味で、近代カトリシズムは、共同体の倫理的生活の原則を、維持しているといえる。

表面的に見れば、これは中世のトマス主義的な有機体説の主張が復活したものに見えるかもしれない。二〇世紀のカトリック神学に対する新トマス主義の影響が、このような見方を支持するものに見えるかもしれない。しかしそこには、トマス主義的な有機体説との、根本的な断絶がある。「共通善」は、もはや自然法という静的で存在論的な見方と結びついているのではなく、むしろ自然な社会的秩序という概念と結びついている。教会は共通善の保管所であるという教会の主張は、神によって処方された自然法の専門知識と結びついているのではなく、むしろそれが「人間に関する専門知識」であることと結びついている。人間の生命と自由の絶対的価値、および人間個人の神聖な尊厳の根拠となるのは、イエス・キリストにおいて啓示された、超越的で神聖化された人間性である。教会は、自然法という伝統的な存在論的概念に対する唯名論からの批判を、聖書的なメッセージに暗示された歴史主義を採用することで回避した。

このことが、しばしば顔をだす新トマス主義的な傾向とともに、カロル・ヴォイティーワの神学の核になっており、教皇になる前の文書においても、教皇となってからの宣言のなかにも、それがひとしく認められる。ヴォイティーワは、マックス・シェーラーの著作に影響をうけ、人格主義的な哲学的人間学を発展させた。これはシェーラーの神学と一貫性があるものの、それに由来するというものではない。これによってヴォイティーワは、キリスト教のメッセージがもつ、宗教的特殊性と人間学的普遍性を、両方とも保存することができた[42]。教皇としての諸宣言、とくに公共道徳を取り上げた宣言において感動的なのは、それらが、教会の信心深い信者——彼らはカトリックの道徳的伝統に特有の特殊な規則に従うよう強制される——のみに向けて発せられたものではない、という事実である。教皇は、人類全体の一員としてのすべての個人に向けて宣言を発しており、各自が普遍的な人間らしい諸規範、つまり、生命と自由という、普遍的な人間らしい価値に由来する諸規範にしたがって生きるよう、万人に迫っている。これらの絶対的価値は、人間個人の神聖な尊厳と、人間的自律と自己決定という譲れない権利を、二つながら根拠づけるのに役立つ。ただし教皇は、これらの諸規範や諸価値は普遍的であると主張しつつ、それを特定の宗教的伝統に結びつけてもいる。たしかにこの事実は、これら普遍主義的な主張が、非キリスト教徒にどう受容されるかに影響するはずである。しかし同時に、この特定の宗教的伝統がまだ生きている所では、おそらくそれは、近代的な諸規範や諸価値を、キリスト教的なものとして神聖化し正当化するのに役立つであろう[43]。

カトリック教会は、第二バチカン公会議で、宗教的自由と良心の自由の原則を、公式かつ明白に採用した後にはじめて、近代的な規範的立場を作り出すことができた。近代的な政治体制と共存していかなければならないことを納得してからというもの、それらの体制に対するカトリック教会の立場と態度は、伝統的に、あらゆる政治「形態」に対して中立的、というものだった。たしかにカトリック教会は、政治「形態」としては、共和主義的でリベラルで民主主義的な形態よりも、階級主義的でコーポラティズム的な形態のほうを好み、そちらに「親和性」をもつことを、しばしば表明してきた。しかし教会はまた、もし必要があれば共和主義的でリベラルで民主主義的な政府とも、寛容に共存するだろうと、くりかえし強調した。ともかく教会は、信者に対しては、合法的な権威には「従う」べきことを、つねに要求した。それら政府の政策が、団体としての教会の宗教的自由の諸権利、つまり、教会の自由（リベルタス・エクレシアエ）や、その母と女主人（マーテル・エト・マジストラ）としての機能の実行を、計画的に侵害するものでないかぎり、教会は政府の正当性を問題とすることはなかった。教会が、合法的な反抗という伝統的教義の発動に訴えたのは、それらの権利が侵害された場合においてのみであり、またそのような場合においてすら、実際の反抗はごく稀だった。(44) しかしながら、人権という近代的な教義を採用することは、必然的に、民主主義を正当な「形態」として受容することを伴い、また、近代民主主義の規範的な基盤を承認し受容することをも伴う。言い換えると、それは、近代民主主義は単に政治の一つの「形態」であるばかりではなく、個人の自由と個人の権利という規範的で普遍主義的な原則に基づく典型的な政体でもある、ということを暗示しているのである。

今日のカトリックが、近代の独裁的な国家に対抗して、人権や公民権を守っていることと、伝統的なカトリックが、暴君的で専制的な支配に対して批判をなげかけたこととの間には、明らかな連続性がある。また、今日の教会と国家の抗争は、世俗国家の絶対主義的な主張に対してカトリックが伝統的に行ってきた闘争の継続としてすら、見ることが可能である。暴君の気まぐれな支配や、国家理性（レゾン・デタ）の主張に対して、教会はつねに、国家の正当性は共通善に従属すべきである、と論じてきたからである。しかし、不道徳な支配に対する伝統的な反対と、近代の独裁的な支配に対する反対との間には、根本的な相違がある。前者は、「自然法」および自然な社会秩序を侵害するという理由によるのに対して、後者は人間個人の尊厳の侵害、自由、自律、自己決定の権利を侵害するという理由によるからである。共通善という一つめの考えは、伝統的な社会秩序を急進的な社会変化から守るのに役立ちうる。二つめの考えは、確立した独裁的な秩序に対する預言者的な挑戦を示しており、近代的な市民社会を正当化するのに役立つかもしれない。ポーランドにおいては、人権のこの近代的な正当化は、すでに強力だった政治的伝統を強化し、また、同じほど強力な文化的伝統を強化した。政治的伝統とは、ポーランドの上流階級がもっていた伝統的で歴史的な自由の擁護に基づくものであった。また文化的伝統とは、聖スタニスワフの殉教が全ポーランド人に、国家理性よりも高い道徳法と正当化原則があることを思い出させる、そのような伝統であった。

カトリック教会と連帯の台頭

東ヨーロッパ社会におけるポーランドのユニークさは、社会主義国家の全体主義的な締め付けから、二つの自律的機関、すなわち、カトリック教会と、私的農業を保護することができた、というところにある。これは、一九五六年の「ポーランドの十月」事件の、もっとも価値ある遺産であった。その時教会は、国家権力の浸透に対抗して、二重の意味で、決定的な役割を演じた。

(a) 教会は、ポーランド社会の完全なソビエト化に対抗する避難所として役立ったが、それはまず、自律的な機関としての教会の自己保存を擁護することによってであり、次にはその保護を、社会の他の地域や部門、つまり、農民から農場主、国民的文化と伝統、カトリックの平信徒グループ、学生、労働者、知識人、さらに人権、そして最後は、全体としての社会の自己組織化の権利へと、次第に拡大していくことによってであった。

(b) 教会の二つめに重要な役割は、ミフニクの言葉でいうと、それが「独立した社会的機関と国家権力との共存の、もっとも完全なモデル」であるところにある。[45] アンドリュー・アラートーはいみじくも、次のように論じている。いわく、ミフニクが一九七六年のエッセイ『新たな進化』で編み出した民主化のプログラムは、教会の独立という制度的モデルを拡大し一般化して、他の諸グループや諸機関を、自律的な社会の多元性と一枚岩の国家権力という二重システムのなかに、包括することをねらったものと解釈できる、と。[46]

この他いくつかのやり方で、ポーランド・カトリシズムは連帯の台頭に寄与した。グダニスク造船所の労働者たちが、聖餐式でひざまずいている感動的な映像は、聖と俗の時間と空間が、典型的に未分化なまま融合した、ポーランドの伝統的な民間の宗教性が、いかに近代ポーランド史の衝撃を生き延びてきたかを、証明していた。カトリック知識人クラブ（ＫＩＫｓ）に加わったカトリック知識人たちも、まずはＫＯＲの設立に際して、のちにはその運動の公式・非公式の助言者として、一つの重要な役割を分担した。そして最後に、ポーランド人教皇の選出とそのポーランド訪問が、世論とポーランドの集合的意識に及ぼした衝撃があった。[47]

連帯以後

連帯の出現に際して、ポーランド・カトリシズムが果たした積極的な役割を、疑う者はほとんどいないけれども、それ以後、つまり、戒厳令の時期や、連帯の再出現や、民主主義への移行において、教会とポーランド・カトリシズムが果たした役割は、もっと両義的なものだった[48]。教会は、戒厳令が布かれたのをうけて、共産主義国家とポーランド社会の仲介者という伝統的な役割に、安易に復帰した。このことは、ポーランド教会の制度化された権力が、完全に自律的な市民社会に見せた威嚇の姿勢、少なくともその警戒信号として、受け取られるべきものだった。

もしも、人民のポーランドという構造の内部で、国家と社会が調停の必要な事態になった時、教会がきわめて大きな影響力を手にしがちだったとすれば、教会が「調停症候群」に陥るのも、ほとんど自然のなりゆきであった[49]。戒厳令下の教会は、社会を国家の抑圧から保護するため、また個人の人権と公民権の保護を国家に要求するため、政策に介入したが、しかし政治的な諸権利の完全な制度化を要求するには至らなかった。また国家のほうでは、非常事態が「正常化」されるよう、社会の少なくとも受動的な追従を得るために、教会の調停を必要とした。そのような正常化をめざして国家とともに働くことによって、教会は政治的な「現実主義」という政策を採用した。これは基本的に、連帯とその諸理想を歴史的な過去へ追いやる一方で、将来の状況を改善する努力の出発点となるべき目前の現実に適応することを、暗に意味していた[50]。

これについて考えられるのは、それが組織にとっての私利を考慮したものだったのか、それともむしろ、かつては教会にとって大きな重要性をもっていたものの、いまやより害の少なくなったものに、現実主義的に適応したものだったのか、ということだけである。

当局の主張は、次のようなものだった。戒厳令は遺憾なことだったかもしれないが、しかしそれは、ポーランド国民を外国による侵略の脅威や、内部分裂や内戦の危険から救うために、必要なことだった、と。ポーランドの市民社会は、ポーランド国民のために、犠牲に供せられねばならなかったのである。ポーランド国民を救うという愛国的なアピールが、ポーランド司教団の良心に、深い反響を引き起こしたことは疑いない。しかしながら、組織にとっての私利という観点から見て、戒厳令が教会にとって有益であったのも、同じく明白なことであった。普通の状況下でも、ポーランドの教会は人々でいっぱいだったが、戒厳令下の期間ほど教会が混みあったことは、かつてなかったからである。同時にまた、体制との建設的な協力も、成果をあげた。教会を新たに建てる許可を国家から得るのがこれほど楽だったことは、かつてなかったからである。

一九六〇年代には、一方で教会と国家が、ポーランド社会の心を奪いあう戦いに自覚的に従事していたとすると、他方では国家と社会が、教会の心を奪いあう戦いに従事していた。[51] ポピェウシュコ「事件」は、この複雑な関係にある三者間の綱引きを、よく描きだしている。[52] ポピェウシュコ――彼は明らかに市民の側に立って、国家に対抗していた――のような急進的な司祭たちは、体制の「正常化」計画を妨害していた。連帯の集団的沸騰という最初の経験を、秘跡的に再創造することによって、急進的な司祭たちは、この運動の活性を維持するのを助け、またその諸規範や諸価値を保存するのを助けた。[53] 体制は、個人的な威嚇や恐喝や中傷によって、ポピェウシュコを黙らせようと企んだが、それには失敗したので、急進的な司祭たちを抑えるように、教会の上層部に圧力をかけはじめた。その言い分は、そのような急進主義者が宗教を政治的に使用するのは、国家と社会の関係の正常化を妨害するものであり、教会と国家の関係においてすでに達成された利益を危機にさらすものである、というものだった。教会は国家の圧力を受け入れたが、それに加えて、司祭たちに他のいかなる忠誠よりも制度への従順を要求することで、さらに重い教会組織上の圧力を加えた。ポピェウシュコが秘密警察によって殺害された後でさえ、教会ははじめ正常化の方針に協力して、彼の葬儀が、連帯という一種の公的・政治的な表現で行われるのを避けるために、家族だけの私的な埋葬を手配しようとした。しかし教会のこの企ては、人民の手によって覆された。ポピェウシュコをポーランドおよびカトリックの殉教者に列聖したのは、教会の位階制ではなく、人民であった[54]。

同様にして、連帯が過去のものとして葬られるのを、教会——少なくともその位階制——が受け入れたように見えたにもかかわらず、一九八九年の円卓会議の開催によって、連帯は命脈を保たれて、政治的に再登場してきた。司教団内部の大っぴらな内部抗争や、さまざまなグループおよび傾向の間のヘゲモニー闘争は、スペインやブラジルでは目に見える形で行われていたが、ポーランド教会においては、極端に中央集権化されたその階級組織ゆえに、十分に展開されることもなく、自らを公的に表現することもなかった。階級組織の頂点にいる個人——首座大司教——の性格や人格が、教会の諸政策の方向のみならず、その傾向まで決めるのに、異常に大きな役割を演じるのは、これと同じ理由からである。ヨゼフ・グレンプが一九八一年に首座大司教に指名されたのと同時に、ポーランドの教会が次第にナショナリズムとファンダメンタリズムの方向に動きだしたという点については、一般的な同意があるように思われる。(55) しかしながら、他の諸点と同じくこの点についても、ポーランド人教皇がローマにいることが問題を複雑にしている、と付言しておくべきである。もしそのような、より高位の存在がなかったとしたら、ポーランド教会がさらなるナショナリズムとファンダメンタリズムの方向へ進んだであろうことは、容易に想像できるからである。

選挙での連帯の勝利、そして共産主義国家の崩壊は、ポーランドにおける教会と国家の関係、また教会と社会の関係に、まったく新たな幕を開くことになった。憲法上、制度上、また文化上、多面的な取り組みと解決を必要とする根本的諸問題が、新たに次々と起こってきた。その内のいくつかは、次のとおりである。

(a)　正当性をもった民主的ポーランド国家がついに出現して、ポーランド社会から国民国家としての承認を得たからには、教会は国民の番人としての歴史的役割を、進んで手放すだろうか？　それとも教会は、ポーランド国民の象徴としての代表権をめぐって、国家との競合を続けるだろうか？

(b) 教会は、政教分離の原則を全面的に受け入れるだろうか？ また教会は、公共の諸問題が、自由な選挙やオープンな立法や公的討論といった、民主的な制度をとおして解決されるのを、許容するだろうか？ それとも教会は、これらの道筋を短縮したり迂回したり、また教会のもつ膨大な集団の力を使って選挙を制限したり、公的討論を検閲したりして、国家と社会にカトリックの信仰告白を課するだろうか？

(c) 社会的統合と連帯の原則のうち、また「市民社会」と「国民」のうち、教会はどちらの形態を奨励するだろうか？ 教会は、規範や価値や関心の多元性や異質性にもとづく、自律的な市民社会の自己組織化を、受容するだろうか？ それとも教会は、同質的なポーランドのカトリック的な国民共同体という原則を、奨励するだろうか？

カトリックの原則やポーランドの伝統、またポーランドの文化と社会における教会の制度上の権力や団体としての現実への影響力などを考えると、ポーランド・カトリシズムが速やかに私事化されるだろうとは、とても想像できない。予見できるかぎり、ポーランドにおけるカトリシズムは、疑いもなく公共宗教でありつづけるだろう。カトリック教会は私事化の原則を受け入れるべきであるという提案は、この場合非現実的であり、規範的にいえば不条理であり、戦略的にいえばおそらく生産的どころではない。ポーランド教会が、増進しつつあるリベラリズムの諸勢力が教会に対してすでに戦闘準備を整えている、と感じていることを示す明らかな兆候がある。実際、社会主義敗退後の今日のポーランドにおいては、主なイデオロギー闘争はカトリシズムとリベラリズムとの間の闘争であるという点においては、戦っている者も傍観している者も、等しく同意している。これらが交戦の主な状況であるとすると、一九世紀における世俗化のフランス的・ラテン的パターンという悪循環を、強迫的に再演するための歴史的なステージがポーランドで準備されつつあると感じざるをえない。二つの大戦間のポーランドをふりかえって見るだけで、歴史的な先例として、ポーランド社会における宗教と世俗をわける境界線にそった新たな形のイデオロギー的・政治的な分極化だけでなく、教会と世俗国家との間の諸抗争も見ることができる。皮肉なことだが、反聖職権主義がほとんどのカトリック諸国から実際上消え去った時になってようやく、ポーランドでは、まともな反聖職権主義が出現して根をおろすのかもしれない。

ポーランド・カトリック教会は、リベラルな私事化の原則は、宗教を公的なものと無関係な周縁的なものにしようとする私利的な世俗主義の処方であるとして、それを拒絶してきているが、これは驚くにあたらない。教会がポーランドにおける公的な存在を維持しようとしていることを明らかにして以来、決定的に重要ながら今なお未解決の疑問は、いったい教会は政治のどのレベルにおいて、自らの公的な存在を主張しようとしているのか、ということだった。教会は、国家レベルにおいて、調停という公的な役割を演じることを望むのだろうか？　あるいは教会は、政治社会において、人員を戦闘に動員しようとするのだろうか？　それとも教会は、自らを進んで制限し、オープンで分化した市民社会の公的領域において、一つの役割を演じようとするのだろうか？　一九八九年以来、ポーランドの政治において教会が行ってきた、両義的でどちらかといえば制約された調停から判断するかぎり、この疑問に対する答えは、未解決のままである。

　せいぜいわれわれにできるのは、次のような結論にもならないようなことを、認めることだけである。それはつまり、教会の位階制は明らかに今なお、伝統的な秘密主義のやり方でこれらの問題と取り組んでいること。状況と結果を、最適な「カトリック」の方向へと、後戻りなしに進めるよう、試験的に試みていること。また、新たな民主主義的秩序への適応をゆっくりと学びつつあるということ、などである。教会は、教会の自由（リベルタス・エクレシアエ）、公的な承認、そしてより大きな行動の自由を新たに獲得したが、皮肉なことに、教会はこれによって、公的領域への介入に関して、これまでより大きな自制と責任と公的義務を求められるようになり、そして結局は、共産主義体制下よりも機動性と権威が求められなくなったように見える。この点でわれわれが指摘できるのは、政治の三つのレベルで公的介入を行う教会が直面する、いくつかのジレンマだけである。

　グレンプ枢機卿は、自分はカトリックであることを宣言する国家を好んでいると、くりかえし表明してきた。彼は一九八四年に、ローマン・ドモフスキの一九二七年のパンフレット『教会・国民・国家』の新版に共感的な序文を寄せたが、このパンフレットでは、国民党エンデツィアの指導者たちが独裁的な国家カトリック体制を提唱していた。[56] 一九八八年のポーランド司教団の内部文書——これは漏洩して『アネックス』で出版された——において、グレンプは、宗教的自由と政教分離の原則に対するカトリックの伝統的な立場を弁護し、教会は虚偽に寛容ではいられないし、また過ちが真実と同じ権利をもつとは認められないとして、あたかも第二バチカン公会議における伝統主義者たちのような議論を展開した。[57] 一九九一年、グレンプ首座大司教は、憲法上の政教分離を無効にするという、両義にとれる提案を公的に提出したが、その根拠は、もしポーランドでカトリックが多数派で支配的であるのならば、ポーランド市民の大多数の宗教的信仰告白が、憲法上も当然承認されるべきではないか、という怪しげな民主的理由からであった。しかし、多少の公的な抵抗と、バチカンの明らかな否認とに直面して、教会はこの問題を無理強いすることはしなかった。ポーランド・カトリック教会は、少なくとも当面の間、あきらめて憲法上の政教分離を受け入れたかに見えた。ポーランドの位階制は、第二バチカン公会議で宣言された宗教的自由という新たな教義や、ポーランド人教皇がくりかえし表明する見解や、またヨーロッパやカトリック世界を通じて広がる一般的な歴史的傾向に対して、自らの立場を公的に擁護することは、不本意ながらほとんどできなかった。

しかし、政教分離の憲法を公式に受け入れたことは、かならずしも、ポーランド教会が、コーポラティズム的な手段による国事へのひそかな干渉を控えるようになった、ということを意味しない。一九九〇年の秋、教会からのあからさまな圧力の下で、マゾヴィエツキ連帯政府の教育省は、宗教教育を公立学校のカリキュラムに復活させた。この行政措置は、旧憲法がまだ失効しておらず有効だったのだから、少なくとも手続き上は憲法違反だった。しかしさらに重要なのは、この措置が、そのような重大問題を公的論争から行政的に取り除いたことによって、やがて起草されるべき民主的な憲法の精神に矛盾したことである。

同じく教会の強い圧力は、連帯が主導権をとった一九九一年の議会によって、妊娠中絶を非合法――つまり犯罪――とする法案が通過したところにも、明らかに見てとれた。ここでも重要なのは、法案通過のやり方であり、ただ一人の女性議員があえていくつかの質問をした以外は、実際の論争なしに、全議員がカトリックの公式な立場に、事実上同調した。この問題で教会に反駁すれば選挙結果はどうなるかという恐れが、議員の心に重くのしかかっていたのではないか、とわれわれは疑うことができる。実際、世論調査によれば、妊娠中絶を犯罪とすることに反対したポーランド人の多くは、そう疑ったのである(58)。

教会は、宗教や教育や家庭道徳といった一定の保留された領域の政策決定に関して、自らを憲法と議会を超越した監督権をもつ地位におくことで、正規の民主的なプロセスを迂回することも可能である。根本的な疑問は、教会がどの程度、そうした団体としての法外な力の行使を控えるつもりがあるかどうか、ということである。教会は、この問題にかぎらず他の問題に関しても、違った見解を表現する他者の権利を尊重するかぎりにおいて、自らの意見を公共の場で明らかにする権利および義務を有している。しかしもし教会が、その団体としての力の使用を自ら制限しようとせず、これらの問題を議会や市民社会といった公的領域の議論の場から引っ込めることを選ぶならば、ポーランドの民主主義は「邪悪な制度化」へと至るおそれがある。(59)

政治社会における、教会のこれまでの散発的で両義的な干渉をみると、教会がこの領域で、どれくらい干渉を控えようとしているのかも、また明らかではない。一九九〇年の大統領選挙は、連帯の内部とポーランド市民社会の内部に裂け目があることを、公に明らかにした。それはまた、「われわれ」対「彼ら」という古い自己証明が、もはや無効になっていることも、明らかにした。そして、マゾヴィエツキ首相その他のカトリック知識人たちは「隠れユダヤ人」であるとして、彼らの信用を失わせようとするあらゆる試みにもかかわらず、ポーランド社会における政治的な分裂は、カトリックと世俗とを分ける境界線にそって走っているだけではない、ということも明らかになった。一九九一年一〇月の議会選挙は、教会の政治社会への干渉がもっている諸限界と諸ジレンマを、よりいっそう明らかに示した。スペインやブラジルにおけると同様、ポーランドにおける教会は、民主化移行の間中、カトリック政党を組織したり支援したりするのを控えてきた。まず、一〇月の議会選挙では、教会は、競合する五つのカトリック政党のいずれをも支持することを避け、その結果それらは、一つの選挙連合を形成した。選挙直前に、教会は投票者に「カトリック」候補に投票するよう漠然と呼び掛けたが、これはあまり生産的な効果がなく、むしろおそらく逆効果であった。もしこの訴えが、カトリック連盟の得票数を数パーセント付け加えるのに役立ったとしても、国民教会にとって、一つの選挙連合と自己とを同一化するのは、賢明な戦略ではなかっただろう。この選挙連合は、候補者が乱立し、しかも過半数のポーランド人が棄権した選挙戦において、わずか九%の票を獲得したにすぎなかったからである。

もしポーランド教会がそうしようとしても、多数派のカトリック政党を組織したり支援したりするのはできそうもないし、コントロールすることはさらにできそうもない。万一、威嚇的な世俗主義の反カトリック戦線が出現すれば、さまざまなカトリック勢力は、一つのカトリック的あるいはキリスト教民主主義的な戦線に、合同することを余儀なくされるだろう。しかしそういうものは、教会が無責任に政治社会に干渉しつづけるようなことでもなければ、とても出現しそうにない。そのような可能性を除外すると、われわれが予想できるのは、諸カトリック集団が、現にそうであるように、ポーランドのあらゆる政党組織に散らばって帰属するだろうということである。そのような状況下では、教会としては、なんであれ特定の政治的形態の側に立つのは、賢明ではなかろう。おそらく交渉の余地もないような、たとえば妊娠中絶といった「カトリック的」問題に向けて、諸政党にわたってカトリック信者を政治的に動員すれば、それに対抗する反聖職権主義の連合の動員を引き起こすことになるだろう。これは、世紀の変わり目に起こった、世俗と宗教の裂け目という、ラテン的パターンの再生産である。

しかし、もし教会が政治社会に直に干渉するのを避けるとしても、そのことはかならずしも、教会が、市民社会の公的領域に積極的に干渉するのを妨げることにはならない。教会は、公的な利害に関わると判断したあらゆる問題について、公に声を大にして語る権利と義務を有する。それは、妊娠中絶が罪悪であること（たぶん罪は軽いが）の問題にはじまり、宗教教育と道徳教育（自由に多元主義的に組み立てられた）が個人にも社会にも必要であること、また連帯の規範を樹立する必要があること、人間的必要（ヒューマン・ニーズ）に盲目で鈍感な市場の法則や国家の政策法案などを制限し、それらに対抗するための制度的なメカニズムを樹立する必要があること、また、それらが社会という織り物や生活世界に与えるダメージについての問題にまでおよぶのである。教皇は一九九一年六月のポーランド訪問の際にそのような発言を行った。教会もまた教皇の権威のもとで、西ヨーロッパ的世俗化への道とみなされるもの——唯物論、快楽主義的な消費主義、功利的な個人主義、そしてリベラリズム——を避けて抵抗するよう、ポーランド人に促した。根本的な問題は、カトリック教会が、耳障りな声を抑えて黙らせてまで公的領域でヘゲモニーをとろうとするのか、それともこれらの声が公の場で発言する権利を許そうとするのか、ということである。この点はほぼ全面的に、ポーランド知識人、とくにカトリック知識人が、教会の位階制と意見が違っている時などとくに、それらの意見の相違を公に表現する勇気をもっているかどうかにかかっている[60]。

ポーランドにおいては、位階制的で中央集権的で聖職権主義的なカトリック教会の性格が、カトリック文化の伝統的な諸要素とあいまって、カトリックがヘゲモニーをとる方向に進んでいる。しかしそこにおいてすら、それを相殺するような強い力が見られる。共産主義国家に対する社会の統一抵抗運動の必要が消滅するやいなや、ポーランド社会は、同質的なカトリックの国民的共同体という概念を裏切って、関心や規範や価値がますます多元化する様相を呈した[61]。社会問題をカトリック的に強引に解決しようとする試みはどれも、宗教と世俗の裂け目を広げかねないというだけではない。それはまた、もしポーランド・カトリシズムの性格が次第に多元主義的になるものと仮定すると、カトリック共同体および教会のなかの内部抗争と断絶につながる可能性があるのである[62]。教会は、いわゆる国民的な問題に関しては、ポーランド人の公共心を支配する力が強い一方、私的な道徳問題に関しては、個々の信者の良心を支配する力がかなり弱いように思われる。これはしばしば指摘される不一致だが、このことは、ポーランド・カトリシズムが歴史的に、個人を救済する私的宗教であるよりは、公的な市民宗教として機能してきたことを明らかに示すものである。例をあげれば、カトリック国ポーランドにおける妊娠中絶率の高さが示しているのは、妊娠中絶が産児制限の普通の手段となってきたということである。国家はたしかに妊娠中絶を奨励した。おそらくこれは、カトリック信者であるポーランド人の私的道徳に関して、教会がいかに微弱な影響力しかもっていないかを見せつけることで、カトリック教会を当惑させようとした、国家の意向でもあった。世論投票でポーランド人の大多数が示した見解、近代的な避妊法がほとんどないこと、避妊そのものが教会から禁止されていること、これらがあいまって、教会とポーランド社会の多くの部分とが相争う舞台を準備したように見える。もし教会が非妥協的な態度をとりつづけ、カトリック道徳を公的に強制すると主張するならば、ポーランドの国民的カトリシズムがなんらか制度化されて、それが開かれた多元主義的なポーランド市民社会の地固めにとって、障害となりうる危険が依然としてある。それはまた、ラテン的パターンの世俗化に特有の、宗教対市民の戦闘に道を開くものにもなりうる。しかしながら、もし本書で提示された命題が正しければ、ポーランド・カトリック教会は、世俗的な諸領域が相対的に自律し分化していくこと、すなわち近代的な世俗化を受け入れることを学べるだろう。だからといって教会は、ポーランド市民社会において、カトリシズムが衰退し私事化するだろうということを、かならずしも受け入れる必要はないのである。

5章　ブラジル——寡頭制の教会から民の教会へ

ラテンアメリカにおける他のカトリック教会と同じく、ブラジルのカトリシズムも、イベリア半島の戦闘的カトリシズムの歴史的な所産である。[1] しかし、ポルトガルとスペインの植民地の作り方には、そもそもの初めから、いくつかの根本的な違いがあって、そのため、植民地キリスト教世界という同じ基本型の内に、二つの異なったカトリシズムが形づくられた。[2] 政教関係を支配する中心的な制度、つまり王権教会保護制（パトロナート・レアル）は、どちらの場合も基本的に同じだった。[3] ポルトガル国王とスペイン国王は、イベリア半島をイスラム教から奪還するに際して、戦闘的情熱を発揮し、それへの報酬として、歴代教皇からさまざまな宮廷特権を得た。これによって二つの植民地教会は、典型的なカトリックの皇帝教皇主義の実例へと変容した。ロイド・ミーシャムの観察によれば、「君主がその領内において、教皇の同意を得て、カトリック教会をこれほど完全なコントロール下においたことは、空前絶後のことだった」[4]。どちらの教会も、行政的に国家に依存するものとなり、国王が教会制度に対して、ほとんど絶対的な政治的、経済的、さらには教義的なコントロールを確立するのを許した。承諾(プラセ)、つまり王権が教会のあらゆる布告、書簡、記録文書——教皇文書を含む——を検閲する権利が、植民地教会とバチカンとの間の直接のつながりを、事実上すべて引き裂いた。バチカンが、ラテンアメリカの国民教会に対するその影響力を、改めて主張しはじめたのは、ラテンアメリカ諸国が独立した一九世紀以後のことであった。ブラジルの場合、このプロセスは、ラテンアメリカの他の国よりもさらに遅かった。一八九〇年の第一共和制の宣言によってようやく、ブラジル教会は国家支配を脱して、バチカンとの緊密なつながりを確立することができた⑤。

王権による教会保護の制度は、植民地ブラジルでもスペイン系アメリカでも基本的に同じだったが、国家やとりわけ組織化された教会の行政的あり方は、前者よりも後者のほうが、強力で大規模だった。スペインの植民地主義はやがて、行政にコントロールされた強力で大規模な植民地化のプロセスの形をとって、周縁部に植民地センターの基本的組織を再生産していくことをめざした。しかしポルトガルの植民地主義は、帝国の重商主義的な性格を、より長く保存した。さらに、スペイン系アメリカでは、教会と国家が協力して、行政面で努力を集中した結果、キリスト教化が急速に拡大したのに対して、ブラジルへの福音伝道は、修道会とくにイエズス会に、その主導権が委ねられたままだった。その結果として、植民地ブラジルにおける教会の制度的あり方はきわめて弱体であり、一六七六年までは、全領土にたった一つの司教区しかなかった。またポルトガルの国王も国家教会も、教区や大学や神学校を設立して、世俗の聖職者——事実上それは存在しなかった——を訓練しようとする意向を、まったく見せなかった。それにもかかわらず、近代的なカトリック国ブラジルが存在するにいたったのは、一つにはイエズス会その他の修道会の宣教の情熱のためであり、またなによりも、自律的に自己組織化する信徒団体（イルマンダデス）——植民地ポルトガルの民間の宗教性が再生産する俗人の同胞団——があったからである[6]。

こうみると、ブラジル・カトリシズムに特徴的な性格のうちの二つは、その歴史的な起源を植民地ブラジルの現実にもっているといえる。まずブラジル社会に教会制度がつよく浸透していないこと、次に民間の宗教性がとるさまざまな「準カトリック」的な形態が、聖職者のコントロールを離れたところで自律的に自己再生産されること、この二つである。さらに言えば、一九七〇年代になって、そのような教会の組織的な形態として現われてきた、民間の教会（ポピュラー・チャーチ）およびキリスト教基礎共同体（ＣＥＢｓ）は、ブラジルのカトリシズムに特徴的なこれら二つの性格と、構造的につながっていた。それらは、制度的に弱い教会が、変貌する環境に適応する戦略的プロセス、また自律的な民間の宗教性が、近代へ向けて変容するプロセス、この二重のプロセスの結果である。

一八世紀になるまでは、植民地教会の制度的な脆（もろ）さは、おおむね、ポルトガル国王の、宗教問題に関する恵み深い無視と偶然の無関心によってもたらされた、意図しない結果だった。しかし、啓蒙主義の諸イデオロギーが広がり、ポルトガル国家がガリア主義的な帝王教権主義（リーガリズム）を積極的に採用したことによって、植民地教会は今や、利害に動かされた国策の結果として、さらに弱体化された。とくに、一七五九年、教皇至上権論（ウルトラモンタニズム）のイエズス会士がポルトガル領内から追放されたことは、ブラジル教会に痛撃を与えた。ブラジル教会がこの打撃から立ち直りはじめたのは、やっと一九世紀も終わりに向かうころだった。

スペインおよびその植民地においては、同じようなガリア主義的な帝王教権主義の勝利はわずかの間つづいただけで、フランス革命や独立戦争、またそれにつづいて一九世紀にイベリア半島やラテンアメリカ中に起こった、リベラルな国家と教会との抗争によって、中断された。それと対照的にブラジルでは、独立戦争は事実上、教会に対する国家統制の強化を招いた。一九世紀のブラジルにおけるカトリシズムのユニークな展開をなによりもよく示すのは、おそらく、皇帝教皇主義的な国家のもとで起こった、カトリシズムとフリーメーソン主義との奇妙な融合である。ブラジルは自国の指導的イデオロギーとして、まず初めに自由主義を、次には実証主義を採用した。ブラジル皇帝ペドロ一世は、教会の最高権威であると同時に大修道院長でもあった。法務大臣で摂政のディオゴ・フェイジョー神父は、ブラジル風のガリア主義の主要な実施論者だった。おびただしい司教や司祭は、フリーメーソン会員でもあり、カトリックの信徒団体は、フリーメーソン活動の拠点となった。[7]

ブラジルにおける国家と教会との最初の抗争は、一八七〇年、フリーメーソン主義をめぐって起こった。このような抗争が起こるようになったのは、フランスで勉強してきた二、三の司教の出現によるもので、彼らは権威の源として、国家ではなく、初めてバチカンに目を向けたのである。教皇ピウス九世は、諸々の国民教会に対して、教義や制度に関する教皇の権威を再び主張しようとした。一八六四年、フリーメーソンを攻撃する回勅『クワンタ・クーラ』と『シラバス』の発布があった。この『シラバス』の「近代の過ち」の長いリストのなかには、国民教会、承諾、教会法に対する市民法の優先、宗教問題に関する文民統制などが含まれていた。ペドロ二世は、ブラジルにおける二つの教皇文書の出版に、王として承諾を与えないことにした。それというのも、二つの教皇文書が、ブラジルの現状をまともに攻撃しすぎていたからであり、これは無理もないことだった。一八七〇年の、教皇無謬のドグマが宣言された第一バチカン公会議には、ブラジルの司教も一一人出席した。バチカンは、司祭にフリーメーソン主義を金輪際やめることを要求し、またカトリックの信徒団体のなかからフリーメーソン会員を追放することを要求していた。やがて一八七四年には、バチカンのこの方針に従った二人のブラジル人司教の試みをめぐって、教会と国家との抗争が勃発した。国家の出した回答は、この二人の司教を投獄することだった。政治的エリートからも、社会からも、またブラジル教会からさえ、実際上何の反応も起こらなかった(8)。

一八八九年、軍事クーデターが帝国を転覆し、第一共和制を樹立した。ブラジルの国家教会はきわめて惨めな状況になっていたので、共和制が一八九〇年に政教分離を決定した時、ブラジル司教団はこの政策を、原則として受け入れることは拒絶したものの、現実としては歓迎した。それが教会を国家統制から解放し、国家教会として享受することのなかった宗教的自由を与えてくれるものと思われたからである。一八九〇年三月の司牧書簡において、ブラジル司教団は、国家の「後援と見えたもの」は、実際は教会をほとんど破壊する「国家の抑圧」の一形態であった、という反省的な結論に達した。[9] ほとんど四百年におよび国家の後援を受けたあとで、ブラジルにおけるカトリック教会には、公称一四〇〇万人というカトリック人口に対して、たった一三人の司教と、約七〇〇人の司祭しかいなかった。それに加えて、ブラジルの聖職者の内面的修練や道徳的行為のレベルは、ヨーロッパのカトリックの基準からは、大きく隔たっていた。

ブラジル教会は、新たな自由を得て、内部改革のプロセスと、劇的な制度的成長にとりかかることができるようになった。しかし、経済支援を含む国家の保護を失ったことで、教会は今はじめて、名実ともに世俗的で政治的な敵意にみちた環境のなかで、自らの資源に頼ることを余儀なくされた。教会は、名目上はカトリックである社会において、自らの存在がきわめて弱いことを痛感するようになった。バチカンの支援、そしてヨーロッパの聖職者の招聘によって、ブラジル教会の見通しと戦略は、概してローマ化し、ヨーロッパ化した。教会は、新キリスト教王国のモデルと、カトリック・アクションの動員戦略とを採用したが、これは当時ヨーロッパ中で採用されていたものだったのである。[10]

新たなヴィジョンと新たな戦略は、レシフェとオリンダの大司教をつとめ、のちにリオデジャネイロの大司教となったドン・セバスチャン・レメの、有名な一九一六年の司牧書簡のなかで、きわめてすっきりと定式化された。一九四二年に死去するまで、ブラジル教会のもっとも卓越したリーダーであったドン・レメによれば、名目上はカトリックである社会において、教会の影響力がないというパラドクスは、社会のあらゆるレベルで宗教教育が欠如しているということによってしか説明できない事態であった。彼が提出した解決策は、カトリック・アクションの典型的な戦略、つまり当の社会のエリートたちをキリスト教化することによって、社会を再征服することであり、彼自身これをかなりうまく実行に移した。行動主義的なカトリックのエリートを教育することで、教会は、もっとも重要な諸機関――とくに国家――における拠点を、獲得することが可能になった。教会はその拠点から、社会の他の部分へと、宗教教育を拡大していくことができたのである。ブルーノーの見るところでは、「レメの解決策は、影響力を増すために、公的生活に再び入っていき、そこから力を行使するという、圧力団体の戦略であった[11]」。

このようにしてブラジル教会は、政教分離を喜んで受け入れてから二〇年もたたないうちに、制度的に弱体化することを余儀なくされたため、国家との新たな同盟関係を模索しはじめた。ブラジル教会は、都市中産階級の機関となりつつあったヨーロッパの教会をモデルにすることを選び、人口の大多数を占める地方の下層階級と、その非正統的な民間の宗教性を、無視することにした。しかし、エリート層である寡頭支配者（オリガルキー）の側は、実証主義を自らのイデオロギーとして採用しており、教会を無視していた。そこで教会は、カトリック・アクションの計画の担い手となるべきカトリック平信徒のエリート層が中産階級に形成されるのを、当てにせざるをえなかった。

この計画の礎石となったのが、ドン・ヴィタル・センターであった。一九二二年に創設されたこのセンターには、強い印象を与える同時代のカトリック知識人たちが、一堂に会していた。彼らはのちに、長年にわたって、ブラジルの公的生活における卓越した役割を演じることになる。彼らの多くははじめ、当時あらゆるカトリック界で流行していた、カトリック的でコーポラティズム的なナショナリズムを採用した。グスタヴォ・コルソンやプリニオ・コレア・デ・オリヴェイラのように、ブラジルの著名なカトリック右翼としてとどまった者も幾人かあった。その他のものは、アルセウ・デ・アモロゾ・リマやヘルデル・カマラのように、ジャック・マリタンやエマニュエル・ムーニエなどのフランスのカトリック思想家に影響されて、一九四〇年代には、もっと進歩的な形の社会的かつ政治的なカトリシズムを採用しはじめた。かくして彼らは進歩的な方向転換を先取りし、その影響によって、のちにはブラジル教会全体がそのような方向転換をすることになる。[12]

ジェトゥリオ・ヴァルガスを権力の座に押し上げた一九三〇年の軍事クーデター〔ヴァルガス革命〕も、国家を教会により接近させた。ドン・レメはヴァルガスのきわめて近い友人となり、時として助言者となった。ヴァルガスは個人的には不可知論者だったが、自分が計画していたある種の国家的な組織をとった中産階級のポピュリズム的ナショナリズムにおいて、教会が演じる重要な役割は、よく理解していた[13]。そのうえ、一九三一年には、民間の宗教性を戦略的に組織したいくつかの大規模なデモが行われ、一九三三年の国民会議の選挙ではカトリック選挙連盟（ＬＥＣ）が成功をおさめた。これらは、教会がすでにかなりの動員力を蓄積していることを証明していた[14]。

　メインウァリングは、「一九三四年憲法は、教会に対する国家の財政的支援、離婚の禁止、宗教的結婚の承認、学校の授業における宗教教育、カトリック学校への国家の助成金などを含む、ＬＥＣの主な要求に答えた」と記している[15]。ヴァルガスが独裁権力を手にし、一九三七年にコーポラティズム的で独裁的な新国家体制（エスタド・ノヴォ）が樹立されたことで、教会と国家はより一層接近したものになった。ブラジル教会とヴァルガス体制との関係は、スペイン教会とフランコ体制との関係ほど深くからみあったものではなかったが、それでもやはりカトリックのイデオロギストたちは、新国家体制を、カトリックの「第三の道」のモデルとして、祝福したのである[16]。

　その後一九六〇年代の後半まで、ブラジル教会は基本的に、ブラジル国家とブラジル社会の全般的発展のあとを追従した[17]。しかし一九七〇年代になると、新たなブラジル教会、つまり民の教会（ピープルズ・チャーチ）が出現した。これは、官僚制的・独裁的な体制に対する主な反対勢力となって、国家に対抗する市民社会の再構成を支援し、さらにブラジル社会の根源的な変容を支援しはじめた。伝統的な国家志向のパターンから、新たな社会志向のパターンへの、このブラジル教会の変容は、いったいどのように説明できるだろうか？ この疑問には、一見したところ単純な解答があるように見える。まさしく、新たな官僚制的・独裁的な体制によって、国家と社会との間に溝ができたため、教会はそのうちのどちらかを選ばざるをえなくなり、国家ではなく、それに対抗する社会と、運命をともにすることになったのだ、と[18]。

　ブラジルにおける変容のきわだった性格を理解するためには、次の三つの点がきわめて重要である。これらを分析することで、制度を純粋に戦略的・道具的な観点から分析する際の諸前提を、それぞれ議論の対象とすることができる。

1　教会内部のヘゲモニー闘争
2　国家安全保障体制とその経済開発モデルに対抗する教会の預言者的な立場
3　民の教会とキリスト教基礎共同体

教会内部のヘゲモニー闘争

ラルフ・デラ・カーヴァの分析は、次のことを説得的に示している。つまり、ブラジル教会の変容は、制度的適応という戦略からでた意図的な結果というより、むしろ主として、教会内部におけるさまざまな個人や集団間の相互作用やヘゲモニー闘争から生まれた意図せざる結果として考える時、もっともよく理解できる、ということである[19]。この変容はおおむね、ラテンアメリカのカトリック教会の一般的な変容という、より大きな文脈のなかで眺める必要がある。そしてまたこの変容は、カトリックの現代化(アジョルナメント)という一般的プロセスの、ラテンアメリカ版として見なければならない[20]。

ラテンアメリカの司教たちによる一九六八年のメデジン会議〔第二回ラテンアメリカ司教会議〕が、二つの理由でこの変容に向かう転換点になったことに関しては、広い同意がある。まずこの会議は、すでに下から始まっていて今や固有のダイナミクスをとり始めたプロセスを、正当化し公式に促進するのに役立ったからである。次にこの会議は、地域的なアイデンティティの分化をともなって成立した大陸規模の現象として、また、トランスナショナルな幹部と集団が参加し、歴史的な変容という共通の言説と集団的計画をともなった、トランスナショナルな社会運動としてのラテンアメリカ教会の現象そのものを、かなりの程度生み出したからである。ラテンアメリカの国民教会を比較分析したものはどれも、ラテンアメリカのカトリシズムについての安易な一般化は、誤りにつながることを示している。というのは、さまざまな国民教会間の差異は、たとえば西ヨーロッパのさまざまな国民教会間の差異よりもずっと大きく、また目立っているからである。[21] それでも今日では、ある特定の国民教会の発展を、ラテンアメリカ教会の新たな現実を考慮することなしに理解するのは、不可能である。ブラジル教会を研究することは、この点において、特別な今日的意義をもっている。それが世界でもっとも大きなカトリック教会だからであり、またラテンアメリカの教会の一般的な変容において指導的な役割を演じており、また少なくともしばらくの間にせよ、教会の位階制の上層部で、急進的な変容が公式に制度化された唯一の地域だからである。

ラテンアメリカ社会では、急速な変化が、教会制度の外から押しよせてきた。ブラジルでも変化の最初の起動力は、他のラテンアメリカ諸国と同様、外からの脅威に対する制度的反動としてやってきた。一九五二年、当時のヘルデル・カマラ師が個人的に発議して、ブラジル司教協議会(CNBB)が創設されたのは、まさにそれらの脅威に対する制度的応答を、調整し方向づけるためであった。なお、これに際して彼は、当時ブラジルのバチカン事務局で働いており、のちに教皇パウロ六世になった彼の親友ジョヴァンニ・モンティーニ師の支援を受けた。ヘルデル・カマラの精力的なリーダーシップと、それを手助けする行動的な司教の小グループ——これは保守的なブラジル司教団を代表するものではなかった——のもとで、CNBBは、ブラジル教会のいわば総合参謀本部となって、制度的および社会的変化の戦略を計画したり、それに執行権を与えたりした。これは、一九五一年にヴァルガスが民主的に権力の座に返り咲いて以後、ブラジル国家が促進した修正主義的な経済開発の戦略と、まったくの同盟関係に立つものだった。教会と国家とのこの密接な協力からは、教会が主導し、国家が資金を融資して行われる、社会的変化のための二つのプロジェクトが現われてきた。北東部開発のプログラムであるSUDENE（北東部開発庁）と、意識（コンシエンチザソン）化を通じた読み書き能力の訓練および社会的・政治的動員のための国家的プログラムである草の根（基礎）教育運動（MEB）、の二つである。とくにMEBは、カトリック・アクションの幹部たちが急進化するに際して、重大な役割を演じる運命にあった。[22]

CNBBによって準備された、一九六二年のブラジル教会緊急計画は、世俗化、マルクス主義、プロテスタンティズム、スピリティズムの四つを、ブラジル教会が直面する主な脅威であると定めた。最初の三つは、一九六〇年代のラテンアメリカ教会のほとんどが、共通して脅威と認めたものである。[23] 四番目のスピリティズムは、さまざまな形態をとったアフロ・ブラジリアン宗教やカルデシズム〔アラン・カルデックのスピリティズム思想〕を、広く指している。[24] しかし、CNBBの制度的応答のうち、ブラジル教会の公式の戦略として採用されたのは、保守的な反応でもなく、外部の変化に対する防衛的な適応でもなく、むしろ急進的な社会的変化を促進するという攻撃的なものだった。さらに、CNBBが政府とともに上からの急進的な改革の戦略を推進している一方で、急進的なカトリック左翼とその政党である大衆運動（AP）は、革命的な変化の先鋒となるべく、マルクス主義左翼と競い合っていた。

しかしながら保守的な司教たちは、CNBBのとる進歩的な指導に、次第に懸念と疑念を抱くようになった。彼らにはそれが、司教団の多数派を代表するものと思われなかったからである。保守派の司教たちは、マルクス主義の浸透を恐れ、またカトリックの平信徒幹部から出されるより大きな自律の要求を批判すべきものと感じて、急進的な行動主義を縮小したり、カトリックの青年組織（JUCやJECやJOC）に対する聖職者によるコントロールを、再び掌握しはじめた[25]。その一方で、カトリック右翼は、「ボルシェヴィキの危険」に対抗する「家庭とロザリオの行進」を通じて、上流および中産階級の婦人を動員し、かくして一九六四年の軍事クーデターの社会的基盤を作り出していた[26]。一九六四年の軍事クーデターは、上からのまた下からの急進的な改革主義的プロジェクトに、すべてピリオドを打ったのだが、それにつづいてブラジル司教団内部でクーデターが起こり、CNBBの指導部から、進歩的な司教の小グループは排除された。軍事クーデター後の最初の共同声明において、ブラジルの司教たちは、神と武装勢力に感謝をささげた。「神と武装勢力は、何百万のブラジル人の祈りを心に留め、共産主義の危険からわれわれを救ってくれた」からである。[27] ＣＮＢＢの全議席を選ぶ次の選挙は、皮肉にもバチカン公会議の開催中にローマで行われたが、そこでは保守派と穏健派の司教との連携が、進歩的な候補者を打ち負かし、中央委員会の人員は七人から三七人に増え、行政機構全体が分権化された。これによってＣＮＢＢは、全司教団を代表するものとしてよりふさわしくなった一方で、その指導的な役割を拡散させた。[28]

したがって、一九七〇年代の初めまでに、今やブラジル司教団全体を代表するものとなったＣＮＢＢが独裁的な体制にじかに直面し、急進的な社会的変化を提唱し促進するのに指導的な役割を演じるようになったことは、一層重要なことであった。ラルフ・デラ・カーヴァが観察しているように、「新たにヘゲモニーをにぎったグループ……民の教会（ピープルズ・チャーチ）（イグレジャ・ド・ポヴォ）は、進行中の闘争を通じて、ブラジルのカトリシズム内で優勢になった」。[29] しかしながらこの時はもはや、国家安全保障体制の政策とその経済開発モデルによって急進化されたのは、教会の指導権をとる進歩的な小グループではなく、むしろ穏健な司教たちの大多数であり、ブラジル教会の全体であった。

ブラジル教会の預言者的な立場

ＣＮＢＢの指導部が、一九六四年の軍事クーデターに先立って、社会改革の戦略を採用したことは、少なくとも部分的には、道具主義的に分析することが許されるかもしれない。もっとも、そのような分析は、CNBBの指導部と急進的なカトリック平信徒が、宗教的「社会参加」とキリストの証人の一形態として、社会的および政治的行動主義を奉ずるにいたる、信仰と宗教的動機のダイナミクスを、見逃してしまう傾向があるだろうが。教会は、そのようなプロジェクトが国家と左翼から出てきた時に、社会改革を推進することによって、単純に改革の波頭に乗ろうとしたか、あるいは他のグループや機関と競り合うことで影響力を維持しようとしたのだ、と論じても間違いないだろう。実際、教会は早くから農地改革の提唱者だったけれども、教会が農民を動員するプロジェクトに着手するには、社会主義的な農民連盟と共産主義的な労働組合(シンジカトス)の形成とが、必要だったのである。

しかしこうした分析を、教会がクーデター後のブラジルで、社会的および政治的変化を支援したことに適用するならば、見当違いになるだろう。ブラジル教会が軍政下で再び社会改革を提唱しはじめた時、それは流れに抗して孤立し、国家の怒りに直面し、システムの暴力を自ら経験した。最初に声を大にして発言することになったのは、進歩的な伝統をもつ北東教会であり、それはいかなる圧力を受けても決して沈黙することはなかった。次に声をあげたアマゾン教会は、国家的に組織された野蛮で資本主義的なアマゾン侵入と植民地化に、またそれなりに成り立っていたインディオと農民の共同体の生活形態をすべて根こそぎにして荒廃をもたらすプロセスに抵抗しはじめた。これによってアマゾン教会は、地域としてのアイデンティティと発言力を獲得した。最後に、南部の工業地帯、とくにサンパウロの保守的な伝統をもつ教会から、声高な抗議が起こったが、これは、軍人がからんだ暗殺団や、悪名高い第二軍の拷問室で効果的に執行される国家の恐怖政治が無秩序に拡散されることによって、あるいはまた同心円状に急速に成長するサンパウロのスラムで貧民化が進むことによって、さらに活性化された。軍政令第五号によって国家安全保障体制が最終的に制度化され、それにつづく圧政によって社会が沈黙させられてしまった一九六八年以後、ブラジル教会は「声なき者の声」となった[30]。

教会の勇気ある抵抗は、現在の困難を引き受けるかわりに未来の影響力を手にするためのものだ、と論ずることもできるだろう。間違いなくブラジル教会は、ブラジル社会における未曾有の威信と影響力を獲得し、政治権力の至近距離に立っていた。しかし、教会の立場を制度的戦略であると見たり、あるいはその危険は計算されたものであると見るのは、むしろこじつけになる。恐怖政治の犠牲者たちを見れば、そのような分析が誤りであることがわかるだろう。教会は、ローマの最初の恐怖政治を経験して以来つねに、教会の成長にとって殉教者の血が肥沃な土壌となることを知っていた。しかし教会が、制度として成長するために、殉教を提唱したり助長したりする戦略をとることなど、ほとんど考えられない。ニーチェではないが、権力への意志はどこにでもあり、もっとも謙虚で従順な行為のなかにすら潜んでいる、ということを思いおこそう。しかしそれでも、制度分析は、権力を追求する戦略と、高潔な行為から結果として出てくる意図しない影響力とを、識別できるものでなければならない。

ブラジル教会の変容の解釈として説得力があるのは、国家に対抗する教会の立場は、その預言者的な役割にある、とする分析だけである。もちろん、制度全体が預言者的な役割を担ったわけではない。穏健で保守的ですらある司教たちが、国家に立ち向かう準備をしたことは、連帯意識（エスプリ・ド・コール）、あるいは制度的でコーポラティズム的な利害関心の表われとして、容易に説明できる。穏健で保守的な司教の多くは、国家の抑圧的な権力が、自らの司教区の司祭たちや司教団の同僚たちにまで及びそうになるのを見た時に初めて、声を大にして語りだしたのである。しかし、コーポラティズム的な自己防衛とか連帯というだけでは、全体の説明にはなりえない。というのは、一九六四年のクーデター後、国家の抑圧の矛先は数人の司祭を含む急進的なカトリック信者に向けられていたが、その時には件（くだん）の司教たちは、大きな声をあげなかったからである。さらに、ブラジルの司教たちが、一九七〇年代の初めに公的な反対姿勢をとった時、彼らは聖職に携わる者たちの特権を擁護するというよりは、むしろ人間一般の神聖な尊厳を擁護したのである。国家安全保障体制が極端に走ってしまったこと、それが伝統的な道徳秩序の境界線を踏み出していたこと、それはキリスト教文明を言葉の上では弁護したにもかかわらず、その全体主義的な傾向のために教会の自律性を危機にさらし、そればかりか根本的な人間の諸価値さえも危機にさらしたこと――これらの認識が、その気のない司教たちすらも、公的反抗の立場に立たせたのであった。[31]

ブラジル教会のもっとも口うるさい部門が、独裁的な国家とその経済開発モデルに対抗して採った指導的役割は、いずれの場合も、たしかに預言者的なものだった。「預言者主義」は、ブラジル教会に特有のものではなく、ラテンアメリカのあらゆるカトリシズムを通じて現われていた。[32]ブラジルの事例を際立たせているのは、ブラジルにおける預言者主義が広く一般にまで普及し、またその頂点で制度化された、という事実である。古代ヘブライにおける預言の出現に関するウェーバーの説明が、今日の預言者主義の出現の説明として、ともかく当てはまるかもしれない。[33]ウェーバーは、古代イスラエルにおいて預言が出現したのは、次のような四つの条件が、因子として同時に存在したからだ、とした。

1　倫理的・預言者的な宗教的伝統。つまり、歴史に介入する一神教的で超越的な神の概念。
2　「自由な」知識人。つまり、権力者から超然とした、あるいは遠ざけられた知識人。
3　農民階級の大量のプロレタリア化。
4　帝国の権力闘争という国際的文脈。

これら四つの条件は、一九六〇年代のラテンアメリカにも存在していた。知的な言説の一形式であるとともに社会運動でもある解放の神学が出現したことは、それらの条件によって説明できるかもしれない(34)。

1　三つのアブラハムの宗教の歴史を見ると、ユダヤ教、キリスト教、イスラム教の伝統の底には、倫理的・預言者的な構成要素が潜伏しており、条件さえ整えばいつでも目を覚まそうとして、つねに待ちかまえていることがわかる。アジョルナメントにともなうカトリック神学の言説の刷新は、この伝統を呼び起こした。自然主義的・存在論的・スコラ哲学的な伝統は、聖書的・歴史主義的な神学に取って代わられた。再発見された古い考えかた、つまり教会を「神の民」とみなし、世俗の歴史を救済の歴史とみなす古い考えかたが、ラテンアメリカの諸状況のなかに、深い共感を見出した。聖書的伝統のなかの典型的な預言者的文書——出エジプト記、預言書、福音書——が再発見されて、多くの場合その時に初めて、新たな目で読まれた。ラテンアメリカ自体の預言者の伝統、つまりバルトロメ・デ・ラス・カサス会士やその他の宣教師や幻視者のように、インディオの擁護者として、植民地の搾取に対抗して立ち上がった者の伝統も、同じように再発見された(35)。ブラジルもまた、独自の千年王国的な社会宗教的な抗議の伝統をもっていたのである(36)。

2　ラテンアメリカを通じて、政教関係には意味深いバリエーションがある。そしてこの点から見て、以上のように分析されたブラジルにおける経験は、極端な事例であるが、ラテンアメリカの他の地域にも一般化することができる(37)。くりかえすが、諸プロセスのタイミングと歴史的な細部における違いは、意味深いものであった。預言者的な伝統が一つの国で勢力をもつかどうかは、タイミングと歴史的細部が決定的な意味をもつのである。しかし、歴史的プロセスのおおまかな輪郭は、次のように、理念型的に再構成することができる。四百年以上の間、ラテンアメリカの教会は、国家と寡頭支配者に縛られていた。しかしながら、ブラジルを除くラテンアメリカの多くの国々においては、独立後、リベラルで実証主義的な国家は、教会から自らを分離した。他方、教会は、国家から見捨てられたことで、新たな保護を得るため、また国家に近づく道を再び得るために、保守政党や寡頭支配者との緊密なつながりを求めざるをえなくなった。いずれにせよ、二〇世紀への変わり目には、ブラジルだけを主な例外として、ラテンアメリカ中のほとんどで、カトリック教会は寡頭制国家（オリガルキック・ステート）に束縛されていた。寡頭制国家が危機に陥り、ラテンアメリカ中でさまざまな形態の国家に取って代わられた時、教会はそれまでの政治的・階級的な同盟を再検討する必要に迫られた。教会の典型的な応答は、キリスト教民主主義や種々の形態のポピュリズムとの同盟であった。[38] メキシコやウルグアイを典型とするような事例においては、世俗国家は、自らを正当化する根拠を独自にもっていたので、教会との同盟にはほとんど関心を示さなかった。[39] コロンビアを典型とする他の事例では、寡頭制的な同盟は、新たな国家の形態に適応しながら、かなり生き残ることができた。[40] 一九六〇年代に、キリスト教民主主義とポピュリズムがそれぞれ危機に陥ったり、あるいは単に新たな官僚政治的・独裁的な体制によって追放されたりすると、教会は再び、国家との関係および階級と古い結びつきからこのように余儀なく解放されたことで、教会はまったく新たな諸関係を、自由に打ち立てることができるようになった。[41]地方の寡頭制的な社会秩序の危機が、キリスト教民主主義とポピュリズムとの危機に一致したところでは、とくに危機的だった。これが、ブラジルとペルーそして中央アメリカの事例であり、まさにこれらの地域において、解放の神学が社会運動として出現し、影響力をもったのである。[42]

しかし、古い結びつきから解放されたのは、制度としての教会だけではなかった。一層重要だったのは、教会知識人たち——司祭、司牧補助者（パストラル・エージェント）、平信徒の行動主義者——が、近代的世俗化とカトリックのアジョルナメントという二重の影響によって、伝統的・宗教的な役割から解放された、という事実であった。伝統的な司牧や秘跡の役割、またそれにともなう個人的なアイデンティティが疑問視されたことで、教会知識人たちは、かれらの個人的生活やコミットメントのあり方を、再検討せざるをえなくなり、その結果、もっと「適切な」新たな役割を選び、もっと満足のいく新たなアイデンティティを作り出すことが、自由にできるようになった。一九六〇年代のチリ、コロンビア、ボリビア、ブラジルといったラテンアメリカの広範な地域における聖職に関する調査があるが、そこには、個人や役割のアイデンティティ危機が、はっきりと表われている。この点で、外的「世俗化」、すなわち司祭や修道女の大量のそしてかなり急激な教会からの離脱と、内的「世俗化」、すなわち教会に残ったものの多くが社会的・政治的な行動主義を採用したこととは、緊密に連動した並行現象であったといえる。[43]

さらに、すべての教会知識人のなかで、この危機をもっともきびしく経験した者たち、またもっとも預言者的役割を演じそうな者たちは、二つの世界に生きた者たちであった。彼らは、ラテンアメリカにいる外国人司祭、もしくは外国で学んだラテンアメリカ人司祭だった。解放の神学が発展するに際してもっとも大きな影響力をもった三、四十人のリストを一見すれば、半数以上がこの二つのカテゴリーに入ることがわかるだろう。同様に、チリにおける社会主義をめざすキリスト教徒運動に参加した司祭の半数は、外国生まれだった。だからといって、解放の神学はそれほど土着的なものではない――そう論ずる批評家もいるが――ということにはならない。[44]ヨーロッパからもたらされた多くの観念は、本質的に急進的だったのではなく、ラテンアメリカの状況に直面したことで、急進化したのである。「後進性」を経験するには、二つの世界に直面して、その両方を知ることが必要である。その経験が急進的な推進力になるのは、不思議ではあるまい。後進性の根が、植民地的・帝国的な圧政にあるとわかった時、解放への推進力はいっそう強くなった。もしそこに、自分は特権を与えられた教会知識人であるという自覚からくる罪悪感や倫理的責任感が付け加わると――教会はこの圧政に長らく手を貸してきたのだから――、個人個人の決定要因が自ずと働いて、おのおのに預言者的役割を演ずるよう、あるいは知識人として抑圧された者たちの道具となるよう促すことになる。(45)

3　農民階級のプロレタリア化は、もちろん、資本主義の浸透につねにともなう、グローバルな現象である。一九六〇年代のラテンアメリカを通じて、プロレタリア化は大衆的形態をとったが、しかし構造的に預言者主義の出現とつながっているように見えるのは、わずかの事例だけである。すでに言及されたブラジル、ペルー、中央アメリカの事例が、その典型である。プロレタリア化と預言者主義とが融合するための条件は、とくに次のような時に熟するようである。(a)プロレタリア化が、他に利用できる動員の回路（政党、労働組合など）がない状況で、起こる時。(b)プロレタリア化を引き起こす資本主義の浸透が、国家によって組織されたものであり、また動員の試みが暴力的な国家の抑圧を被る時。(c)民間の宗教性が、司牧の任にある者たちによって、宗教的な基礎をもつ動員へ向けて導かれる時。

4　解放の神学がラテンアメリカに現われたのは、「帝国主義と属国」説が現われたのと、同じ時期かつ同じ理由からである。その一般的な理由のなかには、資本主義の中央から離れた周縁的な属国としての経験がいくつかあった。すなわち、ナショナリズム的・ポピュリズム的、あるいは民主主義的な体制を、ほとんど倒さんばかりにラテンアメリカの政治に頻繁に干渉してくるアメリカの帝国主義。ラテンアメリカの武装勢力と国家安全保障体制に、イデオロギーや、訓練や、武器や、「新たな専門家意識」の支援を供給するに際して、合衆国が果たした役割。キューバ革命、およびそれがラテンアメリカのいたる所——左であれ右であれ——に作り出した、革命が切迫しているという深刻な妄想、などの経験である。ラテンアメリカは、他の第三世界地域と同じように、二つの超大国の、またそれらが代表するシステムとイデオロギー、つまり資本主義と社会主義の、ヘゲモニー闘争の劇場となった。多くの知識人や宗教人もまた、左であれ右であれ、このヘゲモニー闘争を、あたかもマニ教的な善悪の闘争のように、救済史的な視点から見る傾向があった。国の支配者や圧政者たちは、事実上外部の帝国主義勢力のあやつり人形とみなされたため、いっそう正当性のないもの、預言者の断罪を受けるべきものとされた。

「民（ピープル）」の教会とキリスト教基礎共同体

ブラジル教会の変容を理解するためには、グスタボ・グティエレスが「歴史における貧しい者の爆発」と呼ぶ、歴史的プロセスを考慮することが不可欠である。(46)ブラジル教会は、ブラジルの国家やエリートと同じように、おおむね地方の大衆を無視し、排除してきていた。北部、北東部、および中部ブラジルの全体に広がる地方の寡頭支配の構造は、ヴァルガス政権下の中産階級および工業労働者階級のポピュリズムによっても、またそれによって解放された経済開発のプロセスや国家の変容によっても、事実上、一指も触れられないままだった。[47] 最初の農民連盟が出現した一九五〇年代半ばまでには、「大佐（コロネル）」と呼ばれる、政治的なボスの役割も兼ねる地方の有力者たちによる支配は、議論されなくなってしまった。[48] 教会は、「貧しい者はつねにあなたとともにあるだろう」という福音書の言葉を心に留めて、貧しい者の存在を当然のこととみなし、国家やその他の社会と同じように、教会の財源のほとんどを、より発展した南部地方に集中させた。しかし、一九五〇年、ミナスジェライス州カンパーニャの司教ドン・エンゲルケにより、農地改革を求める最初の声が発せられた時から、「農業問題」は教会の展望のなかでより大きな意義をもつことになり、ついには、教会のアイデンティティそのものが、民の教会（イグレジャ・ド・ポヴォ）としてのアイデンティティに変容する際の、最重要かつ唯一の因子になった。[49] あらゆる派生的な問題をともなった農業問題に対して、新たな注意が向けられたことで、教会は「民（ピープル）」を発見し、「貧者を優先すること」を引き受けるようになった。

　このプロセスでは、多くの因子が、一つの役割を演じた。

(a) ドン・エンゲルケによって、地方の労働者たちの「人間以下の状態（サブヒューマン）」と呼ばれた現状が、新たに認知されたこと。[50] ドン・エンゲルケは、いかなる意味においても、急進的な司教ではなかった。しかし、北東部やアマゾン地方の司教たちは、貧者を発見したことにより、次第に急進化した。彼らの集団としての宣言は徐々にさらに急進的になり、人間以下の状態を告発したのに加えて、そのような状態の構造的な原因とみなされるものをも、告発した。一九七〇年代の初めには、彼らは公然と、「資本主義の克服」と「生産手段の社会主義化」を要求した。[51]

(b) 一九五〇年代末、社会主義者フランシスコ・ジュリアンによって組織された「農民連盟(リガス・カンポネサス)」の出現が、地方住民の民衆的なカトリシズムに対して教会がもっていた薄弱な支配力に脅威を与えたと認知されたこと。ナタール〔北東部リオグランデドノルテ州の州都〕運動や、また教会が地方の労働組合化へ関与するようになったのは、この脅威に対する直接の応答だった。しかしながら、間もなく、カトリックの地方労働組合は、現場で最大かつもっとも活動的なものになり、独自の動きをとるようになり、それに関わる者たち、すなわち、基盤をなす者や中核的幹部や位階制に属する者たちすべてを、急進化した。一九六四年の軍事クーデターにつづく暴力的な抑圧は農民運動を破壊したが、北東部の司教たちの声は、国家による抑圧を断罪し、社会改革を提唱しつづけた。国家の怒りと抑圧を、雄々(おお)しく自らのうえに引き寄せることで、北東部の司教や神父やカトリック行動主義者たちは、教会と国家の対立を引き起こした。これはやがて、一九七〇年代初めの、ブラジル教会と独裁体制との断絶につながった。[52]

(c) 草の根(基礎)教育運動(MEB)は、ブラジル・カトリシズムの社会的・政治的な急進化においてばかりか、制度としてのブラジル教会のアイデンティティそのものを変化させることにおいても、決定的な役割を演じた。意識化（コンシエンチザソン）というパウロ・フレイレの考えと方法を採用し、読み書きと教理問答（カテキズム）を教えるラジオ番組の授業として、コロンビアのスタテンザで始まったものは、極端にエリート主義的なブラジル社会で、政治参加から締め出されていた者たちを、政治的に教育するための国民的番組へと変容した。個人の変容を社会の変容と結びつけることを教育目標そのものとしたことによって、読み書きができなかった貧者たちは、自分たちの不幸を、より大きな社会構造の一部と見ることを学んだ。フレイレの教育学は、学生たち、そしてとりわけ教師たち自らによって、ゆっくりと同化された。このことは、政治的な動員における学習と同じくらい重要なことだった。Ｅ・ド・カッツによれば、ＭＥＢの指導的幹部の三分の二ほどは、なんらかのカトリック・アクションの背景をもっており、また幹部の半数以上はかつて、急進的な青年運動（ＪＵＣあるいはＪＥＣ）の一つに属していたことがあった。彼らのほとんどは、すでにフレイレの考えに親しんでいたが、それを実行するかどうかという点において、違っていた。民には自らを組織する能力があり、また自らの生活と社会を変容させる能力がある、というポピュリズムの信仰は、ナイーヴなものだったかもしれない。しかしその信仰によって、普通人とともに働くカトリックのエリートたちは深く影響された。それによって教会は、自らを「民の教会」として自己理解することになり、また教会内部と社会内部に、一連の草の根組織が作り出されたのである。ＭＥＢは、教会の位階制の保護と支配のもとに身をおくことによって、軍事的抑圧を生き延びることができた、市民社会における唯一の運動であった。その運動は非政治化されて、もっと宗教的な方向づけが与えられた。しかしそれは、新たに出現するキリスト教基礎共同体（CEBs）へのつなぎの役割を果たした[53]。

(d) ブラジルの田舎への、資本主義の漸増的な浸透につづいて起こった、急激なプロレタリア化。このプロレタリア化は教会に、二種類の挑戦をつきつけた。まず教会は、急速に進む経済開発の結果として人々や社会に起こった事態に、直面することを強いられた。この経済開発は、(i)農民の生活世界とインディオの共同体を破壊し、より大規模な土地所有の集中を導き、ブラジルの田舎の貧困化と不平等を増大した[54]。(ii)それはまたブラジル中の急激な都市化と都市スラムの増殖を導き、そこに、都市の新たな周縁的階級が、家も仕事もなく、もっとも基本的な日用品すらもたずに集まってきた[55]。(iii)国民の収入の不平等は、すでに世界でももっとも大きい国に属していたが、その不平等をさらに増大させ、また南部の工業地帯と北東部の田舎との間にあった、収入や富のすさまじい地域差も、拡大させた[56]。

これに対する教会の反応、とくに北東部、アマゾン州、サンパウロ州の地方教会の反応には、次のようなものがあった。(a)インディオや地方労働者や都市労働者や不法居住者や小作農や小規模農場主の、大土地所有者や資本家や国家および地方の支配層に対する闘争の組織化を、援助し支援すること。(b)すべての活動を統合するのに役立つため、情報を収集して出版するため、また改革案を提出するために、ブラジル司教協議会（CNBB）の内部に、先住民布教審議会（CIMI）や、国土司牧委員会（CPT）や、労働者司牧委員会（CPO）や、正義と平和委員会といったような、制度的な機構を組み入れること。(c)国家安全保障体制のなかの制度化されたテロリズム、人権や公民権に対する国家の絶え間ない暴力、拷問と暗殺の蔓延、そして「経済開発のブラジル的モデル」など、これらを可能なかぎりきびしい言葉で批判する、合同司牧書簡を出版することによって、体制にじかに立ち向かうこと。たとえば、もっともきびしい論調の文書の一つは、次のように書いている。ブラジル的モデルとは、「ただ一握りの少数者のみを富ませる「開発」を意味する……そのシステムが貧者に提供するのは、ますます周縁に押しやられるという未来である。インディオに提供されるのは、死という未来である」[57]。

しかし、増大するプロレタリア化と都市化は、教会にもう一つ別種の問題、すなわち、教会の制度的アイデンティティそのものをおびやかすような問題を突きつけた。新たな都市貧民層のうち、プロテスタントの教派（とりわけペンテコステ派）や、種々さまざまなシンクレティックなアフロ・ブラジリアン宗教（とりわけウンバンダ）に参加するものの数が、ますます増大したという問題である[58]。さらに明らかになったのは、教会が新たな挑戦に立ち向かおうとする時、聖職者による福音伝道や司牧的世話（パストラル・ケア）といった伝統的な手段が、もはや当てにできない、という苦痛に満ちた事実であった。まさにこの文脈において、司牧的世話に代わる形態をさぐる最初の実験が、キリスト教基礎共同体のなかで、一九六〇年代半ばに始まった。しかしながら、やがてブラジル教会は、必要に迫られて善行を行うことを学び、一九七〇年代初めまでには、実験的な一時しのぎの処置が、上からの公式の奨励を受けて、それまでの形態に代わる模範となった。

ブラジル教会の人口統計を一見しさえすれば、この挑戦の次元がどのようなものかが、わかるだろう。一九六〇年代半ば、ブラジルの人口は八〇〇〇万人であり、その九三%は名目上カトリックだった。これだけの人口を教会が世話するために、約二五〇人の司教（世界最大の司教団である）、約一万二五〇〇人の司祭（そのうち四〇%以上は外国人である）、約四六〇〇の教区があった（教区ごとに、約一万七〇〇〇人のカトリック信者がいることになる。ちなみに合衆国や西ドイツやポルトガルでは、教区ごとのカトリック信者数は約二〇〇〇人）。教会の人材のほとんどは、財源と同じように、南部にいちじるしく集中していた。司祭一人当たりの住民数は、南部のサンタカタリーナやリオグランデドスルでは、約四一五〇人であったのに対して、北東部——ペンテコステ派やウンバンダがもっとも急速に広がった地域——では、その数はリオグランデドノルテにおける一万一〇〇〇人から、マラニャンにおける二万九六〇〇人という極端な数字までの間を、ゆれうごいていた。加えて、将来における改善の望みは、ほとんどなかった。一九六七年から一九七七年の間に、伝統的な職業上の供給源である神学校と外国人司祭が次第に減っていく一方で、二三〇〇人の司祭（全体のおよそ二〇％）が司祭職を去った。[59]

一九八〇年代初めには、ブラジルの人口は一億三〇〇〇万人に達した。おおよそ八万のキリスト教基礎共同体（ＣＥＢｓ）があった一方、司教の数は三六〇人に増加し、司祭の数は約一万三〇〇〇人で横ばいだった。ブラジルのもっとも重要かつ独創的な解放の神学者であるレオナルド・ボフが観察したように、新たな「教会創造（エクレシオジェネシス）」が起こっていた。キリスト教基礎共同体が、ブラジル教会を「再創造」してしまったのである。[60] しかしキリスト教基礎共同体が成長したことを、単に司祭の不足によるものと解釈してしまっては、重大な誤りを犯すことになるだろう。ラテンアメリカの他の諸教会も似たような司祭の不足を経験したけれども、そこではキリスト教基礎共同体を、位階制が上から促進することもなかったし、それが下から根づくこともなかった。今日、三六〇人の司教と、一司教当たり三八人の司祭を擁するブラジル・カトリック教会は、おそらく世界一の大所帯であるが、それはまた、おそらくあらゆるレベルにおいて、もっとも位階制的でなく、もっとも聖職者的でなく、また組織内がもっとも民主的なカトリック教会の一つである。[61]

司祭不足は、たしかに初期の実験を促進するのに重要だった。しかしキリスト教基礎共同体が、今日のように成長し、今日とっているような形態をとるためには、次のような状況が必要であった。すなわち、(a)位階制自らが、自分たちは教会の代替モデルを促進しているのだと十分自覚しつつ、それを促進しようと決心したこと。(b)神父たちの精一杯のコミットメント。彼らはキリスト教基礎共同体を創始し、それを導きつづけ、またキリスト教基礎共同体を宗教共同体に代わる形態として見ただけでなく、むしろそれを、人々がそこで人間的・社会的・政治的に成長できる民間の組織として、実に社会の下からの自己組織化として見たのである。(c)聖職者の最小限のコントロールだけで、何世紀にもわたって、自らを再生産してくることができた、民間の活発なカトリック的宗教性が存在したこと。教会が、自らの注意と資源を下層階級に向けることで、教会のアイデンティティを変更し、民の教会になったことは、制度として生き残るための戦略だったというよりは、むしろ教会の意識的な決定だった。「貧者を優先する」という考えは、ブラジル教会が言い出し、のちにメキシコのプエブラにおいてラテンアメリカ教会全体に採用されたが、他のどこよりも当のブラジルにおいて、真実の公約になった[62]。

ギジェルモ・オドンネルの議論によれば、「国民（ネーション）」と「市民社会」と「民（ポプラール）」とは、国家と社会を媒介する、三つの代替可能な原則および構造として、見ることができるという[63]。「国民」とは、他の国民国家に対抗して、また内なる「他者」つまり内敵に対抗して、国家を通じて政治的に組織される同質的な社会共同体の、組織化の原則である。これに対して、「民（ポプラール）」、あるいはむしろ、アルゼンチンのペロン主義者の政治的言説のなかにでてくる「一国の民（ナシオナル・ポプラール）」とは、内外の少数独裁者に対抗して、国家を通じて政治的に組織される同質的な社会共同体の、組織化の原則である。ナショナリズムとポピュリズムはどちらも、国家を征服するために組み合わされた政治運動として、あるいはすでに国家を通じて組織化された政治運動として、次のような場合、非民主的になりがちであった。すなわち、通常、国あるいは民衆の利害を媒介する構造が、大衆が指導者を国民投票で選ぶ関係を通じて、またコーポラティズム的な代表制を通じて、組織化されている場合である。アルゼンチンのポピュリズムの場合、ペロン主義の最初の局面においては、「一国の民」の利害を代表する組合（コーポレーション）は、労働組合と軍隊と教会の三つだった。

一九七〇年代の末にブラジルに出現した、新たなポピュリズム、新たな労働組合（主義）、新たな社会運動、この三つはみな、組織的にもイデオロギー的にも、キリスト教基礎共同体にルーツをもっていた。これに関して顕著な事実は、これら三つが、市民社会と民とを政治参加からしめだす国家安全保障体制のナショナリズムに対抗する方向と、およびGNPの成長だけで発展の度合を測る経済的ナショナリズムに対抗する方向をもっていたこと、そればかりか、ブラジルのポピュリズムに伝統的だったエリート主義や国家統制主義（ステーティズム）の多くの部分をもまた破壊したこと、である。[64] 新たな政治的言説において、「民（ピープル）」は国家に対抗する社会の自己防衛の原則として、また国家から自律的な社会の自己組織化の原則として、機能した。この点で、それはポーランドの連帯の組織化の原則に似ている。どちらの場合も、社会——これはまた新たな政治的言説のなかで中心的な役割を演じた概念でもある――は、国家から自律した「一つの政治的領域」と考えられた。このゆえに、市民社会という概念は、国家と社会の関係という伝統的な考え方と、意図的に対置されたのである。「民」の強調は、ブラジルの政治社会の伝統的なエリート主義と、その利害の媒介と代表の構造とに、対抗したものであった。それらはこれまで、民の大多数を政治参加からしめだしてきたからである。この点で、市民社会と「民」という二つの概念は、国家と社会との間を媒介する原則というよりは、むしろ媒介や国家なしに社会が自己組織化する原則、キリスト教無政府主義と強い親縁性をもった、共同体主義的な直接民主主義の原則、といえる(65)。

「民」の概念は、市民社会の概念のいくつかの局面を組み入れる一方で、市民社会の伝統的な概念と、両義的な緊張関係をたもっている。ルベン・セサル・フェルナンデスが次のように指摘するとおりである。

市民社会を建設するための運動は、きわめて両義的なものに転じる。というのは、それは個人（および個人の自由な参加によるグループ）の自律を擁護することをめざしている一方、同時にまた、社会を全体として包含する、集合的な社会のアイデンティティ、という考えを保持しているからである。ブラジルにおいては、この実体は「民(ピープル)」と呼ばれ、ポーランドにおいては「国民(ネーション)」と呼ばれている(66)。

どちらの場合も、教会は、ポーランドにおいては国民の守護者として、またブラジルにおいては「神の民」として、その象徴的な代表としての中心的役割を演じている。

この両義的な緊張関係は、ブラジルの民主化移行を通じて明らかになった。民主化のプロセスにおけるブラジル教会の役割の重要性については、だれも疑うことはできない。市民社会と政治社会が抑圧され沈黙させられた時、教会はその声となり、楯となった。共同の司牧書簡「私は私の民の叫びを聞いた」のなかで、北東部の司教たちは、かつての預言者たちに勝るとも劣らぬ勇気をもって、次のように語った。

> 連合した資本主義のシステムの機能と安全を保障するため、さらなる抑圧が必要とされるようになる。立法府は何の権威ももっていない。都会の組合も地方の組合も強制的に非政治化されている。指導者たちは迫害されている。検閲はさらに悪化した。労働者、小作農民、知識人たちは迫害されている。キリスト教会の司教や行動主義者は迫害を被っている。体制は、さまざまな形の投獄や拷問、身体刑や暗殺を行っている。[67]

サンパウロの枢機卿、ドン・パウロ・エヴァリスト・アルンスは、公民権と人権を求める国民的キャンペーンの代弁者かつ指導者となって、体制側がいかに整然と拷問を行っているかを、広く世界に向けて明らかにした[68]。新たな社会運動の出現と成長に、キリスト教基礎共同体が果たした役割も、おびただしく記録されている[69]。

しかし、政治の解放（アベルトゥーラ）が進行し、体制がいくら選挙法を変更してももはや選挙をコントロールすることができなくなって、選挙運動が独自の動きをとるようになった時、教会はこのプロセスから距離をとりはじめたように見えた。たしかに、教会は政治参加を鼓舞し、人民に投票するよう促し、別の政治的選択を表明した。そして、左翼の政党、とりわけ新しい労働者党（PT）に肩入れしていると告発されながらも、中立であろうとしていた。スペインでもそうだったが、中立にとどまり、いかなるキリスト教政党も奨励しまいとする決定は、建設的な決定だった。バチカンから教会に、政治的にならぬよう、政治のことは政治家にまかせるよう、また司牧の勤めに専心するよう、圧力がかかったのは事実である。しかしその他にもなお、民の代表であると主張しつつ排除の仕組みを再生産しつづけるとしか思われない、国家や政治社会そして政治的エリートたちに対する、「民の教会」の態度には、説明のつかない両義性が残った。

カトリックの民主化のジレンマ

民主主義への移行が成功し、つづいて政治社会の制度が定まったことで、カトリシズムは必然的に、相対的な私事化へと導かれた。民主主義の強化期がいったん始まると、教会はあらゆる面で政治社会そのものからは身を引きがちになり、この領域を職業的な政治家に委ねてしまった。そこには、次のような二つの動きが作用しているように思われる。

一方では、リベラルで民主的な政治システムが確立し、またそれに付随して民主的な政治社会が、特有のエリート主義的な媒介と代表の構造をともなって制度化することによって、不可避的に構造的な制約が課されてくる。あらゆるところで、強化期がいったん始まると、独裁的な国家に反対して連合した市民社会は、その政治に携わる期間を終える傾向があった。たとえ教会が、この構造的な傾向に抵抗したいと思っても、移行期におけるきわだって高い政治的役割を維持することは、とてもできそうになかった。

しかしまた他方で、この構造的な傾向は、バチカンからきた新たな政策指令によって、またその保守的な「復古」プロジェクトによって、強化された。後者はカロル・ヴォイティーワが教皇ヨハネ・パウロ二世に就任したのと関係するもので、教理省長官のヨゼフ・ラッツィンガー枢機卿によって率いられたプロジェクトであった。教皇は、司教や司牧補助者に対して、政治的領域は平信徒に委ねて、司牧の勤めに専心するよう、くりかえし警告した。スペインからブラジル、ドイツからアメリカまで、進歩的な神学者や聖職者は、発言や文書を検閲され、停職にされた。解放の神学の言説と、キリスト教基礎共同体の実践は、取り込み、抑制、精神化が図られた。そしてとりわけバチカンは、保守的で穏健な司教を指名し任命することによって、各国司教協議会に対する集権的な支配を再び手中にしようと試みた。これらすべてのプロセスが、カトリシズムの私事化に向けて、作用してきた。[70]

さらに、深刻な宗教的競争に直面しなかったスペインやポーランドのカトリシズムとちがって、ブラジルのカトリシズムは、アフロ・ブラジリアン宗教に加えて、福音主義プロテスタンティズムとの宗教的競争にも、直面せざるをえなかった。ここ三〇年の間、プロテスタンティズム、とりわけペンテコステ派の教会は、ブラジルにおいて着実に拡大して土着化し、自己生産的になり、今日では、人材を外国に頼る必要性は、カトリシズムよりも小さいほどである。[71]同様に、アフロ・ブラジリアン宗教（とりわけウンバンダ）とスピリティズム（とりわけカルデシズム）も成長しつづけており、名目上はカトリックであり、かつカトリシズムとアフロ・ブラジリアン宗教とスピリティズムの実践にも参加する者の割合は、さらに大きくなりつつある。さらに、競争のほとんどは、同じ宗教的顧客層のまわり、つまり、ブラジルの人口の大部分をなす、田舎と都市周縁部に集中している。かくして、政治社会が制度化したことからくる圧力と、バチカンからの圧力に加えるに、まさに宗教的競争のダイナミクスのために、ブラジル教会は、司牧の役割に専心することを余儀なくされているのである。[72]

バチカンの圧力によって、また位階制のなかの穏健で保守派の者たちがこれ見よがしに上位に指名され任命されることによって、少なくとも今のところ、ブラジル・カトリシズムの進歩派の者たちは、沈黙させられている。[73]皮肉にも、教皇は一九九一年一〇月のブラジル訪問において、農地改革に対する公的な支持を表明した。これは明らかに、社会問題や政治問題に教会が公的に関与することを、ふたたび正当化しようとするものだった。[74] しかし教皇の声は、ほとんど公的な反響を呼ばなかった。

今日、ブラジルにおけるカトリック教会はもはや国家教会ではありえないし、カトリシズムもはや国民的信仰ではありえない。加えるに、教会理性（レゾン・デグリーズ）という制約と、近代世界における教会の組織としての緊急性を考えると、教会が、ブラジルの政治社会において、一政党やあるいはそれに代わる党派を支援することは予想できない。[75] また、教会が「民の教会」を自任したり、「貧者を優先する」と称しても、そこには、解放の神学が初期にもっていたような含意は、もはやない。初期の解放の神学の言説を特徴づけていたのは、「民（ピープル）」対「寡頭支配者（オリガルキー）」というポピュリズムの伝統的レトリック、また切迫した階級闘争というマルクス主義的ヴィジョンであった。皮肉なことに、ブラジルの貧者の大部分は「福音主義的」なプロテスタンティズムを好む傾向を見せつつあり、その一方で、ブラジルの大部分の中産階級は、「ポピュリズム的」教会から疎遠になってきている。しかし、ブラジルの民主的体制の政治的・経済的な現実を考える時、ブラジル教会が、人間の魂の霊的世話という私事化された領域に、永遠に引き下がるようなことは、ありそうもない。ブラジルの成人人口の半分は、普通選挙権をもち法的に投票義務があるにもかかわらず、ブラジル経済の周縁でかろうじて生計を立てている二流市民として、特徴づけることができる。教会は今でも、「声なき者たちの声」、ブラジルの政治社会において自らの意見や利害を代表してくれる機関をもたない者たちの声でありうる。あるいは、もし今そうでなければ、再びそうなるであろう。

6章　福音主義プロテスタンティズム——市民宗教から根本主義セクト、新キリスト教右翼へ

プロテスタント根本主義（ファンダメンタリズム）が、一九八〇年代の社会運動として再び公的世界に登場してきたことは、社会学的分析にとって、三つの根本的な疑問を提起した。一つめは、なぜほかならぬこの場所で、という疑問である。これは、進歩した西洋工業社会のなかで、アメリカにおいてのみ、社会的に重要な宗教的根本主義の運動が現われた、という事実からでてくる。[1]二つめは、なぜ今なのか、という疑問である。これは、一九三〇年代から一九七〇年代にかけて、福音主義プロテスタンティズムの根本主義陣営は、敬虔で、隠遁的で、アメリカのプロテスタンティズムのなかでは事実上無視された部門であった、という事実からでてくる。そして最後は、宗教的な根本主義が、近代社会の公的領域に思いがけず入場してきたことが、何を含意し、どのような結果をもたらす可能性があるだろうか、という疑問である。

最初の公認廃止——国家の世俗化

アメリカの根本主義という現象の「例外性」は、アメリカ史における世俗化の独特のプロセスの観点から見る必要がある。独立から今日にいたるまで、アメリカのプロテスタンティズムは、公認廃止の三つの連続的プロセスを経験してきた。最初の公認廃止は憲法上のものであって、プロテスタント教会とアメリカ国家との間に、いまだに論争の絶えない「分離の壁」を建設した。この公認廃止によって、国家は教会の諸機関から分離され、また、市民の政治共同体はいかなる宗教共同体からも引き離されることになった。しかし、国家の世俗化は、宗教の衰退や私事化を引き起こすことはなかった。それどころか、今日広く認められているように、宗教的実践の自由が憲法で保護されたことによって、マーティン・マーティーが「プロテスタント的デノミネーショナリズムのつぎはぎ細工（クレイジー・キルト）」と呼んだものが出現し、その未曾有の拡大のための構造的な枠が作り出された。ヨーロッパ大陸のキリスト教が、産業、政治、文化の革命の波に耐えられずほとんど内に引きこもっていた時、アメリカのキリスト教は、「信仰の海で洗われた」のである。福音主義的な信仰復興運動（リヴァイヴァリズム）が、プロテスタントのデノミネーションという宗教システムのなかで競い合うあらゆる宗教団体の組織上の原理となり、公分母（コモン・デノミネーター）となった。福音主義プロテスタンティズムは、一八三〇年代までに、事実上アメリカの市民宗教として、すなわちアメリカ市民社会の公共宗教として、公認のものとなっていた。主要なプロテスタント諸デノミネーションが同質化したことにより、人々や社会秩序や共和国を「キリスト教化」するために、デノミネーションの枠を超えた福音主義の十字軍を出動させることが、可能になった。[2]

このような歴史的な展開を想定すれば、宗教的自由の原則が、まずバージニア宗教自由法のなかに、つづいて憲法修正第一条のなかにもりこまれたことは、いっそう注目すべきものとなる。独立の時点では、なんらか特定の教会を国民レベルで公認することは、領土的な配置によって、また三つの植民地教会——会衆派、長老派、英国国教会派——の力が比較的接近していたために、たしかに妨げられていた。しかし、もしジェファーソンとマディソンとの活発な協力関係や、バージニアにおけるバプテスト派の国教反対の動きがなかったならば、複数の宗教を公認することも、一般化された一つのキリスト教的（つまりプロテスタント的）宗教を公認することも、どちらも十分に起こりえたことだった。共和主義的な理神論と、急進的・敬虔主義的な教派的プロテスタンティズムとをとりまとめたこの「ジェファーソン時代」は、束の間のものだった。[3] しかしそれは、革命的な憲法上の現実を作り出し、その現実は、憲法の漸進的な神聖化のおかげで、憲法上の規範的な国と現実的な国との大きなギャップに耐えることができた。それはまた同様にして、神あるいはキリストという言葉を憲法にもりこんでアメリカをキリスト教国と定義し、キリスト教を国土の慣習法として保護しようとする、プロテスタント十字軍のたび重なる攻撃にも耐えることができた。ニューイングランドのいくつかの州は、数十年の間、会衆派教会を公認としつづけたし、ほとんどの州法はさらに長い期間にわたって、憲法第六条第三項にもかかわらず、プロテスタントでない者、キリスト教徒でない者、もしくは無神論者は公職に適さない、とする条項をもちつづけた。(4)

アメリカの政党制のそもそもの初めから、宗教的因子が、アメリカ政治の重要な成分要素であったというのは本当である。(5)しかし正確にいえば、アメリカの公共宗教は、政治社会で動員されるレベルでは機能してこなかった。たとえ、政党への忠誠とデノミネーションへの忠誠の融合が概して重要だったとしても、アメリカの政党制は、多くのヨーロッパ諸国の場合とちがい、デノミネーション間の裂け目、あるいは世俗と宗教との裂け目にそって、厳密に組織されたものではなかった。もし、トクヴィルが述べたように、「アメリカの宗教は……アメリカの政治的諸機関の、最初のものとみなされるべきである」(6)としても、それは市民社会の公的領域において、宗教が演じる役割によるものなのである。ニューイングランド議事規則公認の聖職者集団は、ジェファーソンが大統領職に選出されるのを阻止することができなかったし、いわんやジャクソン流の民主主義を阻止することもできなかった。しかし、理神論や不信心や外国による革命の陰謀に対するその排外主義的な攻撃は、第二次大覚醒の信仰復興的な熱狂とあいまって、アメリカの啓蒙主義を後退させ、事実上、共和国をキリスト教化するのに効果的だった。[7]

貴族政治的な共和制の民主化とキリスト教の民主化とは、手をたずさえて進み、政治的および宗教的文化に似たような効果をおよぼした。[8] アンドリュー・ジャクソンは、厳格な分離主義者であったが、最初の「福音派の」大統領だった。福音主義プロテスタンティズムはまもなく、アメリカの市民社会の公的言説に対するヘゲモニーを手に入れた。ハーバード大学のユニテリアン的なリベラリズムは例外だったが、カルヴィニズムの信仰と、スコットランド的な素朴実在論と、福音主義的な心（ハート）の宗教との新たな総合は、プロテスタント大学のなかに次から次へと身を隠して、一九世紀の最後の四半世紀になるまで、「心（マインド）の生活」に対する文化的ヘゲモニーを維持した。[9] この文化的ヘゲモニーは、エリートの文化に制限されたものではなかった。それは、公立学校や公立小学校や日曜学校運動などを通じて、教育と宗教教育の公的分野の全体を取り囲んでおり、またマスメディアや道徳や社会改革の協会や運動にも、領域を広げた。実際、福音主義の諸協会は、その後のアメリカのあらゆる形態のボランティア協会の枠を確立し、福音主義の信仰復興運動は、アメリカの社会運動の揺籃になった。[10]

第二の公認廃止——心の生活の世俗化と、プロテスタント根本主義の最初の動員

「第二の公認廃止」の軌跡は、単一の出来事や、あるいは一連の出来事によってたどることはできないが、しかしその最後の結末は明瞭である。すなわち、アメリカの高等教育の世俗化と、アメリカ市民社会の公的領域に対してプロテスタントがもっていた文化的ヘゲモニーの喪失と、この二つである。しかしながら、二つの重要な理由から、このプロセスにおける最初の一里塚として、南北戦争をあげることができるだろう。まず第一に、南北戦争とその後の南部諸州の再統合が、資本主義的な産業化と都市化の急速なプロセス——これによって戦前のアメリカ社会は根本的かつ不可逆的に変わった——のための、構造的な条件を作り出したという理由である。

新たな産業社会は、高等教育のための新たな機関を必要とした。伝統的なプロテスタントの単科大学や総合大学は、学術的また科学的な専門化という近代のプロセスをたどりはじめた時、もともとの中核であった神学校を、脱ぎ捨てるか、あるいは周縁部におしやった。国が公有地を開発して、大学に無償で払い下げるようになると、このプロセスは加速した。自然科学——とりわけダーウィンの進化論——や新興の社会科学や文化歴史科学が、新たな認識論や批判的な解釈方法を武器として、公認されたプロテスタントの世界観とし

ばしば矛盾するような、自然、社会、人類文化に関する説明を提示した。[11]

都会的で工業的な新たなアメリカは、もはやプロテスタンティズムによってのみ形づくられるものではなかった。福音主義プロテスタンティズムは、新たな都市が、概して、自分とは異質の罪深く危険な環境であるのを知りながら、それを克服するための強い努力は、決してしようとしなかった。[12] 疑いもなく、福音主義プロテスタンティズムは、他のほとんどの私事化された形態の宗教と同じように、新たな環境に適応し、そのなかで繁栄することを学んだのである。しかし、都会における信仰復興運動は、大部分、もはや新たな都会的環境をキリスト教化しようとはせず、人間の魂をそこから救いだすことで満足していた。福音主義プロテスタンティズムのなかのリベラル派である社会的福音運動は、「社会秩序をキリスト教化」しようとした時、自分が戦おうとしているのは、罪深い抵抗運動だけでなく、世俗的な運動や、またプロテスタント以外の宗教組織でもあるということに、やがて気がついた。[13] 新たにやってきた非プロテスタントの大量の移民は、プロテスタント的な語り口によっては、もはや同化することができなかった。[14] さらに、プロテスタンティズムが、マーティン・マーティーが比喩的にいったように、「二大政党制」へと分裂したことで、プロテスタントが文化的ヘゲモニーをとる試みは、すべて不可能になった。実際のところ、その分裂は二重のものだった。まず初めに、ますます福音主義から遠ざかっていく公的でリベラルなプロテスタンティズムと、私的で保守的で福音主義的なプロテスタンテイズムとの間に、イデオロギー的・神学的な分裂があった。しかし第二に、福音主義プロテスタンティズムの内部には、白人のデノミネーションと黒人のデノミネーションとの間に、内的な人種的裂け目があった。プロテスタントが都会的アメリカで文化的ヘゲモニーを得ようとする試みは、不毛なものになった。プロテスタントが多数派になった稀な場合においてすら、イデオロギー的および人種的な裂け目は、プロテスタントのヘゲモニーを実行不可能なものにした[15]。

なぜ南北戦争が、第二の公認廃止における転換点になっているのか、二つめの重要な理由は、まさにそれが、アメリカのプロテスタンティズム内部のこの二重の裂け目を、先取りするものだったからである。南部では、宗教と人種のるつぼ——これはつねにアメリカの「例外性」の鍵となる因子だった——とは、分離不可能なほど融け合っていた[16]。福音主義プロテスタンティズムは、南部では、他のどの場所よりも強固に、並ぶもののない市民宗教になった。南北戦争の時、南部の九〇%はプロテスタントだった。さらに、南部のプロテスタンティズムの九〇%は、バプテスト派とメソジスト派だった。逆説的だが、南北戦争に敗北したことで、南部白人の福音主義プロテスタンティズムは、ごく最近の「第三の公認廃止」まで、公認の市民宗教のまま生き残ることができたのである[17]。

アメリカのプロテスタンティズムはつねに、次のような四つの主要な構成員を統合しようとするさまざまな試みから起こる緊張に耐えて、生きてこなければならなかった。まず、ニューイングランドのピューリタン的カルヴィニズムは、世界を変容して神の王国を実現するための契約と後千年王国説的（ポストミレニアル）な衝動という考えによって、国教支持派の神学に寄与した〔後千年王国説（ポストミレニアリズム）とは、千年王国ののちにキリスト再臨があるという考え。現在の歴史と千年王国とが連続的なため、現実世界に対して楽観的な態度となる。反対は前（プレ）千年王国説で、悲観的な歴史観をもつ〕。その対極には国教反対の分離主義的なバプテスト派の伝統があり、この伝統は、無律法主義的（アンチノミアン）で、急進的で、教派的で、反体制派的な方向へ向くこともできたし、あるいは現世に巻き込まれることを避けようとする場合は、私事化された敬虔主義的な宗教に引きこもることもできた。スコットランド系の長老派とその変容物であるプリンストンの神学は、時には創造的な対話のなかで、時には時代の思想に対する戦闘的な反対によって、知的な合理化や改革派神学の正統へ向かう衝動を与えた。最後に、メソジスト派は、その福音主義、プラグマティズム、個人主義、完全主義、普遍主義的なものによって、アメリカのプロテスタンティズムに寄与した。神学的思索の軽視、聖潔（ホーリネス）への普遍的な召命、一般人の霊的能力に対するアルミニウス主義的な楽観的信仰、司牧の成功を量的な基準ではかること、信仰復興運動の技術を合理化しようとする衝動、教会の官僚制的な集権化への傾向、などのメソジスト派の特性は、フロンティアにおける生活および時代精神と、よく融け合った。[18]

すでに一八三〇年代から目立ちはじめていた神学上の深刻な差異は、北部と南部の三つの主要なデノミネーション（メソジスト派、バプテスト派、長老派）の分派同士が、制度的に公式に分裂するまでに至った。南部の福音主義は、奴隷制という「邪悪な」制度を断罪しようとする本来の衝動を次第に抑圧し、現世の諸現実に仕方なく適応し、ついには奴隷制にキリスト教的正当化を与えることすら学んでしまい、その結果、白人と黒人の魂を救うためのもっとも重要な仕事に集中して世界を変革しよう、そしてよりいっそう来世的になろうとする衝動も失った。「背信」の重荷を背負わされた南部の福音主義は、進歩に対する後（ポスト）千年王国説的な信仰を、北部の福音主義ほど明確に表現することは、決してなかった(19)。

南北戦争の勝敗は、この分裂傾向を、さらに強めただけだった。南部の昔ながらの宗教は、世俗のごたごたにいっそう不審の目を向けるようになり、このような姿勢を神学的に正当化するものとして、バプテスト派の厳格な政教分離の伝統を見出した。対照的に、北部のプロテスタンティズムは、千年王国の漸進的な実現と、キリスト教国アメリカの明白な宿命（マニフェスト・デスティニー）を信仰する、後（ポスト）千年王国説に、さらに深くコミットするようになった。しかし、第二の公認廃止がすみやかに進展するにつれて、北部の福音主義プロテスタンティズムの保守派は動揺し、都会的で工業的なアメリカへの信仰を失いはじめた。後（ポスト）千年王国説から前（プレ）千年王国説への転換、また社会改革から救済布教への転換は、チャールズ・グランディソン・フィニーからドワイト・L・ムーディーにいたる都会的な信仰復興運動に顕著であったが、この変容は、根本主義出現の条件を、もっともよく示している。[20]アンドリュー・ジャクソン大統領は、一八二九年、就任後の最初の演説において、次のような「信念」を述べた。

> 人間は、さらにいっそう、神性さをもった者になることができる。そしてその時人間は、性格においてもっと神に似た者になり、自分自身を支配することができるようになる。人民の声は神の声であると、われわれが真実喝采できるほど、民主主義が完全の域に達するまで、われわれはわれわれの人民を向上させ、われわれの諸制度を完全なものとしていこうではないか。[21]

フィニーの「完全主義(パーフェクショニズム)的」・信仰復興的な諸説教の出所と強調点は、これとは異なっていたかもしれないが、しかしフィニーも、一八三五年に、もしアメリカ人が「自分たちの義務を果たせば……千年王国は三年以内にやってくるかもしれない」と述べて、似たような後(ポスト)千年王国説的な楽観主義を示した。聖霊の助けがあれば、人間の努力は、「新たな天と新たな地の創造」への道を開くことができるであろう。前(プレ)千年王国説的なアドベンティスト派の創始者であり指導者であったウィリアム・ミラーは、ますます腐敗しつつある世界の終末は一八四三年にやってくるだろう、と予言した。それに対してフィニーは、信仰復興運動の成功は、「世界は悪くなりつつあるのではなく、良くなりつつある」ことの「証拠」である、と反駁した。[22]

中西部都市の信仰復興論者として、フィニーの偉大な後継者であったドワイト・L・ムーディーは、神学的省察には典型的な無関心を示し、十分証明された信仰復興運動の技術をさらにいっそう合理化し、都市の信仰復興運動にヴィクトリア朝の中産階級の品位を加え、独立した福音主義的な「帝国」組織の開拓者となった。しかし彼はまた、説教のなかで聖書の「無謬性」を説き、「キリストの再臨」と題する説教のなかの次のような有名な一節で、新たな来世的・前(プレ)千年王国説的な衝動に、模範的な表現を与えた。すなわち、「私はこの世は難破船であると考える。神は私にボートを与えて、「ムーディーよ、救うことのできる者をすべて救いなさい」と言われた」と。さらに彼は、後の説教で、「教会と現世との間には一本の線が引かれるべきであり、すべてのキリスト教徒は現世から両足を離すべきである」と付け加えている[23]。

　シカゴのイリノイ通り教会という有利な地点から都会的アメリカを見たムーディーの目に映るのは、もはや「丘の上の町」ではなく、ソドムであった。ジョージ・マーズデンはムーディーを「根本主義の祖」と呼んでいるが、それというのも、彼はムーディーのなかに、一九二〇年代の宗教的根本主義運動のなかに流れこむことになる、三つの主要な教義的構成物がすでに先取りされているのを、発見するからである。すなわち、ダービーの聖約期説〔聖書全体を七つの聖約期(ディスペンセーション)に分け、千年期を七番目の王国の聖約期に位置づける、字義直解的な説〕にもとづく前(プレ)千年王国説、ケズイックの聖潔の教え、「聖書のみ(ソラ・スクリプトゥラ)」

を強調するプリンストンの改革正統派、の三つである。[24]

プロテスタント根本主義は、世紀の変わり目に、「第二の公認廃止」に反対する、近代における反近代主義的な反応として出現した。すなわちそれは、出現しつつあったリベラルなプロテスタントの主流派教会から、福音主義が公認廃止となることに反対し、アメリカの教育からプロテスタンティズムが公認廃止となることに反対し、アメリカの公的生活からプロテスタント倫理が公認廃止となることに反対した。戦闘的な根本主義は、三つの前線において、すなわち、北部の福音主義デノミネーションの内部におけるリベラルで近代主義的な異端に対して、また公立学校における進化論の授業に対して、またアメリカ都市部における「酒とローマニズム」に対して、戦いを展開した。

ほとんどのプロテスタントにとって、聖書には誤りがないという信念は、伝統的で当然のこととみなされてきた。彼らはつねに、「信仰のみ(ソラ・フィデ)」というプロテスタントの中心教義の基盤として、聖書に信頼をおいてきた。しかし、教皇の「無謬説」がそうであったように、聖書の「無謬説」も、それが近代のさまざまな風潮や考えから挑戦された時はじめて、根本主義的なドグマへと転換した。とりわけ、「聖書の高等批判」という新たな方法が、反伝統的で反神学的なアメリカの福音主義プロテスタンティズムの基盤を掘り崩す脅威となった。高等批判は神学的営みの中心に「解釈学」を据え、それによって、正統的な改革派の中心教義である「聖書への回帰」の信仰と、福音主義プロテスタンティズムは本来の原始教会への信仰深い回帰であるという、ディサイプル派などに典型的な、歴史を欠いたナイーヴな幻想と、この二つに挑戦した。アメリカ・プロテスタンティズムは、原始と現代の中間の伝統を拒否することによって、教会の腐敗と複雑なスコラ的解釈でいっぱいの数世紀を、括弧に入れようとしてきたのである。(25)

福音主義的な「原始主義(プリミティヴィズム)」の背後には、学識ある教会博士に対する、ポピュリズム的・反知識人的・常識的な拒否と、論証された知識よりも経験的証拠を好む、ロマン的で敬虔主義的なプラグマティズムが認められる。しかし逆説的なことに、聖約期説にもとづく前(プレ)千年王国説を根本主義に組み入れることによって勝利をおさめたのは、正統的な伝統主義者でもなく、また聖書を文字どおりに読む常識的な人々でもなかった。むしろ、勝利をおさめたのは、聖書は(過去、現在、未来の)隠された意味と科学的・歴史的事実に満ちたテキストであり、その啓示は「千年王国的な計算」の手ほどきを受けた普通人に公開されていると理解する、秘教的ではあるものの通俗的な解釈をする、比較的新しい一派であった。やがて、根本主義が、主流派のリベラルなプロテスタンティズムからも、保守的な福音主義という広大な世界からも分離して、教派的なサブカルチャーになった後は、根本主義のもっとも見えやすい目印になったのは、信仰の「根本原理(ファンダメンタルズ)」ではなく——それらは保守的プロテスタントのほとんどが共有していた——、聖約期説であった。(26)

しかし一九二〇年代において、リベラルな近代主義的異端に対して、前(プレ)千年王国論者と正統主義的な改革派の神学者とが合同して、根本主義の戦線を張ることができたのは、「聖書のみ」という原則の擁護をめぐってのことであった。あれこれの特定の「根本原理」は、むしろ便宜的に選ばれたものであり、はるかに重要なのは、なんらかの「根本主義的」主張を宣言し、立ち入り禁止の境界を宣言する、という事実のほうであった。パンフレット『ファンダメンタルズ』(一九一〇—一五年)の出版は、近代主義的異端に対する教皇の非難(一九〇七年)と、同じ目的をもっていた。保守的な神学者たちは、自分たちのなかのリベラルな同僚の、近代の世俗的世界に適応しようとする近代主義的な衝動を、押し止めようとした。もっとも、リベラルな近代主義神学のほうに言わせれば、彼らが忠実に行っているのは、キリスト教の永遠の普遍的真実を、歴史的に変化していく特定の形態のなかにつねに新たに具体化する、という歴史主義者の課題である、ということになるだろう。[27]教皇のような位階制の権威を欠き、また教義を強制する手段もなかったので、一二冊のパンフレット出版は、教皇の宣言ほどの影響力は、もつことができなかった。宗教界と世俗の知識階級の大部分はこれを無視したが、三〇〇万部のパンフレット無料配布は、やがて出現してくる運動に、根本主義(ファンダメンタリズム)という名前と、通信基盤を与えた。一九二〇年代の神学的な「根本主義論争」は、そもそもの初めは、主な都会(ニューヨーク、フィラデルフィア、シカゴ)を中心として、北部の長老派とバプテスト派のデノミネーション内部で起こった。[28]したがって、それは田舎と都会の争いでもなく、南部アメリカと北部アメリカとの争いでもなく、リチャード・ニーバーが「キリストと文化」の関係と呼んだものをめぐって起こった、都会的な北部プロテスタンティズム内部の争いであった[29]。神学的な討論の根には、アメリカのプロテスタンティズムは、近代的で都会的で世俗的なアメリカから公認廃止されることを、進んで受容し採用すべきか、あるいはむしろそれを拒絶し反対すべきか、という基本的な問題が横たわっていた。マーズデンは、いかなる観念的あるいは物質的理由からであれ、近代的なアメリカにもはや安息を覚えることができない福音主義者たちにとって、「場を追われた経験は、とりわけ深刻な心の傷になった」ことを示した[30]。

しかし、根本主義のリーダーたちは、自ら進んで宗教的および文化的ゲットーに引きこもる前に、進化論をめぐる論争を、プロテスタントの超自然主義的な信念と、近代の自然主義的な科学との直接対決へ転換することによって、進化論に反対する広範な民衆感情を、根本主義の旗印のもとに動員しようとした。根本主義と進化論の論争は、本来は別々のものだった。マーズデンによれば、戦闘的な前千年王国論者とは、反進化論の十字軍に熱心に応じて、それを根本主義運動の拡大のために利用しようとする者たちであった。彼らは、ウィリアム・J・ブライアンのなかに、聖書や普通のプロテスタント・アメリカ人の民衆的信仰（「時代の礎」）を、ダーウィンや神無き知識人たちの怠惰な思索（「石ころの時代」）と戦わせる、ポピュリズム十字軍の熱心なリーダーの姿を見出した。彼らはまた、アメリカの南部や田舎や小さな町に、公立学校における進化論教授を禁止する十字軍へと、容易に動員しうる選挙民がいるのを見出した。

進化論と近代科学を裁判にかける企ては、最終的にはうまくいかなかった。根本主義運動は、いくつかの南部の州と境界州において、反進化論的な法律を通すことはできた。テネシー州においては、スコープス裁判〔一九二五年、高校教師J・スコープスの進化論の授業をめぐって、テネシー州デイトンにおいて行われた裁判。「モンキー裁判」ともいう〕に勝利することができた。しかしそれは結局、より広範囲の公衆を失い、より大きな戦闘には敗北した。マーズデンは「この裁判の勝敗を、世論や出版物も含めて見ると、二〇世紀や都市や大学が赫々(かっかく)たる勝利を得たこと、また田舎や南部や根本主義者が告発どおり有罪であったことは明らかだった」と述べている[31]。裁判の後、根本主義運動が挫折し、いったん公衆の面前から消えてしまうと、ほとんどの知識人は、それはもう歴史のごみ捨て場に放りこまれたものとみなした。直接の起源をプリンストンまでたどることができる神学、マキン・J・グレシャムのように著名なスポークスマンたちをもっている神学が、今やレッドネック〔首筋が赤く日焼けした南部の貧しい労働者〕やヒルビリー〔南部未開地の山男〕、H・L・メンケンのいう「高地の谷間の大口を開けた霊長類[32]」たちと提携するようになった。根本主義は、ペンテコステ派やその他の福音主義セクトとともに、相続すべき財産のない者たちの宗教になった[33]。

根本主義者が不信任を被ったことは、彼らの宗教的敵対者の公的信用を高めるのに役立った。リベラルなプロテスタントとその諸教会が、今や「主流派（メイン・ライン）」となった[34]。しかし何にもまして、その不信任は、リベラルな知識人がもっている世俗的先入観を確認するのに役立った。多くの知識人にとっては、根本主義だけでなく、キリスト教や宗教もまた、テネシー州デイトンで裁判にかけられたのであり、そこで同じ穴の貉（むじな）として有罪であることが明らかになったのである。メンケンはキリスト教世界を定義して、「誰かが公衆の面前で立ち上がって、自分はキリスト教徒だと真面目に宣誓すれば、それを聞いていた人が皆笑うであろう、そのような世界の一領域である」と述べた[35]。「モンキー裁判」は、第一次世界大戦の余波のなかで、プロテスタントのリーダーたちには苦痛ながらすでに明らかとなっていた現実を、公開の場にもち出した。各教派が協力したキャンペーンが失敗したことは、「無垢の喪失」と「プロテスタント国アメリカにとっての真理の瞬間」を印すものとなった[36]。福音主義プロテスタンティズムは、アメリカ社会の公的な市民宗教ではなくなってしまった。

このことをもっともよく示すものは、おそらく、プロテスタンティズムが、大恐慌への応答に失敗したことである。何の公的発言もなされず、宗教の復興もなかった。経済といっしょに、宗教も自らの「不況」を経験しつつあった[37]。戦後、宗教と経済のどちらも、典型的な周期的復興を経験し、アメリカ人民の「キリスト教化」が速やかにそれにつづいたが、しかしキリスト教の性格そのものが変わってしまっていた。宗教はますます私事化されたものになり、プロテスタンティズムは単に、もう一つのデノミネーションになってしまった。プロテスタント教会も他のデノミネーションも、依然として公的領域に入ることはできたし、実際、また入った。しかしそれらはもはや、そこで公認されたものではなかった。それらは互いに競合するばかりでなく、さらに重要なことに、世俗のライバルとも競合しなければならなかった。「メソジストの時代」と「プロテスタントの時代」は、終わってしまった[38]。

しかし、この時代に由来する一つの要素は、プロテスタンティズムが人々の認識の領域からも世論からも公認廃止された後も、さらに数十年生き延びた。プロテスタンティズムから受け継いだもっとも慕わしくて永続的な財産であるプロテスタント倫理は、公共道徳やアメリカン・ウェイ・オブ・ライフ、そして――これも付け加えることができるだろうが――「アメリカ的な自己」を支配しつづけた[39]。福音主義プロテスタンティズムは、カルヴィニズム的な思想を民主化しただけでなく、そのセルフ・コントロールの文化、勤勉さ、そして娯楽の放棄をもまた民主化した。「節制」という、諸徳のなかでももっとも古く、「食欲や情欲の楽しみにおける習慣的な節度」と定義される徳は、賢明・正義・勇気とともに、つねにクリスチャンの四つの「主徳」の一つであった。ピューリタンの禁欲主義は、それを主徳そのものとしたのである。

ニューイングランドの連邦主義の聖職者は、排外主義的なキャンペーンの一部として、コネチカット悪徳抑制善行促進協会とか、マサチューセッツ不節制抑制協会などの名称をもった「慈善的」協会を、好んで設立した。やがてこれらの諸協会は、デノミネーションの枠を超えた国民的なものとなった[40]。ジョゼフ・ガスフィールドが禁酒運動のなかに確認したパターンが、他の単一問題集中運動（シングル・イシュー）に、再び表われている[41]。「普通の人間（コモン・マン）」をキリスト教化し、洗練するという伝道の一環として、ニューイングランドの聖職者は、飲酒の節度を促進するための、アメリカ節制協会（一八二六年）を設立していたが、福音主義の信仰復興運動は、この衝動を急進化して、それを内的セルフ・コントロールという禁欲主義的運動に転じた。節制は完全な禁欲に転じ、福音主義的なキリスト教徒の道徳を示す印となった。すべての肉の罪のうちで、またすべての道徳的悪徳のうちで、不節制が、生まれ変われない人や「他者」の、いちばん目に見えやすい印になった。また、ピューリタンの安息日の神聖を汚すことほど大きな悪行は、ほかになかった。カトリック信者とユダヤ教徒が「他者」のカテゴリーに入るだろうことは、予想されたとおりだったとしても、しかし勤勉なルター派のドイツ人ですら、彼らがビールと日曜日のお祝いの楽しみをつづけるかぎりは、福音主義キリスト教の一員として、受け入れられなかった。

生まれ変われない者に、生き方を改めさせようとした節制運動は、外からの頑迷な抵抗に直面して、「禁酒法」へと転じ、飲酒という不道徳な行いを、法令によって強制的に禁止しようとした。禁酒法は、アメリカン・ウェイ・オブ・ライフを守るために、宗教的な者と世俗的な者、保守的な者と進歩的な者、根本主義者と近代主義者、地方的プロテスタントと都会的プロテスタントを、すべて動員しえた、最後の汎プロテスタント十字軍であった。地位喪失の恐れというよりは、公認廃止とへゲモニー喪失の恐れによって、この十字軍は象徴的なものになった。一九二八年の大統領選挙戦で、カトリック「典礼派」と民主党の連合に対抗して、プロテスタント敬虔派と共和党が連合して大勝利を得たのが、歴史上最後のこととなった[42]。

ニューディール政策は、移民と民主党の連合を強化した。しかしその政策はまた、逆説的だが、憲法修正第一八条〔禁酒法〕の廃止にもかかわらず、少なくとも一時的に、プロテスタント倫理を強化した。福祉国家、第二次世界大戦、そして第二次世界大戦後のにわか景気が、非プロテスタントの移民人口を、すみやかに「アメリカン・ウェイ・オブ・ライフ」へ同質化することができた。ウィル・ハーバーグが指摘したように、一九五〇年代の半ばまでには、プロテスタント・カトリック・ユダヤは、アメリカの新たな市民宗教の三つのデノミネーション的形態になっていた。そして、それらの道徳の核心にはプロテスタント倫理があり、教義の核心には、アメリカの千年王国的役割への信仰があった。ジョン・F・ケネディというカトリックの大統領が選ばれて行った就任演説は、この命題を確認するものとみなされた[43]。しかし、新たな国民的合意の祝賀は、あまり長続きしなかった。

福祉国家と消費者資本主義は、プロテスタント倫理を、取り返しのつかなくなるまで掘り崩す「文化的矛盾」を養うことになった。[44] 一九六〇年代の半ばまでには、「第三の公認廃止」、つまり、アメリカン・ウェイ・オブ・ライフにおけるプロテスタンティズムの公認廃止が進行中であることを示す、おびただしい指標がでていた。これ以後、「アメリカン・ウェイ・オブ・ライフ」は、生き方(ウェイ・オブ・ライフ)の多様性によって、また道徳的デノミネーショナリズムとでも呼ぶことのできるものによって、特徴づけられることになる。プロテスタント倫理の公認廃止は、公共道徳の世俗化をもたらし、生活の規範と形態の多元主義的なシステムをもたらした。最初の公認廃止から第三の公認廃止までをみると、憲法修正第一条の解釈が、「信教上の自由な実践」の憲法上の保護から、研究、思想、言論の自由へ、さらには行為の自由へと、次第に拡張されてきたことがわかる。

第三の公認廃止――生活世界の世俗化とプロテスタント根本主義の第二の動員

それが、ジャーナリズムや社会科学のなかにおびただしい論評を引き起こしてきたことを考えると、プロテスタント根本主義は「二〇世紀の最後の四半世紀において、アメリカの主要な社会運動になる運命にある」とするジェフリー・K・ハデンの主張にも、たしかに同意できるものがある。しかしその反対の主張も、軽く見るべきではない。つまり、新キリスト教右翼は本当に新しいのかどうかを疑う人たちの主張、あるいは——もしマスメディアのまったくの作り話でなければ——、新キリスト教右翼が現実にもしくは潜在的にもっている強さと重要性は、敵によってばかりでなく味方によってもひどく害われている、と示唆する人たちの主張である。[45]

社会運動の研究のためのさまざまな理論的・分析的モデルの内、「資源動員」というパースペクティヴは、これらの一見矛盾する主張をもっともよく調停することができるものであり、また、プロテスタント根本主義の基盤をなす人的資源が、いかに迅速かつ予想外にまったく一人立ちした社会運動へと組織されえたかを、もっともよく説明できるものである。[46] 要約して記述すれば、次のようになるだろう。つまり、世紀の変わり目に、北部プロテスタンティズムの、デノミネーションの枠を超えた信仰復興論者を組織するネットワーク内の運動として始まったものは、やがて、いくつかのデノミネーションの組織を接収しようとする官僚的な謀反へと変わった。しかし彼らは、ハリー・E・フォズディックの「根本主義者に勝たせるのか?」という説教で化けの皮をはがれてクーデターに失敗し、近代主義者との対決に破れ、自らあるいは強いられてデノミネーションを脱退していった。このようにして、根本主義者の「長い行進」が始まった。

いくつかの根本主義セクトは、都会的でリベラルなプロテスタンティズムに包囲されながらも、海に浮かぶ島々のようになって生き残った。それらのほとんどは、田舎や南部地域に引きこもってそこで独自の分離主義的な群島をつくるか、あるいは保守的な福音主義プロテスタンティズムの海のなかを、ほとんど正体を気づかれることなく泳ぐことができた。リーダーたちは、聖書会議、聖書学校や聖書研究所、聖書出版社、福音主義帝国などのネットワークを拡張する仕事に専心した。カール・マッキンタイアやビリー・ジェイムズ・ハーギスといった何人かの火つけ役が、冷戦の政治世界に乗り出したが、一般信者はほとんど彼らについていかなかった。福音派の企業家の多くは、家庭での魂の救いと外国伝道団の設立といった、昔ながらの事業に専心しながら、キリストの再臨を待っていた。背教的福音主義や現世からの頻繁な分裂と厳格な分離状態は、製品差異化戦略とマーケティング技術として、うまくいった。根本主義者たちは厳格な純理論家ではあったが、司牧上のプラグマティズムという古くからの福音主義の伝統を継承していた。彼らはつねに、信仰復興の技術の刷新と絶えざる合理化をめざしていたため、テレビ伝道の可能性を認めてそれを開発したのも、もっとも早いグループに属していた。間もなく彼らは、宗教放送を事実上独占するに至り、基金設立の最新技術の専門家になった。一世紀前のカトリックの場合がそうであったように、はじめキリスト教学校の設立は、彼らの大嫌いな世俗的ヒューマニズムに対抗する防衛的な反応のように見えていたが、やがてそれは大当たりの事業に変わった。会衆的で、教育的で、娯楽的な福音主義の生活世界は、次第に自給自足的で自己再生産的になった。実際、宗教産業の他の諸部門が、長期低落傾向にあるように見えるのに対して、福音派の部門、とりわけその根本主義派は、たゆまぬ成長を経験しつづけた。[47]

一九七〇年代の半ばまでに、景気は急によくなってきた。長い断絶のあと、再び合衆国に福音派の大統領が生まれ、一九七六年は「福音派の年」になった。カトリック教会の妊娠中絶反対(ライト・トゥ・ライフ)運動の組織に刺激されて、新右翼から出た出版企業家と専門のオーガナイザーたち(ポール・ウェイリックやリチャード・ヴィグエリーやハワード・フィリップス)は、今こそ、デノミネーションの枠を超えた宗教的右翼を動員して念願の保守主義革命を実行し、再び関係者の大連合を成し遂げる絶好の機会がきた、と見た。[48] これらの者たちは、動こうとしない「善意の選挙民」とその基盤をなす未開発の人材を新会員に取り込むために、諸問題や道徳的関心にいろいろ手をつけてみる一方、自分の得意な点に専心した。ポール・ウェイリックが、「組織がわれわれの本領(バッグ)である。われわれは組織のことのみを説教し教諭する」と述べたとおりである。[49] 彼らは、エドワード・マッカーティアとロバート・ビリングズの仲介で、根本主義の世界に近づくことができた。間もなく、福音伝道家が彼らの最良の生徒になった。

一九七九年までには、新キリスト教右翼の社会運動組織(SMOs)のうち、鍵となる三つ(モラル・マジョリティ、クリスチャン・ボイス、そしてレリジャス・ラウンドテーブル)が、定位置に座を占めていた。一九七九年六月に、ジェリー・ファルウェルがモラル・マジョリティの会長と創立者に選出されたことが、この冒険的事業全体の鍵であった。モラル・マジョリティは一カ月以内に、計画された初年度予算の三分の一にあたる一〇〇万ドルを集めた。六カ月後、世論調査によれば、アメリカ人の四〇%、南部と南西部では八〇%近くが、モラル・マジョリティのことを耳にしたことがあった。もっともそのほとんどは、聞いた内容を好まなかったが。一年以内には、組織は七万人の牧師を含む三〇万の会員がいる、と主張した。一九八〇年とその後の選挙における新キリスト教右翼の影響については、いまだに議論がつづいている。しかしその運動は明らかに、リーダーの何人かが主張するように、レーガン革命を指揮したとはいえないにしても、少なくともその尻馬には乗っていたのである。レーガンがホワイトハウスを去る一年前の一九八七年、ファルウェルは自分の全時間を、当時収入が減少していた福音の複合企業の管理経営にあてるため、政治を放棄した。しかしファルウェルが政治を去ったことは、分析家たちがあらかじめ気づいていた運動の衰退と失墜を早めたにすぎなかった。

資源動員というパースペクティヴは、諸運動がいかにして組織され、成長し、衰微するかということに関して、もっともらしい記事を提供できる一方、このパースペクティヴ、とくにその「組織上の支流」というパースペクティヴは、人々がなぜ最初にある運動をはじめようと望むのか、その理由を説明するのには、あまり役立たない[50]。人々を集団的行動へと動かした不平の原因と動機、権力への意志、認知され受け入れられたいという要求

――これらのことを、その理論は定数（コンスタント）とみなし、そしてそれらは定数として、当然のこととみなされるのである。さらにそれらは、もし不足の場合は上のほうから容易に作り出すことができる。人々が組織されずにいるのは、周囲の好条件の欠落、資源の乏しさ、組織化に関する技術の不足によることは、まったく明らかである。これより古い諸理論が、原因として不平や相対的剝脱を強調していたこと、また社会運動の発生をそれらの原因で説明できると信じていたことに対して、資源動員というパースペクティヴは過剰に反応してそれらを無視するか、あるいは単に組織されるべく待機している資源とみなすことを好んでいる。

しかしこの理論に関して、根本主義的な分離主義者たちは、興味深い困惑を見せている。組織化に関する技術を間違いなく身につけ、多くの資源を福音主義的事業へと先導してきている人々が、なぜ動員競争から離れたところに止まろうとするのだろうか、という困惑である。根本主義者たちは五〇年の間、ストライキのための恰好の瞬間を待ちながら、忍耐強く基盤を構築していたのだとでもいえば、どうにかうまく論じたように見える。加えるに、テレビ伝道家がどこかで新たな事業の機会を探さねばならなくなるほど、古い事業の利益率が落ちてきたという証拠もあまりないし、あるいは逆に、事業の成功が彼らに事業をさらに拡張し多様化するよう勇気づけた、という証拠もあまり見られない。厳密な分離という、根本主義のうちのもっとも根本にある原則を破れば、その人は背教と妥協の罪で告発されたであろう。きわめて競争のはげしいテレビ伝道の市場においては、そのような告発によって、最大の資力をもった事業すら、破産させることができたのである。

組織化がいったん決意されると、決定的に重要になるのは、外部の社会運動の専門熟練者の役割である。しかしまず最初に、決意そのもの、「精神（マインド）と心情（ハート）の変化」が説明されねばならない。共和党の政治的企業家が、少なくともアイゼンハワー大統領の任期以来、福音派の「善意の選挙民」に気づいていた、というのは本当である。しかし、動員にかかるコストと政治的リスクは、きわめて高くつくように思われていた。福音派の人々は、頑固な独立心によって知られているとおり、超然として、自分のすべきことをすることを好み、さらに悪いことには、熱烈すぎて扱いが難しかった。彼らの「迷信性」と「狂信性」は、二大政党制のなかでは、容易に政治的に不利な事態になりえた。一九七六年、ジェリー・ファルウェル、この非の打ち所がない根本主義者の資格をもつ成功した生え抜きのテレビ伝道家が、国中の州会議事堂の前で、「私はアメリカを愛する」という連続集会を催しはじめた時、新右翼の政治的企業家たちは、宗教的右翼のなかに、ともにビジネスの話ができる人物をようやく見出した。ファルウェルは、この運動の鍵をにぎる人物となった。[51]

ただし、あまり重要ではない問題が、一つだけあった。ファルウェルは一九六五年に、なぜ根本主義者は政治に巻き込まれなかったかの理由を、次のように、断固たる口調で言明していた。

われわれはこの地上にほとんどつながりをもたない。われわれは市民の義務として税金を払い、投票し、国の諸法に従い、その他、われわれが住む社会から要求される諸事に従う。しかしそれと同時にわれわれは、この地上におけるわれわれの目的は、キリストを知りかつ知らしむることであると承知している。……私がそうしているように聖書を信じれば、イエス・キリストの純粋な救いの福音を説教することをやめて、なにか他のこと――共産主義と戦ったり公民権の改良に参加したりすることも含めて――をはじめることなど、不可能であることがわかるだろう。(52)

この発言が、根本主義者たちが数十年もの間言ったりしたりしてきたことと、まったく一貫しているという事実がなかったならば、そのようなおしゃべりは黒人聖職者の活動家に対する南部の白人バプテストによる便利な修辞的批判であるとして、軽く聞き流されることも多分ありえただろう。しかもそれは、福音伝道家仲間のマーティン・ルーサー・キング・ジュニアだけでなく、根本主義者仲間のカール・マッキンタイアまで告発する役目を果たしたのである。しかし事実は次のとおりであった。すなわち、一〇年後ファルウェルが公的な生活に入った時、彼は、マーティン・ルーサー・キングが正しかったこと、自分の精神は変わったこと、聖書の無謬性という彼の初期の解釈は誤りだったこと、自分は結局この地上にいくつかのつながりをもっていること、また外においては共産主義と戦う運動を組織し、内においてはフェミニズムとゲイの権利改善と戦う運動を組織することを命じるキリスト教的道徳をもっていること、などを認めざるをえなかった。

政治的企業家としては、当然、ファルウェルの良心の呵責などに、過度の関心をもつにはおよばなかった。彼らはただ、ファルウェルが正気に戻り、彼らの味方になったという事実を、歓迎することができた。組織に関する彼らのパースペクティヴからすれば、彼らはただ三つの事柄を心配すればよかった。まずファルウェルが、福音伝道の全エネルギーを新たな任務に注ぎ込むことができるためには、自らの評価や新たなアイデンティティに快適さを感じる必要があった。次にファルウェルは、兵のいない将軍にならないようにしようとすれば、同じ回心のプロセスを経験した根本主義者仲間を見つけるか、あるいは根本主義の選挙民に、以前はまちがった方向に導いたけれども、今度は彼らに自分を信じさせ、同じような精神の変化を経験させ、新たなアイデンティティを作り出し、そして自分についてくるよう、確信させることが必要であった。そして三つめに、まだ回心していない根本主義者仲間の後方部隊からの攻撃を制圧することが必要であった。そうしなければ、彼らはファルウェルの軍隊に陣営を移るよう熱弁をふるったうえで、ファルウェルを裏切りのかどで告発するに違いなかったからである。(53)

資源動員理論は、専門のオーガナイザー――彼らはもともと結果に関心をもっており、何が人々を行動にかりたてるかはあまり考慮しない――というパースペクティヴを採用するのを良しとしないならば、ファルウェルの「精神と心情の変化」をどう処理するかを、はっきりさせねばなるまい[54]。根本主義的な分離主義者は、興味深い問題を提起しているが、それは彼らが単なる「只乗り」でも徴兵忌避者でもないからである。彼らは良心的な反対者である。さらに、根本主義の諸教会は、公民権運動の場合よりもかなり明らかに、オーガナイザーによって利用されるような、単なる下部構造的な供給源ではなかった。諸教会とそれらの「善意の選挙民」そのものが、運動であった。

ファルウェルの回心と彼の仲間の回心を前にして、次の三つの内一つの態度をとることができる。まず、主観的な動機のすべてを、無関係な「前置き（プレ・テキスト）」として無視すること。次に、行為者には隠されているが科学的観察者には知られる、なんらかの「現実」の動機や構造的な外部の力に、原因を帰すること。最後に、状況に関する当の行為者の定義を重大に受けとめること、である。これら三つの代替可能な選択肢の内、ある人がどれを選ぶかは、かなりの程度、人々がどうふるまうかに関する彼の予断によって、また社会科学の課題や性質に関する神話的な前提条件によって、また現在の暗黙の諸理論によって、決定されるだろうと私は思う。

三つめの選択肢を好む人にとっては、ジェリー・ファルウェルが彼自身について、彼の動機について、彼の目標について、そして彼が棹（さお）さす根本主義の伝統について、二つの意見を公刊しているので、解釈の仕事はより簡単になる。そのテキストの一つ『根本主義的な現象』（一九八一年）は、主に部外者のための、根本主義者の自画像である。そこには根本主義の起源、歴史、系譜、信条、習慣、主張、目的などが書かれている。[55] もう一つのテキスト、『聞け、アメリカよ！』（一九八〇年）は、モラル・マジョリティの創始者としての宣言書（マニフェスト）である。[56] すべて宣言書というものがそうであるように、この出版物のもつ特別な感触は、その戦略性から出ている。それは、潜在的な支持者に対する動員の呼びかけであると同時に、潜在的な敵に対する公的な警告である。一般に、いかなる宣言書にも、なんらかの欺瞞の要素が組み込まれているだろうが、もしそれが効果的であろうとするならば、私的人格と公的人格との間のギャップ、著者の本当の信条、世界観と、仲間や敵に向けて発せられる公的メッセージとの間のギャップは、あまり広すぎてはならない。『聞け、アメリカよ！』は、ジェリー・ファルウェルの世界観、不平、動機、意図、そして目標を、率直に提示したもので、彼が組織し率いた運動の核の一つと考えてよいものである。[57] この本は、三つの異なった部分に分かれている。第Ⅰ部と第Ⅱ部は、分量的にはほぼ等しく、本の大部分（九〇％）を成しており、おおむね一般公衆向けに書かれている。第Ⅲ部「アメリカにおける優先すべきものの復興」は、主に福音主義キリスト教の仲間向けに書かれている。

　第Ⅰ部「自由――われわれはそれを守るだろうか？」は、米国共和党の旧右翼の標準的な宣言書の一種であり、政府が経済にあまり介入しないこと、税金の減額、防衛予算の増額、政府の機能の州や地方行政府への委譲、供給側（サプライ）重視の経済、教育から福祉、犯罪、失業まで、社会の公共の要求や社会問題を扱うに際して、個人の積極的参加をより大きくすること、などを提唱している。そのメッセージは聞き慣れないものではなく、無制限な政府の支出、インフレの放置、共産主義に対する防衛姿勢の弱化が、かつてないほどアメリカの自由を脅かしている、というものである。一九八〇年代は、「運命の十年間」として描かれている。国の破局の脅威は差し迫っているが、しかし「アメリカを方向転換させる」ためにはまだ時間がある、というのである。その本文には、ミルトン・フリードマン、ウィリアム・サイモン、マーガレット・サッチャー、エドモンド・バーク、ベンジャミン・フランクリン、ヘンリー・キッシンジャー、退役将軍、箴言（しんげん）その他の聖書本文、『リーダーズ・ダイジェスト』、『USニューズ・アンド・ワールド・レポート』、からの引用がちりばめられている。それは、標準的で歴史的な、ピューリタン的でキリスト教的で共和主義的なアメリカ、「神の下の国」の再構築と、「自由な世界」のリーダーとしてのアメリカの千年王国的役割とを告げている。この本の最初の部分には、新キリスト教右翼の出現を理解する助けになるものは、あまり見られない。しかしそれは、新キリスト教右翼がなぜレーガン革命に参加しようとしたのか、その理由を説明するのには役立つ。

第Ⅱ部「道徳——決定的因子」は、新キリスト教右翼の宣言書と見ることができる。一方では、その本文の構造は、典型的に福音主義的である。信仰復興論者は、嘆き（ジェレマイアド）——ヘブライの預言者から相続され、ピューリタンによって芸術的な形へと変えられ、のちにはアメリカの公的言説の標準的な修辞の形態になった文体――の実践家として、つねに申し分がなかった。[58] 実際、悲嘆(グリーヴァンス)は、根本主義的世界観のなかに組み込まれている。根本主義者にむかって、状況はいかに悪いか教えるには及ばない。人間性の堕落、修復不可能なほど破られた契約、神に見捨てられバビロンとなったアメリカ国家、キリスト再臨までの聖約期にあって贖(あがな)いようもないこの世界――これらが、分離主義的な根本主義の存在理由そのものなのである。彼らの分離した生存にとって、衝撃的で脅威的ですらあるのは、彼らの身内の説教者の一人が自分たちにむかって、次のように述べるのを耳にすることである。すなわち、根本主義者は嘆かわしい事態に関して何かできるし、またすべきであるとか、国民の信仰復興のための時間はまだあるとか、そしてとくに、たとえ背教者であれカトリック教徒であれ非キリスト教徒であれ、事態を修復してアメリカを救うために他のアメリカ人と手をにぎることができるかとか、そういう発言である。

そのような嘆きは――サブテキストとしては間違いなく役立つが――おそらく人々を行動にまでは動かさないであろうし、ましてや根本主義者は動かせないだろう。しかしファルウェルの説教は、単なる標準的な福音主義の説教ではない。ファルウェルが示そうとしているのは、なにか根源的に新しいことが起こったということ、新たな歴史的展開が、罪深いのも当然とみなされた外部世界を変えつつあること、これらの外的な力は分離した根本主義者の生活世界を侵食しつつあること、したがって、根本主義者とかつての物言わぬ多数派――彼らは伝統的世界が擁護され回復されるのを見たいと思うだろう――は、手遅れにならないうちに、この歴史的傾向を反転させるため合同で行動すべきこと、などである。

この本文の形式と口調は、デュルケーム社会学の保守的な読み物から情報を得ている生え抜きの公共道徳論者のそれと、あまり異なっていない。彼らは、全国の新聞から集めてきた経験的データを何ページも積み重ねているが、そこでは自殺、犯罪、麻薬濫用、離婚、十代の妊娠、妊娠中絶などの増加率が示され、社会が耐えがたいアノミーつまり無規範のレベルに達し、社会分裂のレベルに達していることが証明されている。それぞれの小見出しは、この運動の主な「関心事」を示している。つまり、家庭、子供の権利、フェミニズム運動、妊娠中絶反対(ライト・トゥ・ライフ)、同性愛、テレビ、ポルノグラフィ、教育、ロック音楽、麻薬、アルコール、などである。これらの小見出しのもとで聞かれる「悲嘆」は、どれも同じ構造をもっている。

1　まず彼らは、脅威となる変化の起源にさかのぼることができるような、具体的事件や特殊な時点を、次のように指定する。

過去二〇年の間に、(家庭の構造に)恐ろしい変化が起こっている(一一二頁)。

過去二〇年の間、心理学者は両親に、子供のお尻をたたかないようにと言ってきた(一四〇頁)。

ERA（男女平等権修正条項）は、われわれの社会構造全体の基礎に打撃を与えた……ERAは一九七二年三月二二日の会議から出てきた（一五一頁、一五四頁）。

専門家の見積もりによれば、一九七三年一月二二日以来、五〇〇万から六〇〇万の胎児が殺されている。この日付は、合衆国連邦最高裁判所が、ロー対ウェード判決として知られる決定において、女性が妊娠三カ月以内の間、必要に応じて中絶する権利を認めた日である（一六五頁）。

それほど遠くない過去において「同性愛」という言葉は、人間の淫らな行為の骨頂を表わすものだった……今日ではこれはもはや正しくない（一八一頁）。

一九五五年頃、『プレイボーイ』誌がセックスをアメリカのドラッグストアにもち込んだ……今日『プレイボーイ』の競合誌は約百誌ある。一九六九年は分水嶺の年である。なぜなら裁判所がポルノを解禁したからであり……かつての地下文学が、地表に出てきはじめた（一九九頁）。

約三〇年前までは……キリスト教教育と聖書の教訓が、まだ公立学校のカリキュラムに浸透していた（二〇五頁）。

麻薬の常用は、かつては裏通り、空き地、都心部のスラムにかぎって行われていた。ところが今日では、名望ある実業家の豪華な事務所から中学校のグラウンドまで、何百万というアメリカ人が麻薬をやっている（二三二頁）。

2　次には、その犯人が特定される。それはいつでも、組織された少数派（世俗的ヒューマニスト、フェミニスト、ゲイ権利活動家など）であるか、あるいは連邦政府のなんらかの部署（最高裁判所、議会、国税庁）であった。ほとんどのアメリカ人は、家族が神聖な制度であるという考えに深くコミットしたままである。この国のたった一つの少数派集団が、大多数にとって大事なものを、破壊しようとしている（一二二頁）。フェミニストは、自己満足が家族よりもっと大事だと言っている……女性解放運動の基盤で核になっているのは、女性のうちの少数派である（一二四頁、一五〇頁）。「公民権」あるいは「人権……」の旗印のもと、合法的な少数派として受け入れられることを要求して、戦闘的な同性愛者たちが行進する（一八三頁）。わが国の政府は、伝統的なアメリカの家族の在り方とは正反対――と私には感じられる――の法律を、制定しようとしている（一三〇頁）。子供たちの最初の教育者としての家族の役割に打撃を与えているのは、わが国の政府である。国税庁は今、私立学校と公立学校を支配しようとしている。教育省は伝統的な道徳概念を追放するため、教科書の再起草にとりかかっている。裁判所の決定はほとんど、宗教を世俗的ヒューマニズムで置き換えるよう、命じている（一三一頁）。祈りや聖書朗読は、合衆国連邦最高裁判所によって、教室から取り去られてしまった。

わが国の公立学校は今や世俗的ヒューマニズムに浸透されている（二〇五頁）。

3　次に、ファルウェルの著書は、これらの組織的攻撃の歴史的な結果と成り行きを、次のように指摘している。つまり、一方では相対主義、「寛大な社会」の出現、明瞭な道徳的基準の放棄、その代わりとなるライフスタイルの増殖など、他方では連邦官僚制によって伝統的な生活世界が浸透されること、である。

われわれは、何事も絶対的に正しくないし絶対的に間違ってもいないという、不道徳な社会へ向けて、急速に動いている。われわれの絶対的なものは、消え去りつつある（一一七頁）。

性的な乱交が、アメリカ人のライフスタイルになってきた（一二三頁）。

同性愛者を「正常」と考えようとする、法制化の運動がある。同性愛は今や、これまでのライフスタイルに代わるものとして提示されている（一八一頁）。

家族向けの（テレビ）番組はしばしば、離婚を自然な代替策として受け入れるよう、そして問題のあるライフスタイルを受け入れるよう、告げている（一八九頁）。

われわれは、異常なものを正常なものとして受け入れることに同意した……いつでも手に入るポルノグラフィは、子供たちに、これは受け入れられるものだと、潜在意識的に告げているのである……裁判所は共同体を導く方法すら処方しようとしない……陪審は猥褻の基準については合意できないと決定した（二〇〇―二〇二頁）。

学生たちは、なにも絶対的なものはないのだ、君たちは自分自身の価値システムを開発すべきだ、と告げられる。世俗的ヒューマニストは……道徳的価値は相対的で、倫理は状況依存的である、と信じている（二〇六頁）。

子供たちは教えられる……伝統的な家庭は一つの可能な在り方である。同性愛もう一つの可能な在り方である。礼儀作法は相対的である、と（二一〇頁）。

家庭内暴力防止援助法によって、夫婦間の出来事に、連邦官僚の支配が介入するようになりかねない（一三一頁）。

子供は家族や両親とは独立の権利をもっているなどという、子供を解放するような哲学を具体化する公的政策や裁判所の決定を、われわれは拒絶する（一三五頁）。

男女平等権修正条項の第二節は、国家が現にもっている広大な権力を、連邦化することを意味しかねない（一五七頁）。

キリスト教徒の両親は、自分たちの子供を公教育のシステムから離して、キリスト教学校で教育しはじめる必要があると気がついた……キリスト教はただ子供たちを、相応しいと思う方法で教育したいだけである。近ごろ、国税庁はキリスト教学校を攻撃してきている（二一八―二二一頁）。

4　最後に本文は、運動の目標が何であるかを次のように言明する。

(a)妊娠中絶反対（プロ・ライフ）、(b)家族支持（プロ・ファミリー）、(c)道徳支持（プロ・モラル）、(d)アメリカ支持（プロ・アメリカ）という、道徳的に行動する市民の、効果的な連合を設立するため、指導性を発揮すること（二五九頁）。

連邦が家族の生活に破壊的に介入してくることを阻止し、家族の結束や親の権威や伝統的権威の風潮を回復し……伝統的な夫婦関係を補強する（ような、家族保護の一節をもった法律の制定を、われわれは提唱する）（一三六頁）。

われわれは、男女平等権修正条項に対して、フェミニズム革命に対して、同性愛革命に対して、立ち上がらなければならない（一九頁）。

われわれの子供を愛国心と道徳の概念のなかで教育するための、もっとも重要な手段を提供するのは、キリスト教学校運動と、公立学校における自主的祈りの回復である（一一三頁）。

正しい生活が、アメリカン・ウェイ・オブ・ライフとして、再び樹立されねばならない……聖書的道徳の権威が、もう一度、わが国の正当的な指導原理として、認められねばならない（二六五頁）。

社会運動を社会科学的に研究する者は、当の行為者による状況の定義を、額面どおり受け取ってはならない。その定義は、常識的で当然とみなされた通常の定義とすりあわせた時、また同じ現実に関する定説的な社会科学の解釈とすりあわせた時に、意味をなすかどうか、吟味されねばならない[59]。少なくとも初め一見したところでは、右のような当事者の定義は、まったくありそうに見える。右に引用された、一連の先行する事件や環境的な変化を見ると、それらのいくつかの相対的な重要性について論ずることも、おそらくできるだろう。さらに、技術的・経済的・人口統計学的な変化といった、そこでは無視されたいくつかのものを、付け加えることもできるかもしれない。それらの変化の積極的なあるいは消極的な意味も、たしかに議論することができるだろう。しかし全体として、ファルウエルの列挙した一覧は、その時代の標準的な歴史的および社会学的記述と一致している。犯人に関する根本主義者の記述のなかには、ある偏執狂的なあるいはマニ教的なスタイル、また陰謀論への好みが、発見されるかもしれない。社会科学者は、人間の働きや目的のはっきりした行動を否定することなしに、なにかもっと複雑な、非人格的な構造的力（たとえば、伝統的な性の役割や家族の構造を掘り崩す際のような）を強調したがるものである。世俗的知識人はまた、「世俗的ヒューマニズム」を、組織化された社会運動あるいは集合的行為者として同定することに困難を覚えるかもしれない。ともかく、そうした「世俗的ヒューマニズム」のラベルをはられたものは、自らをそのような役割にあるものと見ることはない。しかし、根本主義者が動員を対抗動員として、つまり組織化された少数派の動員によって押しつけられた脅威に対する反応として自己定義することは、資源動員の研究文献のなかに見られる標準的な説明と、少なくとも間接的には、まったく一致している。[60]さらにもし、市場やそこで好まれる自由企業システムが伝統的生活世界に押しつける脅威に対して、根本主義者が盲目であるという事実を無視してよければ、[61]また、たとえ彼らの不平のなかでは、行政による生活世界の植民地化のプロセスと、生活世界への司法の浸透のプロセスが、ひとまとめにされる傾向があるにしても、彼らが、中央集権化された国家の浸透と脅威的な発展とを同一視することも、定説的な社会科学の説明と一致している[62]。

現在の状況を特徴づけるのは、道徳と法制のますますの分化であり、文化的・道徳的な相対主義であり、生活形態の多様化であり、根本主義の危機である、とする彼らの状況診断は、文化的近代性という古典的諸理論や、さらに最近のポストモダンの諸理論とも、まったく一致している。それはまた、ここで提示された命題とも一致している。実際、私は、本書でこのプロセスを、プロテスタンティズムとアメリカ文化との関係という幅広いパースペクティヴから見ており、それを第三の公認廃止として、すなわちアメリカの市民社会のなかの公的領域におけるプロテスタント倫理の公認廃止、および法的に守られた多元主義的な規範のシステムの出現、と見ている。

このパースペクティヴから見ると、プロテスタント根本主義が政治的に動員され、またそれが新キリスト教右翼に組織化されたことは、根本主義者の分離した生活世界を外部の脅威から防御するための、典型的な反動的防衛運動として、見ることができるかもしれない。ここでもまた、当の行為者による「今何かがなされねばならない。政府は教会と家族の主権を侵食しつつある」という状況の定義が、いちばん確実である[63]。そのような動員を説明するためには、回心のプロセスを思い出す必要はまったくない。それは単に生き残りの問題であり、そのような非常時においては、根本主義者ですら、その硬直した教義を弛めることができるのである。

主権（あるいはその認識）が危うくなっている時、反動的な防衛から積極的な攻撃への移行は起こりやすいことで、それはほとんど気づかれないほどである。かつての地位を回復する必要、「道徳的正気に戻る」必要、アメリカン・ウェイ・オブ・ライフを立て直す必要、また根本主義者が魂を救うという正常な分離された事業に戻ることができる正常な状況を立て直す必要もまた、容易に理解できるものになる。復古主義プロジェクトは、この場合はまだ、単に伝統的な諸構造を保存する試みになる。政府の官僚政治が分離したサブカルチャーに浸透したことよりも、外の世界におけるプロテスタント倫理の公認廃止のほうが、根本主義がプロテスタントのセクトとして生き残るのにさらに大きな脅威となったと論ずることも、一定の範囲においては可能だろう。根本主義は、外部世界において、罪と背教とともに生きることができる。実際、根本主義は、真実のキリスト教会としての自己のアイデンティティを維持するためには、それらを必要とするのである。世界を拒絶するセクトとしてもっとも分離主義的な姿勢をとっていた時ですら、プロテスタント根本主義はつねに自らを、選ばれたカルヴィニズムの教会と理解してきた。しかし根本主義は、道徳的意味と基準が共有されていない世界では、生き残ることができない。素朴なアメリカ先住民やアーミッシュと同列の、一風変わったサブカルチャーの一つとして、アメリカの文化的多元主義の「豪華なモザイク」に付け加えられてしまうようなポストモダンの世界では、それは生き残れないのである。

失われた世界はもはや呼び戻すことはできないのだから、単なる防衛や攻撃はもはや不可能であるということが明白となる時、復古プロジェクトは、対抗革命かあるいは新たに共有された規範的構造の建設への公的関与か、ともかく何か別のものに転じる。どちらにしても、この時点で、根本主義は私事化され分離された宗教的飛び地であることを止め、市民社会の公的領域に対する主張をもつ公共宗教として、アメリカの公的生活に再登場してくる。根本主義者の回心について語ることができるのは、公的関与が「道徳的命令」として定義される、ちょうどその時においてである。

ここで再び、当の行為者による状況の定義が、この一身上の変化のもっとも明らかな糸口を提供する。もっとも参考になる一節は、ジェリー・ファルウェルが福音伝道者仲間に、彼すなわち「一人の根本主義者——ビッグF！」が、「根本的なもの」を支え、罪深い社会から身を引き離し、他の福音派から教会として離れている一方、それでもなおキリスト教徒として社会に関与し、彼らに同じことをするよう促す道徳的命令と責任を感じるのはなぜかを説明しようとしている部分である。ジェリー・ファルウェルは明らかに、かつて一九六五年に否定した地上とのあれこれのつながりを再発見している。そのつながりというのは、次のようなものである。

● 両親を次の世代に結びつける世代的な連帯のつながり
問題は、単にわれわれの世代に関わるだけでなく、来たるべき世代に関わる問題である。われわれの子や孫は永遠に、われわれが今日行う道徳的決定の受取人、あるいは犠牲にならねばならないのである（二五五頁）。

● 根本主義キリスト教徒を、その根本主義の共同体のみでなく、キリスト教の伝統にも結びつける、キリスト教的な連帯のつながり
教会の歴史は、社会問題へのキリスト教の関与の歴史を含んでいる……アメリカでは、チャールズ・G・フィニーやアルバート・バーンズやライマン・ビーチャーのような目立った福音伝道家たちが、貧しい者に食物を与え、教育のない者を教育し、刑務所を改善し、精神を病む者の扱いを人間的なものにし、孤児院を建て、奴隷制を廃するよう、キリスト教徒に呼びかけている（二六一頁）。

● 市民をその政治共同体に結びつける政治的連帯のつながり
教育と雇用の機会は、性、人種、宗教、信仰の如何を問わず、すべてのアメリカ人に平等に開かれていることを、われわれは主張しなければならない。根本主義者たちは、この問題を主張するのにおそろしいほど怠慢であった。われわれはこの件に関してもはや沈黙を守るわけにはいかない。これは、同胞の何百万のアメリカ人にとって、非常に重要なことである[64]。

●あらゆる個人を人類という全家族に結びつける人類的連帯のつながり

世界中で、何百万の人類が飢えて、死に瀕している……非常に恵まれたわれわれキリスト教徒は、貧しさに打ちのめされた世界中にいるわれわれの「兄弟の保護者」でなければならない……自由主義神学者が世界の飢餓について語り合い、理論化している間に、われわれは飢えた者に食物を与えるため、何百万ドルを集めていたのである[65]。

プロテスタント根本主義の政治的再生のなかには、四つの異なった姿勢を見出すことができる。まず、根本主義者の生活世界を外側の浸透から防御するための防衛的な反動。次に、アメリカン・ウェイ・オブ・ライフを回復するための積極的な攻撃。次に、聖書的道徳を国民に課すための、対抗革命的で神権政治的な衝動。最後に、国の公事への積極的関与、の四つである。異なった時間、異なった部門において、異なった運動の段階で、これらの姿勢のどれか一つが優勢になるかもしれない。これらはそれぞれ互いに緊張関係にあり、プロテスタント根本主義は、どの公的アイデンティティをとるべきか、まだ心を決しかねている。したがって、プロテスタント根本主義の脱私事化が、アメリカの公的生活にどのような種類の公的衝撃を与えるかは、いまだ十分に明らかでない。

プロテスタント根本主義の脱私事化の公的影響

この研究における私の主な関心は、宗教的デノミネーションとしての——つまり福音主義プロテスタントの分派の一つとしての——プロテスタント根本主義にもなければ、新キリスト教右翼の政治的動員、およびその結果として選挙政治やアメリカの政党制に起こると思われることにもない。私の主な関心は、公共宗教としてのプロテスタント根本主義と、およびそれがアメリカの市民社会の公的領域にもつ潜在的な影響とにある。やや推論的な以下の分析は、事実というよりは、可能性を吟味しようとするものであり、いわば本書全体とこの章でこれまで展開された議論の論理から結論を引き出していこうとするものである。プロテスタント根本主義の現象を査定した研究文献を、いくつか批判的に再構成してみれば、公的な根本主義が公的領域に対して否定的な脅威となりうる部分と、肯定的な貢献をなしうる部分とを、区別することができるだろう。

復古の脅威

動員された根本主義の政治的プロジェクトが、ある種の復古（リストレーション）を伴っていたことは、ほとんど疑いがない。「回復する（リストア）」「復帰する（リターン）」「再建する（リエスタブリッシュ）」などの言葉は、ジェリー・ファルウェルやその他のモラル・マジョリティのリーダーたちの公的発言のなかに、頻繁に出てくる。[66] しかし、厳密な意味での復古は歴史的には不可能事であること、また復古が単に所与の伝統の保存をめざすプロジェクトであることは実際はほとんどないことも、よく知られている。そうではあるにしても、いかなる復古プロジェクトにせよ、それがどのような時点もしくは確立した秩序を、モデルあるいは原則としているかを理解することは重要である。動員されたモラル・マジョリティは、昔のどの地位に復帰したいのだろうか？第一の、それとも第二の、それとも第三の公認廃止の前の時代だろうか？　根本主義者たちが回復したがっているのは、プロテスタント公認教会だろうか、プロテスタント市民宗教だろうか、それともプロテスタント倫理なのだろうか？

キリスト教神権政治の再建　プロテスタント根本主義の急進的な一派に、「再建主義者（リコンストラクショニスト）」がある。彼らのプロジェクトはカルヴァンがジュネーヴでやったような、またピューリタンがマサチューセッツでやったようなことをモデルにして、キリスト教的神権政治を樹立することである。実際、再建主義者はいかなるものであれ、宗教と法律と道徳とが分化することを拒絶し、宗教共同体と政治共同体とが分化することも拒絶して、キリスト教の「支配圏（ドミニオン）」と、ヘブライ的なモーゼの律法に支配される社会秩序とを、打ち立てようとしている。テキサス州タイラーのキリスト教経済学研究所の所長であるゲアリ・ノースは、彼らを代表する神学者にして理論家である。彼のプロジェクトは、近代の世俗的秩序に対して、キリスト教的科学からキリスト教的経済学、キリスト教的法律、キリスト教的国家にいたるまで、キリスト教的な代替物を提供するための、知的および教義的な基礎を確立することである。宗教的、道徳的、文化的、政治的ないかなる種類の多元主義であれ、ノースにとってそれは多神教に等しいものであり、したがって偶像崇拝的なのである。[67] しかし再建主義者は、分離した根本主義の世界を構成している、おそろしく独立心の強い宗教的事業のるつぼのなかでは、ほんの周辺グループを代表しているにすぎない。正統的なカルヴィニズムのなかでは、彼らは、一九二〇年代の根本主義同盟の、プリンストンの改革長老派の急進的な相続人である。カリスマ派のパット・ロバートソンからバプテスト派のジェリー・ファルウェルまで、一般に福音主義者のなかにカルヴァンの神学的遺産が再発見されていることには、多くの観察者が気づいている。再建主義者の人数が取るに足りないことを考えると、彼らがもたらすかもしれない唯一の脅威は、より若い世代の根本主義者たちに、神学的・イデオロギー的な影響を及ぼす、ということだろう。若い根本主義者たちは、前(プレ)千年王国説を捨て、社会秩序をキリスト教化し、神の王国を実現するという、新たな後(ポスト)千年王国説的なプロジェクトに接近するようになっているからである。

モラル・マジョリティによって動員された、プロテスタント根本主義の主流は、くりかえしくりかえし、なんら神権政治的な意図はないこと、また憲法や公認廃止および信教上の自由な実践という原則には、神聖な敬意をもっていることを主張してきた。彼らの疑いもない愛国主義、自由企業制とアメリカン・ウェイ・オブ・ライフの神聖視、セクト的で非国教主義的な会衆構造、独立心の強い教会、政教分離に対するバプテスト派の敬意、などを考慮すると、彼らが次のように言明する時の誠実さを、疑うわけにはいかない。すなわち、「モラル・マジョリティは、多元主義的なアメリカを強く支持する。われわれはこの国が、聖書的な道徳原理によって強く影響された男女によって、ユダヤ・キリスト教的な倫理の上に創設されたことを信じつつも、政教分離の原則に身を委ねる」と。[68] 彼らに対抗して動員されたACLU(米市民的自由連盟)や、その他の世俗主義者から出される、プロテスタント根本主義は「われわれ市民の諸自由」に脅威をもたらすという人騒がせな警告にもかかわらず、プロテスタント根本主義は、決して信教上の自由な実践に脅威をもたらしていない。いずれにせよ、たとえ根本主義者がそう望んでも——そう望むかどうかも疑わしいが——、たぶん彼らは、憲法修正第一条の宗教的条項の原則を掘り崩すための、力も人数も所有していない。プロテスタント根本主義は、公認教会になろうとも思わないし、なれもしないだろう。

市民宗教としてのプロテスタンティズムの再建　次のような点に関しては、ずっとはっきりした議論がなされうる。つまり、プロテスタント根本主義者は、もし可能であれば、よろこんで福音主義プロテスタンティズムの文化的ヘゲモニーを再建し、憲法と共和制とアメリカ市民社会を再キリスト教化するだろう、ということである。彼らは文書のなかで、近年の憲法修正第一条の世俗的な読み方と判断したものを、頻繁に批判しているだけでなく、建国の父祖(ファウンディング・ファーザーズ)(憲法制定者)たちのユダヤ・キリスト教的な聖書的起源と意図に、頻繁に言及している。彼らの見るところ、ジェファーソンの「分離の壁」は、いかなる国家の侵食からも真正の信教上の自由な実践を保護し、いかなる特定の教会の公認にも抵抗するという意図をもつものであった。それは、世俗的で中立的な国家を促進するためのものでもなく、信教上の自由な実践という原則を拡張して宗教からの自由を示唆するためのものでもなかった。拡散され一般化された、デノミネーションの枠を超えた、聖書的な・ユダヤ・キリスト教的な宗教は、市民社会において優勢であるべきであり、かつ国家や共和主義的な諸機関の壁を貫き、そこに浸透しうるものであるべきだった。

建国の父祖たちの啓蒙された理神論と、彼らが制定した憲法とを再キリスト教化しようとする企ては、間違いなく一九世紀の福音主義プロテスタンティズムの先行者の成功を雛型とした企てだった。しかし、もしそれが、憲法本文の著者たちの「本来の意図」を、同じ方向に向けて充当し改定しようとする新保守派の知識人たちの一般的企てと一致するものでなかったら、深刻に受け取られるには及ばなかったであろう[69]。これらの一致した努力を考慮して、次のような単純な事実をくりかえすべきである。すなわち、もしバージニア宗教自由法と憲法修正第一条の精神と字句の直接の産みの親であると主張できる者がいたとすれば、それはトマス・ジェファーソン、ジェイムズ・マディソン、ジョン・レランドであったろうということ、また彼らの本当の宗教的態度がどうであったにせよ、信教上の自由な実践という条項の本来の意図は、理神論者のジェファーソンとセクト的なバプテスト派のレランドによって、ほとんど同じような言葉で、非常にはっきりとかつ力強く言明されたものであった、ということである。ジェファーソンは、「私の隣人が、神は二〇人いると言おうと神はいないと言おうと、私には何の害にもならない。それは私の財布をかすめとるわけでも、私の足を挫くわけでもない」と述べている。レランドにとって、憲法修正第一条は、「すべての人が、彼の信ずる原則を保ったまま、恐れなく語り、また一つの神であろうと三つの神であろうとあるいは二〇の神であろうと、彼の信条にしたがって礼拝することを許し、また彼がそうすることを政府に保護させるもの」であった。[70]

しかし、モラル・マジョリティの基盤そのものは、デノミネーションの枠を超えた、汎プロテスタント的な社会運動組織としてではなく、ファルウェルの言葉を借りると、「カトリック、ユダヤ教徒、プロテスタント、モルモン教徒、根本主義者」を包含しようとする、ユダヤ・キリスト教的な超デノミネーション的連合と考えられていたようである。このことはファルウェルが、プロテスタントが一九世紀にもっていたヘゲモニーを、今日に再建することは望ましいことだし可能なことだとは信じていないことを示しているように見える。[71] もし外部の発展や内部の裂け目によって、世紀の変わり目以降、このヘゲモニーがもはや続かなくなったとすると、今日、世俗の諸勢力や、非プロテスタントの宗教団体や、またプロテスタンティズム内部の裂け目——もしあったとすれば——が、非常に強くなってしまった時点において、復古の可能性がさらに小さくなったことは、明らかであろう。[72] しかし、リベラルなプロテスタンティズムの背教以降、もし全プロテスタントの十字軍がもはや機能しなくなったのだとすると、一九世紀に福音主義プロテスタンティズムがあれほど軽蔑したそれらの宗教団体との政略結婚は可能なのだろうか？　万一そのような宗教的保守派の大多数と「道徳的」アメリカ人たちとの合同ができるようなことがあれば、その場合にのみ、アメリカ市民社会におけるプロテスタント倫理の公認の地位を、法的効力をもって廃止することが市民的自由のためになる――そこにどのような副作用が伴おうと――と感じる人たちの懸念が、十分な意味をもつであろう。

アメリカン・ウェイ・オブ・ライフとしてのプロテスタント倫理の再建

プロテスタント道徳の再建と、伝統的なアメリカン・ウェイ・オブ・ライフの再建が、根本主義者の復古プロジェクトの核を成していることは、彼らの発言からも、また公的に発表された運動の目的からも明らかであり、それは、共感的な新保守派の知識人によっても確認されている。ネイサン・グレイザーの言葉で言えば、復活する根本主義は「われわれを少なくとも一九五〇年代にまで引き戻すことを意図した「防衛的攻撃」であり、それは根本主義的信仰の希望を超えたものであり、あるいは私の思うところ、その能力を超えたものですらある」[73]。われわれは、「モラル・マジョリティの会員たち」の気高い希望を、またそれに対する新保守派の知識人たち――カトリックであれユダヤであれ――の共感をも、よく理解することができる。ただ理解に苦しむのは、根本主義者の潜在的な力に関する過度の誤解が、共感する者にも反対する者にも、さらには社会科学の多くの分析家にも、広く共有されていることである。根本主義の影響に関する期待と懸念は、どちらも次のような仮定に基づいていた。すなわち、根本主義者は「訓練され武装した軍隊」を形成しているということ。モラル・マジョリティの会員たちは根本主義の旗印の下に、すべての福音主義派の連合をまとめることができるということ。根本原理(ファンダメンタルズ)を信じるか、あるいは二度生まれの体験を発表した者は誰でも、調査によればモラル・マジョリティの構成員の一部にカウントされうるということ。彼らが申し立てる道徳的保守主義によると、カトリックも同盟者になり、その連合は新キリスト教右翼に変わってしまうということ。これにさらに、何百万ものモルモン教徒の歩兵大隊と、保守的なユダヤ教徒の一つか二つの歩兵中隊を加えることができること——彼らは人数としては取るに足りないにせよ、公告戦争においては、影響力のある少数派の懸念を合同して、キャンペーンを「ユダヤ・キリスト教的」作戦と改称するのに、きわめて重要な戦略的価値をもっていたので。また、戦闘の時が来た時、多くの「本当の」宗教者が、近代の世俗的ヒューマニズムに対抗して連合し、戦線において力をあわせるだろうということ、などである。しかし、これらの潜在的な構成員について少しでも知っていた者は、これらの仮定がいかに根拠のないものかということも知っていた。[74] よく組織された声の大きい少数派は、その予期以上の動員力によって、すべての人の不意をついた。その構成員はもっとも多めに見積もっても、人口の二〇%には決して達しなかったが、多くの人の心には、信じられないほど脅威的な多数派(マジョリティ)となって映ったのである。

信仰復興の希望

モラル・マジョリティの復古の目的地が、たとえいつも手の届かない所にあったとはいえ、それでもプロテスタント根本主義が政治的に再出現したことは、積極的な成り行き――意図したものではなく、当の行為者にとっては多分望ましくないことですらあったにしても――をもたらした可能性がありうる。これらの大なる期待は、三つのタイプにまとめることができる。まず国をあげての信仰復興に寄与するような「大覚醒」がもう一度起こるという希望。次にプロテスタント政党の大連合へと再び導く福音主義的信仰復興への希望。そして三つめに「裸の公的領域」の再活性化への希望、である。

もう一度起こるべき大覚醒？　ファルウェルの『聞け、アメリカよ！』の第Ⅲ部は、この運動とこの国にとって、「アメリカにおける信仰復興」が最優先事項であると位置づけている。したがって社会科学者が、福音主義プロテスタンティズムの信仰復興が国にとってそのような影響力をもちうるのかと尋ねても、驚くにはあたらない。フィリップ・ハモンドは「もう一度起こるべき大覚醒？」というエッセイのなかで、関連する二つの思想の流れを、一つにまとめている。一つは、ウィリアム・マックローリンの「再活性」理論であり、これは大覚醒を、社会がそれによって自らとその文化や共通の価値を新たにし改革するための正常な周期的手順である、とみなすものである。もう一つは、アメリカの民主主義的文化や制度にとって、宗教や宗教的自発主義（ヴォランタリズム）、それに関連してあらゆる種類の自発的団体に参加することがいかに重要か、ということに関するトクヴィルの観察である。二つの流れの調査研究を結びつける暗黙のサブテキストが、ベラーの「市民宗教」論であることに、われわれは容易に気づくことができるだろう[75]。

福音主義の信仰復興の潜在力に関して、ハモンドは何の幻想も抱いておらず、自問自答のなかでは、はっきりと否定的な答えを述べている。しかし、ほかならぬそのような質問が自問されたという事実は、アメリカの知識人たちが、福音主義の信仰復興論者に関して、いくつかの重要な仮定と期待を共有していることを示している。たしかに、彼らが期待しているのは、福音主義プロテスタンティズムではなく、別の種類の市民宗教が、この機能を果たすことである。それでもなお、アメリカは覚醒を必要としており、覚醒しそうであり、そしてその覚醒がアメリカの市民宗教を再創造するかもしれないという明らかな仮定がそこにある。ハモンドは、証拠を分類したあとで、次のように結論づける。「端的に言えば、現在の宗教的熱狂それ自体は、覚醒ではない。しかしそれが、覚醒にいたるべく宿命づけられたより大きい運動の一つの要素であることは、おおいにありそうなことである[76]」。本書2章の市民宗教についての議論において、私は、そのような仮定が経験的には根拠がなく、規範的には望ましくない、ということに気づいた理由を指摘しておいた。

福音主義プロテスタンティズムの信仰復興？　プロテスタント根本主義が公的に再出現したことのもっとも重大で長期的な影響力は、アメリカのプロテスタンティズムの諸デノミネーションの間で、最終的に起こったある再連合のなかで、その働きを終えることになる。根本主義的プロテスタンティズムと福音主義的プロテスタンティズムとの境界線は、つねに曖昧で、流動的なものだった。自ら分離の姿勢を宣言することが、しばしばその人のアイデンティティを、自他ともに純粋な根本主義者としたにすぎない。一九七〇年代における福音主義の一般的な復興と根本主義の公的な再出現によって、それらの境界線は、どれもこれも消滅する傾向にあった。この問題に関しては、専門家の間にも歴然たる意見の相違がある。[77]しかしながら、それが何であったにせよ、プロテスタント根本主義の公的な再出現は、もっとずっと複雑で多義的で多方向にわたる一般的な福音主義の復興の一部であることについては、一般的な合意がある。

これまでに留意されてきたのは三つの傾向であり、それらは明らかに別の方向に向かっているが、それでいて相互に関連しており、まったく両立不可能というわけでもない。まず、保守的な福音主義プロテスタンティズムという広い世界のなかで、根本主義者たちが新たな優越と中心性を獲得してきたことである。彼らのもっとも大胆不敵な動きは、保守的プロテスタントの主流をなす二つのデノミネーション、つまり南部バプテスト連盟とルーテル教会ミズーリー・シノッドとを、組織的に引き継いだことであった。[78]一九二〇年代においては、リベラルなデノミネーション諸派の組織的な引き継ぎの失敗が、社会運動の形成へつながったのに対して、一九八〇年代においては、失敗した社会運動のエネルギーと資源と組織的教訓が、再びデノミネーション的なクーデターに向けられた。このことは、主流をなす保守的な諸デノミネーションが、根本主義的になったことを意味するのだろうか（これはありそうもないことだ）、それともむしろ、再び根本主義者たちがデノミネーションの主流に入ってきたのだろうか？

二つめの傾向は、ジェイムズ・デイヴィソン・ハンターによって注意深く記録されているように、時としてほとんど感知できないが、しかし持続的に積み重ねられる自由化と世俗化、福音主義プロテスタンティズムの現代への適応のプロセスである。福音主義の大学の学科と学生の態度に関する調査研究は、この傾向を確認している。[79] ハンターの研究は、世俗化論が今なお妥当で有益であることを確認した、もっとも重要な研究の一つである。彼はとくに、福音主義の世俗化が、福音主義者のなかにおける職業と教育の流動性のプロセスだけでなく、福音主義が優位な傾向にある南部やその他の地域における工業化と都市化のプロセスとも、明らかな関係があることを示しうると考えている。福音主義の人々が次第次第に相続すべきものをもつようになると、それにつれて彼らの宗教も変わるのである。[80]

彼の命題の中に見出される唯一の問題点は、ハンターが今なお、世俗化という命題を、かなり素直に直訳的に理解していることである。そのため彼によれば、まず宗教が近代の外的諸勢力に直面した時、可能な選択としては、不毛な抵抗かあるいは順応（アコモデーション）しかなく、それは究極的には降伏にいたる、ということになる。そして次に、順応――ということはつまり世俗化――が、私事化を意味するほかなくなる。もしも、外的で近代的で世俗的な世界と、それに包囲された伝統的な宗教的飛び地との間のラディカルな分離を出発点とするならば、その選択は実際きびしいものである。皮肉なことに、近代的な伝統主義者と世俗的な科学者は、何が本当の宗教を構成しているかに関して、またどんなオプションがあるのかに関して、同じ見解を共有しているようである。ところが、もしもヘーゲルからパーソンズまで、近代世俗社会そのものを、この世における宗教の外在化と制度化として見る、まったく異なった思想の系譜をたどるならば、何が世俗化を構成しているかの評価は、根本から異なってくるだろう。宗教はつねに現世に埋め込まれているとする考えと、ハンターや正統的な福音主義者が、真正の伝統的な福音主義宗教と呼ぶものは一九世紀の宗教の現世への適応にほかならない、とする考えとの間に、とるべき位置がある。われわれは世俗化のプロセスを、宗教と現世との永遠にくりかえされる遭遇と順応、と呼ぶことができるだろう。

　現在の福音主義と近代性との順応をどれほど評価しようとしても、今日の信仰復興が宗教の私事化を伴わないことは、明らかである。それどころか、三つめの長期的な傾向、つまり、現世からの私的な分離と無関心から、現世への公的な関与と関心への「大逆転」に留意している観察者も何人かある。[81] もしこの傾向がつづけば、それはアメリカのプロテスタンティズムの二大政党制——これはマーティン・マーティーによれば世紀の変わり目に出現した——を、根本から変えることになるだろう。[82] 私的で伝統的で福音主義的な教会と、公的で近代主義的でリベラルな教会との間の分裂は、終末を迎えるかもしれない。福音主義者は、知的にも政治的にも、今日のアメリカのプロテスタンティズムのなかで、もっともいきいきとした部門を形成している。[83] 彼らは今、カトリック信者と同じく、自らの現代化（アジョルナメント）のプロセスを経験しているのである。彼らの教会の性格が、監督的というよりは会衆的であることからすれば、そのプロセスは、突然で統一的で斉一的で独裁的な、上からの政策変更という形態はとれない。それは、もっとも多様な方向へと、苦心して自らを成し遂げつつある。福音主義者が、自分たちは教義的には依然として前（プレ）千年王国論者であるとしばしば主張しているにもかかわらず、その方向のほとんどは、明らかに内面的で後（ポスト）千年王国説的である。さらに、福音主義の天幕の内部でも、公的なコミットメントの幅は、ロナルド・サイダーとジム・ウォリスの解放の神学から、チャールズ・コウルソンの急進的で新正統派的な公的姿勢まで、さらにジェリー・ファルウェルの神権政治的な公認要求の誘惑までと、カトリシズム内部におけるのと同じくらいに幅広い。それはもはや、伝統的な左翼・右翼の次元でカテゴリー化することは困難である。[84]

公共広場の再活性化？

プロテスタント根本主義の公的な再出現が、アメリカ市民社会の公的領域にもたらしたであろう積極的な貢献を、もっとも明晰に弁明したのは、リチャード・ニューハウスの『裸の公共広場』である。ニューハウスは、宗教を公的領域に入れようとすることに対しては、社会科学理論や法律的・憲法的な解釈やリベラルで世俗主義的なイデオロギーの支持を受けた非常に強い公的偏見があった、と言っているが、これは正しい。ほとんどの宗教はこの偏見を受け入れて、公的領域の外にとどまっていた。しかしながら、ニューハウス自身の生活史は、教会や聖職者や宗教団体や宗教の構成員が、何度も何度もこの偏見をくぐり抜けて、ついに公的領域に入り、それに影響を与えることができた、ということを示している。しかしニューハウスが、根本主義者たちはマーティン・マーティーの言う「共和党の宴(うたげ)」から排除されていた、という意味のことを言っているのは正しくない[85]。根本主義者たちは、宗教的な理由から、進んで公的領域から身を引き、その外にとどまっていたのである。彼らが思いがけなく公的領域に帰ってきた時、居合わせた者たちは初めはびっくりし、やがてその内の幾人かは、根本主義者の公共マナーは「無作法」だと考え、彼らを外に追い出すべきだと思った。しかし根本主義者たちは公共広場に店舗を構えており、彼らの多くはそのままとどまる計画だった。何人かは、政府の建物やパーティー本部のきわめて近くに店を出していた。一九七〇年代と一九八〇年代を通じて、保守的な福音主義者や根本主義者は、リベラルな競争相手よりもずっと多くの宗教的ロビーを設立した[86]。新キリスト教右翼もまた、共和党の最右翼を占める一つの善意の派閥としてりっぱな選挙資格があることを立証していた。もし彼らの願いが、受容され認知されることだけだったならば、彼らはそれをすでに獲得していたのである。しかし、彼らの成功そのものが、彼らが道徳的少数派の地位にあることを強調した。彼らが共和党の宴で、他の客と対等に座る席をもっているからには、彼らはそのうえ何を主張しようとしているのだろうか？

ニューハウスは根本主義者のジレンマを次のように述べている。

宗教的な新右翼は……政治の闘技場(アリーナ)に入って、私的な諸真実に基づいて、公的に主張することを求めている。政治の統合そのもののためには、そのような提案が抵抗に遭うことが必要である。公的決定は、公的性格をもった議論によってなされねばならない。……根本主義的な道徳は、公的理性による吟味を受けることのない諸信条に由来するものであって、本質的に私的な道徳である。その道徳を共有する人々が一定以上動員されれば、それは公的アリーナで勝利をおさめることができる。しかしそのような勝利はすべて、公共倫理を求める歩みという点から見れば、退歩にほかならない。[87]

宗教、とりわけ根本主義的な宗教が、近代の世俗的社会の公的領域に登場することと、それが政治の統合にもたらす脅威とによって、規範的な諸問題が引き起こされる。それ以外にも、いかなる宗教も直面する基本的ジレンマが考えられるであろう。とりわけ、近代の民主的政治の競争世界に入っていき、そこで勝利をおさめたいと思っている根本主義的な宗教の場合は、そうである。

根本主義の論理は、公的領域の「討議（ディスカーシヴ）」モデルよりも、「闘争（アゴニック）」モデルのほうと、より親和性が大きい[88]。しかし、近代の闘争的な選挙政治ですら、根本主義にとって不利ななんらかの参加規則をもっている。モラル・マジョリティという名前そのものがすでに、根本主義はヘゲモニーを主張していること、また権力と公的影響力を獲得するため選挙的動員を選んだこと、根本主義が認識上、実践上、道徳上妥当であるという主張を、投票箱の裁量と多数決の原則に委ねる暗黙の意向があること、などを一度に表示するものであった。しかし、動員と選挙に成功するためには、組織社会と選挙政治への戦略的適応が必要なばかりでなく、イデオロギー的な妥協もまた必要なのだが、それは往々にして、根本主義の諸原則と諸アイデンティティを掘り崩しがちなのである。よく組織された戦闘的少数者は、奇襲部隊の利点を活かしたり、隠密な手段を使うことによって、初戦の勝利をおさめることができる。しかし、根本主義の動員の成功は、間もなく、対抗する敵方の動員を呼び起こした。さらに、選挙での多数派に加わるためには、選挙同盟に入って、共和党の幅広い連合の一派閥として、制限され従属させられた場所を、満たす必要がでてきた。やがて、根本主義的道徳を法律で制定するという目標そのものが、規範的な妥協や、法律制定がうまくいくために通常必要とされる議会での裏取引のたぐいとは、ほとんど和解できないことも明らかになった。

公的領域の討議モデルは、根本主義とはさらにいっそう両立しがたい。開かれた公的論争の論理ということが含意しているのは、近代的な諸社会は、私的領域における根本主義の実践の自由は擁護する一方、実際の手続き上、公的領域においては根本主義を許容できない、ということである。根本主義は、公的な議論を通じて、その主張するところを有効なものにしていかねばならない。このことは、根本主義者に、きびしい選択をせまる。公的世界での参加規則を受け入れ、隣人たちと議論しはじめた人々は、自分たちの根本主義を、少なくとも実際の手続き上、放棄しなければならなくなるだろう。自分たちの規範が唯一純粋なものであるとか、あるいは競合する他のデノミネーションのものよりずっと価値があるとする彼らの主張は、諸思想が扱われる多元主義的な市場において、公開の値踏みにさらされ、典型的な信憑性のテストにさらされ、取引調整にさらされるだろう[89]。疑いもなく、そこに立ち寄って彼らの古道具に目をとめ、買う客も幾人かいるかもしれない。他の多くの人々は、根本主義をなつかしそうに眺め、根本主義者が要点をつかんでいることは認めるだろうが、しかし根本主義者が出した疑問に対しては、もっと「今日的な」解答を別に探すだろう。しかし、「真実の」根本主義者は、自分たちの考えを妥協させたり、根本的なことを公的な討議によって有効にしようとしたり、「信憑性の危機」の可能性にさらしたりすることを好まず、おそらくは公共広場を後にして、孤立した村落に里帰りすることになるだろう。そこでなら彼らは、自らのセクトの製品を競争にさらさず、価値を保存することができる。あとはただ、時折、政府の検査官や取締人が彼らを放っておかずに調べにやってきたり、彼らの競争相手であるテレビ伝道家や世俗主義者が、居間のなかまで商品を行商に来るぐらいである。公認教会になることも、分離したセクトのままでいることもできずに、根本主義は、まさしくもう一つのデノミネーションになるべき宿命にある。

7章 合衆国におけるカトリシズム——私的デノミネーションから公的デノミネーションへ

アメリカ合衆国におけるカトリシズムは、だいたい四つの因子によって形成されてきた。(1)

第一に、合衆国におけるカトリシズムは、プロテスタント優位の国において、ずっと少数派の宗教であったということ。このことは、支配的なプロテスタント文化に向かいあった関係という点から見る時、カトリシズムは、構造的には一つのセクトとして機能してきたこと、そしてそのようなものとして扱われてきたこと、を意味する。

第二に、しかしながら憲法は、少なくとも形式的には、この少数派の宗教に、法の下の保護を同等に与えてきた、ということ。このことは、多元主義的で自由な——つまり、「公認宗教はない」「自由な実践」という二重の条項に規定された——宗教的市場におけるカトリシズムの位置という点から見る時、カトリシズムは、組織としては、まさしくもう一つの、実に最大の、宗教的デノミネーションになった、ということを意味する。

第三に、内部的にいって、アメリカ・カトリシズムは、ヨーロッパ諸国からの、連続的なカトリック移民の波によって、形成されてきたということ。カトリックのさまざまな移民集団は、アメリカ・カトリックという単一のエスニック集団となる一方で、通常の場合ほとんどが、本国の教会の系統に沿って組織されており、それぞれのカトリック的なエスニック集団としての忠誠を保ってきている。このことは、アメリカにおけるカトリシズムは、会衆という点では、マルチナショナルな、領土的に組織された国民教会（ナショナル・チャーチ）として機能してきた、ということを意味する。

第四に、合衆国におけるカトリシズムは、ローマ的であるとともにアメリカ的であることの結果として、つねに大きな緊張をもって生きねばならなかったということ。このことは、教会論的に、内部の教義、儀礼、組織の構造という点から見ると、アメリカ・カトリック教会はつねに、ナショナルなものを超えた普遍的なローマカトリック教会であった、ということを意味する。したがって、アメリカのカトリック信者はつねに、国民的契約のなかに受け入れられるためには、アメリカの市民宗教への絶対的忠誠を証明しなければならなかったが、一方では、それと同じくらい絶対的なローマへの忠誠を、疑われてはならなかった。アメリカ・カトリック教会が、アメリカのすべてのデノミネーションのなかでもっとも「アメリカ的」、つまり愛国的であり、また、すべての国民的カトリック教会のなかでもっともローマ的であるのは、驚くにあたらない。

かくしてアメリカにおけるカトリシズムは、同時に四つの異なったやり方で、つまり、構造的にはセクトとして、組織的にはデノミネーションとして、会衆的には領土と結びついた国民教会として、そして教会論的には普遍教会の一員として、機能してきたのである。[2]

プロテスタント国におけるカトリック少数派

カトリシズムは、プロテスタント優位の国ではつねに少数派の宗教であったが、プロテスタント多数派と向かい合ったカトリック少数派の相対的な位置と、アメリカ文化に向かい合ったプロテスタント多数派の相対的な位置とは、独立から現在にいたるまでの間に、劇的に変化してきている。[3]

憲法と最初のカトリック司教区（ボルティモアにおける）が誕生した一七八九年に、四〇〇万人のアメリカ人口のうち、約三万五〇〇〇人のカトリックがいた。一八三〇年代以来、大量の移民が、カトリック少数派の相対的な規模を、劇的に変化させた。一八五〇年の時点で、カトリック人口は一七〇〇万人になり、カトリック教会は合衆国における最大の宗教的デノミネーションになっていた。これは、プロテスタント教会のなかで最大のメソジスト教会——独立の時点ではカトリックよりさらに小さいプロテスタントのデノミネーションだった——より、少し勝っている数字であった。一九一〇年の時点で、九二〇〇万人の人口のうち、一六〇〇万人のカトリックがいた。第二次世界大戦直後、カトリック人口は二五〇〇万人に達し、プロテスタントの六つの主要なデノミネーション（メソジスト派、南部バプテスト派、長老派、聖公会派、合同ルーテル派、ディサイプル派）の信者を束ねたのと同じくらいの数になった。一九八〇年の時点では、二億二〇〇〇万人の全アメリカ人口のうち、五〇〇〇万人のカトリックがいた[4]。アメリカ世論研究所（ＡＩＰＯ）の調査によれば、自らプロテスタントであると宣言するアメリカ成人の率は、一九四七年には六九％だったのが、一九八五年には五七％に下がった。その一方、同じ期間のカトリックを自認する者の率は、二〇％から二八％に上がった[5]。

信者数それ自体が、教会やセクトを作るわけではない。宗教的な諸グループ間の態度や構造の関係、それらのグループの支配的文化に対する関係から、差異が生まれてくるのである。実際、「プロテスタント」というカテゴリーは、プロテスタントのさまざまなグループ間にある根本的な差異や、時として相互の不寛容を覆いかくす。しかしながら、植民地アメリカにおいては、プロテスタントの全グループは、教義上および教会組織上の差異に関わりなく、カトリックへの敵意に満ちた反対を共有していた。みんな、カトリック教会は「アンチ・キリスト」で「バビロンの娼婦」であるとみなしていた。実際、カトリシズムという外なる敵は、時として、プロテスタンティズムの内なる統一を固めることのできる唯一のものだった。

第二次大覚醒は、アメリカをキリスト教化するというプロテスタント十字軍をともなって、アメリカのデノミネーション的な宗教システムの基盤を確立した。一八二〇年代の後半までには、ペリー・ミラーが「ロマン的ナショナリズム」と「ロマン的福音主義」と呼んだものとの奇妙な融合ができあがっていた[6]。初め共和主義的理神論に対抗していたプロテスタントの排外主義(ネイティヴィズム)は、やがてカトリシズムに対抗するものに変わった。一八三〇年――最初の反カトリック新聞『ザ・プロテスタント』がニューヨークで創刊された年――、ニューイングランドのカルヴィニズム「新派」の父祖ライマン・ビーチャーは、カトリシズムと専制主義を、アメリカの共和主義的諸原則の敵として結びつけ、一連の反カトリック説教を開始した[7]。アイルランドからの移民が促進されるにつれ、プロテスタントの排外主義は、社会的・政治的な形態をとるようになり、これが一八四〇年代にはアメリカ共和党になり、一八五〇年代にはノー・ナッシング運動〔当時の移民に対して偏狭な愛国主義を唱え、ノー・ナッシング党を設立〕になった。アメリカの自由主義神学の創始者ホレース・ブシュネル師は、プロテスタントのアメリカに、「われわれの最初の危険は野蛮であり、次はローマカトリシズムである」と警告した[8]。彼は、「どちらもたまたまアイルランドのものである」と付け加えることもできただろう。一八五五年八月六日、ケンタッキーのルーイヴィルにおける排外主義的な暴動である「血の月曜日」を受けて、エイブラハム・リンカーンは、もしもノー・ナッシング党が権力をにぎったら、独立宣言は「すべての人は、黒人と外国人とカトリック信者を除き、平等に造られている」と読み換えられることになるだろう、と警告した[9]。しかし、プロテスタント十字軍の道徳的エネルギーが、奴隷制反対運動や南北戦争で枯渇するにつれ、やがてノー・ナッシング党は消滅した。

アメリカ・カトリシズムがセクトとして孤立していたことをもっともよく示す恰好の事実は、おそらく、カトリックたちが、二、三の例外を除いて、奴隷制廃止論の議論を、主にプロテスタント内部の問題として、実に国民の間に波風をたててばらばらにする危険なプロテスタント十字軍として、傍観者的に見がちだった、という事実である。アメリカのカトリックたちは、リンカーンによってあれほど明らかにされた、彼らの地位とアメリカ黒人奴隷の地位との関係を、理解しそこなったのである。南北戦争が始まった時、北部と南部のカトリック教会は、それぞれの愛国主義を忠実に支持した。しかし、プロテスタントの主要なデノミネーションが南北の分派に割れたのと違い、アメリカ・カトリック教会は分裂することがなかった。

一八八〇年代から一九二〇年代まで、次のようなテーマのおなじみの組み合わせが現われた。次第に大規模になる外国からの移民。福音主義的な信仰復興運動の十字軍と、もう一度アメリカをキリスト教化し、また民主主義に向かう世界を救おうとする、社会的福音運動。進歩的な改革運動。禁酒、女性参政権、児童労働の法律制定。反カトリックの排外主義(これは一八八七年における、秘密結社アメリカ保護協会の創立のなかに、その表現を見出した)。南部における秘密結社クー・クラックス・クランの伸張。移民制限法の制定運動、などである。カトリックたちが、今度は自分たちがプロテスタント十字軍の標的になる、と思ったのも無理はない。対照的に、進歩的プロテスタントは、カトリックを改革の主な障害とみなしがちだった。ビリー・サンデーのような信仰復興の説教師は、会衆に対して、「外国人」の「流民の大群」がキリスト教国アメリカに突きつけている脅威について、倦むことなく警告し、また「外国人の投票」が禁酒法を妨げることを非難した。サンデーは、この「外国から入ってくる影響」を克服できるのは、ただ「アングロ・サクソンの圧倒的多数派」だけだ、と警告した。(10) プロテスタントの排外主義が脅威を感じたのは、まったく根拠のないことではなかった。ジェイ・P・ドーランによれば、「一八九〇年までには、都会のカトリック人口は……都会に住む他のすべての宗教的デノミネーションの人口を合わせた数よりも多くなっていた」からである。(11)

しかし、キリスト教国アメリカをめぐるかつての福音主義の合意は、消散しはじめていた。右に目をやれば、根本主義者は、アメリカは黙示録的な聖なる介入なしにますますキリスト教的になるという信仰を失い、前千年王国説（プレ）の急進版というべきセクト主義を採用した。左に目をやれば、リベラルなプロテスタンティズムは、アメリカの使命から「キリスト教的」という修飾語を脱落させ、進歩という世俗的な後千年王国説（ポスト）のヴィジョンを採用した。(12) 福音主義プロテスタンティズムは、それまでもっていた文化的ヘゲモニーを失い、公認の地位を失い、新たな国民的契約、新たな市民宗教の形成に道を開いた。この市民宗教は、結局、カトリックとユダヤ教徒、それに世俗的ヒューマニストを編入したものになる。しかし、永久に離れ離れになってしまう前に、福音主義の古い連合は、最後のプロテスタント十字軍である禁酒法成立のため再び団結し、さらに最後にもう一度だけ、アル〔フレッド〕・スミス〔カトリックとしてはじめて大統領候補に指名された〕が大統領選挙に出た一九二八年、カトリックがホワイトハウスに入ることを阻止するため、短期間ながら団結した。(13)

実際上この選挙を最後として、排外主義的な反カトリック運動は終焉した。たしかに、プロテスタントとカトリックとの抗争は、一九四〇年代と一九五〇年代に、再燃した。しかしそれらはもはや、過去のチャーチとセクト、多数派と少数派との、はっきりした抗争ではなかった。それらは、普通のデノミネーション同士の抗争の、最初の兆しだった。(14)プロテスタントの古い偏見が、とくに根本主義プロテスタントとセクト的プロテスタントとの間にいつまでも残っており、また隔世遺伝的な知的および階級的な偏見が、北東部のリベラルな上流階級のプロテスタントの間に残っていた。(15)しかし、一九五〇年代半ばの称賛に値する本のなかで、ウィル・ハーバーグは、プロテスタント、カトリック、ユダヤの三つが、アメリカ人であることの三つのデノミネーション的形態になった、と書いている。(16

一九六〇年の大統領選挙でカトリックのジョン・F・ケネディが選ばれたことは、この命題をもっともよく確認するものである。とはいえ、そのケネディも、ホワイトハウスに入ることが許されるに先立ち、ヒューストンで、プロテスタントの閣僚たちを前に、大統領としての自らの適性を証明しなければならなかったのである。

自由な宗教的市場におけるカトリックという一つのデノミネーション

メイフラワー号がピューリタンの地ニューイングランド諸州の象徴として相応しいとすれば、一六三四年にアメリカめざして船出したアーク号とダヴ号は、カトリックの地メリーランド州の象徴として相応しいであろう。契約を結んだピューリタンが「丘の上の町」の市民となった一方、植民地領主のセシル・カルヴァートは、知事や行政官たちに、「ローマカトリックの宗教行為はすべて、できるかぎり私的に行われるべき」こと、また、カトリックは「宗教問題に関する言論に際しては黙っているべき」ことを指図した。[17] カトリックは、ほとんどの植民地で、法的に何の資格もない条件下で、働かねばならなかった。憲法修正第一条に書き込まれた、憲法上の新たな急進的取り決めを、彼らが熱狂的に歓迎したのも、当然であった。カトリックの司祭たちは、一七八三年のローマへの書簡のなかで、「この合衆国において、われわれの宗教制度は、もしこういってよければ、政治的な革命よりも尋常でない革命を経験してきている」と書いた。[18]

アメリカ・カトリシズムの「共和主義的」局面と「移民的」局面とを区別すること、また、まったく様子の異なった二つのカトリシズムの原因をこの二つの局面に帰すること、この二点は通例になっている。[19] デヴィッド・オブライエンが共和主義的なアメリカ・カトリックに関して行った性格づけは、一八世紀のフランス・カトリックの独立独行の「ブルジョア」の風格に関するベルンハルト・グレトゥイゼンの性格づけに、非常によく似ている。どちらのタイプも、教会に対しては信心深いが現世でもまったく気楽にくつろいでおり、政治的、経済的、そして宗教的な役割を厳密に分離することを、リベラルな伝統のなかで学んでいる成功したカトリック平信徒の様子を描きだしている。彼らは、教会に「宗教に専念する」よう説き伏せる一方、「宗教的信仰には、直接的にも間接的にもほとんど関わりをもたず、経済的・政治的生活に従事した」のであった。[20]

チャールストンのジョン・イングランド司教は、一八二六年一月八日の会議に向けた演説のなかで、プロテスタントの批判に答えて、リベラルな共和主義を正当化する、次のような古典的考えを述べている。

これに対するわれわれの回答は、きわめて単純でとてもわかりやすい。それは、われわれはそれに従わないだろうということ、われわれはそのような権威は認めないということである。私は、教皇であれ、われわれの教会の司教であれ、この同盟の外にいる者が、もっとも些末な投票箱に、もっとも控えめな選挙権によって、もっとも小さい干渉をすることすら許さないだろう。そのような干渉をする権利を、誰も持っていない。私の見るところ、霊的権威と、人間による政治と市民の関心の調整に干渉する権利との間には、明らかな区別がある。あなたがたは、この区別を見なければならない。あなたがたは憲法のなかで、賢明にもこの両者を区別し分離している[21]。アメリカの共和主義と、多元主義的でデノミネーション的な宗教システムのなかで、カトリシズムに占有してほしいと思う位置の見取り図を示して、彼は次のように結論づけている。

われわれはカトリックを、他のすべての宗教結社とともに、平等性の根拠の上に立つ宗教団体と見たい……われわれは、国政においては同胞たちから離れて立っているよう要求するような人を、アメリカの支持者とも考えないし、カトリックの支持者とも考えない……われわれはわれわれの格言をくりかえす。宗教団体としてのカトリックは、他の団体と同じくらい十分な基盤の上に独り立ちしよう。市民としてまた政治家としてのカトリックは、国家の他の同胞と区別できないようにしよう[22]。

しかし、ジョン・イングランドの見取り図は、少なくとも一九六〇年代までは、実現されることはない。福音主義プロテスタンティズムによって熱心に追求されたキリスト教国アメリカというこれに競合する見取り図と、その結果できあがったプロテスタントのデノミネーショナリズムというシステムは、カトリシズムをアメリカのもう一つ別のデノミネーションとして受け入れるゆとりがなかったのである。さらに、大量にやってきた貧しいアイルランドのカトリック移民は、階級とエスニシティにおいて、他の市民から際立って目立ち、カトリックの位階制にまったく新たな難問を提出した。移民教会という、これまでときわめて異質な、司教による新種の指導をともなったカトリック教会が、一八四〇年代に出現した。

ほとんどの注釈者は、ニューヨークのジョン・ヒューズ司教が、新たな移民カトリック教会を代表する人物として、もっとも力に満ち表現力に満ちた人物であるとみなしていた。当時の移民の様子を思い描くためには、とりわけ二つの出来事が役に立つ。一八四四年五月と六月の「フィラデルフィア暴動」の時、ニューヨーク市における排外主義者の集会計画が発表されたのを受けて、ヒューズ司教はロバート・モリス市長との会見を要求し、彼に、「もしニューヨーク市で、カトリック教会が一つでも焼かれれば、この都市は第二のモスクワになるだろう」と警告した。[23] これ以後、ニューヨークのカトリック司教――および、カトリック移民が労働者階級の多数派を構成しているような他の諸都市の司教――は、政治家や選挙で選ばれた公吏にとって計算に入れるべき有力者になってくる。アンドリュー・グリーリーの言うような、「敵意に満ちた敵どもに取り囲まれ、自分の世話もできない信徒の群れの、父にして保護者、という司教の自己イメージ」を最初に定着させたのは、ジョン・ヒューズであった。[24]

共和主義的なカトリックのふるまい方がモデルとしたのは、カトリックとしてではなく他と区別のつかない市民として、共通善の促進に参加するため公的領域に入ってきた自律的な個人としてのカトリックというモデルであった。対照的に、移民のカトリックのふるまい方は、集団――宗教や階級やエスニシティによって他の集団から見分けることができる集団――としてのカトリックを、集合的に組織化し動員するという前提に基づくものであり、その目的は自分たちの特定の利益を促進することであった。「教会のボス」としての司教を有する教会は、カトリック移民の保護と自己組織化と動員のための手段となった。アイルランド・カトリックが、いったん都市の政治機構を左右し始めると、地方司教の権力も、それにつれて当然のように大きくなった。自らの指揮下でカトリック政党を旗揚げしようというヒューズ司教の企ては、実際にはうまく行かなかった。それでも彼は、カトリックが政治的にブロックを形成して戦う姿勢を見せれば、通常の場合は民主党と提携することで、自分たちの利益を守ることができるということを、移民たちに教えたのである。

ヒューズ司教は、プロテスタントの欽定英訳聖書を公立学校から排除しようと努力したが、それには失敗した。しかし一八四一年、彼は国家によるカトリック学校の設立を訴える運動を始め、その過程で、プロテスタントの排外主義的な反応を引き起こした。ホイッグ党と民主党という二つの主な政党が、彼の努力を支持することを拒否した時、ヒューズ司教は自ら候補者を立てた。カトリックの公認候補は落選したが、彼らの得票数は、市の公立学校の管理を、私的な――主にプロテスタントの――公立学校協会から、ニューヨーク州政府が引き継ぐよう、州政府に説得するには十分であった。ヒューズ司教は、カトリック教育に対する州の援助を獲得することはできなかったにしても、少なくとも、公立学校からプロテスタント教育を取り除く結果にはなった。さらに、カトリックの独立した教区学校制度は、今やかつてよりも正当化されているように見える。ヒューズはそこでの決定的に重要な闘士であり、「まず校舎を建てること。教会はその後である」というのが、彼の有名な格言であった。

移民教会の中心的な課題になったのは、移民がアメリカ市民社会のなかで、「分離した、しかし平等な」エスニック集団および宗教集団として、当然の位置を占めることができるよう援助する一方、彼らをプロテスタントのアメリカから保護し、彼らの信仰を保つことであった。公立学校と教区学校をめぐり、プロテスタントとカトリックとの間でくりかえされた論争によって、アメリカについての、また宗教が公的領域で携わるべき役割についての、両者の見解の違いがもっとも明らかに示された。カトリック教会は、教区学校制度を創設したことによって、自分たち独自のアメリカ化の計画表があることを告知した。公立学校制度は、まず第一にプロテスタント化の、そして第二に世俗化の代行者である、というカトリックの理解は、カトリック世界全体に並行例のない、新たなカトリック教育制度の創設につながった。

教会とその全機関は、カトリック移民の同化――アメリカ化――に決定的な機能を果たすことになるのだが、しかしそれはカトリック的なタームでなされた。きわめて多様なナショナルな集団から、カトリックという単一の宗教団体が出現した。それは、他のすべての宗教団体や支配的なアメリカ文化から、はっきりと離れて立つものであった。一九世紀の終わり、ギボンズ、アイアランド、キーン、スポルディングといった「アメリカニスト」の司教たちは、分離主義的な傾向に抵抗したが、保守的な人々は、バチカンからの援助もあって、優勢に立つことができた。アメリカニズムという異端の弾劾（一八九九年）につづいて、近代主義という異端の弾劾（一九〇七年）が教皇によってなされたことは、出現しつつあったリベラルなカトリシズムと、アメリカ・カトリシズムをアメリカ文化のなかに統合しようとするすべての試みに、冷水を浴びせるような効果をもった[25]。そこにあったのは、根本主義的プロテスタンティズムと近代主義的プロテスタンティズムとの分裂につながった問題と、似たような問題であった。しかし、アメリカ・カトリシズムの場合、バチカンの介入は、教会全体に保守的な姿勢を課しつつも、分裂した位階制内部の統一を強化するのに役立った。

二〇世紀の前半は、アメリカ・カトリシズムの、同時代の世界からの「誇り高く輝かしい孤立」の黄金時代を画した。これは独立した文化的ゲットーへの引きこもりであり、出現しつつあった世俗的アメリカ文化から、根本主義がセクト的に引きこもったのと似ていなくもなかった。カトリック的な対抗文化と対抗社会が、「敬虔なカトリシズム」、カトリック的学校制度（小学校から大学まで）、新たにみがきをかけられた「新トマス主義」とカトリック的中世の神話的な考えに基づく独特の世界観、独立したマスメディア、無数の自発的団体（宗教の、職業の、娯楽の）などの独特な形をとって、地域のエスニックな教区を中心に建設された(26)。

安全な文化的停泊所は一九五〇年代半ばまで維持されていたが、その頃になって、幾人かのカトリック知識人が、知的ゲットーの「凡庸さに自己満足」しているカトリックの状態に飽き足らないものを感じはじめた(27)。しかし、注意深く作られたカトリック的サブカルチャーを掘り崩したのは、もっと強力な構造的力だった。第二次世界大戦、復員兵援護法、全般的な経済の好景気によって、アメリカのカトリックたちのなかには、地理的・教育的・職業的な流動性を獲得して、労働者階級として都会で暮らすエスニックな地域共同体を離れて、新たにより高い教育、より高い収入を手に入れ、典型的な中産階級のアメリカ人と一緒に郊外に住むようになった。

長い予想外の回り道をした後、ジョン・イングランドの共和主義的でリベラルな見取り図は、ついに実現された。アメリカのカトリックは、アメリカの主流派に合流しつつあり——実際、彼らは他のどの集団よりも、今やアメリカの中流を定義するものになりつつあった——、特定の集団の利益を擁護しようとするカトリックとしてではなく、ますます他のアメリカ人と見分けのつかない「市民や政治家」として、公的生活に入ってきた。意図的だったにせよそうでなかったにせよ、ヒューストンでプロテスタントの閣僚たちを前に行ったジョン・F・ケネディの有名な演説は、ジョン・イングランドの議会向け発言の、ほとんど複製と言ってよかった[28]。

ケネディは、私的宗教と公的な世俗領域とを徹底的に分離するという、古典的でリベラルな姿勢を示した。宗教的な見解は個人の私事であり、公事や公の世俗的役割の遂行には、無関係なものでなければならない。諸教会は宗教に専念すべきであり、公事に口出しすべきではないというのである。実際、この方向を向いた歴史の先例や傾向や圧力は非常なものだったので、もしバチカン公会議と世界的なカトリシズムの発展がなかったとしたら、このリベラルな態度は、おそらく今日、アメリカ・カトリック教会の、事実上の公式姿勢になっていたことだろう。ところが、一九七〇年代後半と一九八〇年代になると、われわれは、「リベラルな共和主義的」様式とも「移民的」様式とももはっきりと区別され、かつアメリカ・カトリシズムの歴史のなかで確固たる先例をもたない、新しい様式の「公的カトリシズム」を目撃することになる。

移民教会——多様な国民を含む教会から単一のアメリカ国民教会へ

会衆という観点から、チャーチの根本的な性格を述べると、チャーチとは、その領土の成員すべてに強制力を主張するよう組織された宗教団体である。これと対照的に、セクトとは、成員の自発的意志と選択に基づく宗教団体である。チャーチのこの強制的な属性は、コンスタンティヌス大帝による公認以後のキリスト教会の、教法上の権力と俗事上の権力との二元論という、特定の構造と結びついたもので、特殊な歴史的局面である。それはもはや、今日のカトリック世界には事実上は存在しないものであり、原則上でも、第二バチカン公会議の宣言によって、カトリック教会から放棄されたものである。

したがって、後に残る根本的な違いは、セクトが聖徒だけから成る排他的な団体であろうとするのに対して、チャーチは万人を成員にしようと努力し、結果として聖徒も罪人も歓迎する、ということである。これは社会学的には、次のような原則に言い換えられる。すなわち、通常の状況下では、個々の成員はチャーチに生まれてくる、あるいはもっと正確にいうと、個々人は生まれ落ちた自然共同体――家族、民族集団、国家など――の成員としてチャーチに組み込まれる、ということである。これに対して、セクトの成員は、選択というプロセスを経て、そのセクトに個人の資格で参加する。

合衆国におけるカトリック教会は、その成員の大部分が、より大きなエスニック・ナショナルな集団の成員として教会に組み込まれた個々人から成っているかぎり、つねに一つのチャーチであった。実際、移民教会は、ナショナルなアメリカ・カトリック教会として機能する以前は、アメリカ人であること以外の共通点をもたないエスニック集団のチャーチとして機能していた。アメリカにおけるカトリック教会のこの移民的性質は、本来別種の諸部品を新たな環境に移植し、そこから一つの新たな団体を形成せねばならないことの結果であった。そこから、アメリカ・カトリシズムの歴史には、不断に解決せねばならない、次のような四つの一連の問題あるいは緊張状態が、回帰的に出現してきている。

(a) マルチナショナルな教会と、ナショナルなアメリカ的教会との緊張。

(b) あらかじめ成員が定められているという伝統的なチャーチの原則と、アメリカの宗教的環境において支配的な自発的デノミネーションの原則との緊張。

(c) 司教や聖職者による伝統的で権威主義的な教会の支配構造と、アメリカの政体に浸透している民主主義的な平信徒参加の原則との緊張。

(d) 司教の主権と、中央集権化された国民教会的な構造への要求との緊張。

多から一を生じる（エ・プルリブス・ウヌム）

アメリカにおけるカトリック教会の根本的な問題は、そもそもの初めからずっと、まったく共通点のない散り散りのカトリック諸集団から、いかにして統一された団体をつくるか、ということであった。[29] アメリカにおけるカトリック教会は、機関としての成長を維持し、また司牧の義務を全うするために、信徒のもつきわめて多様な言語的・文化的・霊的な要求に、つねに答えてこなければならなかった。しかしながら他方で、機関としての統一を維持するためには、教会の位階制は、非常に多様なカトリック諸集団が、やがて単一のアメリカ・カトリック教会になるであろうということを、彼らに保証してこなければならなかった。この司牧上の要求と機関上の要求との緊張は、つねに解決が容易であったわけではない。フランス的な教養を有する貴族的な高位聖職者と、アイルランドの下衆連中（ラ・カナーユ・イルランデーズ）との間に最初に起こったのと同じような抗争が、その後新たな移民がやってくるたびごとに、くりかえされることになる。ジェイ・ドーランはこの事態を、聖職者が司牧に苦心する小話で表現して、「ブラウンサンはアイルランド人にアメリカ人になってくれと言った。アイアランドはドイツ人を丸め込んだ。そしてマンデラインはポーランド人の説得に努めた」と言っている[30]。

一九一六年の宗教統計は、六つのナショナルな集団――アイルランド人、ドイツ人、イタリア人、ポーランド人、フランス系カナダ人、そしてメキシコ人――が、一六〇〇万人のカトリックの七五%を占めていたことを示している。残りはほとんど、東ヨーロッパの人々――もっとも大きいのはスロバキア人、チェコ人あるいはボヘミア人、リトアニア人、ルテニア地方のウクライナ人――から成っていた。全体として、アメリカのカトリックは、二八の異なった言語を話す、出身地を単位とする教区（ナショナル・パリッシュ）にそって組織された[31]。

アメリカが一般的に経験してきた文脈から見ると、移民それ自体や言語的な多様性自体は注目に値することではない。しかし注目に値するのは、アメリカにおけるカトリック教会が、カトリック移民とその子孫の圧倒的多数を、単一のアメリカ・カトリック教会の内部に止めておくことができた、という事実である。これは、アメリカの他のすべての主要な宗教団体が、キリスト教であれユダヤ教であれ、アメリカのデノミネーショナリズムの力学の犠牲になって、国籍、言語、教義、地域、階級、あるいは人種の線に沿って分裂したのとまったく異なっている。[32] このことは、おそらく、アメリカ・カトリック教会が、エスニックなカトリックのための、領土的に組織された国民教会として機能していること、またローマカトリック教会がすべての国民教会を超越していることの、もっとも説得力のある証拠となるだろう。

一九二〇年代のさまざまな移民制限法にともない、アメリカ・カトリック教会は、その移民的でマルチナショナルな性格を失い、急速なアメリカ化のプロセスに道を譲り、さまざまな出自をもつカトリックのエスニック集団を、プロテスタントやユダヤ教から区別された、単一のカトリック集団に同化する方向へと進んだ。アメリカのカトリックは圧倒的に都市住民が多かったので、彼らは第二次世界大戦後の郊外住宅化によって、とりわけ大きな影響を被った。彼らは大挙して、エスニックな近隣地域と出身地を単位とする教区を去り、全(オール)アメリカ的な郊外住宅に参加し、全(オール)カトリック的な教区の信徒になった。西部や南部への人口移動は、同じような結果をもたらした。アメリカのカトリックの同化は、一九六〇年代までにほぼ完了した。[33]

宗教共同体 対 共同体祭祀

カトリシズムは、アメリカ移入に際して、プロテスタントのデノミネーショナリズムと競合しなければならず、またそこで成功をおさめようとすれば、少なくとも部分的にでも、デノミネーショナリズムの諸原則を採用しなければならなかった[34]。移民とはすべてを根こそぎにするものであり、このことは、「信仰」がもはや当然のこととみなされないことを意味していた。それは行動的かつ自発的に、「保存」あるいは「復興」されねばならなかった。この点で、アメリカにおけるカトリシズムも、制度としても現象としても、「自由教会」というデノミネーション的な形態をとったといえる。しかしながら、根こそぎにされて慣れない異国の環境で生活しなければならないことが、共同体の必要性をむしろ高めたし、またプロテスタントの排外主義的な敵意も、カトリックのエスニック集団としての連帯を、むしろ強化する役割を果たした。移民にとって、出身地を単位とする教区は、出身地の失われた世界を再創造――実際上はまったく新たに創造されたものであることがしばしばだった――する役割を果たした。カトリックの福音主義的な信仰復興運動が、一九世紀のアメリカでとった形態は、教区内宣教であった[35]。

カトリシズムは通常、第二バチカン公会議のショックが起こるまでは、敬虔なカトリシズムの永続性によって形成されていた。しかし二〇世紀を通じて、カトリック的敬虔は、ますます共同体主義的なものではなくなり、逆に、ますます私生活中心主義的なものになった。大恐慌とニューディール政策が、一九三〇年代の「社会的カトリシズム」の黄金時代のための諸条件を作り出した[36]。ところが、第二次世界大戦後の時代の宗教復興は、よりいっそう私生活中心主義的で敬虔で律法主義的な宗教を呼びもどした。しかしながら、これにはいくつかの少数派による対抗運動があり、それらはすべて、新たなタイプのカトリシズムを、すなわち、もはや教区のまわりに集中せず、平信徒の方を向き、そして、個人的コミットメント、現世内的な霊性、共同体主義的な方向、公共哲学、などのさまざまな組み合わせによって性格づけられたカトリシズムを、指し示している[37]。

カトリック共同体の方向性が、次第に一般性の高いレベルへと変わってきていることも観察できる。つまり、村落共同体にはじまり、エスニックな地域共同体、国民教会的な教区、アメリカ・カトリックという共同体、アメリカ国民という共同体、そして第二バチカン公会議後は世界共同体へ、という変容である。皮肉なことに、アメリカに全面的にコミットすることは、かつては出身地単位のエスニックな教区のもつ特殊主義に対抗するリベラルなカトリシズムの証明印であったが、のちには保守的なカトリシズムに特徴的な印になった[38]。カトリシズムが最終的にアメリカ的になり、またアメリカのカトリック信徒がアメリカの市民宗教の忠実な信奉者になったまさにその時、世界のカトリシズムは大きく変容して、より幅広くより普遍主義的なパースペクティヴを示し、アメリカの市民宗教のナショナリズム的な特殊主義に挑戦したのである。

神の民かそれとも司教の教会か?

ローマカトリック教会がアメリカで成り立っていくために必要な制度的構造は、次の三つの決定的な因子を考慮したものでなければならなかった。アメリカ的状況、三つの主要な関係者——高位聖職者、聖職者、平信徒——間の適正な関係、ローマとの関係、この三つである。アメリカ的状況は、もちろん、独立と共和主義という、二つの決定的な経験によって形づくられたものであり、それらの経験が宗教の領域にあふれだしてくるのも不可避のことであった[39]。とりわけ、四つの問題が解決されねばならなかった。通常は教会の長としての司教をもつ必要性、司教を任命する権利をもつのは誰かを定義する必要性、牧師を任命する権利をもつのは誰かを定義する必要性、教会財産に対する諸権利をもつのは誰かを定義する必要性、この四つである。アメリカ人聖職者によって選ばれたのは、アメリカ初のカトリック司教ジョン・キャロルだけであった。それ以後は、アメリカの高位聖職者を選ぶ権利は、ローマが自らの掌中に確保しておくことになる[40]。

高位聖職者と聖職者と平信徒との間の、制度的な関係を調整するような、明確な規範を樹立する必要性が明らかになったのは、一七八五年から一七九〇年の間の、ニューヨーク市の聖ペテロ教会のなかの「管財人制(トラスティーイズム)」をめぐる抗争においてであった[41]。高位聖職者と

聖職者と平信徒の利害関心の分散や、平信徒間の社会的地位の違いが、司祭を司祭に対して、聖職者を平信徒に対して、管財人を一般の人々に対して、そして万人を司教に対して戦わせる、一連の抗争へとつながった。危機が頂点に達したのは、一人の司祭、ニュージエント神父が、「取るに足りない人々とアイルランド人」の支持を受けて、より裕福な管財人たちから教会の支配権を取り上げて、ジョン・キャロルの司教としての権威を否定した時であった。ニュージェント神父は、「ニューヨークにおけるキャロルの管轄権は無効である、なぜなら、それは外国の法廷つまりローマから受け取ったものだからである」と論じた。キャロル司教は、管財人が他の司教を除名するため民事裁判所に訴えることに、かつては反対していたが、今や「世俗の権威に頼ってでも」、教会の権威に対する聖職者の公然たる反乱行為を取り調べる必要がある、と考えを変えた[42]。

ニューヨークの法廷は、カトリック教会が合衆国において教会自身の内部的原則を確立する権利を事実上認めることによって、司祭側に不利な判決を下した。もしこの原則が守られなかった時は、教会は世俗の法廷に訴えて反抗的な司祭を除名することができた。アメリカの司教たちはのちになるとしばしば、「公認宗教はない」「信教上の自由な実践」というアメリカのシステムをヨーロッパの批判から守るために、このシステムは、キリスト教諸侯の保護と後援とやらの下では決してもつことのできなかったたぐいの教会の自由（リベルタス・エクレシアエ）を教会に与えるものである、と論ずることになる。ついには、聖職者も平信徒も、アメリカの教会の管理組織の外にとり残された。目下の者どもの反乱に直面した司教たちは、司教区における自分たちの君主的支配を教皇が支援してくれれば、自分たちに対する教皇の君主的支配を進んで受け入れる、という意向を示した[43]。アメリカ・カトリック教会は、全カトリック世界のどこにも例がないほどの、司教の教会になった。

司教主権 対 全国シノッド教会

君主制的な教会とシノッド制的な教会との間の緊張と抗争は、教会そのものと同じくらい古い。社会歴史的な状況が変化するのにともない、その緊張はそのつど新たに出現してきた。官僚制的で帝国的なシステムとしての教会はつねに、そのようなシステム特有の遠心力と求心力との緊張にさらされてきた。

アメリカの教会に関するジョン・キャロルの計画は、管轄権をもつ司教の霊的権威の下に、聖職者が平等の権利をもって参加する団体、というものであった。しかし、機関としての建築物をまず文字どおりに組み立てるという気力をそぐような課題（アメリカの司教たちはつねに、なによりもまず「煉瓦とモルタル」の司教であった）と、司教として位階制的な規律をなんらか再主張する必要が切迫していたことによって、キャロル司教の計画は挫折した。キャロルの死後に残ったのは、了見がせまくて自分の司教区の問題に没頭するだけの、おおむね平凡な高位聖職者の集まりだった。彼らは、その後長くつづくことになる、地方の司教主権に基づく教会の伝統を打ち立てたが、そこには、集団的で集権的なものにせよ、あるいは連合的なものにせよ、ナショナルな構造、権威、あるいはヴィジョンといったものが欠けていた。(44)

司教のヴィジョンが狭い地域に絞られていたのは、疑いもなく、一九世紀アメリカの政治システムの性質そのものによって条件づけられたものでもあった。政治が地域レベルや州レベルに中心をおいていた――教育や道徳の法制化などといった問題の場合は、とりわけそうであり、ほとんどの司教はそれに注意を奪われていた――ので、政治的な行動主義に傾斜した司教が、地域レベルや州レベルに努力を集中したのは、驚くにはあたらない。彼らが政治的影響力をもったのもこのレベルにおいてであった。(45)この点から見ると、アメリカ・カトリック教会は、州権という政治システムの中の司教区勢力として、性格づけることができるだろう。

ワシントンの連邦政府の官僚制的な集権化と全国化のプロセスにおされて、カトリックの位階制は、それに並行するような自らの管理、政策、および陳情機関の設立を余儀なくされた。しかしそのあとですら、ほとんどの司教は、地域における自分たちの司教主権を侵害するいかなるものに対しても、嫉妬深く抵抗しつづけた。実際、ドーランが指摘するように、司教を絶対的支配者とする考え方が最高潮に達したのは、一八七〇年の教皇無謬説の宣言を受けた教皇絶対主義の「象徴的な頂点」のあと、一九世紀も終わろうとする頃であった。一八八四年のボルティモア会議における法制化を受けて、「各司教はおのおのの司教区の教皇になった[46]」。

カトリック教会の注意を、地方政治から国政に向けなおす遅ればせのプロセスは、二〇世紀の最初の数十年にはじまった。転換点は、一九一七年、国家の戦争努力に寄与するため、全米カトリック軍事協議会が設立されたことであった。この協議会の設立は、多くの点で、「社会的カトリシズム」の出発点となるものである[47]。まず、教会の側に、社会的・政治的な行動に対する、機関としてのなんらかのコミットメントがあった。一九一九年、協議会は『社会再建のプログラム』を発表した。この重要な文書が勧めた政策のほとんどは、のちにニューディールの立法に組み込まれることになる。しかしこの、いわゆる司教のプログラムは、実際はジョン・Ａ・ライアン神父によって書かれたものが、司教たちによって彼らのプログラムとして流用されたものであった[48]。

一九一九年、国家の方向づけと新たな「社会的カトリシズム」は、軍事協議会が全米カトリック福祉協議会（ＮＣＷＣ）に変容したことによって強化された。ＮＣＷＣは、永続的な管理組織を作り出すことに加えて、アメリカの全司教が毎年会合するよう要求した。しかし、ほとんどの司教はこの新たな組織に関心を示さなかった。保守的な司教のグループは、そのような考えの息の根を止めるようローマに訴えて、おおむねそれに成功しさえした。少なくとも彼らは、その名称の「協議会（カウンシル）」を「会議（カンファレンス）」に変えさせて、それが個々の司教の主権を侵害できるようなシノッド的な機関ではないことだけは、明らかにすることができた。それはなんらの拘束力もない審議のためだけの機関にすぎず、安心して無視できるものだった。

これら二つの事件ほど、二つの大戦間の「社会的カトリシズム」と、一九八〇年代に出現した新たな形態の「公的カトリシズム」との違いを、よく示すものはほかにない。社会的カトリシズムは、行動主義的な司教のうちの少数派、とりわけ教会の社会的教義を真剣に受け取った聖職者の主導のもとに、出現した。彼らの多くは中西部における進歩派の出身で、それらの教義のなかに、カトリック的な「社会的福音」のための源泉を発見した。しかしながら、彼らの行動に対して、ほとんどの司教は、せいぜい嫌々ながら寛容であったにすぎなかった。さらに、大統領候補のアル(フレッド)・スミスのような、一般の「子供の時からの敬虔なカトリック」のほとんどは、自分たちは「社会的回勅のことは聞いたことがない」と答えるのがつねだった。[49]「ニューディーラー大司教」ことジョン・A・ライアン神父は、ワシントンの権力中枢や米市民的自由連盟(ACLU)の会員の間では、知名度も高く影響力もあったかもしれない。しかし平均的カトリックの間では、彼はたぶん、チャールズ・コフリン神父――彼の第一のライバルで、カトリック社会活動家にして、ポピュリストのラジオ司祭にして、ファシズム賛成派のコーポラティスト――よりも、知られること少なく、また人気もなかった。[50]

カトリックにしてアメリカ人であること

カトリシズムが最終的にアメリカ的になったまさにその瞬間、バチカンの現代化(アジョルナメント)によって、カトリックであることとアメリカ人であることとの関係についての昔ながらの面倒な問題が、再び表面化した。実際問題として、アメリカ・カトリシズムはその時初めて、近代性に直面することを余儀なくされたのである。それはもはや、伝統的なカトリックであると同時に近代的なアメリカ人であることによって、二つのあり方にはまったく矛盾がないことを実践によって証明する、という問題ではなかった。今や問題は、古い伝統的なカトリシズムそのものをいかにして近代化するか、今日的なものにするか、ということであった。

カトリシズムが、これまで近代というものに直面することなく、アメリカの諸条件にきわめてよく適応できたという事実は、きわめて印象的である。これについてトクヴィルは、次のような、なるほどと思わせる説明を提示した。

アメリカにおけるカトリック司祭たちは、知的世界を二つの部分に分割している。彼らはその一方の部分に啓示宗教の諸教義を置き、それらには議論なしに同意する。もう一方の部分には、神が人間の自由な探究に委ねておかれたと信じる政治的な諸真理を残しておく。かくして、合衆国のカトリックは、もっとも素直な信仰者であると同時に、もっとも独立心のある市民である[51]。

カトリックたちは、生活の二つの領域、つまり宗教的領域と世俗的領域とを、厳格な区画に分けることを学んできていた。アメリカニズムが世俗的領域に限定される一方で、カトリシズムは宗教的領域に限定された。アメリカのカトリックたちは、教会のなかではローマカトリックの信者であり、世間に出るとエスニックなカトリック・アメリカ人であった。しかも、この分割は、憲法修正第一条によって確立された、いわゆる「分離の壁」とまったく一致するように見えた。現に、憲法修正第一条は、政治をカトリックの干渉から守っただけではない。それはまた、外部の公的存在による自由な探求の干渉から、カトリシズムを守ったのである。

教皇制度(ローマニズム)と共和主義とは両立できないという告発に対抗して、アメリカのカトリックたちは、自衛のために一貫して、自分たちは霊的な事柄においては、そして霊的な事柄においてのみローマカトリック教徒であり、世俗的な事柄においては共和主義者であり、したがってアメリカ人である、とくりかえした。福音主義プロテスタントたちは、共和国のキリスト教化を目標とするため、決してそのような分離をしなかったので、これによって説得されることはなかった。彼らにとってそのようなカトリックの議論は、ためにする逃げ口上としか聞こえなかった。福音主義プロテスタントは、「ローマカトリシズム」には

「近代的」で共和主義的な諸原則と究極的には両立できない何かがある、と直感的に知っていた。しかし、彼らにしても十分に「近代的」ではなかったので、福音主義プロテスタントはその問題を、近代性や自由な探求と宗教的ドグマとの関係という観点から表現することができず、ローマという「異国」が共和制を妨害する脅威がある、あるいはカトリシズムと民主主義とは両立しないという、おなじみの根拠のない議論をくりかえしつづけるだけだった。[52]

カトリックが、教会の権威主義的な伝統に関してドグマ的であることは認めよう。しかし、カトリックが伝統の権威を自由で批判的な探求と質問に委ねる準備があったのと比べて、一九世紀の福音主義プロテスタントが、聖書を自由で批判的な探求に委ねることによりいっそう乗り気であった、とはとても言えない。ジョン・ヒューズ司教は、プロテスタントの欺瞞をはっきり見通していた。カトリックの厳格な分離主義者――ということは、つまり俗事においては共和主義者であり、霊的な事柄においてはドグマ的な絶対主義者――であった彼は、アメリカの市民宗教を受け入れることができなかった。彼は、キリスト教国アメリカに関するプロテスタントの主張を受け入れようとしなかったし、また非セクト的なキリスト教という口実のもとに、公立学校でプロテスタンティズムを教える企ても受け入れようとしなかった。もしアメリカがキリスト教的になるべきだとしても、なぜそれがキリスト教のプロテスタント版でなければならず、カトリック版でないのか、理由はなにもなかった。[53] しかしながら、のちになると、ギボンズ枢機卿やアイアランド大司教のような「アメリカニスト」は、カトリシズムとアメリカの市民宗教との間に、完全な調和を見出した。アイアランド大司教によれば、彼らの課題は、「愚鈍なカトリックにアメリカを愛することを教え、気立てのよい非カトリックに教会を信頼することを教える」ことであった。[54]一八八四年の第三回ボルティモア総会議において、アイアランド司教は次のように述べて、愚鈍で保守的な司教たちを納得させようとした。

カトリック教会とアメリカとの間には、何の葛藤もない。私は教会か共和国のどちらかが偽りであることを示すような言葉を、たった一言であっても発することはできないだろう。そして私が、今厳粛に行っているように、教会の諸原則は共和国の諸利益と完全に一致していると主張する時、私は魂の底で、自分が真理を語っていることを知っている。[55]

しかし、保守的な司教たちは、納得しないままだった。ニューヨークのコリガン司教や、ロチェスターのマックウェイド司教は、国家と宗教、また宗教的自由に関するカトリックの公式教義を知っていたので、「周囲の状況によっては」教会はアメリカの諸条件に自らを適応させることができる、という考えを受け入れることができた。このことはカトリック用語では、「アンチテーゼ」として知られていた。しかし、「テーゼ」[56]という理想的な状況が可能なのは、信仰を自認する国家における公認教会のみであった。教会は、神聖な真理の供託者として、過ちが真理と同じ権利をもつという考えを受け入れることができなかった。[57]「アメリカニズム」の論戦を通じて、問題がこのような観点からオープンに論じられることはなかった。しかしこれが中心的な問題だったのである。他のすべては、二次的なことだった。

カトリックの「アメリカニスト」は、アメリカの諸真理は自明のことであると考えていた。しかし彼らの大いなる失敗——実際、それはアメリカ・カトリシズムの歴史的失敗だった——は、それらの真理のための筋のとおった知的な議論、つまりカトリック神学用語に翻訳可能で、この問題に関する教会の伝統的教えに直に挑戦できるような議論を、提示することができなかったことである。彼らは、アメリカ的システムへの信頼を情熱的に告白することはできた。彼らはまた、アメリカ的システムがカトリック教会にとっていかに有益であるか、またカトリック国と称する国々よりもアメリカにおいて教会がいかにより大きな自由と成功をおさめているかを示して、プラグマティックで功利主義的な根拠に関するアメリカの信条を擁護した。[58]しかし彼らは、民主主義、信教の自由、公認廃止に関する神学的な理論的解釈を提出することはできなかった。

アメリカニズムという異端に対する糾弾が起こった時、彼らは沈黙した。彼らはもっと悪い状態を予想していたので、公的には容疑が晴れたように感じて、霊父（教皇）の『テステム・ベネヴォレンティエ』（一八九九年）によって糾弾されるような意見をもったことは決してない、とくりかえし言明することになった。したがって、彼らに関するかぎり、

「アメリカニズム」は異端ではない。しかし彼らは、心の奥深く考えていることを、あえて公的に守ろうとは決してしなかった。アメリカ・カトリシズムに対する糾弾の影響は、このの ち長くつづくことになる。カトリック神学者のジョン・コートニー・マリーが現われて、ついにアメリカの諸真理のための神学的議論を提供し、その過程でカトリックの「テーゼ」に挑戦するまでには、もう五〇年待たねばならなかった。[59] 第二バチカン公会議では、すべてのアメリカ人司教が、宗教的自由の実践のみでなく、その原則をも守るために、一斉に立ち上がった。[60]

宗教的自由の宣言である『ディグニタティス・フマーネ』は、アメリカ人でありかつカトリックであることの緊張がまったく消滅した瞬間に、出された。冷戦時代の反共産主義の十字軍が、それを可能にした。この十字軍は、共和主義的な自由のために戦っている人であれ、教会の自由のために戦っている人であれ、自由を愛する人なら誰でも参加できるものであった。ローマと共和国は、とうとう盟友になることができた。[61] 理由は違ったにせよ、ジョン・F・ケネディのようなリベラルなカトリックと、スペルマン枢機卿のような保守的なカトリックはどちらも、カトリック教会とアメリカ共和国との間に葛藤はありえない、という確信を共有していた。その理由は、ケネディ大統領においては、私的信仰と近代の世俗的世界との間には分離の壁があるからであり、スペルマン枢機卿においては、カトリシズムとアメリカの愛国精神とは、アメリカの市民宗教のなかに分かちがたく融合しているからであった。[62]

バチカン公会議の初めに、アメリカ・カトリシズムには二つの考えがあった。ローマのアジョルナメントがアメリカに上陸した時、どちらのタイプのカトリシズムとも、宗教と世間との関係についての新たな理解によって挑戦を受けている、ということが明らかになった。分離というリベラルな壁と、市民宗教としての融合とは、どちらも問題とされた。私的な信仰はもはや、世俗の公的問題を放っておくことはできなかった。また霊的な諸真理も「時のしるし」を無視することはできず、探求の自由を免がれることもできなかった。しかし、終末論的な次元はまた、いかなる社会秩序であれ、神の王国と同一視してはならない、と警告していた。カトリシズムとアメリカニズムとの間の新たな緊張が——この時はまだ自発的で意図的なものだったが——出現した。カトリック信仰が、アメリカの公事にあえて挑戦したのは、これが初めてのことだった。しかしながら、そうすることによってカトリック信仰は、自らを公的な精査、公的な討論、公的な論争にさらすことを、もはや避けられなくなった。

バチカンのアジョルナメント以後のアメリカの公的カトリシズム

新たなタイプの公的カトリシズムをよく表現しているのは、とくに三つの出来事である。

一九八三年の司牧書簡『平和の挑戦――神の約束とわれわれの唱和』。一九八六年の司牧書簡『万人にとっての経済的正義――カトリックの社会的教えと合衆国経済』。一九七三年の連邦最高裁判所による「ロー対ウェード」判決後の「妊娠中絶」政策におけるアメリカの司教の公的介入と、一九七六年の大統領選挙以来の選挙政治への関わりあい、この三つである。[63] 三つの出来事は、アメリカの司教たちによるそれぞれ異なったタイプの公的な発話行為として、すなわち、妊娠中絶、核戦争、経済の三つについて発話したものとして、性格づけることができる。三つの出来事を議論するにあたっては、三つの契機を区別するのが役に立つ。(a)発話行為の背後にある歴史的背景、(b)公的な出来事としての発話行為の本性（ネイチャー）と特徴（キャラクター）、(c)それに対する反応、および意図された、また意図されない公的結果、[64] の三つである。

司教たちの公的介入の背景

第二バチカン公会議が、アメリカのカトリシズムを急進的な変容に導いたという仮説は、広く共有されている。[65] この変容をうまく表現しようとすれば、「外国からやってきた上からの急進的な改革」と呼ぶのが、もっともよいであろう。そのような命題に証拠があるかどうかを確認する作業は、実は、アメリカの「公的」カトリシズムの出現をもっと別様に説明しようと試みる二つの仕事のなかに見ることができる。

『アメリカ政治におけるカトリック司教たち』のなかで、ティモシー・バーンズは、同時代のアメリカの政治的プロセスにおける司教たちの役割は、アメリカの政治システムのなかの二つの根本的な変化への反応としてのみ、十分に説明されることを論じている。彼によると、一つの変化は、州や地方への分権を犠牲にした「連邦政府の権威と主導権の拡張」である。もう一つの変化は、「国民政党制の党派の提携の入れ換え」であり、これは「政党間のより流動的で移ろいやすい競争」と「政治的動員と連合構築の道具としての宗教の発見」につながる、という[66]。

疑いもなくこれら二つの変化は、アメリカの司教たちの公的行動が起こってくる歴史的文脈を決定した。とくに、女性の妊娠中絶の権利を擁護した一九七三年の連邦最高裁判所の決定は、国民的な妊娠中絶反対の政治運動のなかで、カトリック教会が活発に関与するようになる触媒として役立った。カトリックは妊娠中絶反対運動（ライト・トゥ・ライフ）を支援した。おそらくこれが、新右翼に、主要な政党の再編成を実現する計画において、保守的な宗教集団がもつ潜在力を動員するよう覚醒を促した、最重要かつ唯一の因子であった。次には、新キリスト教右翼の政治的出現と、それがレーガン「革命」で果たした役割によって、カトリック教会のよりリベラルな部門は、自分たちの政治戦略を再考せざるをえなくなり、また単一問題集中運動と同一視されることを避けざるをえなくなり、妊娠中絶への反対を、たとえば核政策反対と「万人にとっての経済的正義」の支持を含むジョゼフ・バーナーディン枢機卿の「縫い目のない上着」のような、より広いプロ・ライフの政治戦略のなかに組み込まざるをえなくなった。この点で、アメリカの政治的文脈――司教たちはそのなかで公的な関与の仕方を考えねばならない――は、司牧書簡の必要性を、より緊急を要するものにしたと言える。

しかし、バーンズ自身がはっきり示しているように、アメリカの司教たちが公的な問題に介入したすべての書簡と同様に、そのもともとの衝動と精神の出所も、ローマの諸指令と諸文書にまで直接たどることができる。すなわち、第二バチカン公会議の記録文書、教皇の回勅、宗教会議（シノッド）などである。とはいえ、新たな教義を実行するために採用された特定の形態は、アメリカの所与の政治的文脈によって、形づくられ、色づけされざるをえない。

もし新たなタイプの公的カトリシズムへの衝動が、外国から来たことに間違いなければ、この新たなカトリシズムが「上からの改革」として理解されるべきものであることは、さらにいっそう明らかである。当然ながら、アメリカ・カトリシズムのリベラルな部門は――さまざまなやり方でバチカンの改革に参加してきていたのだが――これらの改革を歓迎し、それをできるかぎり早くそして遠くにまで推進しようとした。しかし、ジョゼフ・ヴァラカーリが「アメリカにおけるリベラルなカトリシズムの公認」[67]と呼んだものを、「新カトリック知識階級」の台頭の結果とみなすのは、こじつけである。アメリカ・カトリシズムの変容を新階級の台頭として説明することは、司教たち自身が新階級の先鋒であったとでも論じるのでなければ、ほとんど意味をなさない。しかしながら、もしそのような場合でも、新階級というパラダイムは、ほとんど啓発的でない。古い支配階級がイデオロギー的に変容したという理論のほうが、もっとずっと適切であろう。[68]

しかしながら、ヴァラカーリの「新階級」理論の用法からは、二つの洞察がでてくる。疑いもなく、バチカンのアジョルナメントとその合衆国における受容は、アメリカ社会の急進的な再構築の最中に起こった。ジョン・トレイシー・エリスによれば、一九六六年頃にアメリカ・カトリシズムに吹き荒れた嵐は、都会に住むエスニックな労働者階級が「新たなアメリカ社会」に参加する動きとあいまって、激動の頂点に達した。[69]カトリックはすべてのアメリカ人グループのなかでも、もっとも肉体労働者が多く、もっとも若く、またもっとも反共産主義的だったので、ポスト工業社会の到来と連動した教育上・職業上の革命によって、また一九六〇年代の若者の反乱と対抗文化によって、またベトナム戦争反対運動によって、深く心を動かされずにはいなかった。一九六〇年代のアメリカ・カトリシズム内部に、新たな行動的知識人層が出現したのは、疑いのないことであった。そのメンバーは、司教や司祭や修道尼だけでなく平信徒のなかにも見出すことができる。彼らは新たなカトリシズムの担い手になった。しかしこの命題の新保守主義的な解釈——それはこのプロセスを、古いブルジョア階級から権力を奪取した新たな知識階級の台頭と見る——は、カトリック的文脈においては、まったく妥当でない。[70]

カトリックの改革において、神学者やその他のカトリック知識人が決定的な役割を演じたことも、またほとんど疑いのないところである。そのことは、第二バチカン公会議における「専門家たち」の役割や、メデジン会議におけるラテンアメリカの神学者たちの役割を思い起こすだけで十分である。同様に、ヴァラカーリは、カトリックのリベラルな知識人と専門官僚によって演じられた役割を強調している。彼らは、新たに設立された米国カトリック司教協議会・米国カトリック協議会（NCCB／USCC）を、とりわけその顧問評議会を、コントロールするようになった。ヴァラカーリの研究の目的は、一〇年間（一九七三―八三年）にわたる二百年記念プログラムである「行動への呼びかけ――万人にとっての自由と正義」が、「NCCB／USCCの顧問評議会の懐で育まれた」ことを示すことにある。[71] しかしヴァラカーリは、入念に作られた三段階の二百年記念プログラムが、パウロ六世の回勅『行動への呼びかけ』（一九七一年）への、また一九七一年の世界司教会議の『世界における正義』への、アメリカの司教たちの直接の応答であることを認めなければならない。その回勅と会議では、「正義のために行動することと、世界の変容に参加することは、われわれにはまったく、福音伝道――あるいは換言すると、人類をあらゆる抑圧的な状況から解放し救済するという教会の使命――の本質を構成する次元と思われる[72]」と宣言されたのである。

保守的カトリックとしては、教皇や全教会の司教たちによるこれらおよびこれに類似の声明が、カトリックの伝統からの危険な逸脱を構成しており、また来世的で超越的な福音を内在的なカトリックの社会的福音に変容させ世俗化している、と信じる資格がある。そのように信じることにも、十分な経験的根拠があるであろう。しかし、その公的声明の出所を考慮すれば、保守的な人間たちは、リベラルなカトリックの行動主義は第二バチカン公会議を誤解しており公式な教えから逸脱している、ということを経験的に証明するのに苦労することになろう。保守的人間たちが、教皇の無謬性を尊重していることを考慮すれば、彼らが、最近の教えはまちがっていると大っぴらに議論することはありそうにもない。

神学者やその他のカトリック知識人の役割の拡張は、司教から教導権（マジステリウム）を非合法的に奪うことにつながる、という保守的な命題がある。これは、ラッツィンガー枢機卿が果敢に追求する「カトリック復古」の中心命題であり、第二バチカン公会議の「正しい」意味を再解釈することによって、教義の集権化された支配権を再び掌中にするための、バチカンの修正主義的な企ての一部、とみなされるべきである。[73] 今日の教会内部で起こっている種々のイデオロギー闘争は、本来的には、保守的な位階制とリベラルな平信徒との間の闘争でもなく、また司教たちとそれに異議を唱える神学者たちとの間の闘争ですらない。それは教会の正しい教導権をめぐって、位階制内部、平信徒内部で起こっている闘争なのである。[74]

伝統に対するドグマ的な敬意は、いかなるリベラルな改革をも拘束するし、また改革主義の教皇が一朝、これまでの教皇の教えは間違っていたとか、それはもはや妥当でないと発言する可能性を妨げる。しかしその同じ敬意はまた、保守的教皇とローマ教皇庁の成員の復古プロジェクトを、同様に拘束するものである。[75] この点で、第二バチカン公会議とその後の教皇やシノッドによって宣言された公式な教えは、もはやカトリックの伝統から容易に削除することはできず、バチカンのアジョルナメントによって始められた改革も容易に逆転することはできないといえる。保守的な位階制にできるかもしれないのは、せいぜい、これらの教えの意味の排他的な解釈を専有しようとしたり、上からの改革のプロセスを支配して、アジョルナメントをある特定の時点で「凍結」しようとしたり、改革への精神や衝動を鎮めようとしたりすることかもしれない。しかしながら、現在の歴史的状況のもとでは、教会の普遍主義的な主張を放棄したり、根本主義的なセクト的姿勢へと引きこもるならいざしらず、そのような企ては失敗しそうである。全世界的な規模で、リベラルな司教たちを保守的な司教たちで置き換えることにより、教義的教えの支配を再び集権的に掌握するというバチカンの現在のプロジェクトは、せいぜい、長期に君臨した強力な教皇ですらその結果をコントロールできないような、偶発性に満ちたプロセスである。

公的事件としての司教発話

発話を書いた者の性格、言説の様式、発話が妥当であるという主張、発話の定まった目的などの違いを考慮にいれて、われわれは、片や戦争と平和と経済に関する司牧書簡、片や妊娠中絶に関する司教の声明を、公的言説のいちじるしく異なった二つのタイプとして、区別する必要がある。

司牧書簡　司牧書簡『平和の挑戦』と『万人にとっての経済的正義』は、アメリカ・カトリック司教協議会（NCCB）の三分の二によって民主的に承認された本文であり、広範な共同体の参加をえて、公的・集団的な審議と協議の長いプロセスののちに、集合体の到達した合意を反映していた(76)。実際、公的な審議の幅、深さ、組織上の性質を考慮すると、それらの司牧書簡を公的見地から見た時にもっとも特徴的なことは、それらが書かれたプロセスそのものであった、と言えるかもしれない。それらはことによると、一般的な市民社会レベルにおける討議倫理を、経験的な近似値として制度化したものと見ていいかもしれない(77)。たしかに、カトリックの見地から見ると、それらは、教義や道徳的教えの伝統的な様式からの急進的な隔たりを示していた。それに対するラッツィンガー枢機卿の敵意に満ちた反応ほど、この点をよく示しているものはない。すなわち、枢機卿は、「司教の教えを、単に討論のための基礎として提案するのは間違っている。教えるという司教の職務が意味しているのは、彼らが神の民を導くということ、また彼らの教えが曖昧にされたり、自由討論のなかでいくつかの要素の一つの要素に引き下げられたりしてはならないということである(78)」と述べた。

もちろん、司教団による審議は、「理想的な発話状況」には近づかなかった。いずれにせよ、発話者は、普遍的な妥当性をもつ特定の道徳的伝統を教える権威ある教師であると主張する高位聖職者だった。しかしながら、司教たちは初めから、自分たちの声明のなかに、異なったレベルの規範性と妥当性の主張があることに気がついていた。人間の神聖な尊厳という、疑問の余地のない一つの根本的な価値があり、それを彼らは、啓示されたしかしまた合理的にも自明な、道徳制度の基盤とみなしている。この普遍的な価値からは、普遍妥当性を主張する確実な一般的諸規範と道徳的諸原則とが出てくる。しかし司教たちは、これらの一般的諸規範を特定の状況に適用したり、あるいは諸原則を公的政策のなかで言い換えたりする段になると、これは実践的で慎重な判断を必要とするものであること、また、可能なのは道徳的確実さにできるかぎり接近することだけであることを認めざるをえない。そのような場合、究極的には、個人の良心が最終の道徳的決定をしなければならない。

さらに、それらの本文は、信仰深いカトリックと一般公衆という、二種類の異なった聴衆を念頭において書かれており、それぞれに対して、権威ある教えであるという二つの異なった主張がなされる。カトリックにとってそれらは、権威ある道徳的教義の本文として提示されている。信仰深い者たちは、一個の人格として倫理的な決定をなす時、右のような規範性の異なったレベルを考慮して、それらを権威ある指針として受け入れるべき道徳的義務を負っている。しかしそこにおいてすら、司教たちは正義に基づく異議申し立ての余地を残しているのである。また一般公衆にとって、司牧書簡は、公衆の反省と熟慮のための文書として、提示されている。これは、集団的な規範を確立する助けとなるべきもので、それによって、公的な諸政策の道徳性、また経済構造上の実践の道徳性が評価できるようになる。

一九八三年の司牧書簡『平和の挑戦』は、二重の意味で、過去からの急進的な離脱を象徴するものだった。ベトナム戦争以前には、アメリカの司教たちは決して、カトリック的な「正義の戦争」という道徳的伝統を、アメリカの状況に組織的に適用しようとはしてこなかった。しかもアメリカ・カトリック教会は、独立戦争からベトナム戦争に至るまで、伝統的に、アメリカ国家の外交政策と戦争目的に対して、疑問の余地のない支持を与えてきた[79]。第一次世界大戦と第二次世界大戦は、アメリカのカトリックの愛国心を強化するのに役立った[80]。スペイン内戦の間、カトリックの位階制とアメリカの大多数のカトリックは、フランコのナショナリズム的な反乱を支持することで、アメリカの外交政策から短期的に逸脱した。しかし第二次世界大戦と、とくに冷戦下での反共産主義の十字軍によって、カトリックは再びアメリカの愛国的な陣営の内に団結することが可能になり、カトリックの右翼部門は自らを、アメリカニズムの異端審問官のような守護者と任ずることができるほどであった[81]。

ケネディ大統領は、ベトナム戦争へのアメリカの介入に着手した時、小さなしかし重要な平和主義的左翼――カトリック労働者運動によってもっともよく代表された――の存在にもかかわらず、カトリックの全面的な支持を疑いなく当てにすることができた。[82] 戦争の初期、カトリックは他の国民よりも、概してタカ派であった。しかしながら、一九六六年以来の世論調査は、カトリックの位階制が依然として戦争を支持していた時に、カトリック信徒はプロテスタント信徒や他の国民と比べ、ますますハト派になったことを示している。[83] 一九七一年になってようやく、他の宗教的指導者やアメリカ人の多くが戦争を弾劾したのを受けて、司教たちは『東南アジアに関する決議』のなかで、ベトナム戦争はもはや「正義の戦争」に見合うだけの基準を満たしていない、という最終結論に達した。

一九八三年の司牧書簡は、核戦争と核軍事政策に関する、カトリックの道徳的伝統のパースペクティヴからの、最初の組織的な評価であった。[84] 批評家たちは、アメリカの司教たちが妊娠中絶との戦いばかりに専心しており、核兵器競争によって人類の生存に突きつけられているより大きな脅威を無視しているとして、彼らを告発してきた。司教たちもまた、政府の核政策が核戦争の現実の見込みではないにしろ、少なくともその懸念を高めつつあった時、妊娠中絶合法化反対（プロ・ライフ、アンチ・アボーション）運動の支持だけに集中していることが、新右翼とレーガン政権によって政治的に利用されてきたことに、気づいていた。

司牧書簡の草案段階で、司教たちは、まず「時のしるし」と、核による人類の自己破壊の可能性によって作り出された新たな歴史的状況とを識別しながら、帰納法的に考えを進めた。それから彼らは、人命や「正義の戦争」の規範的基準を守るというようなカトリックの道徳的諸原則を担うに至った。そして、いかなる核戦争といえど、正当な理由、筋の通った「成功」の見込み、正当な目的とそれを達成するために不当な手段を用いることとの釣合い、暴力を用いる際の判断、などの基準に合致できそうにないという結論に達した。[85]つまり、いかなる核戦争も、道徳的に絶対に正当化できない、ということである。

しかし司教たちは、核兵器の所有そのものを、不道徳として弾劾するまでには至らなかった。そして、核による戦争抑止が正当化される可能性を考慮すると、ブライアン・ヘヒーア言うところの「一センチの曖昧さ」が、未決のまま残された。しかしながら、それも政策立案者が軍縮を真剣にかつ断固として追求する場合に限っての話であり、非武装の文民に対する核の報復の脅威そのものが、不道徳で弾劾されるべきものだった。司教団は明確な軍縮を要求し、核兵器の製造・実験・新たな配備の停止（「凍結」）よりもむしろ「先制使用（ファースト・ユース）」の拒否を要求した。[86]

司教たちは、核戦争に対する反対を、「汝殺すべからず」という絶対命令から引き出してきたのではなかった。原則的な平和主義に対しては、カトリック教会はつねに、他人を殺すことは「一定の条件下で」正当化されうる、という姿勢を維持してきている。それらの諸条件の内、自己防衛がもっともわかりやすいものである。とはいえ、「正義の戦争」論は、戦争を道徳的に正当化するためではなく、むしろ、どのような条件下で殺人が道徳的に許容できるか、その条件をできるかぎり制限し限定するために展開された。カトリックの伝統的な基準が、現実の場で厳格に適用されているか、あるいは緩やかに適用されていると評価するかにかかわらず、次のようなことは明らかである。すなわち、この領域では、カトリックの道徳的伝統は、変化しつづける状況にまさに開かれたままであろうとして、普遍的規範を特定の状況や要求に適用するに際して、なんらかの柔軟性を許容している、ということである。司牧書簡はまた、最後の決断をする際に個人の良心が究極的な役割を演じる、ということを並々ならず強調している。同時に、道徳的原則を偶発的な政策や状況に適用することが慎重な判断を要する時には、それに異議を唱える権利をも認めている。(87)

公共の道徳的言説の一つの形態として、一九八六年の司牧書簡『万人にとっての経済的正義』も、類似の性格をもっていた。二つの司牧書簡の主な違いは、三つの因子に由来している。まず、レオ十三世の『レールム・ノヴァールム』(一八九一年)からヨハネ・パウロ二世の『ラボーレム・エクセルチェンス』(一九八一年)にいたるまで――アメリカの司教たちは、司牧書簡を起草する段階でこれらの回勅に依ったのだが――、近代カトリックの社会に関する教えの伝統が、さらに連続的・組織的に展開されてきている、という事実である。次に、アメリカの司教たちは、一九一九年の『社会再建のプログラム』以来、経済政策の代案に関する、より公然と党派的で現在進行中の公的討論の文脈のなかで、アメリカ経済に関するさらに多くの声明を発してきている、という事実である。このため批評家たちは、この司牧書簡を、かつてカトリックがニューディール政策を支持したのと同一轍のものだとして、容易にごみ箱に捨てることができた[88]。そして最後に、近代の経済および経済政策は、戦争や核政策よりもずっと複雑な構造をもっており、道徳的評価になじみにくく、道徳的規制にはさらになじみにくい、という事実である。

『万人にとっての経済的正義』は、カトリックの社会思想を、具体的な特定の経済に、もっとも詳細にわたって、組織的・徹底的に適用したものである。司教たちが自らの書簡を「注意深い調査、幅広い審議、祈りに満ちた洞察の作品」と呼ぶのには、十分な理由がある[89]。司牧書簡の二つの局面が、とりわけて注目に値する。一つめは、「人間の神聖な尊厳」という原則が、最近の——少なくともヨハネ二十三世の回勅以来の——カトリックの道徳的教えのなかでもつようになった、中心的位置に関わっている。実際、「人間の神聖な尊厳」ということが、あらゆる物事の尺度になっている。したがって、「あらゆる経済的な決定や制度」は、道具的で合理的な基準によってのみならず、「それが人間の尊厳を守るか害するかという基準に照らして」判断されねばならない。あらゆる経済システムは、「それが何をめざして人々になされるものか、またそれがどのように万人の参加を許すかによって」、判断されねばならないのである。[90]

そのような基準を用いた一つの結果として、カトリックの社会思想は、自然法という存在論的な前提から、また自然な社会秩序という伝統的な考えから解き放たれる。カトリックの社会思想は、資本主義と社会主義の間の、カトリック的な「第三の道」という怪物（キメラ）を、ついにあきらめることができた。社会問題に対するカトリック的な解決というのは、何もないのである。あるのはただ、多少とも人道にかなった諸解決のみである。したがって、道徳の課題は、あらゆる社会構造を人間的なものにすることである。このことは、解決は命令されることはできず、いわんや外部から押しつけられることはできない、ということを意味する。それらの解決は、公的な討論と実験に付され、公共の合意が達成されたのちに、採用が提言されうる。司教たちによれば、「教会のなかと合衆国社会のなかには、どのようにして人間の尊厳と、われわれの兄弟姉妹すべての経済的権利とを守るかに関して、意見の多様性を入れる余地が確実にある。しかしながら、われわれの考えでは、基本的な道徳的目標に関しては、いかなる意見の不一致も正当化できない」のである。[91]

当然、それらの基本的な道徳的目標をいかに擁護するか、その最良の方法に関する同意に至るには、広範な議論が唯一の適切な手続きである、ということになる。司教たちの立論からまた明らかになるのは、彼らが行政への介入を要求し、教会が貧者を優先するのは、まさしく誰でもが議論に同等に参加できるようにしたい、という必要から出ていることである。行政は「人権を守り、連邦のすべての成員の基本的公正を保障する」という「道徳的機能」をもつ[92]。このことが意味するのは、「もし社会が万人に正義を提供すべきであるのなら、周縁に追いやられ、権利を否定されている者は、それを要求する特権をもつ」ことである[93]。教会が「貧者を優先すること」は、ことの次第として、「代弁者のいない者のために語り、擁護者のいない者を守るように、という預言者的な命令を課す。彼らこそ、聖書の言う貧しい人々だからである[94]」。

司牧書簡の注目に値する二つめの局面は、アメリカ経済を、客観的で普遍的な自然的社会秩序の特殊な事例としてではなく、むしろ、近代の未完の歴史的プロジェクトにおける一瞬間として見る、歴史主義的な考え方である。司教たちは自らの書簡を、彼らが「新たなアメリカの実験」と呼ぶものに関する公的討論に寄与するものとして、提出する。司教たちは今日の経済的諸難問を、かつて建国の父祖たちが直面した政治的諸難問と同様のものと見ている。「建国の父祖たちは、民主政治の新たな形を創造するために、かつて存在しなかった考え方や政治的諸制度を、作り出すことを余儀なくされた[95]」。それと同じく、司教たちが「アメリカの実験の未完の事業」と呼ぶものを完成するため、また経済的参加を拡張し、経済力の分かちあいを広げ、経済的決定を共通善に対してより責任あるものにするためには、建国の父祖たちが「参加の構造、相互の責任、万人の政治的な権利と自由を保障するための広く分配された権力」を作り出そうと踏み出した時の一歩と同じくらい勇敢な一歩を踏み出す必要があるだろう。[96]究極的には、司牧書簡の妥当性は、司教たちが提出した特定の経済政策から出てくるものではない。たとえ公的討論のあとで、「経済政策問題」の節における具体的な提案が、とくに有益でもないという理由ですべて捨てられたとしても、公的な倫理的言説を経済的領域にまで拡張するという提案そのもののなかに、司牧書簡の妥当性が存することになるだろう。

司教たちは妊娠中絶について語る　カトリック教会はほとんど二千年にわたって、妊娠中絶を道徳的に弾劾し、反対の姿勢を貫いてきている。[97]教会はこれを、彼らが「野蛮な」と呼ぶ、ローマの家父長制的な妊娠中絶と幼児殺しの実践に対する、もっとも偉大な文明的達成の一つである、と考えている。第二バチカン公会議は、「妊娠中絶と幼児殺しとは、口にするのもおぞましい犯罪である」と宣言することで、教会の姿勢を再確認した。[98]公会議直後の一九六七年、アメリカの司教たちは、アメリカ法律協会の刑法案が、妊娠中絶に関する州法の自由化を求めたのに対して、反対の姿勢を明らかにした。司教たちは、『われらの時代における人命』（一九六八年）にはじまる一連の公的声明のなかで、反対意見をくりかえした。[99]一九七三年の、ロー対ウェード訴訟に対する連邦最高裁判所の判決は、司教たちを、新たな公的声明と政治行動に向けて活気づけるのに役立つだけだった。司教たちの直後の反応は、「裁判所の判断の受け入れ」を拒否して、人々に「その論拠と結論に従わない」よう忠告することであった。[100]

もっとも重要な声明としては、憲法修正に関する上院の小委員会に先立つ一九七四年の証言、公民権と憲法上の権利に関する下院の小委員会に先立つ一九七六年の証言、ハッチ修正条項を支持した一九八一年の証言、一九七五年の『妊娠中絶反対行動のための司牧計画』などがあった(101)。教会の政治行動のほとんどは、憲法修正を通じて、ロー対ウェード判決を逆転しようとする、さまざまな試みのまわりに集中してきている。人命のための憲法修正全国協議会をロビー集団として設立すること、妊娠中絶反対全国協議会——これはのちに独立した妊娠中絶反対運動になる——の開始とそれへの融資、とりわけ一九七六年、一九八〇年、一九八四年の大統領選挙戦のような選挙政策への司教の介入、などである。

司牧書簡と司教たちの妊娠中絶反対の声明や行動とを比較してみると、二つの道徳的言説の形は、まったく異なっているのが明らかになる。妊娠中絶に関する司教たちの発話は、彼らの出した司牧書簡と、三つの点において一貫性がない。まず、カトリックの妊娠中絶についての発話の内部における、意味上の非一貫性。次に、道徳的諸原則を実際に適用する際の、遂行上の非一貫性。そして道徳的言説を構築する際の、手続き上の非一貫性、この三点である。一貫して妊娠中絶反対の道徳的姿勢を展開しようとする司教たちの企て、バーナディン枢機卿の「縫い目のない上着」などは、たしかに称賛に値するものである(102)。しかし、よく近づいてその上着を見ると、それは一貫した倫理を提示しているどころか、妊娠中絶に関する部分は異なった織物から作られており、布地には別の着用の可能性もあり、そして——これがもっとも重要なのだが——、それはより錬金術的な技術をもった別の織り手によって織られている、ということが露わになるのである。

意味上の非一貫性

妊娠中絶に対するカトリックの見解は、一見したところ隙がないように見える。少なくとも、証言を見ると、司教たちは自らの道徳的推論には、反駁できない三段論法的な論理的力がある、と言っているように見える。通常、三段論法は次のような形態をとる。すなわち、人命は神聖である。しかして個々の人間の生命は受胎の瞬間に始まる。したがって、妊娠中絶は誕生前の人格に対する罰当たりな殺人である、と。教会がこの結論を擁護するのに用いている絶対的で根本主義的なやり方は、二つの前提の中に埋め込まれた曖昧さと不確実さに関する疑いを引き起こすだけである。

カトリックの議論は、「人間の生命（ヒューマン・ライフ）」と「人間の人格（ヒューマン・パーソン）」とを置き換え可能なものとして用いる傾向があり、それにより論点を巧みに避けている。「神聖な尊厳」という犯すべからざる属性は、人間の生物学的な生命そのものであろうか、それとも人間の人格的な生命そのものだろうか？　われわれは伝統的なカトリックの道徳的教義や儀礼のなかに、来世的で禁欲的な、生命に対する価値の切り下げを見出す。もしそうだとすると、「現代人」は、カトリック教会が最近世界中で熱心に人権擁護の役割を引き受けているのを、歓迎しないわけにはいくまい。なんといってもこの世の生命は、近代のもっとも基本的な権利であり、根本的な価値だからである。しかし、生命ではなくむしろ多くの殉教者の死を毎日祝福している教会は、生物学的な生命そのものを神聖化することはとてもできない。生命に神聖さを与えるのは、個性（パーソンフッド）であり、人間化（ヒューマニゼーション）であり、伝統的な神学用語でいう「霊魂を吹き込むこと（エンソウルメント）」にほかならないからである。「生命を吹き込むこと（アニメーション）」についての神学的（あるいは社会学的）な質問に答えるため、教会自らの伝統がもっている神学的洞察を無視して、近代の生物科学に頼ることは、教会に集まった会衆にとってはよい証明として役立つかもしれないし、また政治的な動員のためにも役立つかもしれない。しかしそれは必ずしもよりよい神学を生み出さない[103]。この問題に関して、カトリック内部で神学的な意見の不一致があることを隠そうとしたり、あるいはそれは無関係だと宣言したり、さらに悪いことには、こうした問題を提起する同時代のカトリック神学者を黙らせようとすることは、明快で曖昧さのないカトリックの公式の教えのためには役立つかもしれない。しかしそれはまた、教会の教えの公的信頼性を掘り崩すかもしれない。

　生物学的な人間の生命が受胎の時に始まることには、なんらの疑問もない。しかし、いかなる疑問や反対意見も許さずに、胎児は受胎の瞬間から一個の人格であると無条件に断言することは、根本的な存在論的問題を無視している。というのは、少なくとも、双子や遺伝子組み替えの可能性があるかぎり、人間の個体化について絶対的な言葉遣いで語るのはきわめて疑問だという事実があるからである。さらに、受精した卵子のおそらく半分までが、子宮に着床しないで失われてしまうかもしれない、という事実から、いっそう深刻な問題が出てくる。カール・ラーナーなどのカトリック神学者が示唆しているように、浪費された卵子も、他の人格と同様に、「生命の主」である神の保護を同等に受けるに値する人間的人格であると無条件に主張するならば、深刻な神学的難問が起こってくる。そのような神のやり方を人間的に正当化できるのは、神を恣意的な暴君と考えるもっとも宿命論的な考え方だけであろう。

これらの問題提起は、意味論上の奇弁として読まれるべきではない。これらの議論のどれも、妊娠中絶は道徳的に間違っているというカトリックの基本的な道徳原則を掘り崩すことにはならない、という考えを受け入れる者があるかもしれない。それでもなお、カトリックの倫理的言説に、少なくとも「一センチの曖昧さ」を引き入れることで、カトリックの主張の絶対的で根本主義的な硬直性に疑問が呈されることになる。「正しい戦争」論と比較することで、二つの道徳的領域において用いられる基準が異なっていることは、ただちに明らかとなる。戦争において他の人間をじかに殺すことは、特定の条件下においては正当化されるかもしれない。それなのに、まだ生まれていない者をじかに殺すことは、たとえ母体の生命が危険な時であっても、決して正当化されることはない。「正しい戦争」

はありえても、「正しい妊娠中絶」はありえないのである。[104]「正しい戦争」という道徳説と同様、「正しい妊娠中絶」という道徳説の目的も、決して妊娠中絶を安易に正当化することであってはならない。むしろその目的は、もしそれがなかったとしたら、悔いるべきあるいは避けるべき行為が犯されたかもしれない、そのような条件に限界を設けるような、道徳的に一貫した基準を定めることでなければならない。

カトリックの道徳的伝統は、戦争に関しては、根本主義的な平和主義も道徳に無関係な現実的政策も避けている。しかし妊娠中絶の話となると、教会は、どのようなパラメーターのもとでなら中絶は道徳的に正当化されうるのかということを考えることすら拒絶している。その結果、道徳的議論の分野では、極端な根本主義的見解が中絶をめぐる戦線で互いに直面するがままにされている。すべての妊娠中絶は殺人だとする妊娠中絶合法化反対（プロ・ライフ）の見解がある一方で、中絶の無制限な権利は女性が自分の体に関して所有する権利の一部であるか、あるいは単に個人の自由な選択の問題であるとする、妊娠中絶合法化支持（プロ・チョイス）の見解がある。[105]これと対照的に、世論調査が一貫して示しているのは、妊娠中絶という、しばしば苦痛に満ちた選択に特有の道徳的な曖昧さを、ほとんどの人々が受け入れることができるということである。ほとんどの人々は、妊娠中絶は生まれる前の生命を断つ悔いるべき行為だが、しかしそれでも「特定の条件下では」殺すことは正当化される可能性があり、道徳的には殺人と等価ではないと信じている。[106]この道徳的な曖昧さの受容が、妊娠中絶に関する討議倫理の出発点でなければならない。

遂行上の非一貫性

司教たちの発話には、四つの異なったレベルが区別できる。道徳的・教義的な教え、個人の良心に対する規範的な処方、公的な政策の勧告、そして政治的動員への呼びかけ、この四つである。これらのそれぞれのレベルにおいて、妊娠中絶と戦争と経済の三つに関する発話の間に、明らかな矛盾がある。道徳論のレベルでは、すでに指示したように、司牧書簡は司教の教えのなかに、レベルの違った権威ある妥当性の主張を認めている。人間の人格の神聖な尊厳という普遍妥当的な原則については、正当な意見の相違はありえない。しかし、そこから軍事的および経済的な実践についての特定の規範にいたるまでは、考慮すべき複雑な中間的推論の段階と具体的な状況とがあって、規範的な結論に絶対的な確実さを許さないのである。したがって、これらの結論に関しては、正当な意見の相違が起こる余地がある。[107]

しかしながら、妊娠中絶に関する教えとなると、教会は正当な意見の相違の入る余地をまったく残さない。教会は、公式の教えを受け入れつつもこの問題に関するなんらかの曖昧さと不確実さを示してきた神学者たちに対し、カトリック大学で教えるのを検閲し、禁止してきた。そうした曖昧さや不確実さは、伝統的なカトリックの道徳神学にも見出されるものである。[108] 同様に教会は、妊娠中絶に関する公式な教えのいくつかの点について、公式な不同意を明らかにしている司祭や修道女を厳しく叱責し、意見の撤回を求めてきた。[109]

また、教会は個人の良心に向けて諸規範を提示するが、それが命じる異なった諸義務の間にも、同じような食い違いが見られる。[110] 司牧書簡を見ると、自由な裁量に任せられた判断の領域は、未決定のまま個人の良心に委ねられている。そこでは、カトリックの規範の伝統に導かれた個人の良心が、自分の決定に究極の道徳的責任をもたねばならない。[111] しかしながら妊娠中絶の話となると、教会はきわめて明快な線を引いてきた。いかなるやり方であれ、カトリックが妊娠中絶の斡旋もしくは斡旋の手助けをすれば、その者は型どおりに破門されるという、教会法的な威嚇がのしかかっている。[112]

公的政策のレベルでは、司教たちが司牧書簡で提示する具体的な政策勧告は、アメリカの公共の熟慮と討論のために出されたものである。それと対照的に、妊娠中絶の場合は、教会はその規範的な勧告を、法律に直訳しようとする。ロー対ウェード訴訟に関する連邦最高裁判所判決が出た翌日、妊娠中絶合法化反対運動に関するNCCB特別委員会は、「連邦最高裁判所の決定は、出生前の子供の生きる権利を守る法的安全装置をすべて取り上げるものである……この見解に挑戦するあらゆる法的可能性が探求されねばならない」と回答した。[113] その時の委員会のスタッフ・ディレクターであったジェイムズ・マックヒュー司教によれば、これは、妊娠中絶を法的犯罪とする憲法修正に向けた政治運動を、現実に組織する意図をもっていた[114]。その年の一一月までには、妊娠中絶合法化反対委員会は、「妊娠中絶合法化反対のための一節の憲法修正が、最優先されるべきであるとわれわれが考えていることを、同胞の市民に一点の疑いもなく明らかにすること」を期待して、『解決』という本を出版した[115]。実際、司教たちは、財政的・制度的・資源的なものを動員することによって、この目標にコミットする意図を明らかにし、これが空虚な道徳的おしゃべりではないことを示したのである。

妊娠中絶を犯罪とすることへの、このアメリカ・カトリック教会の機関をあげての断固たるコミットメントは、公的領域における宗教の位置と役割に関する、根本的な諸問題を提起した。それはまた、教皇制度とカトリック勢力が近代的諸自由と共和主義的諸制度に突きつける脅威についての、昔ながらの諸関心を再び呼び起こした[116]。ここには、政教分離に関する憲法上の技術的な問題もいくつか含まれている。それはとくに、機関として必要な資源を党派の政治運動に委ねている宗教団体の免税という観点から見る時そうであるが、より根本的な問題は、近代の多元主義的な市民社会における法と道徳の分化の問題にある、と私は信じている。実際、教皇制度はアメリカの諸自由に対する脅威であるという攻撃に対して、司教たちは容易に、われわれは一九世紀の福音主義プロテスタンティズムによって最初に確立された、アメリカ的な道徳的十字軍の典型的なやり方で行動しているのだ、と回答することができたであろう。また教会は公認化をめざしているという攻撃に対しては、司教たちはつねに、われわれは政教分離の憲法を完全に尊重していること、また、妊娠中絶に対する自分たちの反対はまったく民主的な憲法上の手続きに則っていることを主張してきた。「カトリック的」道徳を押しつけようとしているという攻撃に対する司教たちの答えはつねに、妊娠中絶は「カトリック的」問題ではないこと、また、危うくなっているのは、出生前の「子供たち」のもっとも基本的な生きる権利が暴力にさらされているという普遍的な人間的問題である、というものであった。

司教たちの発話からは、妊娠中絶への「根本主義的」な反対は、カトリックの伝統主義的なドグマだけに由来するのではなく、それどころか、本来そこに由来するものではないことが明らかである。彼らが公的に介入するのを見ると、伝統的なカトリックのドグマへの言及はほとんどなく、また伝統的な自然法の理論に推論の基盤をおく傾向すらもはやない。彼らの根本主義はむしろ、現代人がある考えを自明の真理と考え、ある主張を譲れない人権と考える時に頼るのと同じような、絶対的な確実さに由来しているように見える。さらに彼らは自分たちの推論を、近代生物学や近代医学が提供するきわめて経験科学的な証拠と主張するものによって、強化している。それらによれば、個体化された生命は、受胎の時に始まるのである。最後に彼らは、自分たちの行動主義を、預言者的な命令——教会は最近この命令を、保護してくれる者も語ってくれる者もいない弱者の擁護者とみなしている——の言葉によって擁護する。批評家たちに対して、彼らは倦むことなく同じ修辞的な質問で応答する。すなわち、出生以前の「子供」よりも、無垢で、弱く、無防備で、言葉をもたない者が、ありうるだろうか？と。

このような心底からの確信が、アメリカの司教たちによって満場一致で共有されているとすると、司教たちがいつか教えを変えたり、妊娠中絶の実践は道徳に反しているという公的弾劾をやめたりすることはありそうにない。しかし彼らは、ほぼ自ら始めた公的討論によって、道徳的理論を公的政治の領域で法的実践に翻訳するにはどうすればもっともよいかを、再考せざるをえなくなった。このことを示すある証拠が存在している。[117]一九八四年の選挙戦における数人の司教の大失敗と、ノートルダム大学での九月の演説におけるマリオ・クオモの力強い回答とが、おそらく、妊娠中絶問題に関する司教たちの公的干渉の転換点になるものである。[118]ジョン・オコーナー枢機卿やバーナード・ロー枢機卿やジェイムズ・ティムリン司教らは、副大統領候補ジェラルディン・フェラーロや他のカトリックの公吏を脅かして、自らの私的なカトリック道徳と、女性が妊娠中絶する私的な権利を憲法によって保護することへの公的な支持とを、「非論理的に」（B・ロー）あるいは「非合理的に」（J・オコーナー）分離するよう迫った。しかしニューヨーク州知事クオモは、そんな脅しには乗らないことを示した。クオモ知事は、「宗教的信仰と公共道徳――一カトリック知事の展望」と題する演説を行った際、冒頭で、自分は妊娠中絶に関する教会の公式な教えをただちに受け入れることと、自分（と自分の妻）は個人的にもこれらの教えに従う良心の義務を感じると、公式に言明した。アメリカの司教たちは、妊娠中絶のための公的基金づくりを制限する限定的な法律制定を支持することと抱き合わせに、妊娠中絶を禁止する憲法修正案を通すという、公的な政治目標を発表した。しかしクオモは、その目標に対する不同意を、公的にまた断固として論じた。

州知事としては、公に選ばれた官吏は憲法遵守を公的に宣誓させられている、とても答えるのが、習慣的でリベラルなやり方だった。しかしマリオ・クオモは、そうする代わりに、近代の多元主義的な市民社会においては道徳と法律を分化させる必要がある、という断固たる理論的な議論を提示した。さらに彼はプラグマティックな議論を展開して、もし司教たちが、この国の中絶件数が本当に減少するのを見たいのなら、妊娠中絶を禁止するための憲法修正という質の悪い考え——これは実施不可能だし、強いて実施すれば禁酒法の時と同じ悲惨な経験が再現するだけだろう——をもつよりも、司教たちは自分と一緒に、実践的な目標をよりよく達成できるような、もっと実行可能な他の政策提案を模索すべきである、と述べた。クオモのこの演説以来、カトリック公吏が善意をもちつつ妊娠中絶を禁止する憲法修正を支持しないのはどうしてか、またカトリック公吏が妊娠中絶のための基金づくりに賛成投票できるのはどうしてか、またカトリックがそのような公吏に賛成投票できるのはどうしてか、こうしたことが理解できないと言うような司教はいなくなった。

クオモ知事の演説はおそらく、リベラルな司教たちの企てにもまして、保守的な同僚たちの消耗的なプロ・ライフ〔妊娠中絶合法化反対〕の立場を、包容的なプロ・ライフの「縫い目のない上着」運動へと拡張する必要を確信させることに成功した。問題になっているのは、より一貫した倫理を作り出す必要性ではなく、むしろ、宗教の教義と個人の良心、私的道徳と公共道徳、法律と政治との間の正しい関係を、より体系的に再考する必要性だった。メアリ・ハンナは「カトリック司教たちは一九八八年の選挙に参加した。これに関して魅力的だったのは、そこに魅力がほとんどなかったことである」ということを観察した[119]。

司教たちの姿勢の食い違いが非常に明白になってきたのは、公的動員のレベルにおいてである。たしかに司教たちは、司牧書簡のなかで述べられた規範や政策提案を、カトリック信者が深刻に受け取るであろうこと、そしてそれらの実行をめざして働くであろうことを期待していた。たとえば、司教を含む多くのカトリック市民は、平和運動や労働争議や経済政策問題に関連する議案提出に関与するようになった。しかし司教たちは、司教として、カトリック市民や有権者をこれらの議案提出に賛成するよう動員もしなかったし、実質的な財政あるいは制度上の教会資源をそのような動員に委ねもしなかった。

対照的に、妊娠中絶のケースでは、司教たちは、ライト・トゥ・ライフ〔妊娠中絶反対〕運動を推進する重要な役割を演じた。その運動は、位階制から分離した後でさえ、長い間すぐれて「カトリック的」な運動のままだった[120]。人命に関する修正条項のための全国委員会（NCHLA）は、妊娠中絶に反対する条項の修正をめざしてロビー活動をするグループとして、おそらくもっとも重要なものになった。さらに司教たちは——これは一九七六年の大統領選挙とともに始まるのだが——、中絶に関する姿勢によって政治家候補者や選ばれた公吏をふるいにかけることによって、中絶を重大な「政治」問題にするのに、決定的な役割を演じた。

とりわけ、一九八四年の大統領選挙の間、保守的な司教の中には、恥を忘れて選挙の大騒ぎに参加した者もあった。バーナード・ロー枢機卿は、アメリカ・カトリック司教協議会が「単一問題集中投票」に反対表明しているのに公然と反対して、妊娠中絶は「この選挙戦の決定的な争点」であるとする、ニューイングランドの一八人の司教の署名入りの声明書を、公にした。[121]司教たちは、カトリック有権者に影響を与えようとする企てのなかで、ジョン・イングランド司教の「平明な区別」を忘れただけでなく、第二バチカン公会議から出てきた次のような司教たち自身の公式の教えも忘れてしまっていた。

とりわけ多元主義的な社会では、次のようなことがきわめて重要である。すなわち、政治共同体と教会との関係について、正しい展望を作り出すこと。また、個人としてであれ集団としてであれ、キリスト教的良心の命ずるところに従い、市民としての自分の名においてふるまうキリスト教徒の行動と、教会の名において牧師とともにふるまう行動との間に、はっきりした区別をつけること、である。[122]

一九八六年の省察『公的政策の領域における理論から実践へ』において、オコーナー枢機卿がまさにこの段落を引用しているという事実は、司教たちが重要な公的課題を学習したことを示しているかもしれない。アメリカの司教たちは、「問題とそれを支持している人間とを分離する」ことを学ぶことで、特定の候補者を支持したり批判したりすることを慎むよう期待されている。しかしその一方では、シン枢機卿とフィリピンの司教たちはマルコス大統領に反対したことで讃えられ、トゥトゥ司教はボタ氏やアパルトヘイト・システムを攻撃したことで誉められている、という事実がある。オコーナー枢機卿は、こうした事実に当惑しているように見える。彼は、「フィリピンや南アフリカでの経験とは違って、アメリカのシステムには、聖職の現場にいる人を政治から絶縁することを可能にするような、なにか独自なものがあるのだろうか?」と問うている。[123] しかし、近代的で多元主義的で民主的な社会と、独裁的な体制あるいは「人種に基づく民主体制」との差異を理解する人にとって、この答えは明白であろう。スペインやポーランドやブラジルにおいては、司教たちが独裁的な体制に対抗して、市民社会の動員を支持するのに非常な影響を与えたが、その同じ司教たちが、いったん民主主義政治の社会が定着すると、概して選挙政治に干渉するのを慎むようになるのである。[124]

手続き上の非一貫性

司教たちの公的な道徳的言説におけるすべての非一貫性のうち、もっとも深刻なのは、おそらく手続き上のものであろう。つまり、司教たちが司牧書簡のなかで道徳的言説を構築する時に使う方法と、妊娠中絶に関する道徳的言説を構築する時に使う方法との間に、はなはだしい食い違いがあるのである。司教たちは、司牧書簡においては帰納的に語り始め、「時のしるし」を識別し、関係する者すべてを、道徳的言説を構築するオープンな公の場に参加するよう招く。言説は数回の草案を経ており、最終的な本文は、合意に向けた正常な民主的手続きを用いて承認されている。

対照的に、妊娠中絶に関する道徳的言説を構築する時になると、もっとも明白で重要な「時のしるし」の一つ、すなわち、家父長制とそこから生じるすべてからの女性の解放という普遍的・歴史的な運動を司教たちは認めようとしない。「救済の経綸（エコノミー）」におけるこの歴史的な変化の重要性を見ようとしないのは、家父長制的な先入観のせいであるとしか説明できない。これはカトリックの道徳的伝統と教会の機関としての構造に本来備わっているものであり、フェミニスト神学者はそれを、「性差別の罪」と呼んでいる。[125]

一九世紀における「社会問題」に対する教会の応答が、はなはだしく不適切であったのに気づく者があるかもしれない。しかし教会は、問題そのものの存在は承知しており、社会問題に対する社会主義者の回答などは根っから間違いであると考えて、自らの解決策を提示しようともしていた。対照的に、話が女性問題になると、教会は依然として、社会にも教会にも問題が存在していることを認めようとしない。明らかに、近代的なフェミニズムの異端はいるが、近代的な女性の問題というものはないのであり、少なくとも、伝統的なカトリックの道徳的教えの見なおしを求めるような女性問題はないのである。アメリカの司教たちの名誉のために言っておくと、彼らは新たな司牧書簡のなかで、この問題に直面しはじめる用意をしてきている。しかし今日、リベラル派と保守派は、根本的な「過ち」を犯すよりは黙っていたほうがいいだろう、という点で同意している。これまでの司牧書簡の苦痛に満ちたプロセスを見ても、ローマカトリックはまだこの問題と取り組む用意ができていないことは明らかである[126]。アメリカの司教たちのほとんどは、この問題は消滅しないであろうと実感している。しかしながら、もしアメリカ・カトリシズムが、新たな「アメリカニズムの異端」を避けようとして、ローマの圧力にもう一度屈すれば、この問題に関して普遍教会とアメリカ市民社会の双方を指導するという、歴史的な好機を再び失うかもしれない[127]。

司牧書簡を書く際の協議のプロセスと対照的に、中絶に関する規範的な決定は、審問や説明、弁明、主張の機会も依頼も関係者に与えられることなく、上から降りてくる。実際、中絶に関して司教団が出す道徳的言説のもっとも衝撃的な局面は、司教たちが道徳的戒律を下すに先立って、女性たちに意見を求めることがまったくない、ということだけではない。それよりも、司教たちが道徳的な決定を下そうとしている当の妊娠した女性たちが、道徳を実践する者として言説のなかに登場すらしてこないということが衝撃的なのである。女性たちは、道徳的な働きの機会を奪われている。妊婦たちは、本来そうあるべく運命づけられ、それに干渉する権利を一切もたない、自然な生命のプロセスの単なる担い手になっている。

実際、教会は、妊娠中絶に反対することで、出生以前の人格の諸権利と人間的尊厳を守っているだけであると主張するが、それらが妊婦のほうの諸権利や人間的尊厳と葛藤を起こす可能性を教会が認めないかぎり、この主張を受け入れるのは困難である。教会が書いた中絶劇における道徳的シナリオは、いかなる権利や主張も、出生以前の者の生きる権利に優先することはなく、それをくつがえすこともできないようになっている。これは究極的には、女性が自由な道徳を実践する者となる権利を、教会は進んで認めるかどうか、という問題である。これはまた女性の人間的尊厳が、女性の良心は望まない妊娠をつづけるよう強いられるべきだという考えと調停しうるかどうかという問題でもある。

これに関連する二つの論点を、カトリックの道徳的伝統から、中絶の倫理的言説の劇のなかに持ち込むことができるだろう。まず司教たちは、個人道徳の完全な私事化は、すべて道徳というもののもつ間主観的な性質を、勝手気ままな決断主義的な自由へと解消するものである、と論ずることができる。そして次に、所有欲にもとづく個人主義的な所有権は決して絶対的なものではない、と論ずることができるだろう。しかしこれら二点は、中絶が「犯罪」かどうかを論ずる際には、女性の自由あるいは女性が自分の身体に有する支配力といった諸問題がなんらか関連してくるという事実を、教会が認めようとしないかぎり、決して本来の意図どおり聞かれることはありえない。その結果起こるのは、近代性の二つの根本的な価値である生命と自由の主張が、互いに調停不可能な葛藤を起こして、両者が互いを理解しそこねるという、「絶対同士の衝突」である。[128]

司教たちの公的発話の反応と帰結、そして公的有効性

司教たちが明言した目標を首尾よく達成したかどうかを、厳密な戦略合理的な基準によって見ると、彼らの公的発話はあまり効果的ではなかった、と認めざるをえないだろう。もし司牧書簡の経済的目的が、アメリカの経済政策を変えることであったとしたら、その効果はゼロであったと推測してよい。アメリカの核政策は、司牧書簡の目標に沿って変わっていき、それは司教たちが想像すらしなかったほどであった。しかしもともとその変化を起こした主な要因は司牧書簡ではない、と考えたほうが無難である。実際、ソビエト体制の崩壊とＭＡＤ（相互確証破壊）を終わらせる核阻止政策を促進したのは、レーガン政権が主張した軍備拡大競争の政策が、制御できないほどエスカレートしたという、きわめて現実的な脅威だった。この事実が示唆しているのは、道徳とは無関係な宇宙的なイロニーである、と言えよう。しかし、司教たちの発話が意図した効果をまったくもたらさなか

ったことが明らかなのは、妊娠中絶の場合である。司教たちは、憲法を修正して妊娠中絶反対の一節を入れるよう、限定的な目標を言明しており、またきわめて戦略的に行動した。今日では、修正条項のなかにそのような一節が入るのは、かつての一時期より不可能であり、司教たちが「カトリック票」をコントロールできないことまで明らかになってきている。たとえ今日、カトリック票について意味あることを語りうるとしたら、世論調査によると、カトリック投票者は、この中絶の問題に関しては、ますます司教たちから離れてきている、ということである。

とはいえ、司教たちの公的発話の公的有効性を、行為の戦略合理的な基準によって測ろうとするのは不適当であり、事実として誤っているであろう。[129] 司教たちの公的発話に対する公的な反応のいくつかを見れば、その公的な有効性を間接的に指し示すような、より適当な指標が得られるかもしれない。司教たちによって始められた公的討論の量そのものからいえば、彼らは完全な成功をおさめたと言える。さらに、司教たちが語ると、ウォール・ストリートやペンタゴンや議会やホワイトハウスは、それに耳を傾けるだけでなく、それに応答することを強いられているような感覚をもった。しかし、応答の量をそのまま測ったり、応答した者の地位がもつ影響力を測るよりも、応答そのものの性質をいくつか一見するほうが、発話の公的有効性を測るのに役立つかもしれない。

司教たちの発話の直接の効果の一つは、宗教は自ら申し立てた私的な宗教的領域に制限されるべきだ、というリベラルで世俗主義的な主張に対して挑戦し、その戦いに勝ったことであった。宗教は「政治にちょっかいを出す」べきではないというリベラルな主張や、宗教は「その本来の機能に専心する」べきであり、「経済や政治や家族や科学から派生した二次的な配慮によって汚染されずに、宗教的問題に対する答えを見出す」仕事に集中すべきである、という世俗化論の主張などに対抗して[130]、司教たちは、J・ブライアン・ヘヒーアの言う公事に介入する「教会の権利と権限」を確立した[131]。

しかしながら、もっとも重要なのは、司教たちはこの権利と権限を、ただ司教としての自らのためだけに確保したのではなかった、ということである。それどころか、彼らは、専門家であると自称するテクノクラートの主張に対抗して、すべての市民が自らの生活に影響するあらゆる問題に関する公的討論に参加する権利と権限を守ったのである。実際、司教たちは、自分たちが公的討論に入っていくのは、核政策や経済政策の「専門家」としてではない、とくりかえし言明した。そうすることによって、司教たちは、「専門家」がこれらの政策を公的討論から防衛しようとする試みに、疑問をなげかけた[132]。司教たちは、カトリックの規範的な伝統を、防衛政策や経済政策の正しさと公正さに関連したものにする権利を確立した。そしてそれにより、政治や経済は外の道徳を考慮することなく、自らに本来備わった機能合理的な基準によってのみ評価されるべきであるという、分化した政治と経済の領域の主張に挑戦した。司教たちはまた同じように、道徳は個人の道徳的良心に委ねられるべきだというリベラルな主張にも、挑戦した。

批評家たちは、司教たちが公的に語る権利と権限を認める一方、さまざまな問題点を論じた司教発話の内容の粗探しをした。いわく、あまりに「党派的」すぎる、あまりに一般的すぎて特定の勧告がない、「話だけで行動が伴わない」、十分に急進的でもなく預言者的でもない、などである。これらの互いに矛盾した批評が示しているのはまさに、司教たちが何を目的とするのか明確でなかったということではなく、むしろ、彼らのメッセージが安易な性格づけを許さないほど複雑なものだった、ということであろう。実際、ほとんどの批評家は、司教たちの発話のうちもっとも公に関わる局面、つまり政治と経済の領域における討議倫理そのものの正当化という局面を、つかみそこなっていたと言ってよい。

保守的な批評家たちが司牧書簡のなかの「教会的なモンデール主義」を非難する一方、リベラルな批評家たちはレーガン主義支持の司教たちの中絶反対の立場を非難した。このことを考慮すると、政治的な党派性に対する彼らの非難も疑わしいものになる。ここから出てくるのは、司教たちは選挙時の政党提携という点では一貫性がなく影響力もなかったという結論か、あるいはよりもっともらしいのは、司教たちの規範的立場は政党間の境界線を超越するという結論か、どちらかであろう。アメリカの生活における宗教的・政治的抗争は、デノミネーションの境界線に沿って起こるのではなく、むしろ、「ありそうもない提携」と呼ばれるものを作り出しながら、デノミネーションの枠を超越して起こる、という明らかな証拠がある。[133] 手近にある経験的な証拠を使って、われわれは三つの結論を容易に引き出すことができるであろう。まず、カトリックは、多様な政治的・イデオロギー的な幅をもったアメリカ全体に広く分布する傾向にあるので、もはやカトリック票などというものは存在しない。[134] したがって、司教たちは、特定の政治的傾向をもった選挙民の代表者であるとか、代弁者であるとはとても言えない。次に、カトリックの宗教的リーダーたちは、アメリカのプロテスタントやユダヤ教の宗教的リーダーたちがそうであるように、「神学的にはリベラルな陣営と保守的な陣営とに二分」されうる。[135] 最後に、これがもっとも重要なことだが、カトリックの宗教的リーダーたちは、性道徳や家庭道徳の問題に関しては、カトリックの平信徒や他の宗教のリーダーよりも、概してより「保守的」であり、経済や政治や国際問題に関してはより「進歩的」である。世界中のカトリックのリーダーの間でも、これと同様に、性道徳の問題に関する保守性と、経済的・政治的・国際的な道徳の問題に関する進歩性とが、おしなべて共有されている。こう見てくると、アメリカの司教たちの発話の出所は、アメリカの選挙民の政党の好みよりも、むしろ世界的なカトリックの教義的立場にある、と結論づけても過言ではないだろう。[136]

新保守派の批評家たちは、司教たちの具体的な政策勧告のいくつかを好まず、司教たちの党派性や、間違った預言者的ふるまいを批判する傾向があった。これと対照的に、進歩的なカトリックたちは、司教たちは特殊な政策勧告への加担をもっと明らかに宣言すべきであったのに、慎重でありすぎてそれに失敗したこと、これらの勧告を支持して制度的資源を動員するのを遠慮したこと、資本主義システムに取って代わりうる急進的なシステムを提供するのに失敗して預言者的な働きを十分果たさなかったことなどをあげつらって、司教たちの粗探しをする傾向があった。[137]司教たちが妊娠中絶に関する特殊な政策に断固としてコミットしたのと比べると、司牧書簡は実際、曖昧で空虚な道徳を述べただけのもの、と見ることもできなくはない。しかし司教たちが、もっと特殊で急進的な行動を呼びかけるのに失敗したことは、欠点というよりは、むしろ長所ともみなされうる。新保守主義的批判のようなカトリック内部の批判は、司教たちが出してきた司牧書簡の内の、もっとも新奇で当面の問題に関連した局面であったかもしれないものを、見逃しがちである。司教たちのかなり貧弱で不十分な政策勧告は、アメリカにおけるイデオロギーのばらつきのうちでは、穏健な中道左派に分類できるかもしれないという事実は、とりたてて重要ではない。具体的な政策勧告は、司牧書簡にとって中心的なことではない、と論ずることさえできるだろう。もっとも重大なのは、同時代の社会の諸問題に対して、司教たちが権威あるカトリック的解決を提供するのに、遠慮がちであったことである。司教たちが行ったのは、カトリックの規範的な伝統を、公的討論のための基盤として提供したことであった。彼らは答えを知っているとは主張しなかった。いかなる公的討論も事実上排除し、ただ党派的な動員の余地しか残さないような、そういう主張はしなかったのである。司牧書簡のなかで司教たちが主張したのは、自分たちは、それによって影響を受ける者すべてが参加し、すべての人が同等に接触できる公的討論を活気づけるのに役立つような、有効な規範的原則をもっている、ということだけだった。

究極的には、司教たちの公的発話の内、当面の問題にもっとも関連する局面は、司教たちが、リチャード・J・ニューハウスの言う「裸の公共広場」[138]に入ってきているという事実であった。司教たちがそうしたのは、教会を広場のなかの教会として確立するためではなく、また宗教的および世俗的な敵に対抗して教会の「部隊」を動員するためでもなく、むしろ公的討論に参加するためだった。宗教なしには公共広場は「裸」であろうし、したがって民主主義は痛手を被るだろう、というニューハウスの新保守的な議論を、必ずしもそのまま受け入れる必要はない。しかし、規範的伝統が倫理的言説を可能とする条件を構成していること、また――「理想的な発話状況」や「独自な立場」といった虚構めいたものであるにもかかわらず――規範的伝統なしには合理的な公的討論も論争上の倫理も行われそうにないこと、これらの命題はより擁護可能なものとして提案できるだろう。宗教的な規範的伝統も、他のあらゆる規範的伝統と同じように、公開での公的討論の規則に則って行動するかぎり、公的領域に入る権利をもつべきであることは自明と思われる。実際、宗教的な規範的伝統が公的領域に足を踏み入れてくるのは、他の非宗教的な規範的伝統が失敗して公的領域を放棄するか、もしくは公的役割から退いた時であり、その空白を埋めるためなのである。これまで伝統的に宗教的機関によって担われていた公的諸機能のいくつかを、代わりに果たすつもりで出発した近代の公的機関はすべて、学術的哲学も専門化された社会科学も、総合大学も出版社も、政治家も知識人も、次から次へとその公的な規範的役割を放棄した。[139] このような状況下では、裸の公共広場への宗教の帰還を、歓迎しないわけにはいかない。

しかしながらこの帰還は、公共の見解に、司教たちの介入に関する二つの――おそらくそれと意図しない――意味をもたらした。一つめは、司教たちは今日、かつてプロテスタントやリベラルな人々が恐れていたほど、政治的な動員力はあまりもっていないということである。時として司教たちは、荒野に空しく叫ぶ預言者のように見える。二つめは、司教たちは、カトリックの規範的な伝統と教会の機関としての構造とを、否応もなく公共の精密な検査の目にさらさなければ公的領域に入れないということである。

カトリックの位階制は、妊娠中絶合法化反対のための憲法修正を支持するよう、カトリック篤信家やカトリック政治家を効果的に動員することには失敗してしまった。このことはただ、私的道徳の領域ではすでに明らかになっていたこと、つまり、カトリックの位階制はアメリカのカトリックの良心を支配できないということを、ただ公然と明白なものにしただけだった。一般のカトリック平信徒が、性道徳についての教会の教え、とくにパウロ六世の回勅『フマーネ・ウィテ』(一九六八年)を拒絶したことから明らかになったのは、信者は教会の戒律に服従しない――罪人としてのカトリック信者はこれまでつねにそうやってきたが――覚悟ができているのみならず、意識的に教会の教義に反対していること、しかも、それは良心的であり、不道徳にふるまっているという考えはなく、カトリック教会に不信心なことをしているという気持ちもない、ということである。

カトリックたちは、教会を去るつもりはないという意思表示を、教会への不服従と抱き合わせにしている。実際、彼らは、教会の位階制に反抗することは、教会への帰属を断ち切ることには決してならないと考えている。これによって彼らは、少なくとも暗黙の内に、次のように言っている。つまり、第二バチカン公会議に出席した神父たちは、良心の自由の教義を宣言し、教会を神の民と定義した。われわれはこの公会議の教えを、神父たちが予想もしなかったやり方であるかもしれないが、内面化しているのだ、と。カトリックたちはまた、少なくとも暗黙の内に、次のように言っている。つまり、われわれは神の民であること、教会は位階制だけではなく民であるわれわれにも属すること、位階制がどう言おうと、われわれは教会から絶縁されているとは感じないであろうこと、われわれもカトリックの規範的な伝統の意味を今日の状況にあわせて解釈するのに参加する権利があること、われわれは個人として、究極的にはカトリックの規範的な原則を、自らの私的状況に確実に適用するという道徳的責務を負うこと、などである。アンドリュー・グリーリーが「自分自身でやってみる（ドゥー・イット・ユアセルフ）」とか「選択的カトリシズム」と呼ぶものは、アメリカのカトリックが近代的な反省的宗教のレベル、もしくは因襲を後にした道徳の段階に達していることを、言い換えたものである。[140]

もし位階制が、私的領域における信者たちの良心をもはや支配しないのであれば、公的領域におけるカトリックの行動と良心を支配することは、さらにあるまい。近代の多元主義的で民主主義的な市民社会では、教会はもはや公共道徳を制定することはできず、したがって公認教会のモデルを放棄せざるをえないということは、よく理解されている。しかし教会は、さらにそれ以上に、公的領域におけるカトリックの政治的な動員、もしくはカトリック・アクションというモデルそのものを、放棄しなければならないだろう。「神の民」の多元主義な内部構造を考慮すれば、それを一つの特定方向に政治的に動員しようとするのは、カトリックを反対方向に動員しようとする対抗運動を起こすだけである。

アメリカ・カトリックの諸信仰、諸儀礼、諸価値を包括的に調査したジョージ・ギャラップ・ジュニアとジム・カスティリは、彼らが「本当の矛盾」と呼ぶもの、つまり、「カトリックの平信徒たちは、一方では、武力制限、中央アメリカ、妊娠中絶、教育、経済政策といった問題に関して、司教たちがとる姿勢には同意する。しかし他方では、教会が政治の世界に巻き込まれることへの強い抵抗がある」[141]ことを指摘している。しかし、ここにはなんら矛盾はない。カトリックの平信徒たちは、ただ単に、市民社会という公的領域に関与することと、政治社会という公的領域に関与することとを、区別しているだけである。

調査データが示しているのは、カトリックの大部分が、公的問題に関して司教たちが声を大にして発言することを願っていることである。言い換えると、彼らはカトリシズムが公共宗教であることを望んでいる。それでも、ギャラップとカスティリが指摘するように、「あらゆる政治的信条をもったアメリカのカトリックたちは、いかに間接的にであれ、投票について司教たちが口出しするのを望まない」[142]。カトリック政党やカトリック・アクション、あるいはカトリック的な政治運動を、彼らが支持しないであろうことも、また明らかである。カトリック信者は、第二バチカン公会議によってなされた、「キリスト教徒としての良心の命ずるところに導かれる市民として、自分自身の名において行う活動と、教会の名において司牧者といっしょに行う」活動との区別を尊重する。[143]

政教分離というリベラルな壁は、歴史的に、国家と社会が宗教を公認したり、政治や経済が過度に規範的な関心に関わるのを防ぐのに役立ったばかりでなく、私的な宗教的領域が公的問題に介入したり、公的吟味にさらされたりするのを防ぐのにも役立った。もし今、司教たちが公的問題への介入をとおして、公事に介入する「権利と権限」を主張してしまったとしよう。その時彼らは、少なくとも暗黙の内に、オープンで合理的な討論という普遍的な基準――少なくとも理想的にはこれが公的領域を支配している――にしたがって、教会の見解を判断する権利を、公衆に認めることになる。もしいったん司教たちが、公的介入に際してこの基準を受け入れてしまえば、公的機関としての教会と私的機関としての教会との間の分離の壁を、新たに築こうとする試みは、ますます困難なものとなるだろう。すると、公的領域の基準が、教会に関わる領域に流れこんでくることを避けられなくなり、次のようなことが予想されるだろう。すなわち、教会の規範的教えを解釈するという、切れ目のない歴史的プロセスへの参加を、神の民たる平信徒が求めるようになること。女性が、神の民の司祭という普遍的な職に近づく権利を同等に求めるようになること。結局は教会という機関が、その全成員の人間的尊厳を尊重することを、学ばねばならなくなること。そして、教会は、神学者に対する宗教裁判のような処分を止めねばならなくなり、意見を異にする者に対して命令的に意見撤回を要求することを止めなければならなくなること、などである[144]。究極的には、公的で普遍的なチャーチであろうとする教会は、ちょうど近代の民主的社会が「市民的反抗」の原則を受け入れなければならないのと同じように、「信心深い反対者」を自らの内に受け入れなければならないだろう。近代の公的領域に入ってしまったことから生じる意図しない結果から免れるためには、教会は、再び私的でセクト的な避難所に退き、近代世界における公共宗教であるという主張を放棄するしかないのである。

III 結論

8章　近代宗教の脱私事化

この研究の前置きとなり、出発点となるのは、われわれは今、近代世界における宗教の脱私事化を目撃しつつあるのではないか、という経験的な命題である。近代世界で支配的な宗教社会学理論や、公／私という区別を分析する際のリベラルなモデルもしくは市民的・共和主義的なモデルと、この新たな――少なくとも新たに識別された――事実とを、理論的・分析的・実践的な折り合いをつけようとしても、ほとんど役に立たない。この実感が、私の研究を背後から推進する力になっている。かくして、宗教と近代性との関係、また近代社会の公的領域において宗教が果たしうる役割を、体系的に考え直す必要があった。この研究は、そうした方向を志向した試みである。

近代的な公共宗教が可能になる条件とは、何であろうか。これが、第I部の理論編において、世俗化というパラダイムの批判的再構築をとおして、また公／私の区別を概念化するさまざまな様式の分析、およびそれらが宗教的領域と相関する可能性の分析をとおして、体系的に問われた根本的な問題である。つづく事例研究において、関連する一連の一般的な理論的・分析的な命題が展開され、具体化されている。

世俗化のパラダイムはこれまで、社会科学が宗教と近代との関係を見る際の、主な理論的・分析的な枠組みになってきた。これに対して、私の作業の中心的な命題にして理論的な前提となっているのは、普通に単一の世俗化論として通用しているものが、実際は非常に異なった、不均質で統合されていない三つの命題から成っている、ということである。つまり、宗教的な制度や規範から世俗的領域が分化していくという意味での世俗化、宗教的信仰や実践が衰退していくという意味での世俗化、宗教が私事化された周縁的領域に追いやられていくという意味での世俗化、この三つである。もしこの前提が正しければ、それらの分析的な区別から、宗教社会学者が三つの命題のそれぞれの妥当性を、互いに独立に吟味し試験し始めた時に、不毛な世俗化論争がようやく終わる、ということになるはずである。

たとえば、アメリカであれ他のどこであれ、宗教的な信仰や実践の永続や増加、新宗教の絶え間ない出現、古い宗教の復興などが見られても、それらは世俗化論が神話であることの経験的な確証として役立つ、などと論ずることは、まったく間違っている。それが確証しているのはただ、世俗化論を洗練する必要性だけである。世俗的分化という歴史的・構造的な一般的趨勢と、種々の場所における種々の宗教が、分化という近代の構造的趨勢に応答したり影響されたりする、その種々の在り方とを区別することで、世俗化論は洗練されうる。同様に、宗教がこれまで世界中の政治的抗争において演じてきた役割を見れば、世俗化論が無効であることは経験的にわかる、と主張することも正しくない。しかし、宗教が非合法に公的領域に足を踏み入れたり、非宗教的な風を装って組織上の境界線を横断したりするのを告発するため、私事化という命題を用い、それによって世俗化論を擁護しようとする者たちの姿勢も、これに劣らず不条理である(1)。

正確に言えば本書の研究は、世俗化論の包括的なもしくは体系立った研究ではない。本書はまた、世俗化論のパラダイムの、異なった三つの命題のそれぞれを、結論的に試験したり確認したりしようとする企てでもない。この研究の主な目的は、近代世界における公共宗教の比較歴史的な研究のための、理論的・分析的な枠組みを作り出すことであった。それでも、この研究は、世俗化論の三つの下位命題に関して、いくつかの一般的な主張あるいは仮説を提出しており、それらはのちに、比較歴史的な研究において、少なくとも部分的な証拠を見出すことになる。

最初の命題、すなわち分化としての世俗化に関しては、それが今でも世俗化論の有効な核心である、というのが本研究の中心的主張である。宗教的制度や規範から世俗的領域が分化し解放されていくことは、依然として、近代の構造的な一般的趨勢である。実際、この分化ということは、まさしく近代の構造を他から区別する第一の特徴となっている。国家と経済という二つの主要な近代的社会システムは、科学、教育、法律、芸術といった他の主要な文化的および制度的な社会領域と同じく、もともと備わった機能的ダイナミクスばかりでなく、それ独自の制度としての自律性も発達させている。そして宗教自身も、世俗的領域が構造的に分化していくという近代の原則を受け入れるばかりでなく、それと同じダイナミクスに従って、自らの領域を自律的に分化させ発達させねばならなくなっている。

本研究は、それぞれの領域におけるこの分化のプロセスを、解説したり、例証したり、実証したりするものでもない。ここで試みたのはただ、宗教的領域と政治的領域における、分化のプロセスのいくつかの局面を分析することであった。まず最初の理論的な部分においては、宗教共同体と政治共同体との分化のダイナミクスを解明した。それから事例研究においては、政教分離のいくつかの異なったパターンを分析してみた。この研究の中心的主張——くりかえすと、これはまず理論的に詳しく述べられ、その後に比較歴史的な研究のなかで実証された——は、公認教会は分化した近代的な国家とは両立不可能であり、宗教共同体と政治共同体との融合は、近代の市民的な原則とは両立不可能である、ということである。

もっとも、この主張は新しいものではない。それは啓蒙主義的な宗教批判やそのあらゆる亜種（アメリカの、フランスの、ドイツの）と同じくらい古いものであり、それが近代のリベラリズムの中心的教義になったのである。それはまた、青年ヘーゲルの神学的著作にとっても、青年ヘーゲル派の宗教批判においても、中心的であった。[2] 彼らをとおして、それはウェーバーのチャーチ・セクトという類型論に入っている。宗教が公認のものでなくなる時、宗教が制度としての強制的な性格を喪失する時、それはセクトか「自由教会」か、いずれにせよ任意の宗教団体になる。さらに、いったん信教の自由が確立すると、今や世俗的になった国家の視点からは、すべての宗教、チャーチ、セクトが、デノミネーションになる。このプロセスはまた――これが本研究のもう一つの中心的主張だが――、トクヴィルによって民主化の属性とされたのと同じ種類の「摂理的な（プロヴィデンス）」力をもった、近代の構造的趨勢である。それはまた、マルクスによってプロレタリア化の属性とされたものであり、ウェーバーによって官僚政治化の属性とされたものである、と付け加えることができる。これらはすべて、長い目でみて抵抗不可能な、近代の構造的趨勢である。[3]

チャーチはどちらかといえばこの趨勢に抵抗することを選び、セクトは分離した根本主義的な孤立に引きこもることを選び、国家は依然として政治共同体の統合のため公認宗教を統御するのを有益と考えるかもしれない。それは理の当然である。私の見るところ、本研究は、以下の主張を支持するような経験的証拠を提出している。すなわち、教会と国家、また宗教共同体と政治共同体との分化という近代の構造的趨勢に対する、カトリック教会の長引いた抵抗――それはスペインのような所では悲劇的な大惨事となった――は、終わりを告げたということである。第二バチカン公会議でカトリック教会が行った宗教的自由の宣言に続いて、世界中のカトリック国では、新たに確立された民主体制のなかで、政教分離が制度として受容された。これらのことは、この近代の構造的趨勢がもっている「摂理的な」性格を、間接的にも直接的にも確認するものである。少なくとも、本研究が当面の対象とする時代と地域、すなわち西洋キリスト教世界とその出先の植民地においては、そうである。

しかし、宗教的な信仰と実践の衰退が、多くの近代西洋とくにヨーロッパの社会において、優勢な歴史的趨勢であることはまったく明らかだとしても、それが近代の構造的趨勢ではないことは明白である。世俗化という近代的プロセスがはらむ、この第二の含意によって、多くの宗教社会学者が、無批判にかつ弁解の余地もないほどに、世俗化の全理論に異議を申し立てている。しかしこの含意から出てきた理論的および一般的な経験的命題こそ、もっとも問題とすべきものである。本研究は、それらを体系的に確認したり、詳しく述べようというつもりはないが、ただ、西ヨーロッパとアメリカ、あるいはスペインとポーランドとの間で世俗化の度合がなぜ異なるかは、よく説明できる。伝統的な社会学は、この世俗化の度合の差を、宗教的な信仰と実践の減少率と、個人化、都市化、教育などの増大率との間の相互関係という観点から説明するが、本研究はそれよりずっとよい一連の一般的な説明を提案できる。

これに関連して、この研究ではいくつかの命題を提案している。宗教の衰退という命題は、啓蒙主義的な宗教批判に由来すること。その批判は、理論的な言明でもなく、経験的な命題でもなく、むしろ実践的な政治綱領であったこと。その実践的な政治綱領は、教会が皇帝教皇主義的な公認を手に入れた所、世俗的領域——認識的・科学的、政治的・実践的、あるいは審美的・表現的な——が宗教や教会の保護を離れて分化し解放されていくプロセスに教会が抵抗している所ではどこでも、非常に効果的であったこと。そのような場合、啓蒙主義的な宗教批判は通常、社会運動や政党によって採用され、その過程で自己成就的な予言になったこと。これらの運動や政党がいったん権力を握ると、その理論は翻訳されて国家政策に応用され、極端な場合は、暴力的威圧政治によって、上からの世俗化のプロセスが強いられ管理されたこと、などである。

きわめて単純な言い方をすると、第一の意味での世俗化である近代的分化のプロセスに対して宗教が抵抗すればするほど、宗教は結局は、第二の意味での世俗化である宗教の衰退にますます苦しむようになるだろう、と言える。本書は、厳密にいうと公共宗教の研究なので、近代の私的宗教の類型や性質について、また近代的な分化をとげた宗教的領域の自己増殖の性格や様式については、ほとんど言及していない。しかし試みに関連する命題を述べるなら、前もって分化という近代の原則を受け入れ取り入れた宗教は、そうでない宗教と対照的に、ヴォランタリズムという近代のデノミネーション的な原則もまた受け入れやすいであろうし、またそうした宗教は、近代の分化のプロセスを生き延びるのにも、自由な宗教的市場で宗教的に自己増殖するよい方法として福音主義的な信仰復興のなんらかの形態を採用するのにも、より有利な位置にいるであろう、と付け加えることができる。少なくともこれは、アメリカの宗教の「例外的状況」から得られる、有効な教訓のように思われる。

対照的に、ポーランドの例外的状況から得られる教訓は何であろうか。ポーランドはアメリカに似て、高度に工業化され都市化され教育の行き届いた社会でありながら、宗教的な信仰と実践の比率が並はずれて高い。そこでは、宗教的制度を弱めるのは、近代的な分化そのものへの抵抗ではなく、むしろ、政治的もしくは社会的に公認された立場からの抵抗であるように見える。社会的な合法性を欠如した国家権力によって遂行される分化のプロセスに対して、公認廃止された神権政治的な機関から抵抗が起こる時、世俗化に対するそのような抵抗は、非合法な国家権力に対する社会の抵抗と連合するかもしれず、また現実に神権政治的な諸宗教機関を強化するかもしれないのである[4]。

最後に、世俗化というパラダイムの三つめの下位命題についていうと、私事化は近代の構造的趨勢ではないということを、理論的にも経験的にも明らかにするのが、この研究の主な目的であり、真意である。言い換えると、私はこの研究で、近代的な個人の自由や近代の分化した構造を危険にさらす必要のない公共宗教が、近代世界においてありうるし、現にある、ということを明らかにしようとしてきた。なるほど、宗教の衰退がそうであるように、宗教の私事化も、多くの社会において優勢な歴史的趨勢であり、この二つのプロセスが同じ社会のなかで相関して進んでいる、というのは本当である。しかし、私事化は近代の構造的趨勢ではなく、むしろ歴史的なオプションである。たしかにそれは近代に「好まれそうなオプション」のように見えるが、それでも一つのオプションであることに変わりはない。

宗教の合理化という近代的プロセスの結果として、宗教内部において、私事化は内面的に好まれている。この好みは、一般的な敬虔主義的な趨勢によって、宗教が個人化するプロセスによって、また近代宗教の反省的な性質によって証明されている。外面的にみると、私事化は、分化という構造的趨勢によって決定されている。この趨勢は、宗教を、分化し境界線を引かれ周縁化された、おおむね「見えない」宗教的領域へと、無理やり追いこみがちである。しかしこれと同じほど重要なことは、私事化が、政治的イデオロギーや憲法理論ばかりでなく、近代西洋の思考の構造全体にも浸透している、リベラルな思考のカテゴリーによって、イデオロギー的に指令を受けている、ということである。

社会学的な諸理論やリベラルな政治的分析にとって、私が近代宗教の脱私事化と呼ぶ新たな現象を、正しく概念化し理解することがむずかしかったのは、そのためである。近代世界における多くの宗教の公的性格に関して、普通よく聞かれる説明は、二種類のものである。まず一方には、功利主義的で世俗主義的な説明がある。それによれば、この現象は、利用可能な宗教的資源を、非宗教的な目的のための手段として動員したものであるとか、あるいは宗教的な制度を新たな環境に手段として適用したものである、というところまで還元される。もう一方には、世俗的ヒューマニズムの説明がある。それによれば、宗教的な動員は、特権を失いたくない位階制の根本主義的な反近代の反応であるとか、あるいは近代化に抵抗する伝統主義的なグループの反動的な動員である、と解釈される傾向にある。同時代の宗教的動員の形態の多くが、そのような性格をもっているかもしれないことは、疑いない。しかし、近代宗教の脱私事化は、それらの意味のどれにも還元することができないものである。実際、それらの説明は、この現象の本質をなす宗教的性格を無視し、またこの現象が、他の合理主義的で世俗主義的な近代理解に対してつきつけている規範的な挑戦も、ことさらに無視している。「聖なるものの回帰」という三つめのタイプの説明は、社会現象としての宗教の特殊で不変な性質と折り合いをつけようとしている点ではより妥当である。しかしその説明にしても、以下に示すように、この新たな現象の、特別に歴史的で非周期的な性格は、捉えそこなっている。

2章における、私的宗教と公共宗教に関する、一部は理論的で一部は類型論的な議論は、宗教の私事化と脱私事化の歴史的ダイナミクスに、新たなパースペクティヴから取り組むための、新たな分析的枠組みを作り出そうとする試みであった。この分析は、四段階で進行する。まず、宗教の歴史社会学の広いパースペクティヴから、私的宗教と公共宗教との間に内蔵された緊張が、デュルケーム派の社会統合という機能主義的なパースペクティヴと、ウェーバー派の救済的意味という現象学的なパースペクティヴとを、三つの異なった分析レベル——相互作用のレベル、組織のレベル、社会のレベル——で対置することによって吟味される。この分析は、宗教がそうした二つの極のどちらにも還元しえないことを示そうとするものである。宗教は、個人を間主観的で公的で共同体的な「世界」に統合する役に立つことで、私的で自閉的な現実をつねに超越する。しかし同時に、宗教はまた、個人を特定の「世界」から解放し、その解放された個人を超社会的で宇宙的な現実に統合する役に立つことで、いかなる特定の共同体祭祀をもつねに超越するのである。ゴフマンによる公/私の区別は、ここでは近代宗教というパースペクティヴから、自己の「見えない」宗教と集団的なデノミネーショナリズムとの間にある同じ緊張を例証するのに役に立つ。

次に、リベラルな公/私の区別と、市民的・共和主義的な公/私の区別の仕方が、互いに対置される。これは、宗教の脱私事化という新たな現象を、それぞれの区別だけによってカテゴリー化することが、いかに不可能かを示すためである。リベラルなパースペクティヴは、公共宗教が個人の自由や分化した世俗的構造をかならず脅かすにちがいないことを恐れて、宗教を私的領域に制限すべきだと固執する。また市民的・共和主義的なパースペクティヴは、公共宗教が間主観的な規範的構造（「共通善」）に関連があり、市民道徳や政治参加に関連がある、と強調する点では正しい。しかしこれも、リベラルなパースペクティヴと同じく、公共宗教あるいは市民宗教を、政治的あるいは社会的な共同体と外延を同じくするものとして、前近代的なタームで考えている。結局、どちらも説明に成功していない。

三つめの段階は、ハーバーマス風の公的領域の討議モデルと、市民社会に関する最近の諸理論の導入である。これは、南ヨーロッパや東ヨーロッパやラテンアメリカにおける最近の民主化移行の経験を反省的に組み入れており、政体を、国家、政治社会、市民社会の三つに区別して分析している。[5] この処置によって、政体の三分割にもとづいた公共宗教の類型論の構築と、市民社会の未分化な公的領域への宗教の公的介入で特徴づけられる公共宗教の近代的形態の概念化とが、二つながら可能になる。その結果として、リベラルな自由とも両立し、近代の構造的および文化的分化とも両立しうる、近代的な公共宗教の概念が出てくる。

最後にこの分析は、セイラ・ベンハビブによる公的領域の急進的な手続き主義の討議モデルの総合と、ジェンダーと女性的領域の私事化に関するフェミニズムの批判とを、合体させる。[6] そのような処置によって、われわれは、宗教の脱私事化を、次のようなものと類比的に見ることが可能になる。つまり、宗教や道徳を私的領域（「家庭」）に制限しようとする企てに対する闘争的な抵抗、また、「仕事」——経済的および国家的制度——という道徳に無関係（アモラル）な領域に対する規範的な批判などと、類比的にである。フェミニズムの場合がそうであるように、この二重の規範的な批判は、すでに確立した境界線への二重の異議申し立てに導く。ここでは、宗教の脱私事化は二つの意味をもっている。つまり、私的領域に公共性、つまり間主観的な規範をもち込む（これは「個人的なことは政治的である」というフェミニズムの公式見解に類似している）と同時に、国家と経済という公的領域に道徳性をもち込む（「共通善」の原則を規範的基準として）、という二つの意味である。

　公共宗教の研究のためのこの分析的枠組みが、諸事例研究のなかでどのように用いられているかを示す前に、いくつか方法論的なコメントをしておくのがよいであろう。すでに見たように、五つの事例研究では、近代性への道を歩む公共宗教のそれぞれの変容譚が語られている。諸比較研究が最初の理論編で展開された分析的枠組みを用いており、それが2章で展開された公共宗教の類型論を説明するのに役立ち、そしてまたそれは、私見によれば、世俗化と脱私事化に関わる主な理論的提案を強固にするのに役立つというのは本当である。それでもなお、これは、諸比較研究の唯一のあるいは第一の目的ではない。理論的・分析的な枠組みは、一方において、近代的な公共宗教が可能となる一般的条件を吟味するので、どの特定の事例研究と比べても、より概略的で一般的である。それら特定の事例研究は、なんらかの一般論を証明することはできないし、その意図もない。しかしながら他方において、それぞれの事例研究は、理論的・分析的な枠組みを超越している。言い換えると、それらの物語は、理論的・分析的な目的のため作られたものではないのである。異なった歴史的諸現実の複雑さと多様さをできるかぎり尊重して、それらを均一化するような解釈的図式を押しつける誘惑を避けてきたのは、そのためである。[7]

私は歴史的現実や社会的現実というものを、理論構築のための材料として、あるいは理論をテストする野外実験場として、あるいは科学的社会学の発展のための手段としては、見ていない。むしろ私は社会学を、社会的現実を比較歴史的に解釈したり、現在を集合的に自己理解するための、理論的概念や分析的道具とみなしている。社会学の目的は、われわれ自身――つまり、個人的そして集団的な行為の歴史的行為者や実践的コンテキスト――をよりよく理解することである。それゆえ私は諸事例研究を、なんらかの理論を確証したり、なんらかの類型論を図解したりするような風には、組み立てなかった。それらの事例研究が意図しているのは、行為の異なった諸コンテキストが、行為者にも観察者にも、同じように明らかになることである。既知の現実の上に新たな光を投げかける能力こそが、あらゆる社会学的研究――本研究もその一つである――の妥当性を判断する究極の尺度である、と私は考えている。類型論は、さまざまな視点から組み立てることができる。この研究では、近代の民主的な政体を、国家、政治社会、市民社会に三分割することで、公共宗教の特殊な類型論を組み立ててきた。それぞれのレベルに異なった形態の公的領域が対応しているので、原則として、国家レベルの公共宗教、政治社会で活動する公共宗教、市民社会の公的領域に関係する公共宗教、この三つがありうることになる。すでに述べたように、この類型論はまさに、近代的な個人の自由や近代の分化した構造と両立できるような公共宗教の諸形態を、分析しやすくすることを目的としている。他の目的のためには、他の類型論を構築し、他の事例を選択しなければならないであろう。

この類型論によって光をあてられ、事例研究によって例証される、さまざまな公共宗教のなかには、次のようなものがある。

(a) 国家レベルでは、公認された国家教会と、自分たちの国家をめざしている国民教会とがある。前者についてはスペイン・カトリック教会が、後者についてはポーランド教会が、それぞれ模範的な例として役に立つだろう。

(b) 政治社会レベルでは、一方では、公認廃止や世俗的領域の分化に抵抗するあらゆる宗教運動(たとえば、自由主義革命、第一共和制、第二共和制に対抗するスペイン・カトリシズムの動員や、アメリカ合衆国憲法および普通法をキリスト教化しようというプロテスタント十字軍)、他の宗教や世俗主義的運動や政党に対抗する宗教団体や宗教的政党のさまざまな動員、また、それに対抗する動員(たとえば、一九三〇年代のスペイン、ポーランド、ブラジルにおけるカトリック・アクション。ブラジルのカトリック選挙同盟〈LEC〉、あるいは第二スペイン共和制時代の自治右翼連合〈CEDA〉。キリスト教民主主義的な諸政党や、アメリカ・プロテスタントの排外主義的な諸政党や諸運動。カトリック移民の選挙での動員。「世俗的ヒューマニズム」に対抗するプロテスタント根本主義の選挙での動員など）を考えることができる。また他方では、宗教的自由を擁護するために動員される宗教団体（共産主義ポーランドにおけるカトリックの動員）、また、法の支配と人権や公民権の法的擁護を要求したり、市民社会の動員と民主的な体制の制度化を擁護したりするような宗教的諸機関（スペイン、ポーランド、ブラジルにおけるカトリック教会）をあげることができる。

(c)　市民社会レベルでは、ヘゲモニーをにぎった市民宗教（たとえば、一九世紀アメリカにおける福音主義プロテスタンティズム）と、闘争的にであれ（たとえば、妊娠中絶反対運動）、討議的にであれ（たとえば、カトリック司教たちの司牧書簡）、市民社会のなかの未分化な公的領域に公的に介入する宗教団体との間に、区別をたてることができるかもしれない。

この研究全体を通じて維持されているのは、近代の普遍主義的な諸原則、および近代の分化した諸構造と矛盾しないのは、究極的には市民社会レベルにおける公共宗教のみである、という主張である。厳密に言えば、公認された国家宗教は、次の三つのうちどれか一つの意味においてのみ、「公共的」であると言える。(1)「代表的具現の公共性（レプリゼンタティヴ・パブリックネス）」という前近代の中世的意味において。ポーランドの首座司教が王位空位期間中に中継ぎ王として演じる公的な代表的具現（レプリゼンテーション）の役割や、あるいはイギリス国王が皇帝教皇主義的な英国国教会の首長として演じる役割、などがこの適例である。(2)絶対主義的・皇帝教皇主義的な国家の行政上の一翼を担い、それによって国家的機関としての「公的権威」を分有するという、近代初期の国家社会主義的な意味において。ここでは、独裁的なカトリック体制のようなまったくの宗教的（コンフェッショナル）国家と、北欧のルター派諸教会のような非宗教的（アンコンフェッショナル）民主国家の公認教会とを、区別することができるだろう。(3)近代国家とその法的枠組みを引き継ぎ、それを神権政治的（テオクラシー）・全体主義的な方向へと形づくる、大衆動員的な宗教の意味において。フランコ体制による動員の初期における、聖職権主義的カトリックとファシズム的要素との融合は、この原型（プロトタイプ）の発育が阻害されたものであり、イランにおけるシーア派の聖職者政治（ヒエロクラシー）的な革命体制は、この型がより十分に発達したものである[8]。

原則としてすべての市民とすべての問題に向かって開かれた討議的あるいは闘争的な空間、という近代的な意味からすれば、(1)のような公認された国家宗教の「公共性（パブリックネス）」の形態のうち最初の二つ、つまり「代表的具現の公共性」と「国家の行政当局としての公共性」は、近代の公的領域を構成するものとは言えない[9]。皇帝教皇主義的なイギリス国王と、公認された北欧諸教会という、すでに言及した二例は時代錯誤の残存であるが、近代の民主的な公的領域における分離した機関とは、むしろ両立が可能である。これと対照的に、大衆動員的な国家宗教は、近代宗教の脱私事化の諸形態をとるもので、全体主義的な参加によって公共性を作り出す。そしてこの公共性は、私権を侵害することによって（私権のうちもっとも神聖なものは良心の自由である）、また公共の自由を破壊することによって（近代の公的領域を構成する原則は言論の自由である）、私的領域と公的領域との間の境界線そのものを、破壊しがちである。

政治社会レベルで動員される公共宗教を、(b)でおおまかに二つのグループに分けたが、そこで言及した実例はすべて、実際は過渡的な類型である。一つめのグループには、世俗化に抵抗したりあるいは世俗主義的な運動や政党に対抗したりするために動員される、あらゆるタイプの公共宗教が属している。この研究は、世俗と宗教の分裂時代、近代的世俗化の歴史的プロセスをめぐる闘争の時代が、西洋のキリスト教世界という歴史的地域では、基本的に終結した、ということを強く主張している。カトリック教会は、世俗化という近代の構造的趨勢をついに受け入れた。ということはつまり、公認廃止を自発的に受け入れ、また宗教的ヒューマニズムと世俗的ヒューマニズムとの相互和解がなされたということである。したがって、政治的に動員されるタイプの宗教の存在理由は、消滅する傾向にある。諸教会は、特殊主義（パテイキュラリズム）的な特権（教会の自由（リベルタス・エクレシアエ））の擁護を個人の人格に委ね、宗教的自由の原則を普遍主義的な人権として受け入れている。教会は今はじめて、近代的な普遍的権利の制度化、近代的な公的領域の創造、民主的体制の確立、などを擁護するために、公的領域に新たに入っていくことができる。これが私のいう、国家志向の機関から社会志向の機関への、教会の変容である。諸教会は、国家的な強制力をもった機関であることを止め、そうなろうとすることも止めて、市民社会の自由な宗教的機関になる。諸教会とその世俗の同盟者たちが、独裁的な国家に対抗する闘争に勝利すれば、政治的に動員されるタイプの宗教も、その存在理由を失う。ただし、諸教会が全面的世俗化や宗教と世俗との分裂に抵抗したり、動員と対抗動員が始まったりすると、このかぎりではない。まずありそうにないことだが、本書で分析された事例研究のうちに、今日そのようなシナリオが起こりそうな所がもしあるとすれば、それはポーランドだけであろう。

現代の公的領域に対する権利自体を擁護するため、「公的になる」あるいは公的姿勢をとる宗教の最後の諸事例は、私が近代宗教の脱私事化と名づけるものの実例をすでに構成している。脱私事化というタームは、本書を通じて用いられてきたように、三つの異なった含意――一つは論争的、あとの二つは記述的――をもっている。このタームは、なによりもまず、世俗化論やリベラルな政治理論の内、宗教の私事化は近代の諸自由や分化した諸構造を保護するのに必要な近代の構造的趨勢である、と規定する理論に対抗するために、論争的に用いられている。本研究で私は、公共宗教のあらゆる形態に対する識別力のないそのような立場には何の根拠もないこと、また、現代の規範的パースペクティヴからみて正当化されうるし、望ましくすらあるような宗教の脱私事化の形態がいくつかあることを示してきた。

脱私事化という不粋な言葉を造語したり用いたりするのに、ある落ち着かないものを感じることは、私も認める。しかし、このタームが論争上の価値をもっているかぎり、つまり、近代世界における諸宗教は、公的領域に入るのも入らないのも、より私生活中心主義的なアイデンティティを維持するのも、より共同体中心的で公的なアイデンティティを維持するのもどちらも自由であるということが広く認められないかぎり、私のこの野蛮な行為も正当化されるであろう。したがって私事化と脱私事化は、近代世界における諸宗教にとって、歴史的なオプションなのである。いくつかの宗教は、伝統や原則や歴史的状況によって、基本的に個人を救済する私的宗教に止まるだろう。対照的に、他の宗教のなかには、ある文化的伝統や宗教的・教義的な原則や歴史的な状況によって、少なくとも臨時的に、公的領域へと誘導されてくるものもあるだろう。

しかしながら論争上の含意とは別に、このタームは本書では、宗教の二つの異なった種類の動きと移動を記述するために用いられてきている。スペイン、ポーランド、ブラジルにおける民主化のプロセスのなかで、カトリック教会は積極的な役割を果たした。スペインにおける国家社会主義的な形態、ポーランドにおける代表的具現という形態、ブラジルにおけるコーポラティズム的な形態、これらの非近代的な公共性の形態が、それぞれ市民社会という近代の公的領域へと変遷したが、そこにはカトリック教会の刻印がおされていた。これらの事例においては、記述的含意はいくぶん誤解を招くだろう。というのも、われわれは、公共性の類型の変化を扱うほどには、私的領域から公的領域への動きを扱っていないからである。脱私事化というタームの記述的な含意を厳密に言うと、それはプロテスタント根本主義の公的動員や、あるいはアメリカのカトリック司教たちの公的介入のような事例にのみ、当てはまるものである。このどちらも、宗教による私的領域から公的領域への動きを、表現している。

同じタームを、やや不正確に異なった意味を含ませて用いることは、誤解を引き起こしかねない。にもかかわらず、私は、脱私事化というタームのさまざまに異なった三つの含意は、本研究で分析された歴史的に新しい現象の、互いに関連した局面とみなしうるかもしれない、という事実に注意を喚起するためには、このタームを保存するのは適切であり、妥当であると思う。すなわち、ある宗教的伝統は、世俗主義的な近代化論やリベラルな政治的理論によって、私事化された役割に押しこめられることを拒絶している。またカトリック教会は、民主化のプロセスにおいてある役割を演じている。また近代市民社会の公的領域に、宗教が公的に介入してきている。これら諸々のことは、もはや単純に、反近代的な宗教による近代批判と見るわけにはいかない、というのが私の主張である。むしろそれらが表現しているのは、近代の制度化が特殊な形態をとっていることへの、新たなタイプの内在的な規範的批判である。そしてそれらの批判はまさに、近代の根本的な諸価値や諸原則――すなわち個人の諸自由と分化した諸構造――の妥当性が受容されていることを前提としている。言い換えると、それらは、近代的宗教の観点から見た、近代の特殊な諸形態の内在的批判なのである。

すでに述べたように、前近代的な公共性の在り方から市民社会という公的領域への宗教の移動、という意味での脱私事化は、過渡的な一段階であり、動きの成否そのものによって左右される。逆説的なことに、その動きが民主体制の地固めに成功すると、そこには宗教の私事化に向かう圧力が組み込まれる。ブラジルの民主化移行の分析で示したように、宗教の私事化に向かうこの圧力は、四つの異なった源から出てくる。

(a)「市民社会の時代」が過ぎ去り、独裁的国家に対抗して動員された抵抗が過ぎ去り、また政治社会が専門の政治的エリートによって代表され調停されるという形態がいったん制度化されると、市民社会は動員されなくなり私事化されるようになる、という一般的な趨勢がある。

(b) この他に気づくのは、バチカンからの新たな指令や働きかけである。それは、諸々の国民的カトリック教会や「進歩的な」カトリック諸団体が公的問題へ介入するのを手なずけ支配しようとし、また現代化（アジョルナメント）のプロセスを上から拘束し、コントロールを奪還しようとし、司牧者たちに自らの本来の「司牧」という職業上の課題と義務を思い出させようとしている。もちろんこれは、教皇ヨハネ・パウロ二世とラッツィンガー枢機卿のいわゆる「復古」プロジェクトと関連した、とりわけてローマカトリック的で時局的な圧力である。疑いもなく、この圧力を理解するためには、カトリック内部の左と右のヘゲモニー闘争を考慮にいれなければならない。[10] しかし、バチカンの諸指令を、このようなイデオロギー的な視点だけから見るのは近視眼的である。むしろそれらは、ジョン・A・コールマンが教会理性(レゾン・デグリーズ)の制度的ダイナミクスと呼んだパースペクティヴから見る時、つまり、近代世界の構造をついに受容した普遍教会が直面する「組織上の緊急事態と苦境」というパースペクティヴから見る時、よりよく理解される。[11] たしかに、トランスナショナルで、位階制的で、官僚主義的で、中央集権化されたカトリック教会の性格を考えると、バチカンが管理上・教義上のコントロールを集中しようと企てていることも、容易に理解できる。しかしカトリック教会は、このうえさらに、近代の構造的諸状況に関連し、かつ私事化に向かう圧力ともなる、二つの組織的な緊急事態に向き合わなければならない。

(c) 近代的な宗教的自由という状況のもとで、カトリック教会は、他の宗教や世俗的世界観からしかけられた競争に、立ち向かうことになるだろう。カトリック教会は、この競争で優位に立つためには、多くの信仰深い者たちの間に貯えられた伝統的・文化的な忠誠を当てにしつつ、他方ではアメリカの経験から教訓を学び、司牧の仕事に努め、また個人を救済する私的宗教としての自己をうまく再生産するために、なんらかの形の自発的・デノミネーション的・信仰復興的な表現を、作り出さねばならないだろう。スペイン・カトリシズムは、西ヨーロッパの一般的な世俗化の趨勢に加わってしまっている。ということは、宗教的な信仰と実践の衰退を経験してしまっている、ということである。このスペインの事例が示しているのは、いくつかの地域はアメリカの教訓を学ぶにはもう遅すぎるかもしれない、ということである。

(d) 近代の構造的諸状況を考えると、もしカトリック教会が、チャーチとしての普遍主義的な主張を維持しようとするなら、教会の外部やとりわけ教会内部の社会的・文化的な多元主義との共存を学ばねばならないであろう。このことが意味するのは、教会がもし私的宗教としての生存を維持しようとするなら、ますます多様化するカトリック諸団体のさまざまな司牧的要求に答えなければならないであろう、ということである。また教会が公共宗教としての影響力を維持しようとするなら、その公的介入は非党派的で非デノミネーション的でなければならず、そう見えなければならない、言い換えると、普遍主義的な言語で語らねばならない、ということである。このことは決して、「貧者を優先すること」を妨げるものではなく、あるいは妊娠中絶に対するカトリックの伝統的な反対を妨げるものでもない。それどころか、人権を守り、言説や正義や福利へ万人が接近できるよう求めるのは道徳的な義務であり、そのためには、普遍教会がそのような立場をとり、そのような選択をする必要があるのである。しかしもっとも重要なのは、どのような立場をとり、どのような選択をしようとも、教会は、市民社会の公的領域において、オープンで公的・合理的な言説をとおして、それを正当化しなければならないということである。さらに、アメリカ・カトリシズムの教訓が示しているように、教会は、その規範的な教えを練りあげ、再公式化する場に、すべての信心深い者を参加させて、規範的な教えを具体的な諸状況のなかでどう解釈するかに関して出てくる異なった実践的な諸判断を、許容することを学ばねばならないであろう。

すでに述べたように、近代宗教にとって、私事化するか脱私事化するかは、歴史的なオプションである。この研究で私が意図してきたのは、私事化の一般的な神学理論を、脱私事化の一般的な神学理論で迎え撃つことではない。今われわれは近代宗教の脱私事化のプロセスを目撃しつつあるという主張は、それが新たな一般的な歴史的趨勢である、ということを意味しているわけではない。実際、この歴史的趨勢がいかに一般的でいかに永続的なものかを予言しようとすることなど、馬鹿げているだろう。スペイン・カトリシズムの研究を本書に入れたのは――もともとそのようなつもりではなかったのだが――、脱私事化は世俗化のプロセスの一般的・歴史的な反転であるというような、著者からあるいは読者から出てきた神学的な思い込みを、検査するためであった。スペインの教訓は、構造的分化、宗教の衰退、宗教の私事化という三つの含意をもつ伝統的な世俗化論は、いくつかの場所においては今でも経験的に妥当である、ということを示しているように思われる。私は本書で、世俗化の研究のための、比較歴史的な分析枠組みを作り出した。この枠組みの利点は、それがダイナミックで柔軟であり、非常に異なった世俗化のパターンを説明でき、また分化という近代の構造的趨勢に応答するさまざまな状況におけるさまざまな宗教の在り方に適用できる、という事実から出てくる。

脱私事化は歴史的に選択されるという主張は、特定の宗教の応答の仕方を予言できるとする意見を排除する。しかし少なくとも、いくつかの事例研究から得られた証拠に基づいて、またいくつかの一般的な理論的仮定によって、近代の公的領域に宗教の介入を導く条件となる因子を、いくつか推論することはできるだろう。

最初の条件は、ほとんど同語反復であるが、教義上あるいは文化的伝統上の、公的で共同体的なアイデンティティをもっている宗教だけが、公的役割を引き受けることを望み、単なる個人の救済のためだけの、またはそれを第一義にするような、私的な「見えない」宗教になるよう強いられるのを拒むだろう、ということである。とくに、強制力をもった機関としてのアイデンティティを放棄したのちにも、チャーチ――デュルケーム＝ヘーゲル流の倫理共同体という意味と、ウェーバー流の普遍主義的救済を主張するという意味との、二重の意味でのチャーチ――としてのアイデンティティを維持しているような宗教は、そうでない宗教よりも、公的役割を引き受ける権利と義務を主張する傾向もまたもつだろう。そしてその傾向は、それらの宗教が歴史上公的な役割を引き受けた伝統をもっていればいるほど、よりいちじるしいであろう。

しかしながら、スペインの事例が示しているのは、次のようなことである。つまり、宗教が近代の市民社会で影響力をもつ公的存在感を十分維持しようとするならば、それは私的な救済宗教としてのダイナミックで活発な側面も維持できなければならないこと、また、それができないかぎり、単なる教養あるいは文化的伝統それ自体では不十分である、ということである。世俗化のプロセスによって弱体化され、深刻な衰退を被ってきた宗教は、私事化の圧力に耐えられそうにない。聖なるものの回帰、あるいは宗教の復興といった循環理論が、究極的にはどれも破綻するのは、まさにこの理由からである。

そのような循環理論のうち、よく知られた二つの異形（ヴァリアント）である、ダニエル・ベルによる聖なるものの回帰の予言と、ロドニー・スタークとウィリアム・ベインブリッジによる、世俗化、信仰復興、カルトの形成という一般理論は、いちじるしい差異があるにもかかわらず、どちらも、機能上の必要が宗教的な発明の母である、という仮定に基づいている。機能上の必要とは、ベルにあっては普遍的で永遠的な意味への人間学的必要であり、スタークとベインブリッジにあっては超自然的な贖（あがな）いということであった[12]。もしこの仮定が正しければ、世俗化がもっとも進み、宗教の不在によって最大の必要が生じているところでこそ、聖なるものが回帰し、宗教が復興し、新宗教が誕生してこなければならなかったはずである。当然、スウェーデンやイギリスやフランスやウルグアイやロシアのような、高度に世俗化した社会においてこそ、われわれは宗教の復興を目撃したはずである。それなのに、宗教の復活が起こったのは、ポーランドやアメリカやブラジルやニカラグアやイランなど、世俗化した不毛の地とはとうてい言えないような場所であった。われわれが一九八〇年代に目撃したのは、宗教的伝統が枯渇した場所における新宗教の誕生や聖なるものの回帰ではなく、むしろ、昔からの生きた伝統の活性化と改革であり、宗教的伝統が公的役割を引き受けるという現象であった。世俗化論によっても、宗教の復興という循環理論によっても、そのような宗教的伝統はまさに、近代世界においてはますます私事化され、現実と無関係なものになっていくものと考えられていたにもかかわらず、事実は逆だったのである。

宗教が公的役割を引き受けるよう促進する、三つめの条件となる因子は、同時代のグローバルな行動の状況である。グローバル化という状況のもとでは、社会を超越した(トランスソーシャル)普遍的な宗教としてのアイデンティティが、トランスナショナルな宗教的体制としての現実の状況によって強化される時はつねに、諸宗教は公的役割を引き受けることになるだろう。カトリシズムの場合でいうと、さまざまな国民教会が、それぞれの社会において、グローバル化し公的に関与するという相互関係にあるダイナミクスをとることが、一九六〇年代以来明らかになってきている。第二バチカン公会議は、最初の真にグローバルな会議であり、ローマカトリック教会がグローバルな広がりをもっているという自覚を促し、ものごとをグローバルに考えるよう勧めた。しかしながら同時に、バチカンのアジョルナメントが現世的な方向に転換したことによって、それぞれの国民教会はそれぞれの社会で、さらに世俗的な問題に巻き込まれていくことになり、また普遍的なカトリックのメッセージを、文字どおりにも比喩的にも、地域特有のメッセージへと翻訳するようになった。

カトリック世界を通じて、相互関係にある、ただし明らかに矛盾する、二つのプロセスが目立つようになった。まず一方では、ローマ教皇制度の中央集権化のプロセスの強化があった。その近代的な形態をとった長いプロセスは、フランス革命とそれにつづいてヨーロッパやラテンアメリカ中に広がったリベラルな諸革命に対する、バチカンの防衛的な応答に起源をもっていた。第二バチカン公会議は、カトリック世界を通じて、管理上また教義上の中央集権化を作り出したばかりでなく、少なくともエリートたちの間に、カトリック文化の同質化とグローバル化をも作り出した。また他方では、第二バチカン公会議と、それにつづく各国の司教協議会の制度化は、カトリック教会の脱中央集権化と「ナショナル化」という並行するプロセスをも強化した。「ナショナル化」とは国家レベルでの中央集権化であり、それはほとんどの場所でカトリック・アクションによって始められたものであった。

教会が向きを国家から社会へと変化させ、また民主化のプロセスで鍵となる役割を演じることが可能になったのは、グローバル化、ナショナル化、世俗的関与、自発的公認廃止という、この組み合わせのためであった。諸々の国民教会は、国民国家を統合する共同体祭祀であることを止め、国民国家と所与の社会秩序に立ち向かうことができるよう、トランスナショナルでグローバルなアイデンティティを新たに採用した。アメリカ・カトリシズムの研究が示しているのは、肯定的で統合的なアメリカの市民宗教から、批判的で地球志向の新たなタイプの公的カトリシズムへという、同様なアイデンティティの変容であった。脱私事化の新たなダイナミクスをもっともよく説明するのは、人類的な市民社会へのグローバルな志向と、特定の市民社会の公的領域における公的関与との間に起こる、新たな緊張である。

プロテスタント根本主義の場合においてすら、グローバル化、ナショナル化、世俗的関与という、同様のダイナミックな組み合わせを、観察することができる。根本主義者のグローバルな思考は、グローバルな射程の福音伝道の運動と、ハルマゲドンという前千年王国説的な黙示録的ヴィジョンと、この二つの源泉をもっていた。そのどちらも、根本主義者の間に、アメリカの外交政策や世界政治への鋭い関心を呼び覚まし、今やそれらは聖書的な救済史のパースペクティヴから見られるようになった。根本主義者は、近代アメリカに対するセクト的な拒絶を示したが、その底には、強烈なアメリカニズムと、アメリカの千年王国的な宿命への信仰を蔵していた。かくして、全国的な信仰復興への呼びかけ、アメリカを方向転換させ新たなキリスト教十字軍に参加しようという呼びかけがいったん起こった時、国民はそれに熱心に耳を傾けた。アメリカのこの特定の事例において、脱私事化は、セクトとしての流刑状態から、主導的なアメリカの市民宗教としての再公認への復帰、という方向をとった。

ローランド・ロバートソンは、グローバルな人類の出現と、グローバルな社会システムの出現という、現在進行中の二重の意味でのグローバル化が、次のような相対化をともなうことを、確信をもって論じている。すなわち、総体としての人類との関連で自己という人格的アイデンティティが相対化され、グローバルな人類社会との関連で特定社会の成員であることが相対化され、諸社会からなる世界システムというパースペクティヴによって特定の国民社会が相対化される、ということである[13]。

驚くに値しないことだが、トランスナショナルでグローバルな宗教は、グローバル化のプロセスによってつきつけられた挑戦に応答したり、あるいはその好機を活用したりするのに恰好の状況にある。おそらく、ここ二〇年の内でもっとも重大で新しいグローバルな展開は、国家の主権や国家理性(レゾン・デタ)という絶対的な原則が危機に陥り、民主化というグローバルなダイナミクスが出現してきたということである。いくつかの関連する展開としては、社会主義諸国のシステムの崩壊、国家安全保障政策のグローバルな挫折、国民国家の内政への不干渉という確立した原則の危機、経済開発と社会の近代化という国家主導のモデルの危機、などがある。社会内的にみてもグローバルにみても、新たな市民社会形成のダイナミクスは、これらの展開のなかで少なからぬ役割を演じてきている。その一方で、諸教会や諸宗教運動は、特定の市民社会の活性化においても、グローバルな市民社会の出現においても、重大な役割を演じてきている。カトリック教会はつねに、普遍的なカトリック教会としてのアイデンティティと、領土的な主権国家という近代的システムの現実との折り合いをつけるのに、困難を感じてきた。そのようなトランスナショナルな宗教体制にとって、領土的な国家主権の危機とグローバルな市民社会の拡張とが、格別の好機を提供するのは、驚くに値しないことである。[14] 逆説的なことに、デュルケームによって死の床に横たわっているとされた古い神々や諸宗教は、デュルケーム自身が告知したように、人間性の神聖化（サクラリゼーション）のプロセスの担い手になることによって再生してきた。[15]

非常に広い意味で言えば、古い神々が再帰してきたのは、彼らの旧敵である啓蒙主義的合理主義や世俗的近代性が危機に瀕しているからである、とするのが適当である。しかしながら、同時代のあらゆる文明を通じて、諸宗教もまた復興してきている。この世界規模の宗教の復興の性格を説明できるのは、啓蒙主義的合理主義の危機という観点からの、また実に世俗性そのものの危機としての進歩の概念を用いた、この分析レベルにおいてである。[16] 世俗的な諸イデオロギーが挫折したり、あるいはその力の多くを失ってしまったように思われる時、宗教は、動員力と統合力をもった規範的な力として、公的なアリーナに帰ってくる。しかし、帰ってきているのは抽象的な宗教ではなく、また、それはどこにでも帰ってきているわけではない。せいぜい言えるのは、世俗性の危機は、世俗化によってまだ徹底的に弱体化されてはいないある宗教的伝統が、ある一定のやり方で応答するのを許すような一般的条件を整える因子として役立ちうる、ということだけである。

さらに、本書の事例研究が示しているのは、国家による諸種の干渉や、生活世界や私的領域の行政上の植民地化が、宗教的応答を促進するように見えるということである。そのような応答は、したがって、ハーバーマスが「新社会運動」を分析するのに用いたのと同じような線にそった防衛反応として、解釈することができるだろう。[17] プロテスタント根本主義の動員は明らかに、連邦最高裁判所や国税庁や国会から出てくる国家支配に対する応答であった。カトリックの場合、第二バチカン公会議と連動したカトリック的伝統の内部改革が決定的だったが、それでも、ポーランドやラテンアメリカやアメリカにおけるそれぞれのカトリシズムが変容するのを促進させる因子として、国家が演じた浸透的役割は、他の場合と変わらず重要なものだった。

ポーランドにおいては、カトリックの抵抗と政教間の抗争は、全体主義国家の干渉から自由な私的領域および社会的領域の権利を求めるという大きな闘争の一部でしかなかった。しかし、ポーランド・カトリシズムの変容は、次のような移行を印すものとなった。すなわち、一機関としての教会のコーポラティズム的な利害関心のまわりに集中した闘争から、まず人権と国民の権利を求める闘争、そして労働者擁護委員会（ＫＯＲ）の設立と連帯の出現後は、市民社会の自律と自己決定の権利を求める闘争への移行である。

ラテンアメリカでは、解放の神学の発展は、そもそもの初めは、資本主義の拡大と伝統的生活世界の植民地化のプロセスに対する応答であった。しかし、一機関としての教会が急進化し、ラテンアメリカ中で国家に対決するようになったのは、国家安全保障体制の制度化と、それが生活世界に暴力的に浸透してきたこと——すなわち、人権の無差別な侵害、広範で組織的な拷問の執行、新たな形態の国家テロの犠牲である「失踪者（デサパレシドス）」の急速な増加——に対する、一つの反応であった。

合衆国においてさえ、アメリカ・カトリック教会を政治のアリーナに駆り立てたのは、妊娠中絶を女性のプライバシーの権利のもとに包摂することで合法化した、一九七三年の連邦最高裁判所判決であった。これに始まるプロセスが、人命を道徳的に守るという原則と、資本主義市場と主権国家という二つの主なシステムに対する人間個人の神聖な尊厳という原則とを拡張するよう、司教たちに促したのである。

合衆国のような進歩した近代社会に現われた、公的領域への宗教の干渉の仕方を見てみれば、近代宗教の脱私事化は、三つの主な形態をとってきたと言えるだろう。

(1) まず、国家や市場のさまざまな浸透に対抗して、伝統的生活世界を守るための宗教的動員がある。プロテスタント根本主義の動員、そしてある程度までは妊娠中絶に対抗したカトリックの動員も、この脱私事化の一つめの形態の実例として見ることができる。

ここで提示されてきた議論は、次のようなものである。すなわち、国家の司法的な干渉によって促進され保護され、また、たとえば伝統的な家父長制的家族、あるいは固定した人種的・性的な差別のパターンを崩壊させるような、近代的な普遍化のプロセスがあるが、宗教的動員はそれに対する、単なる伝統主義的な応答として説明できるかもしれない。しかしそのような場合においてすら、宗教の脱私事化は重要な公的機能をもっているかもしれない、ということである。宗教は、公的領域に入ってきて、ある問題についての公的議論や論争を引き起こし、近代社会が自らの規範的構造について公的かつ集合的に熟慮するよう強くせまる。もちろん、伝統主義のゆりもどしや根本主義の復古プロジェクトが、近代の規範的な構造に及ぼす危険は、過小評価されるべきではない。しかし、近代の公的領域に入るというまさにそのプロセスで、宗教や規範的伝統も、近代の規範的構造と向き合うことを余儀なくされ、そしておそらくはそれらと折り合いをつけることになる。そのような公的遭遇が、生活世界の反省的な合理化を可能にするかもしれないし、実践的な合理化のプロセスの制度化に道を開くかもしれない。

(2) 次に、二つの主要な社会システムである国家と経済が、外部の伝統的道徳規範に顧慮することなく、それ独自の機能的な規範にしたがって機能していると主張していることに対して、宗教は近代社会の公的領域に入っていき、疑義を呈し異議を唱えている。このような事例に見られるのが、二つめの脱私事化の形態である。国家安全保障政策や、MAD(相互確証破壊)のシナリオに基づいた核防衛政策の非人道的な前提は、国家主権や超大国の優越のためにおびただしい人類を犠牲にしようとしているが、宗教はそれらの道徳性を問題にすることによって、双方の国家とその市民たちに、国家形成の論理は「共通善」に従属するべきであるという、人道的な必要を思い出させる。同様に宗教は、資本主義経済は非人格的（インパーソナル）であり道徳とは無関係（アモラル）な自己規制的メカニズムによって機能するという、非人道的な主張を問題にする。それによって個人や社会に、資本主義の非人格的な市場メカニズムを検閲し規制する必要があることを思い出させ、資本主義のために犠牲となった人間的・社会的・生態的なダメージに対する責任、また人類の窮乏に対する一層の責任が、資本主義にはあることを確認するかもしれない。さらに、トランスナショナルな宗教は、次のようなことを個人や社会に思い出させるために、とりわけて有利な位置にある。すなわち、近代のグローバル化状況においては、「共通善」はますますグローバルで普遍的で人間的な言葉で定義されうるようになること、したがってまた、近代的な市民社会の公的領域は国民や国家という境界をもちえないこと、などである。

(3) さらに、宗教の脱私事化の三つめの形態は、「共通善」とは個人の選択を集めた合計であると還元するような、個人主義的な近代のリベラルな諸理論に対抗して、「共通善」の原則そのものを維持しようとする、伝統的宗教の頑固な主張とつながっている。個人の良心は道徳的な決定をする究極的な権利と義務を有する。このことを尊重したうえで、宗教は、リベラルな諸理論によって私事とみなされた諸問題を公的領域にもち出すことによって、個人や近代社会に、次のことを思い出させる。すなわち、道徳とは間主観的な規範としてのみ存在しうること、また、個人の選択は間主観的で間人格的（インターパーソナル）な規範に導かれる時にのみ「道徳的」次元に達しうること、などである。道徳は、個々人の自己という私的領域にまで引き下ろされると、恣意的な決断主義へと溶解せずにはいられない。諸宗教が、私的道徳の領域に公共性をもたらし、また公的領域に私的道徳の問題をもたらすことで、近代社会は、自らの規範的基礎を反省的かつ集合的に再構築する仕事に向き合わざるをえなくなる。諸宗教はこうすることによって、伝統的な生活世界とその規範的伝統を、実践的に合理化するプロセスの手助けとなるのである。

もしこれまで述べてきた命題が正しければ、本研究で分析された宗教の最近の諸変容は、普通に「聖なるものの回帰」として理解されているものとは、質的に異なっていると言わねばならない。宗教の脱私事化は、反近代（アンチモダン）の現象として理解することもできないし、ポストモダンの現象として理解することもできない。私の見るところ、近代の私事化された種類の宗教性が、ポストモダン状況の真の先触れであるが、ここに示された宗教現象はどれも、その意味深い例として見ることはできない。むしろそれらはすべて、リチャード・ニーバーが急進的な一神教と呼んだ基盤的伝統に根拠をおいている。[18] それらはすべて、普遍主義的で規範的、そして真実であるという主張を、今なお公然と維持している。啓蒙主義的合理主義の批判と、進歩と世俗的贖いという目的論的な大きな物語（グランド・ナラティヴ）の批判は、おおむねポストモダンの言説とつながっており、それらの宗教的諸伝統の社会復帰を、少なくとも間接的に正当化し容易にした。ちなみに、そうした宗教的諸伝統は、おおむね合理主義的な批判が標的とするものであった。それでも、ポストモダン的なものと宗教の公的復活との間に、直接のつながり、あるいは偏った親和性を見出そうとするのは難しいだろう[19]。すでに示したように、ここで分析された宗教の公的干渉という現象は、近代の制度化がとる特定の形態を、近代の規範的パースペクティヴから内在的に批判したもの、とみなすのがより適切であろう。

もしもこのような議論が間違っておらず、宗教社会学にとって十分以上の今日性をもっているならば、それは社会学における二つの一般分野にとって、さらなる含意をもつはずである。まずそれは、市民社会の未分化な公的領域を通じて、特別に近代的なタイプの社会統合を提案することによって、社会統合の理論に関連性をもつかもしれない。そのようにして提案された近代的な社会統合のモデルは、行政上の国家調整を通じて、あるいは自己規制的な市場メカニズムを通じて、あるいはそこに集まった諸個人の交渉を通じて、あるいは自己規制的なシステムの分化を通じて、社会統合の昔ながらの考え方に代わるものを提示することになるだろう。このモデルによれば、市民社会の公的でしかし未分化な領域における、諸個人や諸集団や諸社会運動や諸機関の討議的また闘争的な参加のなかで、かつまたそれを通じて、近代的な社会統合が現われるのであり、この市民社会で、共通の規範的構造つまり「共通善」が、集合的に構築され、再構築され、論争され、確認されるのである。しかしながらそのような理論は、規範的な社会統合に関する機能主義的理論と違い、近代の市民社会を、共通の規範と価値を共有する同質の社会共同体としては概念化しない。むしろ、その理論は近代市民社会を、それを通じて共通の規範や連帯が構築され再構築される、公的な社会的相互作用の空間およびプロセスとして、概念化するのである。言い換えると、共通の規範というものは、近代的な社会秩序の前提や基礎として仮定できるものではなく、むしろ、コミュニケーションの相互作用のプロセスに潜在し、そこから出てくる壊れやすいものとして、仮定できるだけである。近代市民社会の公的領域のなかのそのようなコミュニケーションの相互作用のプロセスを通じて、規範的な伝統が反省的に再構築——つまり合理化——されうるのであり、また近代社会の分化したサブシステムも、公的に定義された「共通善」に対して責任あるものとされうるのである。したがって、宗教も他の規範的な伝統と同じく、「公的」になることによって、そのような公的領域の生命力に貢献できるのである。

このような考え方が、ユルゲン・ハーバーマスによって展開された近代社会の理論や、彼の理論を作り上げている市民社会の諸理論に、非常に近いことは明らかであろう。[20] 実際、本研究が主な目的としてきたのは、旧来の世俗化論を改訂することよりも、むしろ、諸宗教や諸宗教運動が、実践的な合理化のプロセスを推し進めるに際して、今でも演じることができる役割を吟味することであった。ハーバーマスは、ウェーバーのプロテスタント倫理命題を再構築するにあたって、次のような対抗事実的な仮説を立てた。すなわち、もしも宗教改革で、禁欲主義者の側ではなく、急進的な共同主義者の側がヘゲモニーを手にしたとするならば、道具的な合理化は、実践的な合理化を犠牲にしてまで、あのようにも一面的に拡大することはなかったであろう、というのである。[21] それでも、本書の事例研究から引き出すことのできる結論の一つとして、次のようなものがある。すなわち、宗教の脱私事化という現象によって、機能主義的な世俗化論に疑義が呈されているが、それとまったく同様に、それらの宗教運動の実践的・合理的な潜在的可能性と呼びうるものによって、ハーバーマスの世俗主義的な近代論にも似たような疑義が呈されているということである。

これに関連して出てくる問題は、ハーバーマス自身が、宗教運動あるいは宗教が公的領域の再構築に際して演じうる役割に関心をもつべきであったかどうか、ということではない。問題は、ハーバーマスの近代的分化に関する厳密な理論が、そのような関心を入れるだけの余地を残しているかどうか、ということである。もし宗教というものが、文化が近代になって認識的、道徳的・実践的、審美的・表現的な諸領域へと分化していく以前の、未分化な文化の束にすぎないのであれば、宗教は、現在とも未来とも何の関連もないただの時代錯誤であるか、ただの残留物にすぎない。ハーバーマスの対抗事実的な仮説は、兄弟愛という急進的な倫理的ヴィジョンに関わっているが、しかしそれは、資本主義的近代に特有の制度化された選択性によって歴史的に排除された。そこで示されたように、宗教は当面の問題に関連する一つの過去をもっているかもしれない。また宗教は、伝統的な生活世界にわずかに残されたものを、国家管理の浸透や資本主義の植民地化から防衛するという意味で、ハーバーマスの理論のなかに、一つの現在すらもっているかもしれない。しかし、ハーバーマスのモデルにおいては、宗教に未来はない。因襲的な宗教は、その後に出てきた世俗道徳に、取って代わられなければならないのである。

現在進行中の歴史的プロセスを説明するそのような理論が、経験的に妥当かどうかについては、認識上明らかに疑問がある。しかしそれに加えて、ハーバーマスが「近代の未完のプロジェクト」と呼ぶものを推進することに興味をもつ者たちにとって、実践上の意味をもった争点があと二つある。最初の争点は、理論と実践という昔ながらの問題に関するものである。もしも、マルクスが言ったように、「思想が自らを現実化しようと努力するだけでは十分ではない。現実自らが思想へ向かって努力しなければならないのだ」としたら、「哲学的な頭」は、自らの「心（ハート）」に対して、また「その物質的武器」になりうるものに対して、十分注意深くないというのが、ここでのケースなのだろうか？[22] よりウェーバー風の言葉で言うと、道徳的・実践的な合理化のプロセスの歴史的な担い手が誰であったかを、同定する必要があるということである。ウェーバーは道具的な合理化のプロセスを全面的に強調したが、それに対するハーバーマスの批判にしたがって、ウェーバーのもっとも偉大な貢献——世界宗教の経済倫理が、道具的な合理化の分化のプロセスに決定的な歴史的関連性をもっているという発見――こそが、世界宗教の政治倫理が道徳的・実践的な合理化に果たした重要性を、彼に無視させる素因となったのかもしれない、と言うこともできるだろう。しかしながら、ウェーバーが「経済倫理」に関して言った次のことは、「政治倫理」にも当てはまるべきものである。

この「経済倫理」という言葉は、神学綱領における倫理学説を問題とするものではない。そのような綱領は、場合によってはたしかに重要かもしれないが、それらはただ知識の手段として役立つにすぎないからである。「経済倫理」という言葉は、宗教の心理的なまた事実的な文脈のなかに根底をもつ、行為への実践的起動力を意味している[23]。

したがって、道徳的・実践的な言説に対する認識的で知的な貢献と、道徳的・実践的な諸原則や諸規範の歴史的な制度化とは、区別されるべきなのである。ピーター・ブラウンは、初期のキリスト教は道徳的事柄においてはほとんど何の新機軸も生み出さなかったが、それでもそれは、哲学者たちの上級文化（アッパークラス）を「民主化」することや、「異教やユダヤ教の道学者たちがすでに説教しはじめていたこと」を実践に移すことにおいて、決定的な歴史的役割を演じた、と指摘した[24]。もしこの指摘が正しいとするならば、宗教団体や宗教運動は、これまでと変わらず今日でも、類似の歴史的役割を演じつづけている、と推測してよいかもしれない。この推測は部分的には、本書の事例研究によって支持されている。ここで検討された五つの事例のうちの三つにおいては、宗教運動や宗教団体が民主化のプロセスにおいて、直接的で密接な役割を演じていた。他の二つの事例においては、宗教は、市民社会の公的領域を活気づけるある役割を、直接的にあるいは間接的に演じていた。直接的にというのは、管理国家や資本主義経済のシステムとしての機能に関して、規範的な争点を公的に取り上げることによって、という意味である。また間接的にというのは、行政や司法が生活世界に浸透してくるプロセスに反応して、近代の生活世界の構造そのものに関する規範的争点を公的に討論しはじめることによって、という意味である。

原則的には、道徳的・実践的な合理化のプロセスの担い手として、宗教が唯一であるとかあるいは主要であるとか、直接的な担い手であるとかあるいは間接的な担い手であるとか、特別視する必要も理由もない。近代世界においては、いかなる世俗的運動や団体も、少なくとも宗教と同じ程度にずっと重要な担い手であったし、今もそうであるし、これからもそうでありつづけるだろう。したがって必ずしも、宗教がなければ公共広場は「裸」である、ということにはならない[25]。しかし宗教は、近代世界の道徳的・実践的な闘争のなかに、しかもしばしばすべての争点の両サイドに、現に存在しつづけている。このことが結果的に暗示しているのは、世俗主義者や合理主義者が、「近代的」、つまり因襲から解放された宗教などというものはない、という先入見や確信をもっているのは別にかまわないとして、それ以外には、道徳的・実践的な合理化という理論が、原則として宗教を組織的に無視してよいとする理由は何もない、ということである。

このことが指し示しているのは、まさしく第二の実践的な争点、つまり、エリート主義的・合理主義的な偏向の危険性である。科学が自らを概念化し、専門的な科学的アイデンティティが自らを理解する際の最近のいくつかの趨勢をみると、このレベルにおける科学と宗教との厳格な分離すら疑問視する傾向がある。それでもなお、少なくとも認識上の領域では、科学と宗教との明瞭で厳格な分離はやはり維持する必要がある、と論ずることができるであろう。[26] たとえば、そこには創造を「信仰」する余地があるかもしれず、あるいは宇宙に関する象徴的で神話的ですらある言葉を語る余地があるかもしれない。「創造(クリエーション)科学(サイエンス)」といったものはありえないとしても、こと道徳的・実践的な領域や主観的・表現的な領域となると、そのように厳格な割り切れた区別が可能なのか、また必要なのか、あるいは役に立つのかどうか、怪しむことができる。また、知的で合理的な言説に明らかな特権を与えるような理論や、審美的な領域にきわめて明らかな特権を与えるような思考の伝統がある。しかしそれらは、世界中のほとんどの社会における普通人にとっては、宗教や宗教的伝統が道徳的・実践的な反省をしたり、主観内の表現をするための、近づきやすく合法的な媒体手段であるという事実を忘れているのではなかろうか、と疑ってみることができる。いずれにせよ、同時代の宗教運動を、時代錯誤であるとかまったくの防衛的反応であるとして打ち捨てようとする者は、そうする前にまず、宗教と近代的意識構造とは、究極的には両立する可能性がない、ということを証明する必要があるだろう。

もちろん私は、今日において実践的な合理化のプロセスをさらに促進するのに積極的な役割を演じる位置にあるのは、啓蒙主義的な宗教批判の中心的な局面を自らの内に組み込んできた宗教だけである、ということには同意しようと思う。啓蒙主義的な宗教批判には三つの次元がある。伝統的な宗教的世界観の認識に関わる批判、宗教的な正当化のイデオロギーの道徳的・実践的な批判、宗教的な苦行と孤立の主観的・表現的な批判、この三つである。これらの三次元を反省的に組み込むことによって、近代性と自らとの関係を再定式化している宗教的伝統だけが、近代性の神聖な価値である人命と自由を公的に支持しつつ、近代の公的領域の活性化に貢献するのかもしれない。しかし、宗教的伝統が再び蘇り自己主張するようになったというまさにそのことが、啓蒙主義がこれらの領域で自らの約束を履行するのに失敗した印とみなされるであろう。宗教的伝統は今、分化した世俗的諸領域と対立しており、それらの諸領域に、自らの蒙昧主義(オブスキュランティズム)的でイデオロギー的で真正でない主張に向かい合うよう要求している。これらの対立場面の多くで、人間的な啓蒙主義の側に立っているように見えるのは、しばしば宗教の方である。

西洋近代は、その尊大な自信をいくぶん失ってしまい、他者に対する自らの傲慢な態度をいくぶんか疑いはじめている。それはあたかも、社会主義を通じて内側から自己超越しようとする企てが明らかに失敗してしまった時のことである。その間にも、近代性の二つのダイナモであった資本主義市場と管理国家は、行く手に立ちはだかる前近代的な諸伝統に攻撃をしかけてそれを打ち倒していきながら、世界システムに向かう自己推進的な行進をつづけている。諸伝統のうちのいくつかは、文化的な市場のなかにとっておかれた私的な適所（ニッチ）に順応して、それを受け入れている。そこでなら諸伝統は、近代的あるいはポスト近代的な神殿のなかで、栄えることさえあるかもしれないのである。

他の、とくに非西洋の諸伝統は、近代が自らを疑っていることに勇気づけられて、近代西洋に対抗する自らのアイデンティティを再確認することが可能である。ウェーバーは、西洋において近代的分化の制度化と宗教の私事化がとった特定の歴史的形態を形づくるに際して、禁欲的なプロテスタンティズムがある役割を演じた、と論じた。もしウェーバーが正しかったとすると、諸々の世俗化論と近代化論は、他の宗教もまたそれ独自の世俗化のパターンを制度化するに際して、ある役割を演じることがありうるという可能性にも、目を閉ざすべきではない。

最後に、近代性と穏やかでない関係を結んでいるような諸伝統があり、それらは近代の諸価値のいくつかを自らのものとして、部分的には順応し部分的には受容している。ただし、市場と国家が、金と力を媒体としたシステムの自己再生の論理に道徳的規範は干渉すべきではないと主張していることに対しては、諸伝統はこれを受容することを拒んでいる。近代性との批判的な遭遇という現在進行中の出来事をとおして、それらの諸伝統は、実践的な合理化のプロセスと、近代の未完のプロジェクトの両方を、推進する位置にあるのかもしれない。

西洋近代は十字路にさしかかっている。もしそれが、他者、つまり西洋近代のアイデンティティに戦いを挑む諸伝統との創造的な対話に参加しなければ、近代が勝利するであろうことは大いにありうる。しかしそれは最後には、自ら創造した融通の利かない非人間的な論理によって、滅ぼされてしまうかもしれない。宗教は近代からあらゆる打撃を被ってきたが、それにもかかわらず、宗教は、それと意図せずに、近代が自らを救う手助けになってきたように思われる。もしそうだとすれば、これはきわめて皮肉なことである。

訳者あとがき

本書は、José Casanova, *Public Religions in the Modern World*, The University of Chicago Press, 1994 の全訳である。近代化が進むにつれ宗教は世俗化・私事化し、衰退していくという憶測に反して、むしろ一九八〇年以降、宗教は公的な闘技場・舞台に再登場してきているというのが、著者カサノヴァの経験的な命題である。そこを出発点として著者がたどりついた規範的結論を一言でまとめると、現代的な価値と「存立可能」で、近代の拡散した公的領域の健全化のために「望ましい」、グローバルな市民社会を領域とする公共宗教の形態がありうる、ということになろう。公共宗教の新たな段階での復興というこのグローバルな現象を、カサノヴァはスペイン、ポーランド、ブラジル、アメリカ合衆国という四つの地域における、カトリシズムとプロテスタンティズムという二つの宗教的伝統を事例として論じている。事例の選択にやや不均衡があり、それぞれの事例研究が相互に独立の変容譚を語っていることを認めながら、この不均衡と関連のなさゆえに、かえって、公共宗教の復興がそれぞれの特殊な条件を超えたグローバルな趨勢であることが、浮き彫りにされている。

全体の構成はきわめて明快であり、序論で「前置き」につづいて「本文の構成」が置かれ、著者の立場と方法、主題と仮説、全体の配置が明示されているとおりである。論述も曖昧さのないもので、問題点の提示と分析が整然と展開される。カバーの宣伝文にはロバート・ベラーの、「本書は、宗教社会学あるいは比較歴史社会学一般において、私がこれまで読んだなかで最良の一冊である。カサノヴァは、この分野における主要な問題について、並はずれた理論的および分析的把握力をもっている。カサノヴァが世俗化論争の全体を整理し、擁護できないものを放棄し、有益なものをすくいあげる際の、選り分けの正確さと明晰さは、私がかつてみたことのないほどの手並みである。このすばらしい著作によって、私はカサノヴァを、彼と同世代の歴史社会学・比較社会学の研究者の中の一握りのすぐれたグループに入れたい」というコメントが引かれている。最大級の賛辞を差し引いて読んでも、本書は世俗化論争を整理して、捨てるべきは捨て、拾うべきは拾って、一定の見通しをつけた著書である、ということである。

訳者自身としては、もっぱら勉強のために翻訳をしたもので、あまり立ち入った解説をする能力はないが、重要と思われた点を二つだけ述べよう。

まず、世俗化論の整理である。これはベラーのコメントにもあるとおり明晰なもので、要点は世俗化論に含まれる三つの命題を区別するところにある。つまり、世俗的機能が分化していくという意味での世俗化、宗教が衰退していくという意味での世俗化、宗教が私事化していくという意味での世俗化、である。このうち、一つめの機能分化の意味での世俗化論は有効・妥当であり、二つめと三つめの意味での世俗化は必ずしも事実に一致していない、とされる。世俗化論を全体として擁護すべきか放棄すべきかと論じることは、まったく不毛なことがわかる。

次に、公的領域や公共性という、現在もっともホットなテーマの一つに、宗教社会学から切り込んでいる点である。あらゆる普遍的価値に異議が申し立てられ、旧来の秩序が拡散していくなかで、それにかわる新たな価値と秩序の構築が火急の必要事となり、そのための合意形成が求められている。そのなかで「共通善」の希求において規範的伝統をもつ宗教が正負の役割を果たすこと、討議を拒否する原理主義・根本主義が近代的な公共宗教としての要件を致命的に欠くこと、政治社会レベルで動員される宗教の存在理由がますます減少すること、などの指摘は、公共宗教のあり方にとって、示唆するところが大きいように思う。「近代カトリシズム」について随所に述べられた評価をみると（本訳書、二二三—二二四頁その他）、人類的な市民社会における公共性の構築に際して、伝統宗教（とくに著者の出自であるカトリシズム）がどのように貢献しうるかという問題に、カサノヴァは端的な規範を提示している。

しかし拙い解説を並べるよりは、本文自体が論点を明確に整理し主張しているので、理論的なものだけに興味のある読者は、1、2、8章をじかに読まれたい。著者自身、事例

（3―7章）と理論との関係について、事例の記述分析は、理論を引き出したり検証したりするための単なる手段ではない、とする立場である。これは逆にいうと、細かい事例研究（時として実に細かい）が理論構築にすべて反映するようには構成していない、ということである。一般に事例と理論とはそういうものであろうが、カサノヴァは事例と理論とを形式上もかなりきれいに分離している。読者にとって親切な構成といえよう。

訳語について一、二お断りすると、まず「国教」と訳される語およびその関連語がいくつも出てくるので、それぞれ以下のように直訳した。国家宗教 state religion、国家教会 state church、国民教会 national church、公認宗教 established religion、公認教会 established church、公認 establishment、公認廃止（非公認化）disestablishment、などである。また、キリスト教関係のあまりに専門的な用語（専門の近い方々に質問しても、訳が決しがたかったり、意味がとりにくかったりするもの）については、一般にわかりやすいように訳して音写のルビを付し（たとえば、「異端との絶縁式（アクトス・デ・フェ）」、「司牧補助者（パストラル・エージェント）」など）、あるいは音写した（たとえば、諸派の聖職者の会議である synod は「シノッド」と）。キリスト教関係の方は容易に正統的用語に変換できるであろうし、それ以外の方にはこのほうがわかりやすいと考えたからである。他の語もなるべく原語との対応がわかりやすいように心がけた。ただ、参照した邦訳がまちまちなので、訳語や人名その他の固有名詞の読み方や団体組織名が、一貫性に欠けているかもしれない。不適切なものはご指摘いただければ幸いである。

なお、本書の内容に関連して個人的な問題意識を述べさせていただくと、カサノヴァは、国家レベルの公共宗教、政治社会レベルの公共宗教、市民社会レベルの公共宗教がありうるという風に、公的領域のレベルに応じた公共宗教の諸形態を区別しているが、私は国家にも政治にも市民社会にもこれまでとりたてて興味がなかったためか、公共性・集合性をもった宗教には、これ以外の形態もあるのではないか、という気がしてならない。前著『日本の深層文化序説――三つの深層と宗教』(玉川大学出版部、一九九五)で、日本(人・文化)論のイデオロギー性に言及した際、イデオロギー批判に解消されない宗教性が民俗的レベルに存在することを示唆しておいたが、カサノヴァの「公共宗教」論を参照することで、国家的・政治社会的、あるいは市民社会的ななんらかの動員をめざす公共宗教とは異なる、民俗社会レベルにおける「深層文化としての宗教」の位置付けが、もう少しはっきりしてきたように思う。カサノヴァが1章の注(48)で言及している日本の「公共宗教」に対しては、私にも多少言うべきことがある。今後の課題としたい。

最後に謝辞を。知識の乏しい領域を翻訳するという不安をかかえながら、この仕事は、少なくとも個人的にはたいへんよい勉強のきっかけになり、「公的領域」などという、これまで自分の語彙になかった言葉にも、ある思いをもつようになった。本書のキーワードの一つは「脱私事化」であるが、翻訳の過程で、私の学的関心はいわば脱私事化された。

このようなことは一年前には想像もしなかったことである。得意分野だろうからというのではなく、逆に、外国宗教と社会学は不得意分野だろうからこれを機に勉強するようにという教育的理由から、また前著に欠けている視点を補うようにというご配慮から、あえて本書の翻訳をお勧めいただいた井門富二夫先生には、右のようなもろもろの意味でお礼申し上げる。訳文については、読みにくい粗訳の段階で全体に目をとおし逐一要注意の印を入れて下さった島薗進先生に、前著と同様ご面倒をおかけした。重ねてお礼申し上げたい。また同僚の田島久歳先生にはスペインとブラジルの部分について多くのことを教えていただいた。その他、おしせまってからは、かなり手当たり次第に質問をして、多くの方々から多くのご教示をいただいた。相変わらずの大童になっての仕事で、周囲にご迷惑をおかけしたことを申し訳なく思いつつ、とりまとめてお礼申し上げる。

玉川大学出版部の関野利之氏と水野ゆかりさんには、前著以上のお世話をいただいた。不勉強なところを勉強しながらという、手間のかかる翻訳作業を許していただいたことを含めて、お礼申し上げたい。

一九九七年三月

津城 寛文

ちくま学芸文庫版への訳者あとがき

一九九四年に公刊され、ただちに高い評価を得た原著は、多くの言語に訳された。日本語版は、一九九七年という最も早い時期に拙訳で刊行され、こちらも、幸いなことに大きな関心（歓迎や批判から、条件反射的な警戒、借用、歪曲まで）をもって迎えられた。

改訂を機に何度か読み直すと、訳しはじめは五里霧中のようで、次第に理解できるようになった程度であったのが、今回は行間や紙背を補いながら味読できて、見通しのよい名著であることと、私自身の考えがあちこちで本書の影響を受けていることを、再確認した。数年後の拙著、『〈公共宗教〉の光と影――近代日本という雛型』（初版、春秋社、二〇〇五、つくばリポジトリ版、二〇一七）、および『社会的宗教と他界的宗教のあいだ――見え隠れする死者』（世界思想社、二〇一一）の第Ⅱ部「宗教と社会」は、「公共宗教」を戦略的キーワードとする著作で、本訳書の作業なしには、まとめえなかったものである。カサノヴァは公的領域を、国家、政治社会、市民社会の三つに区分し、その価値的キーワードは「共通善」であるのに対して、私は公的領域に「民俗社会」を新たに加え（グローバルな公的領域である世界全体は、カサノヴァの価値的議論でも暗黙の前提になっている）、

「共通善」に対比される「聖なるもの」を、「民俗主義 folklorism」的な視点から、掬（すく）い上げてみたいとも考えた。

マーティン・マーティーが「public religion のオーサーシップはカサノヴァにある」と言ったのを引いて、カサノヴァが「kokyo syukyo という訳語のオーサーシップは津城にある」と言ってくださったのは、嬉しいのはもちろんとして、このタームの影響の及ぶところ、責任を問われるということでもある。実はこの訳語は、翻訳をお勧めいただいた故・井門富二夫先生から示唆されたものだが、私個人が全責任を引き受けるべきことは、言うまでもない。

原著には、英語以外の言葉も少なくないが、奇矯な表記はなく、訳文でも慣例的な処置をしたため、初版ではとくに凡例を示さなかった。念のため、次のような方針で揃えたことを、この機会に追記しておく。原著のイタリックは、強調の場合は傍点、著書や雑誌タイトルの場合は『』、英語以外の外国語の場合は音写するか、あるいは訳にルビを付けた。キーワードや、凝ったと思われる表現にも、適宜ルビを振った。" "は「」とした。（ ）はおおむね原著どおりだが、原著や訳語がやむをえず多重になるところで、見やすくするために不規則に用いたところがある。[ ]は訳者の補足である。

校正作業にあわせて、見直すべき点のご教示を広くお願いしたところ、奥山倫明さんと伊達聖伸さんから、丁寧なお知らせをいただいた。とくに奥山さんは、名古屋時代のゼミで、原著と訳書をつき合わせてくださったとのこと、多くの問題箇所をご指摘いただいた。願ってもない「粗探し」に、大書して、お礼を申し上げたい。

二〇一五年の秋、日本宗教学会の学術大会のためにカサノヴァが来日した折、「再版になったら、序文を書こう」と約束してくれていたので、今回の文庫のための序文を、「長くても短くても」と言い添えて依頼したところ、長大な文章をまとめてくださった。ご覧のとおり、本書を前提とし、その後の展開を踏まえ、今後の展望も加えた、かなり立ち入った論考なので、最後に読みなおしていただくと理解が深まると思う。

昨年末、まったく思いがけず、筑摩書房の北村善洋さんから、『近代世界の公共宗教』をちくま学芸文庫版として再刊したいとのご提案があった。カサノヴァを宗教社会学のトップスカラーに押し上げた現代の古典が、こうして日本語でも、長く読み継がれるロングセラーの仲間入りをすることになったのは、原著者にとっても訳者にとっても、大きな喜びである。絶版になって久しく、またその間、重版を希望する多くの声が聞こえていた本書を、再び日の当たるところに引き出していただき、ありがとうございました。

令和三(二〇二一)年五月一九日

津城寛文

域を明確かつ厳密に分離しておくという彼らの必要から出ているのかもしれないという，興味をそそる仮説を提出している．ウスノーによれば，ある科学的原理の認識上の地位が不確かであればあるほど，その科学の専門家はますます無宗教的な態度を維持する必要がある．Robert Wuthnow, "Science and the Sacred," in Phillip E. Hammond, ed., *The Sacred in a Secular Age* (Berkeley: University of California Press, 1985), pp. 187-203. 今日では，科学と宗教の新たな総合の必要性は，神学者の口からというよりはむしろ，宇宙のさらなる「神秘」を明らかにしつづける科学的な新発見によって「畏怖の念に打たれた」自然科学者や平信徒の口からしばしば発せられる傾向にあるのを見るのは，おもしろいことである．宗教の認識的構造を科学にふたたび関連づけることに，神学者があまり乗り気でないのは，過去の否定的な経験や，また，近代科学のパラダイムがますます耐用年数が短く，その性格がますます不確かになることを考えると，驚くべきことではない．ポストモダンの科学によって刺激された，最近のいくつかの宗教的着想としては，Stephen Toulmin, *The Return to Cosmology: Postmodern Science and the Theology of Nature* (Berkeley: University of California Press, 1982); Huston Smith, *Beyond the Postmodern Mind* (New York: Crossroad, 1982); John M. Templeton and Robert L. Herrmann, *The God Who Would Be Known: Revelations of the Divine in Contemporary Science* (San Francisco: Harper & Row, 1989) を参照.

3 (1985).

(14) すべての重要な差異にもかかわらず，この点ではイスラム教の状況も同じようなものである．

(15) Émile Durkheim, *The Elementary Forms of the Religious Life* (New York: Free Press, 1965), p. 475, および "Individual and the Intellectuals," in Robert N. Bellah, ed., *Émile Durkheim: On Morality and Society* (Chicago: University of Chicago Press, 1973) を参照.

(16) Gabriel Almond, Marvin Chodorow, and Roy Harvey Pearce, eds., *Progress and Its Discontents* (Berkeley: University of California Press, 1982); Robert Bellah, "New Religious Consciousness and the Crisis of Modernity," in Charles Glock and Robert Bellah, eds., *The New Religious Consciousness* (Berkeley: University of California Press, 1976) および Peter Berger, "From the Crisis of Religion to the Crisis of Secularity," in Mary Douglas and Steven Tipton, eds., *Religion and America: Spirituality in a Secular Age* (Boston: Beacon Press, 1983) を参照.

(17) Jürgen Habermas, "New Social Movement", および Axel Honneth et al., "The Dialectics of Rationalization: An Interview with Jürgen Habermas," *Telos* 49 (Fall 1981) を見よ．また，本書 6 章の注（62）を見よ．

(18) H. Richard Niebuhr, *Radical Monotheism and Western Culture* (New York: Harper & Row, 1970).

(19) そのような試みとしては，Harvey Cox, *Religion in the Secular City: Toward a Postmodern Theology* (New York: Simon & Schuster, 1984) を見よ．

(20) Jürgen Habermas, *The Theory of Communicative Action*, 2 vols. (Boston: Beacon Press, 1984-87), および Cohen and Arato, *Civil Society and Political Theory* を参照.

(21) Habermas, *The Theory of Communicative Action*, vol. 1, *Reason and the Rationalization of Society*, pp. 143-271.

(22) Karl Marx, "A Contribution to the Critique of Hegel's Philosophy of Right: Introduction," in *Early Writings* (New York: Vintage, 1975), pp. 252 and 257.

(23) Max Weber, "The Social Psychology of the World Religions," in *From Max Weber* (New York: Oxford University Press, 1958), p. 260.

(24) Peter Brown, "Late Antiquity," in Phlippe Ariès and Georges Duby, eds., *A History of Private Life*, vol. 1, *From Pagan Rome to Byzantium* (Cambridge, Mass.: Harvard University Press, 1987), p. 260.

(25) これは，John Richard Neuhaus, *The Naked Public Square: Religion and Democracy in America* (Grand Rapids, Mich.; Eerdmans, 1984) の命題である．

(26) ロバート・ウスノーは，社会科学者の間に広く見られる無宗教の理由は，社会科学の原理そのものの自信のなさから，また，それに関連して認識上の２つの領

Dobbelaere, "The Secularization of the Society? Some Methodological Suggestions," in Jeffrey K. Hadden and Anson Shupe, eds., *Secularization and Fundamentalism Reconsidered* (New York: Paragon House, 1989) を見よ.

(5) ここで私は, とくに次の2著に従っている. Jean L. Cohen and Andrew Arato, *Civil Society and Political Theory* (Cambridge, Mass.: MIT Press, 1992). および Alfred Stepan, *Rethinking Military Politics* (Princeton: Princeton University Press, 1988).

(6) Seyla Benhabib, "Models of Public Space: Hannah Arendt, the Liberal Tradition and Jürgen Habermas," in Craig Calhoun, ed., *Habermas and the Public Sphere* (Cambridge, Mass.: MIT Press, 1991).

(7) 比較歴史的研究の諸目的の1つは, まさに, カトリシズムにはたくさんの異なった形態がある, と示すことであった.

(8) 近代のシーア派の聖職者政治については, Said A. Arjomand, "Shi'ite Jurisprudence and Constitution-Making in the Islamic Republic of Iran," in Martin E. Marty and R. Scott Appleby, eds., *Fundamentalism and the State: Remaking Polities, Economies, and Militance* (Chicago: University of Chicago Press, 1993) および "Millennial Beliefs, Hierocratic Authority and Revolution in Shi'ite Iran," in Arjomand, ed., *The Political Dimensions of Religion* (Albany, N.Y.: SUNY Press, 1993) を見よ. 伝統的なイスラムの共同体（ウンマ）も, それ自身, 内的に限定された公的領域をもっている. ウンマが近代的な動員力のある国家へ移行することで, そこに神権政治的・全体主義的な方向が与えられる. イスラム的な公的批判の伝統と, サウジアラビアにおけるその近代化の努力については, Talal Asad, *Genealogies of Religion* (Baltimore: Johns Hopkins University Press, 1993), chap. 6 を見よ.

(9) Jürgen Habermas, *The Structural Transformation of the Public Sphere* (Cambridge, Mass.: MIT Press, 1989) を見よ.

(10) Ralph Della Cava, "Vatican Policy, 1978-90: An Updated Overview," *Social Research* 59, no. 1 (Spring 1992).

(11) John S. Coleman, S.J., "*Raison d'église*: Organizational Imperatives of the Church in the Political Order," in Jeffrey Hadden and Anson Shupe, eds., *Secularization and Fundamentalism Reconsidered* (New York: Paragon House, 1989).

(12) Daniel Bell, "The Return of the Sacred? The Argument on the Future of Religion," *British Journal of Sociology* 28, no. 4 (1977), および Rodney Stark and William S. Bainbridge, *The Future of Religion: Secularization, Revival, and Cult Formation* (Berkeley: University of California Press, 1985).

(13) Roland Robertson and JoAnn Chirico, "Humanity, Globalization, and Worldwide Religious Resurgence: A Theoretical Explanation," *Sociological Analysis* 46, no.

教えを拒絶する人の3分の1は，教会に出席するたびに聖体拝領を受けていることを指摘した．Greeley, *American Catholics since the Council*, pp. 64–71を見よ．新たなカトリシズムについては，さらに，Eugene Kennedy, *Re-Imagining American Catholicism* (New York: Vintage, 1985), および *Tomorrow's Catholics. Yesterday's Church. The Two Cultures of American Catholicism* (New York: Harper & Row, 1988) を見よ．

(141) Gallup and Castelli, *American Catholic People*, p. 184.

(142) Ibid.

(143) "Pastoral Constitution on the Church in the Modern World," no. 76, in Abbott, *Documents*.

(144) Bishop Raymond A. Lucker, "Justice in the Church: The Church as Example," in Coleman, *Hundred Years*, および Hans Küng and Leonard Swidler, *The Church in Anguish* (San Francisco: Harper & Row, 1986) を参照．

Ⅲ　結　論

8章　近代宗教の脱私事化

(1) これらの姿勢を代表する声明については，本書1章の注 (2) を見よ．

(2) G. W. Hegel, *Early Theological Writings* (Chicago: University of Chicago Press, 1948), および Sidney Hook, *From Hegel to Marx* (New York: Reynal & Hitchcock, 1936) を見よ．

(3) これらの構造的趨勢がまったく異なったパターンと形態をとること，また，旧体制から受け継いだ遺産が異なっていたにもかかわらず，歴史的な行為者がそれらのパターンの方向の違いに影響を与えるような何事かを行いえたことが，トクヴィルのフランスと合衆国における民主化の比較歴史学的な分析の要点であったのは，もちろんである．

(4) これはまた，イラン革命の教訓であるようだ．したがって，共産主義体制に対するポーランド・カトリック教会の抵抗や，王制に対するシーア派の導師の抵抗を，単にあるいはもっぱら，近代化の進展するプロセスに対抗する根本（原理）主義的で聖職者政治的な反応と見るのは――カレル・ドベラーレはルーマン風の機能主義的な世俗化論のパースペクティヴからそう見ている――，ただもう近視眼的としか言いようがない．根本（原理）主義的で聖職者政治的な反応は，それほど両方の体制を転覆する手助けにはなれなかったし，また，そうした解釈は，両方の体制に対して宗教と世俗的左翼とが同盟して敵対したことを説明できない．今日，2つの同盟のなかの宗教的要素と世俗的要素が，革命後の2つの体制のなかできわめて異なった位置を占めていることは，単に，ここで扱っているのが2つの異なったタイプの公共宗教であることを示すものにほかならない．Karel

ント，ユダヤ教では59%対78%でその差19ポイントであった．

2つの超大国による核兵器の建設と配備の「凍結」を支持する宗教的リーダーの比率は，カトリックでは95%対98%，プロテスタントでは77%対95%，ユダヤ教では72%対90%であった．合衆国の側だけの一方的な「凍結」を支持する比率は，カトリックでは35%対70%，プロテスタントでは16%対52%，ユダヤ教では10%対29%であった．カトリックの平信徒は，プロテスタントや一般国民よりもさらにハト派の傾向にあるが，しかし，決してカトリックのリーダーたちほど著しくもなく，一様でもない．

一国家としてのアメリカは第三世界の人々を不公正にあつかう傾向があると思っている宗教的リーダーの比率は，カトリックでは50%対87%，プロテスタントでは27%対71%，ユダヤ教では19%対39%であった．南アフリカに対する制裁を支持する比率は，カトリックでは83%対90%，プロテスタントでは52%対87%，ユダヤ教では47%対78%であった．イスラエルにおけるパレスチナの祖国解放主義を支持する者の比率は，カトリックでは85%対87%，プロテスタントでは42%対82%，ユダヤ教では3%対20%であった．一般国民の間で，カトリックの意見とプロテスタントの意見と一般世論との間の違いがもっとも著しいのは，中央アメリカ問題であった．この違いを，トランスナショナルなカトリックの連帯にまでさかのぼって跡づけることも難しくはないだろう．これらの調査や他の調査の結論については，Hunter and Rice, "Unlikeky Alliances," pp. 232-39, および Gallup and Castelli, *American Catholic People*, pp. 70-76, 80-87, 91-102を見よ．1992年5月のギャラップ調査については，*New York Times*, 19 June 1992を見よ．

(137) Philip Berryman, *Our Unfinished Business: The U.S. Catholic Bishops' Letters on Peace and the Economy* (New York: Pantheon, 1989), および George E. McCarthy and Royal W. Rhodes, *Eclipse of Justice: Ethics, Economics, and the Lost Tradition of American Catholicism* (Maryknoll, N.Y.: Orbis, 1991) を参照．

(138) John Richard Neuhaus, *The Naked Public Square: Religion and Democracy in America* (Grand Rapids, Mich.: Eerdmans. 1984).

(139) Jürgen Habermas, *The Structural Transformation of the Public Sphere* (Cambridge, Mass.: MIT Press, 1989); Alasdair MacIntyre, *After Virture: A Study in Moral Theory* (South Bend, Ind.: University of Notre Dame Press, 1981); Alan Wolfe, *Whose Keeper? Social Science and Moral Obligation* (Berkeley: University of California Press, 1989); Russell Jacoby, *The Last Intellectuals: American Culture in the Age of Academe* (New York: Basic Books, 1987) を参照．

(140) アンドリュー・グリーリーは，定期的な教会出席者の80%近くが役人風のバース・コントロールの教えを拒絶していること，婚前セックスについての教会の

(135) Hunter and Rice, "Unlikely Alliances" のなかの1987年の宗教と政権に関する調査の結果を見よ.

(136) これを示すためにはいくつかの調査の結果をみれば十分である. カトリックのリーダーたちは, カトリックの一般的な政治姿勢にしたがって, プロテスタントやユダヤ教のリーダーたちよりも, 民主党への同一化を非常につよく示す. その同一化の度合は, 保守的なリーダーの間では46%であり, 進歩的なリーダーの間では77%であった. これに対してプロテスタントは, 保守的なリーダーでは25%, 進歩的なリーダーでは53%であった. またユダヤ教は, 保守的なリーダーでは38%, 進歩的なリーダーでは57%であった. 保守的リーダーと進歩的リーダーとの間にみられる党派性の差は, プロテスタント (28ポイント) やユダヤ教 (19ポイント) におけるよりも, カトリック (31ポイント) におけるほうが大きい. 他の問題についても, 保守的なリーダーと進歩的なリーダーとの間に, 同様の開きが見出される. たとえば, 男女平等憲法修正案について, 保守的リーダーと進歩的リーダーがそれを支持する率は, カトリックではそれぞれ42%と78%, プロテスタントでは31%と80%, ユダヤ教では54%と88%であった.

しかし, 妊娠中絶, 性道徳, 経済的平等, 国際世界秩序などの問題になると, カトリックの宗教的リーダーたちは, 他の宗教のリーダーやカトリックの平信徒とは, 一様に異なっている. 妊娠中絶に反対する率を保守的リーダーと進歩的リーダーで比べると, カトリックではそれぞれ100%と93%, プロテスタントでは93%と41%, ユダヤ教では40%と8%であった. 同様に, 婚前セックスは間違っているとするのは, カトリックでは97%と82%, プロテスタントでは97%と59%, ユダヤ教では72%と31%であった. 対照的に, カトリックの平信徒は, これらの問題について明らかに司教たちに同意していない. 1992年5月のギャラップ調査によれば, カトリック信者の13%は妊娠中絶は道徳的選択ではありえないとしているが, 他方, 41%は特殊な場合においては妊娠中絶も道徳的に受容できるとし, 別の41%は, ほとんどもしくはあらゆる場合に妊娠中絶は道徳的に受容できるとしている. 実際, ギャラップ調査によれば, ロー対ウェイド事件を支持するカトリックの比率は, 1974年の32%から1986年には40%に増えた一方, それに反対する比率は61%から48%に減った. 対照的に, 同じ事件に対するプロテスタントの比率は, 同じ期間に, 支持が48%から42%に減り, 反対は41%から50%に増えた. カトリックの平信徒はセックスや家庭道徳の問題すべてに関して, 自分たちのリーダーとの意見の不一致を, まったく歴然と示している. 彼らは, プロテスタントや一般国民よりもさらにリベラルな傾向にある.

「政府は富者と貧者の間の収入格差を縮めるようすべきである」という意見に賛成する宗教的リーダーの, 保守派と進歩派との比率は, カトリックでは90%対92%でその差2ポイント, プロテスタントでは43%対76%でその差33ポイ

(124) 本書の4章はポーランドの事例がまだ曖昧で未解決であることを示している.

(125) Mary Daly, *The Church and the Second Sex* (Boston: Beacon Press, 1985), および Ranke-Heinemann, *Eunuchs for the Kingdom* を参照.

(126) Ari L. Goldman, "Little Hope Seen for Letter on Women," *New York Times*, 19 June 1992, および Peter Steinfels, "Bishops May Avoid Stand on Women," *New York Times*, 17 November 1992 を見よ.

(127) "Poll Finds Backings of Female Priests," *New York Times*, 19 June 1992. 世論調査は, アメリカのカトリック信者たちは, 教会と社会の両方における女性の権利を支持していることを示している. この10年の間, プロテスタントよりも, ましてや福音主義者よりも, カトリックのほうがより多く, 男女平等権修正案への支持, また, 女性を大統領や知事や市長や議員に選ぶことへの支持を示してきた. 彼らはまた, プロテスタントよりも, 女性が雇用にあたっていまだに差別に直面するということを信じそうである.

(128) Laurence H. Tribe, *Abortion: The Clash of Absolutes* (New York: Norton, 1990) を見よ.

(129) Jürgen Habermas, *The Theory of Communicative Action*, 2 vols. (Boston: Beacon Press, 1981–87) を見よ.

(130) Karel Dobbelaere, "The Secularization of Society? Some Methodological Suggestions," in Jeffrey K. Hadden and Anson Shupe, eds., *Secularization and Fundamentalism Reconsidered* (New York: Paragon House, 1989), pp. 39–40.

(131) J. Bryan Hehir, "The Right and Competence of the Church in the American Case," in Coleman, *Hundred Years of Catholic Social Thought*, pp. 55–71.

(132)「経済的文盲」「愚行」「突飛なユートピア的理想主義」「複雑さからの逃走」「因襲的知恵」「浮浪者的な月並みな考え」などといった告発は, 通常は経済の専門家からではなく, 新保守主義の批評家からきた, ということは, 事態をもっとも雄弁に語っている. 経済的な専門知識に対する新保守主義の批評家たちの非難は, 司教たちが口にしそうな非難よりも, もっといかがわしいものだった. Peter Steinfels, "The Bishops and Their Critics," *Dissent*, Spring 1985, pp. 176–82 を見よ.

(133) James Davidson Hunter and John Steadman Rice, "Unlikely Alliances: The Changing Contours of American Religious Faith," in Alan Wolfe, ed., *America at Century's End* (Berkeley: University of California Press, 1991), および Wuthnow, *The Restructuring of American Religion* を見よ.

(134) せいぜい言えるのは, カトリックはプロテスタントと比べて一般によりリベラルであり, アメリカ人全般と比べてややリベラルな傾向にある, ということである. Gallup and Castelli, *American Catholic People*, および Greeley, *American Catholics since the Council* を参照.

婚といった，あまり規模の大きくない問題に含まれる意味に，心はためらってしまうだろう」. Castelli, *Bishops and the Bomb*, p. 180.

(112) 実際，女性たちは，妊娠中絶の斡旋を援助する公共の福祉機関に勤務しているという理由で破門されてきた.

(113) USCC, *Documentation on the Right to Life*, p. 60.

(114) Byrnes, *Catholic Bishops*, p. 57 を見よ.

(115) Ibid.

(116) Lawrence Lader, *Politics, Power, and the Church: The Catholic Crisis and Its Challenge to American Pluralism* (New York: Macmillan, 1987).

(117) Cardinal John O'Connor, "From Theory to Practice in the Public-Policy Realm," in Jung and Shannon, *Abortion and Catholicism* を見よ. これはおそらく，アメリカの全司教のうちでももっとも攻撃的な中絶反対の行動主義者による，重要な声明であり，彼は，きわめて思慮深く輝かしくとさえいえるやり方で，答えを知っているという素振りは見せずに，自国および外国における基本的な道徳的「過誤」と不正に関する「苦悩に満ちた関心」から，「効果的な行動」へと移るのに適当な方法について，きわめて重要な問題を提起した. 彼は「関心から行動へと移行するのに何度も何度も失敗してきた者として，私は自分が答えを知らないことを，かなり劇的に証明してきた」と認めてさえいる (p. 241). オコナー枢機卿の見事な伝記的研究としては，Nat Hentoff, *John Cardinal O'Connor: At the Storm Center of a Changing American Catholic Church* (New York: Scribner's Sons, 1987) を見よ.

(118) Mario Cuomo, "Religious Belief and Public Policy: A Cartholic Governor's Perspective," in Jung and Shannon, *Abortion and Catholicism* を見よ. 1984 年の大統領選挙については，Richard P. McBrien, *Caesar's Coin: Religion and Politics in America* (New York: Macmillan, 1987) を見よ.

(119) Mary T. Hanna, "Divided, Distracted, and Disengaged: Catholic Leaders and the 1988 Presidential Campaign," in James L. Guth and John C. Green, eds., *The Bible and the Ballot Box: Religion and Politics in the 1988 Election* (Boulder, Colo.: Westview Press, 1991), p. 42.

(120) Connie Paige, *The Right to Lifers: Who They Are, How They Operate, Where They Get Their Money* (New York: Summit Books, 1983) を見よ.

(121) 妊娠中絶の悪を緊急に抜きとる必要がある根拠として，司教たちは「核によるホロコーストが未来の可能性であるのに対して，妊娠中絶によるホロコーストは現在の現実である」ことを表明した. McBrien, *Caesar's Coin*, p. 145 による.

(122) "Pastoral Constitution on the Church in the Modern World," no. 76, in Abbott, *Documents.*

(123) O'Connor, "From Theory to Practice," p. 244.

す義務がある．Uta Ranke-Heinemann, *Eunuchs for the Kingdom of Heaven: Women, Sexuality, and the Catholic Church* (New York: Penguin, 1991) を見よ．

(105) Marian Faux, *Crusaders: Voices from the Abortion Front* (New York: Carol Publishing Group, 1990); Kristin Luker, *Abortion and the Politics of Motherhood* (Berkeley: University of California Press, 1984); Joni Lovenduski and Joyce Outshoorn, *The New Politics of Abortion* (Beverly Hills: Sage, 1986); Rosalind Pollack Petchesky, *Abortion and Woman's Choice: The State, Sexuality and Reproductive Freedom* (New York: Longman, 1984) および Celeste Michelle Condit, *Decoding Abortion Rhetoric* (Urbana: University of Illinois Press, 1990) を参照．

(106) Roger Rosenblatt, *Life Itself: Abortion in the American Mind* (New York: Random House, 1992) を見よ．

(107) たとえばカトリックの著名な平信徒は，教会の教えに同意しない考えを公的に表現しても，また，たとえこれらの問題に関する教会の権限を否定する時ですら，そのかどで叱責を受ける恐れがなかった．合衆国経済に関する司教たちの司牧書簡が出版されるに先立ち，その司牧書簡の「権威」の根を切り崩そうとした試みとして，William Simon and Michael Novak, *Toward the Future: Catholic Social Thought and the U.S. Economy* (New York: Lay Commission on Catholic Social Teaching and the U.S. Economy, 1984) を見よ．

(108) チャールズ・カラン「事件」については，Charles Curran, *Faithful Dissent* (Kansas City, Mo.: Sheed & Ward, 1986) を見よ．カランの著作のうち，"Abortion: Its Moral Aspects", および "Civil Law and Christian Morality: Abortion and the Churches," in Edward Batchelor, Jr., ed., *Abortion: The Moral Issues* (New York: Pilgrim Press, 1982); *Issues in Sexual and Medical Ethics* (Notre Dame, Ind.: University of Notre Dame Press, 1978); *Toward an American Catholic Moral Theology* (Notre Dame, Ind.: University of Notre Dame Press, 1987) および *Tensions in Moral Theology* (Notre Dame, Ind.: University of Notre Dame Press, 1988) を見よ．

(109) Rosemary Radford Reuther, "Catholics and Abortion: Authority vs. Dissent," in Jung and Shannon, *Abortion and Catholicism* を見よ．

(110) Charles Curran, "Official Catholic Social Teaching and Conscience", および "Official Catholic Social and Sexual Teachings: A Methodological Comparison," in *Tensions in Moral Theology* を見よ．

(111) 個人の良心の役割がこのように前例のないほど強調されたことにコメントして，ジム・カスティリは次のように書いている．「もしも，核戦争を始めることは道徳的かどうかについて，人々が正当な意見の不一致を来し，しかもなお，れっきとしたカトリック信者のままでありうるのなら，避妊や不妊処置や妊娠中絶や離

(90) Ibid., no. 13.
(91) Ibid., no. 84.
(92) Ibid., no. 122.
(93) Ibid., no. 87.
(94) Ibid., no. 52.
(95) Ibid., no. 95.
(96) Ibid., nos. 296, 297.
(97) John T. Noonan, Jr., "Abortion and the Catholic Church: A Summary History." *Natural Law Forum* 13 (1968): 85-131; John T. Noonan, Jr., ed., *The Morality of Abortion: Legal and Historical Perspectives* (Cambridge, Mass.: Harvard University Press, 1970), および John Connery, *Abortion: The Development of tha Roman Catholic Perspective* (Chicago: Loyola University Press, 1977) を見よ.
(98) Abbott, *Documents of Vatican II*, p. 256.
(99) これに『妊娠中絶に関する声明』(1969),『妊娠中絶に関する声明と宣言』(1970),『人口とアメリカの未来——一つの回答』(1972) が続く. Nolan, *Pastoral Letters*, vol. 3 を見よ.
(100) Byrnes, *Catholic Bishops*, p. 57 による.
(101) USCC, *Documentation on the Right to Life and Abortion*, vol. 1 (Washington, D.C.: United States Catholic Conference, 1974); USCC, *Documentation on Abortion and the Right to Life*, vol. 2 (Washington, D.C.: United States Catholic Conference, 1976); Archbishop John R. Roach and Cardinal Terence Cooke, "Testimony in Support of the Hatch Amendment," *Origins* 11 (19 November 1981) および Nolan, *Pastoral Letters*, vol. 4 を見よ.
(102) Cardinal Joseph Bernardin, "The Consistent Ethic: What Sort of Framework?", および Jung and Shannon, eds., *Abortion and Catholicism* のなかの, マーガレット・オブライアン・スタインフェルズ, ジョン・R・コネリー, およびクリスティン・E・ガドルフによる注釈を見よ.
(103) Archbishop John R. Roach and Cardinal Terence Cooke, "Testimony in Support of the Hatch Amendment" を見よ.
(104) 教会が, たとえば, 子宮外妊娠のような場合には「間接的」妊娠中絶を許容するという事実は, なんらかの道徳的な柔軟さを示しているどころか, むしろただ, 道徳を形式的かつ律法主義的に合理化する非人間的な在り方を示している. それは母体の器官を取り除くことによって間接的に胎児を殺し, かつ母体を不妊にすることを許可しながら, 他方で母体とその器官を救うために胎児を直接殺すことを, 禁じているからである. 実際, 教会は, 一貫してつねに胎児の生命を母体の生命よりも優先している. このことを考えると, 教会のその熱意は女性嫌悪から出たものだとする, フェミニスト神学者の説がまちがっていることを, 教会は示

American Catholic Debate War and Peace, 1960-1983 (Westport, Conn.: Greenwood, 1985); Meconis, *The American Catholic Left,* および "The Bishops and Vietnam," *Commonweal*, 15 April 1966 を参照.

(84) ヨハネ23世の回勅『パーチェム・イン・テリス』(1963) は, 核兵器の禁止と, 軍拡競争の終結を訴えた. そして, 原子核兵器が「正義の戦争」論の基準を適応不能にする可能性を浮き彫りにした. 司牧上の憲章である『現代世界憲章 ガウディウム・エト・スペス』(1965) は,「全市あるいは広大な地域とその住民を無差別に破壊することを狙った戦争行為は, いかなるものであれ神と人類自身に対する犯罪である」ことを宣言し, 事実上過去にさかのぼって, 連合国の爆撃戦略と広島と長崎における原子核兵器の使用に有罪を宣告した. 1981年2月, ヨハネ・パウロ2世は, 広島の平和記念公園における談話のなかで, この惑星全体に課せられた核戦争の脅威と, この脅威に向き合う道徳的義務とを, くりかえし述べた. Castelli, *Bishops and the Bomb*, p. 26 を見よ.

(85) カトリック的「正義の戦争」論に関するよい論集としては, Thomas A. Shannon, ed., *War or Peace? The Search for New Answers* (Maryknoll, N.Y.: Orbis, 1980) を見よ.

(86) 司牧書簡が平和主義の声明でなかったということは, 強調しておく必要がある. 司教たちが核抑止政策に反対したのを受けて起こったのは, 何人かの批評家が扇動的に論じているような, 一方的な軍縮ではなかった. 深刻なソビエトの脅威は, ほとんどの司教が当然のこととみなしていたので, そこで起こってきたのは, 経済的にはもっと高くつき, 政治的にはもっと危険をともなう, 核を使わない戦争防衛政策に頼るという義務であった. これはまさに, 強力な平和主義運動がヨーロッパ中の政治秩序を揺るがしつつあった時, ドイツの司教団や, そして, おそらくはラッツィンガー枢機卿をうんざりさせた問題であった.

(87) ジム・カスティリによれば, この強調は「おおむねローマの執拗な要求によるもの」だった. Castelli, *Bisbops and the Bomb*, p. 180. ローマの執拗な要求は, 人間の良心の神聖な尊厳への深い敬意――これはヨハネ・パウロ2世の声明のなかにしばしばみられる――からでてきたか, あるいはもっとありそうなことは, アメリカの司教たちが西洋の核抑止政策を無遠慮に断罪することを阻止しようとする地政学的な関心からでてきたと考えてもよい. 皮肉なことに, 第2バチカン公会議で, 会議がそうした西洋の核抑止政策を断罪するに至らなかったのは, アメリカの司教たちが協調して努力したおかげであった.

(88) David M. Byers, ed., *Justice in the Marketplace: Collected Statements of the Vatican and the United States Catholic Bishops on Economy Policy, 1891-1984* (Washington, D.C.: USCC, 1985).

(89) "Economic Justice for All: A Pastoral Message," no. 3, in Gannon, *Catholic Challenge.*

York: Doubleday, 1990) を参照.

(75) Karl Rahner, "Dream of the Church," *Tablet* 180 (1981): 52-55 を見よ.

(76) これらの司牧書簡は何段階かの推考を経ており，最終的な本文の出版直前にも，公的な討論と関係者からの反応を引き出した．公的な審議のなかで，起草委員会と司教会議はまた，多くの「専門家」たち，つまり，政府や利益集団，社会運動の行動主義者や他の宗教団体，また，意見を異にするカトリックからの代表者たちの証言に耳を傾けた．司教たちはまた，ローマや他の司教団の意見も聞いた．

(77) 厳密に言えば，討議倫理は対抗事実的な性格をもっている．Jürgen Habermas, "Discourse Ethics: Notes on a Program of Philosophical Justification," and other essays in Seyla Benhabib and Fred Dallmayr, eds., *The Communicative Ethics Controversy* (Cambridge, Mass.: MIT Press, 1990), および Jean L. Cohen and Andrew Arato, "Discourse Ethics and Civil Society," in *Civil Society and Political Theory* (Cambridge, Mass.: MIT Press, 1992) を見よ.

(78) Hebblethwaite, *Synod Extraordinary*, p. 59 による.

(79) アメリカ－メキシコ戦争（1846～48 年）とアメリカ－スペイン戦争（1898 年）の間，アメリカの司教たちはカトリック信者に，喜んで国のために死ぬのではなく，敵国のカトリック信者を殺す覚悟をするよう，誇らしく注意を促した．それは，自分たちがアメリカへの愛国心をもっていることを証明し，また，カトリシズムはトランスナショナルなローマ的性格のために非アメリカ的であり，共和国にとって危険であるというのは間違いであることを証明するためだった．Dohen, *Nationalism and American Catholicism* を見よ.

(80) メアリ・ハンナは，「第 1 次世界大戦はアメリカのカトリックのなかにたった 1 人の良心的な反対者しか作り出さなかった」こと，それに対して，第 2 次世界大戦に反対する 200 人の良心的なカトリック信者のほぼ全員が，カトリック労働者運動の信奉者であったことを記している．彼女が「アメリカ史を通じて，カトリック教会とその司教たちは，おそらく最大のタカ派であった」と付け加えているのは驚くにあたらない．Mary Hanna, *Catholics and American Politics* (Cambridge, Mass.: Harvard Universsity Press, 1979), pp. 40-42.

(81) George Q. Flynn, *Roosevelt and Romanism: Catholics and American Diplomacy, 1937-1945* (Westport, Conn.: Greenwood, 1976); Crosby, *God, Church and Flag*, および Seymour Martin Lipset, "Three Decades of the Radical Right: Coughlinites, McCarthyites, and Birchers," in Daniel Bell, ed., *The Radical Right* (Garden City, N.Y.: Doubleday, 1964) を見よ.

(82) Patricia McNeal, *The American Catholic Peace Movement, 1928-1972* (New York: Arno Press, 1978) を見よ.

(83) Gallup and Castelli, *American Catholic People*, pp. 77-84; Greeley, *American Catholics since the Council* ; William A. Au, *The Cross, the Flag, and the Bomb:*

(66) Byrnes, *Catholic Bishops*, pp. 3–4 および随所.

(67) Varacalli, *Establishment of Liberal Catholicism*.

(68) アメリカの司教たちが公会議について語る時，彼らは通常，回心と似たような「それ以前」と「それ以後」という，個人的経験のような言葉で語る．Castelli, *Bishops and Bomb*, p. 35 にある，ジョン・クイン枢機卿の証言を見よ．

(69) これらの変容を別様に分析した2つの古典として，Daniel Bell, *The Coming of Post-Industrial Society* (New York: Basic Books, 1973), および Joseph Bensman and Arthur Vidich, *The New American Society* (Chicago: Quadrangle Books, 1971) を見よ．

(70) リベラルな聖職者の政治的行動主義がより保守的な平信徒を疎外しているというのは，保守的なプロテスタント教会の成長を説明するのに使われた命題だが，これはカトリックの状況にはそれほど当てはまらない．世論調査が一般的な結論として示しているのは，普通のカトリック信者は上からの改革を歓迎していること，そして最初のショックとそれにともなう危機が過ぎ去ると，彼らは一貫して，より速やかでより徹底的な改革を期待しかつ望む，ということである．それらの期待が満たされない時にのみ，カトリック教会のなかにもめ事が増すことになる．Jeffrey Hadden, *The Gathering Storm in the Churches* (New York: Doubleday, 1969); James Hitchcock, *The Decline and Fall of Radical Catholicism* (New York: Doubleday, 1972), および Garry Wills, *Bare Ruined Choirs* (New York: Doubleday, 1972) を参照．世論調査の証拠は以下にある．Gallup and Castelli, *American Catholic People*, および Greeley, *American Catholics since the Council*.

(71) Varacalli, *Establishment of Liberal Catholicism*, p. 171.

(72) Ibid., p. 1 および随所.

(73) リベラルな1人の神学者からでてきた解釈が，保守的な司教・枢機卿の行動を変えても驚くにあたらない．*The Ratzinger Report* (San Francisco: Ignatius Press, 1985) を見よ．

(74) Peter Hebblethwaite, *Synod Extraordinary: The Inside Story of the Rome Synod, November–December 1985* (Garden City, N.Y.: Doubleday, 1986); Penny Lernoux, *People of God: The Struggle for World Catholicism* (New York: Penguin, 1989); Ralph Della Cava, “Vatican Policy, 1978–90: An Updated Overview,” *Social Research* 59, no. 1 (Spring 1992), および James Hitchcock, *Catholicism and Modernity: Confrontation or Capitulation?* (New York: Seabury, 1979); William D. Dinges and James Hitchcock, “Roman Catholic Traditionalism and Activist Conservatism in the United States,” in Martin E. Marty and R. Scott Appleby, eds., *Fundamentalisms Observed* (Chicago: University of Chicago Press, 1991); George A. Kelly, *The Battle for the American Church* (New York: Doubleday, 1979), および *Keeping the Faith Catholic with John Paul II* (New

the American Proposition (New York: Sheed & Ward, 1960).

(60) Vincent A. Yzermans, ed., *American Participation in the Second Vatican Council* (New York: Sheed & Ward, 1967).

(61) Donald F. Crosby, S.J., *God, Church and Flag: Senator Joseph R. McCarthy and the Catholic Church, 1950–57* (Chapel Hill: University of North Carolina Press, 1978); Fogarty, *The Vatican,* および Dohen, *Nationalism* を参照.

(62) John Cooney, *The American Pope: The Life and Times of Francis Cardinal Spellman* (New York: Times Books, 1984), および Lawrence Fuchs, *John F. Kennedy and American Catholicism* (New York: Meredith, 1967) を参照.

(63) 司牧書簡の本文だけでなく，さまざまな草稿の下準備や，その最終本文出版のプロセスを再構成して，役に立つものとしては，Jim Castelli, *The Bishops and the Bomb: Waging Peace in a Nuclear Age* (Garden City, N.J.: Doubleday, 1983) がある．司牧書簡の解釈や評価をのせた最良のエッセイ集の１つとして，Phillip J. Murnion, ed., *Catholics and Nuclear War: A Commentary on "The Challenge of Peace"* (New York: Crossroad, 1983) がある．合衆国経済に関して同様の解釈や評価を行い，最終本文の全文をのせたものとして，Thomas M. Gannon, S.J., ed., *The Catholic Challenge to the American Economy* (New York: Macmillan, 1987) がある．家族や仕事や平和に関するカトリックの社会思想を解説した見事なエッセイ集としては，John A. Coleman, ed., *One Hundred Years of Catholic Social Thought* (Maryknoll, N.Y.: Orbis, 1991) がある．妊娠中絶については，Hans Lotstra, *Abortion: The Catholic Debate in America* (New York: Irvington Publishers, 1985), および Patoricia Beattie Jung and Thomas A. Shannon, eds., *Abortion and Catholicism: The American Debate* (New York: Crossroad, 1988) を参照．３つの出来事がそのなかで起こっているアメリカの政治的文脈をもっともよく再構成したものとして，Timothy A. Byrnes, *Catholic Bishops in American Politics* (Princeton: Preinceton University Press, 1991) がある．

(64) 私が第一に興味があるのは，テキストの規範的内容ではなく，公的領域における公的出来事としての公的本性のほうである．かくして，妊娠中絶問題に関する２つの司牧書簡と司教たちの公的介入が，形式的に異なった２つの公的カトリシズムをなしているという議論は，第一義的には，それに関係する公共性の様態の差異に基づいている．

(65) アメリカのカトリック歴史家の長老であるジョン・トレイシー・エリスは，ヘネシーの本によせた序文で次のように書いている．「アメリカのカトリック信者たちは，1966 年頃，かつて味わったことのない比類ない経験に襲われた．実際また，フランス革命が教会を土台からゆさぶって以来，全カトリシズムの内部でそれに似たような性格をもったものはほかになかった」. Hennesey, *American Catholics*, p. xi.

Church and the Knights of Labor (Washington, D.C.: Catholic University Press, 1949), および James Roohan, *American Catholics and the Social Question, 1865–1900* (New York: Arno Press, 1976) を見よ.

(48) Aaron I. Abell, *American Catholicism and Social Action: A Search for Social Justice* (Garden City, N.Y.: Doubleday, 1960), および Francis L. Broderick, *Right Reverend New Dealer: John A. Ryan* (New York: Macmillan, 1963) を参照.

(49) Hennesey, *American Catholics*, p. 252 による.

(50) O'Brien, *Catholics and Social Reform*, pp. 150–81, および Alan Brinkley, *Voices of Protest: Huey Long, Father Goughlin, and the Great Depression* (New York: Alfred A. Knopf, 1982).

(51) Alexis de Tocqueville, *Democracy in America* (New York: Vintage, 1990), vol. 1, pp. 301–2.

(52) これらの論争が行われていた時，トクヴィルはすでに次のように論じていた．「カトリック的な宗教は，民主主義の天敵であると思い違いされてきている．しかし，私の見るところそれは逆であって，カトリシズムはキリスト教のさまざまなセクトのなかにあって，人々の諸条件の平等にとってもっとも望ましいものの1つと思われる」．Tocqueville, *Democracy in America*, vol. 1, p. 300.

(53) Dorothy Dohen, *Nationalism and American Catholicism* (New York: Sheed & Ward, 1967), p. 95 を見よ．ヒューズ司教も，福音主義者たちの本拠地で彼らに決闘を挑むのを恐れず，共謀したプロテスタントの排外主義者たちの恐れを嘲笑（あざけ）っていた．

(54) Ibid., p. 111. アイアランドは，アメリカ共和主義に対して，このうえなく流麗な頌歌と，徹底的に偶像崇拝的な賛美歌を作る傾向があった．

(55) Byrnes, *Catholic Bishops*, p. 19 による．

(56) 伝統的なカトリックの姿勢に対するもっとも明晰な解説，また，最良の内的な批判としては，John Courtney Murray, "The Problem of Religious Freedom," *Theological Studies* 25 (1964): 503–75 を見よ．

(57)「過誤はなんらの権利をもたない」というのが，依然として，第2バチカン公会議における宗教的自由の宣言を阻止しようとする，オッタヴィアーニ枢機卿や保守的司教たちのとった方針だった．John Courtney Murray, "The Issue of Church and State at Vatican II," *Theological Studies* 27 (December 1966): pp. 580–606 を見よ．

(58) アメリカニストたちはしばしば，共和国の使命を教会の使命に結びつける．アイアランドは「教会がアメリカで勝利をおさめると，カトリック的真理はアメリカの威力を翼にして，世界を一周するだろう」と言った．Dohen, *Nationalism*, p. 109 による．

(59) John Courtney Murray, S.J., *We Hold These Truths: Catholic Reflections on*

in *The Lively Experiment* (New York: Harper & Row, 1976), pp. 103-33 を見よ.

(35) Jay P. Dolan, *Catholic Revivalism* (Notre Dame, Ind.: University of Notre Dame Press, 1978).

(36) David O'Brien, *American Catholics and Social Reform: The New Deal Years* (New York: Oxford University Press, 1968).

(37) Charles Meconis, *With Clumsy Grace: The American Catholic Left, 1961-1975* (New York: Seabury, 1979); Mel Piehl, *Breaking Bread: The Catholic Worker and the Origin of Catholic Radicalism in America* (Philadelphia: Temple University Press, 1982) を参照.

(38) パーソンズ派の枠組みにしたがって，ジョゼフ・ヴァラカーリは，「特殊性」および「普遍性」という概念が，いかに格上げされたかを示した．Joseph A. Varacalli, *Toward the Establishment of Liberal Catholicism in America* (New York: University Press of America, 1983).

(39) プロテスタントのすべてのデノミネーションは，教会管理のシステムを確立するに際して，母体であるヨーロッパの教会とのつながりを断ち切り，共和主義的な諸原則になんらかの譲歩をしている．Sydney E. Ahlstrom, *A Religious History of the American People* (New Haven: Yale University Press, 1972) を参照.

(40) 他のあらゆる国と同じく合衆国でも，教会の方針を決める際に鍵となる因子は，今日にいたるまでずっと，バチカンによる司教選挙のプロセスの支配である．Thomas Reese, "The Selection of Bishops," *America* 151 (25 August 1984) を見よ.

(41) Patrick W. Carey, *People, Priests, and Prelates: Ecclesiastical Democracy and the Tensions of Trusteeism* (Notre Dame, Ind.: University of Notre Dame Press, 1987) を見よ.

(42) Ibid., p. 15.

(43) 1820年にチャールストンのジョン・イングランド司教は，アメリカの状況により馴染みやすい，従来のものにかわりうる教会管理のシステムを提案した．しかし，彼の同僚のアメリカの司教たちは，「この教会を取り仕切る組織あるいは民主的方法は，教皇庁に承認されない」ことを確信していた．Greeley, *The Catholic Experience*, p. 85 および随所を見よ.

(44) ジョン・イングランドはまた，なんらかの全国的シノッドを設立する必要があると考えた唯一の人間であった．しかし，ここでも同僚の司教たちは，彼の計画や提案に抵抗した．Greeley, *The Catholic Experience*, pp. 89-93 を見よ.

(45) Timothy A. Byrnes, *Catholic Bishops in American Politics* (Princeton: Princeton University Press, 1991) を見よ.

(46) Dolan, *American Catholic Experience*, p. 190.

(47) もちろん，もっと前に，何人かの司教が，とくに労働運動の勇士たちを支援することで，労働運動に関与することはあった．Henry J. Browne, *The Catholic*

(27) 論争のはじまりとなったのは次の書である．John Tracy Ellis, "American Catholics and the Intellectual Life," *Thought* 30 (1955).

(28) その演説に関連する部分としては，Greeley, *The Catholic Experience*, p. 283 を見よ．

(29) Jay P. Dolan, *The Immigrant Church* (Baltimore: Johns Hopkins University Press, 1970) および *American Catholic Experience*, chaps. 5-12, pp. 127-346 を見よ．

(30) Dolan, *American Catholic Experience*, p. 301.

(31) たとえば，礼拝を実践するカトリック信者は，イタリア語教区には 151 万 5814 人，ポーランド語教区には 142 万 5193 人，フランス語教区には 102 万 6066 人，スペイン語教区には 55 万 2244 人いた．Dolan, *American Catholic Experience*, pp. 134-35.

(32) たしかに，19 世紀から 20 世紀にかけて，とりわけ意見を異にする教区の間で，所有権や管理法をめぐって司祭たちと争いが生じ，分裂が起こった．しかし，結局それらは，ポーランドのナショナルなカトリック教会と，東方帰一教会に属する多くのルテニア地方のウクライナ人が，ロシア正教会に加わったのを重要な例外として，ほとんどが再びカトリック教会に加わってきた．さらに詳しくは，拙稿 "Roman and Catholic and American", p. 89 および随所を見よ．

(33) ウィル・ハーバーグの『プロテスタント・カトリック・ユダヤ』での所説は今でも古典として通用するが，しかし，いくつかの条件付きであることは心にとめておく必要がある．まず，移民の経験はまだほんの最近のことであり，カトリック人口の半分以上は，一世か二世のアメリカ人である．次に，「エスニックなもの」は，1960 年代の同化理論が考えたよりもはるかに融け合うことが難しいとわかった．最後に，移民の経験は決して終わっていない．第 2 次世界大戦以来，アメリカ・カトリック教会は，ポルトガル人，フィリピン人，ベトナム人，ハイチ人，そして，とりわけスペイン人の大量の流入を受け入れ続けてきた．今日では 1000 万人以上のスペイン人カトリック教徒がおり，これはアメリカの全カトリック教徒のおおよそ 16％にあたる．現在，スペイン人たちは，彼らに先立って移住してきた他のカトリック移民集団すべてが遭遇してきたのと同じ諸問題に，直面している．しかし，アメリカ・カトリック教会は，かなりの程度，白人でヨーロッパ人の中産階級の機関となってきたので，スペイン人の霊的および社会的な要求に応えるのが，難しくなりつつある．Harold J. Abramson, *Ethnic Diversity in Catholic America* (New York: Wiley, 1973); Gallup and Castelli, *Catholic People*, pp. 139-48; Greeley, *The American Catholic*, および Antonio M. Stevens-Arroyo, ed., *Prophets Denied Honor: An Anthology of the Hispanic Church in the United States* (Maryknoll, N.Y.: Orbis, 1980) を参照．

(34) Sidney E. Mead, "Denominationalism: The Shape of Protestantism in America,"

Andrew Greeley, *The Catholic Myth: The Behavior and Beliefs of American Catholics* (New York: Charles Scribner's Sons, 1990); *The American Catholic: A Social Portrait* (New York: Basic Books, 1977), および *American Catholics since the Council* (New York: Thomas More Press, 1985) を見よ．それと反対に，すべての証拠は，北東部出身のリベラルな大学教育を受けたプロテスタントの40%は（一般的なプロテスタント人口の30%，ユダヤ人の20%に対して），今でも「カトリック信者は自分で考えることを恐れている」とか，「カトリック信者は司教や司祭が期待しているように考えがちである」という考えに賛成することを示している．リベラルな反カトリックの偏見の古典的な解釈としては，Paul Blanshard, *American Freedom and Catholic Power* (Boston: Beacon Press, 1958) を見よ．

(16) Will Herberg, *Protestant-Catholic-Jew* (Garden City, N.Y.: Doubleday, 1960).

(17) Dolan, *American Catholic Experience*, p. 80.

(18) Hennesey, *American Catholics*, p. 68 による．

(19) デヴィッド・オブライエンは，カトリシズムの両方のスタイルについて，もっとも体系的な性格づけを行っている．David O'Brien, *Public Catholicism* (New York: Macmillan, 1989) を見よ．

(20) O'Brien, *Public Catholicism*, p. 5. Bernhard Groethuysen, *The Bourgeois* (New York: Holt, Rinehart & Winston, 1968) を見よ．

(21) Greeley, *The Catholic Experience*, p. 94. イングランド司教は，ジョン・クィンジー・アダムズ大統領が出した声明に異議を申し立てていた．

(22) O'Brien, *Public Catholicism*, p. 30 による．

(23) Hennesey, *American Catholics*, p. 124.

(24) Greeley, *The Catholic Experience*, p. 107.

(25) Robert D. Cross, *The Emergence of Liberal Catholicism in America* (Cambridge, Mass.: Harvard University Press, 1958); Thomas T. McAvoy, *The Americanist Heresy in Roman Catholicism, 1895-1900* (Notre Dame, Ind.: University of Notre Dame Press, 1963); Gerald P. Fogatry, *The Vatican and the American Hierarchy from 1870 to 1965* (Wilmington, Del.: Michael Glazier, 1985) および Bernard M. Reardon, *Roman Catholic Modernism* (Stanford: Stanford University Press, 1970) を参照．

(26) William M. Halsey, *The Survival of American Innocence: Catholicism in an Era of Disillusionment, 1920-1940* (Notre Dame, Ind.: University of Notre Dame Press, 1980). 敬虔なカトリシズムと教区共同体については，Dolan, *American Catholic Experience* を見よ．中世とトマス主義については，Philip Gleason, *Keeping the Faith: American Catholicism Past and Present* (Notre Dame, Ind.: University of Notre Dame Press, 1987) を見よ．

しい，しかも相補的な文献が利用できる．この研究の最初の歴史的部門は，それらに依拠したものである．James Hennesey, S.J., *American Catholics: A History of the Roman Catholic Community in the United States* (New York: Oxford University Press, 1981), および Jay P. Dolan, *The American Catholic Experience: A History from Colonial Times to the Present* (Garden City, N.Y.: Doubleday, 1985). もっと初期の歴史に関する解釈で読むに値するものは，Andrew M. Greeley, *The Catholic Experience: An Interpretation of the History of the American Catholicism* (Garden City, N.Y.: Doubleday, 1969) である．

(4) これらの数字は，ほんの概算である．私が知っている本はすべて，異なった数字をあげている．ここにあげたのは，上記の資料や，Robert Wuthnow, *The Restructuring of American Religion* (Princeton: Princeton University Press, 1988), p. 18 からのデータを組み合わせたものである．

(5) George Gallup, Jr., and Jim Castelli, *The American Catholic People: Their Beliefs, Practices and Values* (Garden City, N.Y.: Doubleday, 1987), pp. 2-3. その他の長期的な調査は，相違したデータを示している．Andrew M. Greeley, *Religious Change in America* (Cambridge, Mass.: Harvard University Press, 1989) を見よ．

(6) Perry Miller, *The Life of the Mind in America from the Revolution to the Civil War* (New York: Harcourt Brace & World, 1965).

(7) Ray Allen Billington, *The Protestant Crusade, 1800-1860: A Study of the Origins of the American Nativism* (New York: Macmillan, 1938), p. 70 および随所．

(8) Hennesey, *American Catholics*, p. 119 より．

(9) Ibid., pp. 124-26.

(10) William G. McLoughlin, *Revivals, Awakenings, and Reform* (Chicago: University of Chicago Press, 1978), pp. 140-78.

(11) Dolan, *American Catholic Experience*, p. 161.

(12) George M. Marsden, *Fundamentalism and American Culture: The Shaping of Twentieth-Century Evangelicalism, 1870-1925* (New York: Oxford University Press, 1980) および William R. Hutchison, *The Modernist Impulse in American Protestantism* (Cambridge, Mass.: Harvard University Press, 1976) を参照．

(13) Joseph R. Gusfield, *Symbolic Crusade: Status Politics and American Temperance Movement*, 2d ed. (Urbana, Ill.: University of Illinois Press, 1986), および Allan J. Lichtman, *Prejudice and the Old Politics: The Presidential Election of 1928* (Chapel Hill: University of North Carolina Press, 1979).

(14) Wuthnow, *Restructuring of American Religion* を見よ．

(15) アンドリュー・グリーリーは，教育あるリベラルな上流階級の諸集団のあいだにある反カトリック的な偏見の「醜い小さな秘密」を，倦むことなく暴露した．

Secular Age (Boston: Beacon Press, 1982) を見よ．

(84) 福音主義を代表するさまざまな公的立場のよい標本は，Neuhaus and Cromartie, *Piety and Politics* のなかに見られる．

(85) Martin Marty, "Public Religion: The Republican Banquet," in *Religion and Republic: The American Circumstance* (Boston: Beacon Press, 1987).

(86) Paul J. Weber, "Examining the Religious Lobbies," *This World* 1 (Winter/Spring 1982).

(87) Richard John Neuhaus, *The Naked Square: Religion and Democracy in America* (Grand Rapids, Mich.: Eerdmans, 1984), pp. 36-37. われわれは，公的領域は宗教なしには「裸」であるというニューハウス自身の信条もまた疑問である，と付け加えることができるだろう．その議論は，他の規範的な条件よりも，宗教的な規範の伝統のほうを，特別扱いしがちである．さらに彼は，圧倒的多数のアメリカ人は私的にはユダヤ・キリスト教的な信条を抱いているから，ユダヤ・キリスト教的な伝統が公的領域の宗教であるべきだ，としている．しかしこの議論は，私的な信条は公的な真理となる前に公的な検討に付されるべきだとする彼自身の原則と，自己撞着している．

(88) Seyla Benhabib, "Models of Public Space: Hannah Arendt, the Liberal Tradition and Jürgen Habermas," in Craig Calhoun, ed., *Habermas and the Public Sphere* (Cambridge, Mass.: MIT Press, 1991) を見よ．

(89) Peter Berger, "Secularization and the Problem of Plausibility," *The Sacred Canopy* (Garden City, N.Y.: Doubleday, 1967) を見よ．

7章　合衆国におけるカトリシズム

※　この章の前半の歴史を扱った部分は，以前のもっと詳細な歴史的記述を圧縮したものである．"Roman, Catholic and American: The Transformation of Catholicism In the United States," *International Journal of Politics, Culture and Society* 6, no. 1 (1992).

(1) 不幸なことに，合衆国の人間たちは，あまりにもしばしば，救世主的な尊大な調子で，この大陸の特定の国の土地をアメリカと呼び，その住人をアメリカ人と呼んで，大陸全体の名前を不当に専有している．このような言葉遣いの背後にある姿勢は嘆かわしいものだが，それをどう変えていくのが望ましいのか，私にはよくわからない．したがって，あまり気が進まないが，私はこの通常の言葉遣いにしたがって，アメリカ合衆国におけるカトリシズムをさすのに，アメリカ・カトリシズムという言葉を用いることにしたい．

(2) チャーチ・セクトの類型論の使用とそれをめぐる議論は，ほとんどがこの4つの次元を区別しそこなっている．

(3) 幸いなことに，アメリカにおけるカトリシズムの歴史に関して，2つのすばら

William Stacey, "The Moral Majority Constituency," in Liebman and Wuthnow, *The New Christian Right*, および Bruce, *The Rise and Fall of the New Christian Right* を参照.

(75) Phillip E. Hammond, "Another Great Awakening?," in Liebman and Wuthnow, *The New Christian Right*; McLoughlin, *Revivals, Awakenings, and Reform*, および Robert N. Bellah and Phillip Hammond, *Varieties of Civil Religion* (San Francisco: Harper & Row, 1980) を見よ.

(76) Hammond, "Another Great Awakening?" p. 208.

(77) たとえば, すでに言及したナンシー・T・アマーマン, ジェイムズ・D・ハンター, ジョージ・M・マーズデンらの作業を見よ.

(78) Nancy T. Ammerman, *Baptist Battles: Social Change and Religious Conflict in the Southern Baptist Convention* (New Brunswick, N.J.: Rutgers University Press, 1990), および "Organizational Conflict in the Southern Baptist Convention," in Hadden and Shupe, *Secularization and Fundamentalism* を見よ.

(79) James D. Hunter, *American Evangelicalism*, and *Evangelicalism: The Coming Generation* (Chicago: University of Chicago Press, 1987) を見よ.

(80) 抑圧され剝脱された者の宗教に関する古典的な研究の1つとして, Liston Pope, *Millhands and Preachers: A Study of Gastonia* (New Haven: Yale University Press, 1942) を見よ.

(81) David O. Moberg, *The Great Reversal: Evangelicalism and Social Concern* (Philadelphia: Lippincott, 1972) を見よ.

(82) Martin Marty, *Righteous Empire*, および "The Protestant Principle: Between Theocracy and Propheticism," in Neil Biggar, Jamie S. Scott, and William Schweiker, eds., *Cities of Gods: Faith, Politics, and Prulalism in Judaism, Christianity, and Islam* (Westport, Conn.: Greenwood Press, 1986) を見よ.

(83) 彼らはまた, 大量の資金をもっている. 3人の神学者, デヴィッド・ウェルズ, マーク・ノール, コーネリアス・プランティンガ・ジュニアは, 福音主義神学のなかの改革派的なパースペクティヴを強化する4年間のプロジェクトに対して, 最近40万ドルを授与された. Robert K. Johnston, "American Evangelicalism: An Extended Family," in Dayton and Johnston, *The Variety of American Evangelicalism*, p. 271 を見よ. このすばらしい論集は, 福音派の内部に多種多様なデノミネーションが存在していることを, よく表わしている. マーズデンもまた, 福音派のデノミネーション内部で知的な討論が行われていることを示すよい論集を編集している. Marsden, ed., *Evangelicalism and Modern America*. 福音主義が, リベラルなプロテスタンティズムとの知的・神学的な戦いに勝ったという見解については, Edwin Scott Gaustad, "*Did* the Fundamentalists Win?," in Mary Douglas and Steven Tipton, eds., *Religion and America: Spirituality in a*

(65) Ibid., p. 208.

(66) Tim La Haye, *The Battle for the Mind: A Subtle Warfare* (Old Tappan, N.J.: Revell, 1980) も見よ.

(67) Gary North, *Political Polytheism: The Myth of Pluralism* (Tyler, Tex.: Institute for Christian Economics, 1989) を見よ. 再建主義者については, Ammerman, "North American Protestant Fundamentalism," pp. 49-54 も見よ.

(68) Falwell, *The Fundamentalist Phenomenon*, pp. 188-89.

(69) 2つの代表的な試みとしては, Reichley, *Religion in American Public Life* および Richard John Neuhaus, *The Naked Square: Religion and Democracy in America* (Grand Rapids, Mich.: Eerdmans, 1984) を見よ.

(70) Marty, *Righteous Empire*, pp. 42-43 の引用による. 1960 年代以来の最高裁判所の側による修正第1条の世俗主義的とされている読み方は, 新たな保守的な修正主義の解釈よりも, 憲法の本文に表現されている元々の内容と一致しているように見えるだろう. この問題に触れたよい論集として, Thomas Robbins and Roland Robertson, eds., *Church-State Relations: Tensions and Transitions* (New Brunswick, N.J.: Transaction Books, 1987) を見よ.

(71) Falwell, *The Fundamentalist Phenomenon*, p. 188. あまり洗練されたとはいえないが, クーン後のポストモダン的な立場から, 進化論に代わる科学的パラダイムとして創造論を弁護するものをよく見かける. これは, もしそれが可能ならば, 彼らは公共教育におけるプロテスタンティズムの文化的ヘゲモニーをふたたび喜んで公認するだろうということを示している. George Marsden, "Why Creation Science?" in *Understanding Fundamentalism and Evangelicalism*; Dorothy Nelkin, *The Creation Controversy: Science or Scripture in the Schools* (New York: Norton, 1982) および Langdon Gilkey, *Creationism on Trial: Evolution and God at Little Rock* (Minneapolis: Winston Press, 1992) を参照.

(72) アメリカの宗教的領域のめまいがするような多元性を実感するには, Catherine Albanese, *America: Religion and Religions* (Belmont, Calif.: Wadsworth, 1992) を見よ.

(73) Nathan Glazer, "Fundamentalism: A Defensive Offensive," in Neuhaus and Cromartie, *Piety and Politics*, p. 251. 同書のなかの, Richard Neuhaus, "What the Fundamentalists Want"; George Will, "Who Put Morality in Politics?"; William Buckley, Jr., "Yale and the Moral Majority"; William J. Bennett, "Religious Belief and the Constitutional Order", および Joseph Sobran, "Secular Humanism and the American Way" も見よ.

(74) Frances Fitzgerald, "A Disciplined, Charging Army," *New Yorker*, 18 May 1981; J. Milton Yinger and Stephen J. Cutler, "The Moral Majority Viewed Sociologically," in Bromley and Shupe, *New Christian Politics*; Anson Shupe and

リー・ファルウェルの『聞け，アメリカよ！』がこのリーダーシップの核心的な信条と苦情と目標を一まとまりに表現していること，などを前提としている．スティーヴン・ブルースの幅広い方法論をもった包括的な研究は，私の見るところ，私の主な前提を確認している．なんらかの運動の出現を研究しようと思う者は，これらのリーダーたちの宣言書を読んで，それを深刻に受け取ることになるだろう．きわめて興味深いことに，プロテスタント根本主義の運動の文献はおびただしいが，私はそのなかに，ファルウェルの『聞け，アメリカよ！』を体系的に分析したり熟考したものを見たことがない．

(58) Perry Miller, *Errand into the Wilderness*, および Sacvan Bercovitch, *The American Jeremiad* (Madison: University of Wisconsin Press, 1978) を参照．

(59) さまざまな試みが繰り返されたにもかかわらず，特定の科学的な諸解釈は，現実に関する通常の常識的な当たり前の諸解釈から自身を完全に解き放つことができないことが，ヴィトゲンシュタイン派の言語学，解釈学，エスノメソドロジー，およびその他の現象学的なパースペクティヴによって，その都度証明されてきた．Jürgen Habermas, *On the Logic of the Social Science* (Cambridge, Mass.: MIT Press, 1988) を見よ．

(60) Mayer N. Zald and Bert Useem, "Movement and Countermovement Interaction: Mobilization, Tactics, and State Involvement," in Zald and McCarthy, *Social Movements* を見よ．

(61) ポルノグラフィや商業テレビを議論する時にのみ，彼らは，商業主義や人類の商品化や暴走的な唯物論の脅威を認識する．Falwell, *Listen America!*, pp. 190, 200–203 を見よ．

(62) 社会運動が出現するにあたっては，中央集権化した国家や市場の浸透によって，伝統的諸構造や生活世界に課された脅威（および好機）が決定的な役割を演じている，とする考えは，チャールズ・ティリーやユルゲン・ハーバーマスほど隔ったパースペクティヴにおいて，同じような中心をなしている．Charles Tilly, *From Mobilization to Revolution* (Reading, Mass.: Addison-Wesley, 1978), および Charles Tilly, Louise Tilly, and Richard Tilly, *The Rebellious Century: 1830–1930* (Cambridge, Mass.: Harvard University Press, 1975), および Jürgen Habermas, *The Theory of Communicative Action*, vol. 2 (Boston: Beacon Press, 1985), および "The New Obscurity: The Crisis of the Welfare State and the Exhaustion of Utopian Energies," in *The New Conservatism: Cultural Criticism and the Historians' Debate* (Cambridge, Mass.: MIT Press, 1989) を見よ．この2つのパースペクティヴの批判的な比較としては，Jean Cohen and Andrew Arato, "Social Movements and Civil Society" を見よ．

(63) Falwell, *The Fundamentalist Phenomenon*, p. 188.

(64) Ibid., p. 206.

る．William A. Gamson, "Introduction," および John D. McCarthy and Mayer N. Zald, "Resource Mobilization and Social Movement: A Partial Theory," in Zald and McCarthy, *Social Movements* を見よ．同時代の競合するさまざまなパースペクティヴの概観としては，Special Issue "On Social Movements," *Social Research* 52, no. 4 (Winter 1985); Jean L. Cohen and Andrew Arato, "Social Movements and Civil Society," in *Civil Society and Political Theory* (Cambridge, Mass.: MIT Press, 1992), および Bert Klandermans and Sidney Tarrow, "Mobilization into Social Movements: Synthesizing European and American Approaches," *International Social Movement Research* 1 (1988) を見よ．また，Roy Wallis and Steven Bruce, *Sociological Theory, Religion and Collective Action* (Belfast: The Queen's University of Belfast, 1986) を見よ．

(51) Dinesh D'Souza, *Falwell before the Millennium: A Critical Biography* (Chicago: Regnery Gateway, 1984) を見よ．

(52) 初めの 1 節は Reichley, *Religion in American Public Life*, p. 316 の引用による．次の 1 節は Bruce, *The Rise and Fall of the New Christian Right*, p. 138 の引用による．

(53) ボブ・ジョーンズ III はやがて次のような考えを宣伝することになった．「モラル・マジョリティが言っている聖書的なことをよくよく分析してみると……それは，カリスマ派の運動を含む他の何ものかが長い時間をかけてやって来るよりも，アンチ・キリストの教会を促進し，全教会一致主義の教会を建設する潜在的可能性のほうが大きい，ということがわかる」．Bruce, *The Rise and Fall of the New Christian Right*, p. 173 による．

(54) オーガナイザーたちは，動機を「作り上げた」と主張したのだが，これらのほとんど想像しがたい極端な場合においてすら，彼らが動機を作り出す必要があったという事実が，まさに彼らですら，人々は行為のために動機を必要とすること，それが真正なものであろうがなかろうが，動機なしには，社会的行為は行為者にとっても観察する者にとっても意味をなさないこと，を信じていた証拠である．

(55) Jerry Falwell, ed., *The Fundamentalist Phenomenon* は，ファルウェルズ・リバティ・バプテスト・カレッジの 2 人の教授，エド・ドブソンとエド・ハインドゥソンによって書かれた．そのなかの最後の 1 節「未来世界――80 年代のアジェンダ」はファルウェルによって書かれた．

(56) Jerry Falwell, *Listen America!* (New York: Doubleday, 1980).

(57) もちろん，社会運動というものはつねに，異なった動機や根拠，異なった戦略や異なった関与のレベル，異なったアイデンティティや目標，などをもった，複数の組織や行為者から成り立っている．私はこの分析で，モラル・マジョリティが新キリスト教右翼の組織上の核をなしていたこと，ジェリー・ファルウェルと彼の同僚がモラル・マジョリティのリーダーシップの核をなしていたこと，ジェ教組織，そして宗教が果たすさまざまな社会運動組織の土台の役割に関する，経験的な研究に基づいている．

(47) 1930年から1970年にいたる，分離した根本主義の生活世界の建設については，Joel A. Carpenter, "Fundamentalist Institutions and the Rise of Evangelical Protestantism, 1929-1942," *Church History* 49 (1980); G. W. Dollar, *A History of Fundamentalism in America* (Greenville, S.C.: Bob Jones University Press, 1973), および Jerry Fallwell, ed., *The Fundamentalist Phenomenon: The Resurgence of Conservative Christianity* (Garden City, N.Y.: Doubleday, 1981) を参照．北東都市部における根本主義の共同体に関する民族誌的な優れた研究としては，Nancy T. Ammerman, *Bible Believers: Fundamentalism in the Modern World* (New Brunswick, N.J.: Rutgers University Press, 1987) を見よ．根本主義の政治的関与については，Leo Ribuffo, *The Old Christian Right: The Protestant Far Right from the Great Depression to the Cold War* (Philadelphia: Temple University Press, 1983); W. L. Vinz, "The Politics of Protestant Fundamentalism in the 1950s and 1960s," *Journal of Church and State* 14, no. 2 (1972); Gary K. Clabaugh, *Thunder on the Right: The Protestant Fundamentalists* (Chicago: Nelson-Hall, 1974) および Erling Jorstad, *The Politics of Doomsday: Fundamentalists of the Far Right* (Nashville, Tenn.: Abingdon Press, 1970) を見よ．テレビ伝道については，Jeffrey K. Hadden and Charles E. Swann, *Prime Time Preachers: The Rising Power of Televangelism* (Reading, Mass.: Addison-Wesley, 1981), および Jeffrey K. Hadden and Anson Shupe, *Televangelism: Power and Politics in God's Frontier* (New York: Henry Holt, 1988) を見よ．保守的福音主義の成長については，Dean Kelley, *Why Conservative Churches Are Growing* (New York: Harper & Row, 1972) を見よ．

(48) 右翼的で保守的な多数派のこの古くからの夢のさまざまなステージについては，Kevin Phillips, *The Emerging Republican Majority* (Garden City, N.Y.: Anchor, 1969); Patrick Buchanan, *The New Majority: President Nixon at Mid-Passage* (Philadelphia: Girard Bank, 1973); William A. Rusher, *The Making of a New Majority Party* (New York: Sheed & Ward, 1975), および *The Rise of the Right* (New York: Morrow, 1984) および Richard Viguerie, *The New Right: We're Ready to Lead* (Falls Church, Va.: Viguerie Co., 1980) を見よ．また，Timothy A. Byrnes, *Catholic Bishops in American Politics* (Princeton: Princeton University Press, 1991) を見よ．

(49) Alan Crawford, *Thunder on the Right: The "New Right" and the Politics of Resentment* (New York: Pantheon, 1980), p. 3 による．

(50) もちろんこれは，「資源動員」として知られている主流に流れこむ「組織上の支流」と，ウィリアム・ガムソンが呼んだものに関するかぎりは，本当のことであ

Harper & Row, 1975) を参照．そのような市民宗教がハーバーグにとって「とくに陰険なたぐいの偶像崇拝」であったことは，しばしば見過ごされている．

(44) Daniel Bell, *The Cultural Contradictions of Capitalism* (New York: Basic Books, 1976).

(45) Jeffrey K. Hadden, "Religious Broadcasting and the Mobilization of the New Christian Right," および Benton Johnson and Mark A. Shibley, "How New Is the New Christian Right? A Study of Three Presidential Elections," in Jeffrey K. Hadden and Anson Shupe, eds., *Secularization and Fundamentalism Reconsidered* (New York: Paragon House, 1989), p. 238, および Tina Rosenberg, "How the Media Made the Moral Majority," *Washington Monthly*, May 1982 を参照．プロテスタントの根本主義と新キリスト教右翼に関する社会科学の文献は，量的にはおびただしく，内容的には相矛盾する主張であふれている．論文集としてもっとも早く，かつ今もって最良のものは，Robert C. Liebman and Robert Wuthnow, eds., *The New Christian Right: Mobilization and Legitimation* (Hawthorne, N.Y.: Aldine, 1983) である．社会運動をもっとも包括的に扱った最良の研究論文は，Steve Bruce, *The Rise and Fall of the New Christian Right: Conservative Protestant Politics in America, 1978-1988* (Oxford: Clarendon Press, 1988) である．近代化論（つまり世俗化論）のパースペクティヴからみた保守的な福音主義プロテスタンティズムの最良の社会学的な解説は，James D. Hunter, *American Evangelicalism: Conservative Religion and the Quandary of Modernity* (New Brunswick, N.J.: Rutgers University Press, 1983) である．その主な欠点は，保守的福音主義者と根本主義者とをハンターが区別できていないことである．福音主義内部の声と，分析的で批判的で（ほとんどが共感的な）政治的な論評を集めたものとしては，Richard John Neuhaus and Michael Cromartie, eds., *Piety and Politics: Evangelicals and Fundamentalists Confront the World* (Washington, D.C.: Ethics and Public Policy Center, 1987) が優れている．世論調査や選挙政治の衝撃を検討したエッセイ集としては，David G. Bromley and Anson D. Shupe, eds., *New Christian Politics* (Macon, Ga.: Mercer University Press, 1984) および James L. Guth and John C. Green, eds., *The Bible and the Ballot Box: Religion and Politics in the 1988 Election* (Boulder, Colo.: Westview Press, 1991) がよい．文化史的な，解釈的なエッセイを集めたものとしては，George M. Marsden, *Understanding Fundamentalism and Evangelicalism* (Grand Rapids, Mich.: Eerdmans, 1991)，および Marsden, *Evangelicalism and Modern America* (Grand Rapids, Mich.: Eerdmans, 1984) がよい．

(46) Mayer N. Zald and John D. McCarthy, eds., *Social Movement in an Organizational Society: Collected Essays* (New Brunswich, N.J.: Transaction, 1987) を見よ．彼らの理論的および分析的なモデルのほとんどは，宗教運動や宗

(New York: Macmillan, 1923; reprint, Grand Rapids, Mich.: Eerdmans, 1979) を見よ.

(33) 20世紀の福音主義のさまざまな分派についてのエッセイを集めた見事な論集としては, Dayton and Johnston, eds., *The Varieties of American Evangelicalism* を見よ.

(34) Wade Clark Roof and William McKinney, *American Mainline Religion: Its Changing Shape and Future* (New Brunswick, N.J.: Rutgers University Press, 1987).

(35) Marsden, *Fundamentalism and American Culture*, p. 3 の引用による.

(36) Eldon G. Ernst, *Moment of Truth for Protestant America: Interchurch Campaign Following World War I* (Missoula, Mont.: American Academy of Religion, 1974), および Henry F. May, *The End of American Innocence: A Study of the First Years of Our Own Time, 1912–1917* (New York: Alfred A. Knopf, 1959) を見よ.

(37) Robert T. Handy, "The American Religious Depression, 1925–1935," *Church History*, March 1960.

(38) Paul Tillich, *The Protestant Era* (Chicago: University of Chicago Press, 1948), および Robert Wuthnow, *The Restructuring of American Religion: Society and Faith since World War II* (Princeton: Princeton University Press, 1988).

(39) Sacvan Bercovitch, *The Puritan Origins of the American Self* (New Haven: Yale University Press, 1975).

(40) Marty, *Righteous Empire*, pp. 92–93. さらには, John R. Bodo, *The Protestant Clergy and Public Issues, 1812–1848* (Princeton: Princeton University Press, 1954); Clyde Griffin, *Their Brothers' Keepers: Moral Stewardship in the United States, 1800–1865* (Westport, Conn.: Greenwood Press, 1983).

(41) Joseph R. Gusfield, *Symbolic Crusade: Status Politics and the American Temperance Movement*, 2d ed. (Urbana: University of Illinois Press, 1986).

(42) Allan J. Lichtman, *Prejudice and the Old Politics: The Presidential Election of 1928* (Chapel Hill: University of North Carolina Press, 1979) を見よ. リクトマンの分析は, 酒とローマニズムに反対する汎プロテスタント的な連合の重要性を確認している.「敬虔主義的な礼拝に関する」分裂については, Paul Kleppner, *The Cross of Culture: A Social Analysis of Midwestern Politics, 1850–1900* (New York: Free Press, 1970) を見よ.

(43) Will Herberg, *Protestant-Catholic-Jew* (Garden City, N.Y.: Doubleday, 1955); Robert Bellah, "Civil Religion in America," *Daedalus* 96 (1967); R. E. Richey and Donald G. Jones, eds., *American Civil Religion* (New York: Harper & Row, 1974), および Sidney E. Mead, *The Nation with the Soul of a Church* (New York:

(24) マーズデンの *Fundamentalism and American Culture* は，根本主義運動の出現と初期の状態に関する研究書としてもっともすぐれた1冊である．世紀の変わり目から今日までの根本主義の歴史を，簡潔にしかしながら包括的に要約した見事な研究として，Nancy T. Ammerman, "North American Protestant Fundamentalism," in Martin E. Marty and R. Scott Appleby, eds., *Fundamentalisms Observed* (Chicago: University of Chicago Press, 1991) を見よ．また，Ernest Sandeen, *The Roots of Fundamentalism: British and American Millenarianism, 1800-1930* (Chicago: University of Chicago Press, 1970), および Timothy P. Weber, *Living in the Shadow of the Second Coming: American Premillennialism, 1875-1925* (New York: Oxford University Press, 1979) を見よ．

(25) T. Dwight Bozeman, *To Live Ancient Lives: The Primitivist Dimension in Puritanism* (Chapel Hill: University of North Carolina Press, 1988); Richard T. Hughes, ed., *The American Quest for the Primitive Church* (Urbana: University of Illinois Press, 1988); Richard Hughes and Leonard Allen, *Illusions of Innocence: Protestant Primitivism in America, 1630-1875* (Chicago: University of Chicago Press, 1988), および David A. Harrell, Jr., *A Social History of the Disciples of Christ* (Nashville: Disciples of Christ Historical Society, 1966) を見よ．

(26) Sandeen, *Roots of Fundamentalism*, および Weber, *Shadow of the Second Coming* を参照．また，Nathan O. Hatch, "Millennialism and Popular Religion in the Early Republic," in Leonard I. Sweet, ed., *The Evangelical Tradition in America* (Macon, Ga.: Mercer University Press, 1984), および Timothy P. Weber, "Premillennialism and the Branches of Evangelicalism," in Donald W. Dayton and Robert K. Johnston, eds., *The Varieties of American Evangelicalism* (Knoxville: University of Tennessee Press, 1991) を見よ．

(27) William R. Hutchison, *The Modernist Impulse in American Protestantism* (Cambridge, Mass.: Harvard University Press, 1976).

(28) マーズデンはこの点を強調して，これらのデノミネーションが改革派的な起源をもつことと，教義的な正統性に関心をもつことに関連づけている．*Fundamentalism and American Culture*, p. 225 その他随所を見よ．ノーマン・F・ファーニスは，聖公会派やメソジスト派やディサイプル派や南部の諸デノミネーションにおける関連する論争を含む，デノミネーション内の諸葛藤を，もっとも包括的に分析している．Norman F. Furniss, *The Fundamentalist Controversy* (New Haven: Yale Universitv Press, 1954).

(29) H. Richard Niebuhr, *Christ and Culture* (New York: Harper & Row, 1951).

(30) Marsden, *Fundamentalism and American Culture*, p. 223.

(31) Ibid., p. 186.

(32) Ibid., p. 187 の引用による．Gresham J. Machen, *Christianity and Liberalism*

University Press, 1956); Robert Bellah, *The Broken Covenant: American Civil Religion in Time of Trial* (New York: Seabury, 1975); William G. McLoughlin, *New England Dissent, 1630–1833: The Baptist and the Separation of Church and State*, 2 vols. (Cambridge, Mass.: Harvard University Press, 1971), および *Isaac Backus and the American Pietistic Tradition* (Boston: Little, Brown, 1970); George M. Marsden, *The Evangelical Mind and the New School Presbyterian Experience* (New Haven: Yale University Press, 1970); Mark A. Noll, *Princeton and the Republic, 1768–1822* (Princeton: Princeton University Press, 1989); Russell E. Richey, *Early American Methodism: A Reconsideration* (Bloomington: Indiana University Press, 1991); Charles Edwin Jones, *Perfectionist Persuasion: The Holiness Movement and American Methodism, 1867–1936* (Metuchen, N.J.: Scarecrow Press, 1974), および Winthrop S. Hudson, "The Methodist Age in America," *Methodist History* 12 (1974) を参照.

(19) 奴隷制と宗教については, Donald G. Matthews, *Slavery and Methodism: A Chapter in American Morality* (Princeton: Princeton University Press, 1965); C. C. Goen, *Broken Nation: Denominational Schisms and the Coming of the American Civil War* (Macon, Ga.: Mercer University Press, 1985), および John R. McKivigan, *The War against Proslavery Religion: Abolition and the Northern Churches, 1830–1865* (Ithaca, N.Y.: Cornell University Press, 1984) を参照.

(20) William G. McLoughlin, *Modern Revivalism: Charles Grandison Finney to Billy Graham* (New York: Ronald Press, 1959) を見よ. アメリカの宗教的および政治的千年王国説については, James West Davidson, *The Logic of Millennial Thought: Eighteenth-Century New England* (New Haven: Yale University Press, 1977); Ruth Bloch, *Visionary Republic: Millennial Themes in American Thought, 1765–1800* (New York: Cambridge University Press, 1985); Ernest L. Tuveson, *Redeemer Nation: The Idea of America's Millennial Role* (Chicago: University of Chicago Press, 1968); Cushing Strout, *The New Heavens and New Earth: Political Religion in America* (New York: Harper & Row, 1974); Albert K. Weinberg, *Manifest Destiny: A Study of Nationalist Expansionism in American History* (1935), reprint (Chicago: Quadrangle Books, 1963) を見よ.

(21) McLoughlin, *Revivals, Awakenings, and Reform*, p. 139 の引用による.

(22) Ibid., p. 130. アドベンティスト派については, Ruth Alden Doan, *The Miller Heresy, Millennialism, and American Culture* (Philadelphia: Temple University Press, 1987) を見よ.

(23) George M. Marsden, *Fundamentalism and American Culture: The Shaping of Twentieth-Century Evangelicalism, 1870–1925* (New York: Oxford University Press, 1980), pp. 36 and 38.

tantism, 1865-1900 (Cambridge, Mass.: Harvard University Press, 1943).

(13) Walter Rauschenbusch, *Christianizing the Social Order* (New York: Macmillan, 1913), および Ronald C. White, Jr., and C. Howard Hopkins, *The Social Gospel: Religion and Reform in Changing America* (Philadelphia: Temple University Press, 1976) を見よ.

(14) カトリシズムについては，次章を見よ．さらには，Leonard Dinnerstein, Roger L. Nichols, and David M. Reimers, *Natives and Strangers: Ethnic Groups and the Building of America* (New York: Oxford University Press, 1979), および Laurence R. Moore, *Religious Outsiders and the Making of Americans* (New York: Oxford University Press, 1986) を見よ.

(15) Marty, *Righteous Empire*. 黒人の宗教，福音主義プロテスタンティズム，黒人教会については，Albert J. Raboteau, *Slave Religion: The "Invisible Institution" in the Antebellum South* (New York: Oxford University Press, 1978); Milton C. Sernett, *Black Religion and American Evangelicalism: White Protestants, Plantation Missions, and the Flowering of Negro Christianity, 1787-1865* (Metuchen, N.J.: Scarecrow Press, 1975) および Franklin Frazier, *The Negro Church in America*, および C. Eric Lincoln, *The Black Church since Frazier* (New York: Schocken, 1974) を見よ.

(16) Eric C. Lincoln, *Race, Religion and the Continuing American Dilemma* (New York: Hill & Wing, 1984), および Forrest G. Wood, *The Arrogance of Faith: Christianity and Race in America from the Colonial Era to the Twentieth Century* (New York: Alfred A. Knopf, 1990) を見よ.

(17) 南部の福音主義プロテスタンティズムについては，John B. Boles, *The Great Revival, 1787-1805: The Origins of the Southern Evangelical Mind* (Lexington: University of Kentucky Press, 1972), および "Evangelical Protestantism in the Old South: From Religious Dissent to Cultural Dominance," in Charles R. Wilson, ed., *Religion in the South* (Jackson: University of Mississippi Press, 1985); Donalod D. Mathews, *Religion in the Old South* (Chicago: University of Chicago Press, 1977); Charles Reagan Wilson, *Baptized in Blood: The Religion of the Lost Cause, 1865-1920* (Athens: University of Georgia Press, 1980); Kenneth K. Bailey, *Southern White Protestantism in the Twentieth Century* (New York: Harper & Row, 1964), および David E. Harrell, Jr., ed., *Varieties of Southern Evangelicalism* (Macon, Ga.: Mercer University Press, 1981) を見よ.
「バイブル・ベルト」の宗教性については，Rodney Stark and William S. Bainbridge, *The Future of Religion: Secularization, Revival, and Cult Formation* (Berkeley: University of California Press, 1985) を見よ.

(18) Perry Miller, *Errand into the Wilderness* (Cambridge, Mass.: Harvard

Unitarian Conscience: Harvard Moral Philosophy, 1805–1861 (Cambridge, Mass.: Harvard University Press, 1970); Donald G. Tewksbury, *The Founding of American Colleges and Universities before the Civil War* (New York: Teachers' College, 1932); Donald H. Meyer, *The Instructed Conscience: The Shaping of the American National Ethic* (Philadelphia: University of Pennsylvania Press, 1972); Theodore Dwight Bozeman, *Protestants in an Age of Science: The Baconian Ideal and Antebellum American Religious Thought* (Chapel Hill: University of North Carolina Press, 1977); Herbert Hovencamp, *Science and Religion in America, 1800–1860* (Philadelphia: University of Pennsylvania Press, 1978), およびBruce Kuklick, *Churchmen and Philosophers: From Jonathan Edward to John Dewey* (New Haven: Yale University Press, 1985) を参照.

(10) William G. McLoughlin, *Revivals, Awakening and Reform* (Chicago: University of Chicago Press, 1978); Whitney R. Cross, *The Burned-over District: The Social and Intellectual History of Enthusiastic Religion in Western New York, 1800–1850* (Ithaca, N.Y.: Cornell University Press, 1950); Timothy L. Smith, *Revivalism and Social Reform: American Protestantism on the Eve of the Civil War* (New York: Abingdon, 1957), および "Protestant Schooling and American Nationality, 1800–1850," *Journal of American History* 53 (1966–67): 679–95; Ernest R. Sandeen, ed., *The Biblical and Social Reform* (Philadelphia: Fortress Press, 1982); David Tyack, "The Kingdom of God and the Common School," *Harvard Educational Review* 36 (1966): 447–69; William B. Kennedy, *The Shaping of Protestant Education: An Interpretation of Sunday School; and the Development of Protestant Educational Strategy in the United States, 1789–1860*, Monographs in Christian Education, no. 4 (New York, 1966); Anne M. Boylan, *The Sunday School: The Formation of an American Institution, 1790–1880* (New Haven: Yale University Press, 1988), およびDavid P. Nord, "The Evangelical Origins of Mass Media in America, 1815–1835," *Journalism Monographs* 88 (1984): 1–30 を参照.

(11) アメリカの高等教育の世俗化をテーマにした満足のいく研究論文を，私はまだ見たことがない．近代的な総合大学の出現に関する一般的な概説としては，Christopher Jencks and David Riesman, *The Academic Revolution* (New York: Doubleday, 1969) を見よ．社会科学が内的にプロテスタントをはなれて世俗化していくプロセスについての説得力のある分析としては，Arthur J. Vidich and Stanford M. Lyman, *American Sociology: Worldly Rejections of Religion and Their Directions* (New Haven: Yale University Press, 1985) を見よ．

(12) Henry F. May, *Protestant Churches and Industrial America* (New York: Harper, 1949), およびAaron Ignatius Abell, *The Urban Impact on American Protes-*

American Mind: From the Great Awakening to the Revolution (Cambridge, Mass.: Harvard University Press, 1966), および Catherine Albanese, *Sons of the Fathers: The Civil Religion of the American Revolution* (Philadelphia: Temple University Press, 1976) を見よ.

(4) 憲法の原則に現実性を付け加えるための長い奮闘については, Morton Borden, *Jews, Turks, and Infidels* (Chapel Hill: University of North Carolina Press, 1984) を見よ. 1983年のギャラップ調査によれば, アメリカ人の過半数 (51%) は, 「きわめつきの無神論者」を大統領に選ぶだけの用意はまだできていない. 興味深いことに, この問題に関してプロテスタントとカトリックとの間には大きなギャップがある. プロテスタントは64対31のパーセンテージで無神論者に反対投票するとしているが, カトリックとの方は54対38である. George Gallup, Jr., and Jim Castelli, *The American Catholic People* (Garden City, N.Y.: Doubleday, 1987), p. 61 を見よ.

(5) Ronald P. Formisano, "Federalists and Republicans," および Paul Kleppner, "Partisanship and Ethnoreligious Conflict," in Paul Kleppner, ed., *The Evolution of American Electoral Systems* (Westport, Conn.: Greenwood Press, 1981); Paul Lopatto, *Religion and the Presidential Election* (New York: Praeger, 1985), および A. James Reichley, *Religion in American Public Life* (Washington, D.C.: Brookings Institution, 1985) を見よ.

(6) Alexis de Tocqueville, *Democracy in America* (New York: Vintage, 1990), vol. 1, p. 305.

(7) プロテスタントの排外主義的な十字軍のさまざまな局面については, Ray A. Billington, *The Protestant Crusade, 1800–1860: A Study of the Origins of American Nativism* (New York: Macmillan, 1938); William Gribbin, *The Churches Militant: The War of 1812 and American Religion* (New Haven: Yale University Press, 1973); Paul Goodman, *Towards a Christian Republic: Antimasonry and the Great Transition in New England, 1826–1836* (New York: Oxford University Press, 1988); John Higham, *Strangers in the Land: Patterns of American Nativism, 1860–1925*, 2d ed. (New Brunswick, N.J.: Rutgers University Press, 1988), および David Brion Davis, "Some Themes of Countersubversion: An Analysis of Anti-Masonic Anti-Catholic, and Anti-Mormon Literature," *Mississippi Valley Historical Review* 47 (1960) を参照.

(8) Nathan O. Hatch, *The Democratization of American Christianity* (New Haven: Yale University Press, 1989), および Joseph Forcinelli, *The Democratization of Religion in America* (Lewiston, N.Y.: Edwin Mellen Press, 1990) を参照.

(9) Perry Miller, *The Life of the Mind in America: From the Revolution to the Civil War* (New York: Harcourt Brace, 1965); Daniel Walker Howe, *The*

的でもなかった．最初のブラジル訪問については，A. L. Rocha and Luís Alberto Gomes de Souza, eds., *O Povo e o Papa* (Rio de Janeiro: Editora Civilização, Brasileira, 1980) を見よ．

(75) John S. Coleman, S.J., "Raison d'église: Organizational Imperatives of the Church in the Political Order," in Jeffrey Hadden and Anson Shupe, eds., *Secularization and Fundamentalism Reconsidered* (New York: Paragon House, 1989).

6章　福音主義プロテスタンティズム

(1) 世界のすべての宗教における今日のさまざまな原理主義・根本主義運動のもっとも包括的な研究として，Martin E. Marty and R. Scott Appleby, eds., *Fundamentalisms Observed* (Chicago: University of Chicago Press, 1991) を見よ．

(2) この問題に関する膨大な文献のうち，Sidney E. Ahlstrom, *A Religious History of the American People* (New Haven: Yale University Press, 1972); Sidney, Mead, *The Lively Experiment: The Shaping of Christianity in America* (New York: Harper & Row, 1963); Winthrop S. Hudson, *The Great Tradition of the American Churches* (New York: Harper, 1953); Jon Butler, *Awash in a Sea of Faith: Christianizing the American People* (Cambridge, Mass.: Harvard University Press, 1990); Robert T. Handy, *A Christian America: Protestant Hopes and Historical Realities*, 2d ed. (New York: Oxford, 1984); Martin E. Marty, *The Righteous Empire: The Protestant Experience in America* (New York: Dial Press, 1970), および Charles I. Foster, *An Errand of Mercy: The Evangelical United Front, 1790–1837* (Chapel Hill: University of North Carolina Press, 1960) を参照.

(3) 宗教の公認廃止については，Thomas J. Curry, *The First Freedoms: Church and State in America to the Passage of the First Amendment* (New York: Oxford University Press, 1986); William Lee Miller, *The First Liberty: Religion and the American Republic* (New York: Alfred A. Knopf, 1985), および Leonard Levy, *The Establishment Clause: Religion and the First Amendment* (New York: Macmillan, 1986) を参照.「ジェファーソン時代」については，Henry F. May, "The Jeffersonian Moment," in *The Divided Heart: Essays on Protestantism and the Enlightenment in America* (New York: Oxford University Press, 1991), および *The Enlightenment in America* (New York: Oxford University Press, 1976) を見よ．また，Bernard Bailyns, *The Ideological Origins of the American Revolution* (Cambridge, Mass: Harvard University Press, 1967). 革命における宗教の役割については，Gordon Wood, *The Creation of the American Republic* (Chapel Hill: University of North Carolina Press, 1969); Alan Heimert, *Religion and the*

(69) Paulo Krischke and Scott Mainwaring, eds., *A Igreja nas Bases em Tempo de Transição (1974–1985)* (Porto Alegre: L & PM, 1986); José Alvaro Moisés et al., *Alternativas Populares da Democracia* (Petrópolis: Vozes, 1982).

(70) Penny Lernoux, *People of God: The Struggle for World Catholicism* (New York: Penguin, 1989), および Ralph Della Cava, "Vatican Policy, 1978–90: An Updated Overview," *Social Research* 59, no. 1 (Spring 1992).

(71) David Martin, *Tongues of Fire: The Explosion of Protestantism in Latin America* (Cambridge, Mass.: B. Blackwell, 1990).

(72) ブラジルの人口におけるカトリック信者の比率は，二〇世紀半ば以来着実に減少しており，80年代には劇的に減少した．ブラジルの全人口に占める割合は，1940年には95%，1950年には93.5%，1970年には91.8%，1980年には89.9%，1990年には76.2%である．ブラジルの3つの都市（サンパウロ，リオデジャネイロ，ブラジリア）における最近の調査によれば，中産階級の宗教的所属は，次のように分かれている．カトリック72%，スピリティスト6%，プロテスタント6%，ペンテコステ派4%，その他7%，無宗教5%，である．各種調査はまた，定期的に日曜のミサに出席するのは，ブラジルのカトリック信者の約3分の1にすぎないことを示している．その一方で，司祭1人当たりの住民数は，1970年が7114人，1980年が9379人，1990年が1万591人と，一貫して増加している．"A Decadência do Catolicismo no Brasil," *Veja*, 25 December 1991, pp. 32–38 を見よ．

(73) レオナルド・ボフは，数年にわたってバチカンから執拗な審問を受けたのち，1991年3月に，影響力のある雑誌 *Vozes* の編集者の地位や，その他の神学を語るすべての地位を，余儀なく追われた．フランシスコ修道会の修道会長にあてた悲痛な書簡のなかで，ボフは，「彼らは私のなかの希望の息の根を止めることに成功しました．それは人の信仰を失わせるよりも悪いことです．私は辞めます」と認めている．1992年6月，レオナルド・ボフはフランシスコ修道会および司祭職を辞めることを公表した．"Boff dice que el Vaticano ha logrado matar su esperanza," *El País*, Edición Internacional, 30 September 1991, p. 17, および "Leonardo Boff renuncia al sacerdocio 'para mantener la libertad,'" *El País*, Edición Internacional, 6 July 1992, p. 17 を見よ．

(74) "Pope Challenges Brazil Leaders on Behalf of Poor," *New York Times*, 15 October 1991 を見よ．移行の期間を通じて，教会は農地改革への呼びかけを支持した．しかしこの呼びかけは，代議士を過多に送り込んでいる北東部の寡頭制的な利害によって，ブラジルの政治的社会において，また国民議会において，沈黙させられた．教皇の声明は公的な討論に再び道を開いてもおかしくなかったが，その反応は今のところ無視できる範囲でしかない．実際，教皇が2度目のブラジル訪問の時に受けた歓迎は，1980年の第1回訪問の時ほど大々的でもなく熱狂

Books, 1982); Frei Betto, *O Que É Comunidade Eclesial de Base* (São Paulo: Editora Brasiliense, 1981) を参照.

(61) この意味で，それはほとんど，ポーランドの教会のピラミッド構造の逆転した像の典型になっている．Fernandes, "Images de la Passion" を見よ．

(62) CNBB, *Comunidades Eclesiais de Base no Brasil* (São Paulo: Ediçoes Paulinas, 1979); CNBB, *Diretrizes Gerais da Açao Pastoral de Igreja no Brasil, 1983-1986* (São Paulo: Ediçoes Paulinas 1984); Riolando Azzi, *O Episcopado do Brasil frente ao Catolicismo Popular* (Petrópolis: Vozes, 1972), および *O Catolicismo Popular no Brasil* (Petrópolis: Vozes, 1978); Carlos Mesters et al., *Uma Igreja Que Nasce do Povo* (Petrópolis: Vozes, 1975); Helena Salem et al., eds., *Brasil: A Igreja dos Oprimidos* (São Paulo: Brasil Debates, 1981) を参照．しかしながら，グスタボ・グティエレス自身が指摘したように，「貧者を優先すること」の背後にある考えは，ラテンアメリカの解放の神学の発明ではなかったということは，しばしば見過ごされている．公会議の一月前の1962年9月11日の放送で，教皇ヨハネ23世は，教会は「開発途上国においては万人の教会，とくに貧しい者の教会として」差し出されていることを力説した．近代世界の司牧に関する教会憲章は，今日の人類，「とくになんらかの貧しさと苦しさのなかにある人たち」の，喜びと望みを分かちあいたい，と言明することで始まっている．Peter Hebblethwaite, *Synod Extraordinary* (Garden City, N.Y.: Doubleday, 1986), pp. 11-12 を見よ．

(63) Guillermo O'Donnell, "Tensions in the Bureaucratic-Authoritarian State and the Question of Democracy," in David Collier, ed., *The New Authoritarianism in Latin America* (Princeton: Princeton University Press, 1979).

(64) Scott Mainwaring, "Grassroots Popular Movements and the Struggle for Democracy: Nova Iguaçu"; Margaret E. Keck, "The New Unionism in the Brazilian Transition," および Francisco Weffort, "Why Democracy?" in Alfred Stepan, ed., *Democratizing Brazil* (New York: Oxford University Press, 1989) を参照．さらには，Francisco Weffort, *O Populismo na Política Brasileira* (Rio de Janeiro: Paz e Terra, 1978); Scott Mainwaring and Eduardo Viola, "New Social Movements, Political Culture, and Democracy: Brazil and Argentina in the 1980's," *Telos* 61 (Fall 1984); Paulo Jose Krischke, "Populism and the Catholic Church: The Crisis of Democracy in Brazil," Ph.D. dissertation, York University, 1983.

(65) Francisco Weffort, *Por que Democracia?* (São Paulo: Ed. Brasiliense, 1984).

(66) Fernandes, "Images de la Passion," p. 18.

(67) Mainwaring, *Catholic Church*, p. 103 の引用による．

(68) Dom Paulo Evaristo Arns, *Em Defesa dos Direitos Humanos* (Rio de Janeiro: Ed. Brasília/Rio, 1978).

Ediçoes Paulinas, 1976); Vanilda Paiva et al., *Igreja e Questão Agrária* (São Paulo: Ediçôes Loyola, 1985).

(50) Mainwaring, *Catholic Church*, p. 54 を見よ.

(51) メインウァリングは,「カトリック教会」におけるこの急進化のプロセスを, みごとに再構成してみせている.

(52) De Kadt, *Catholic Radicals*.

(53) Paulo Freire, *A Educação como Prática da Liberdade* (Rio de Janeiro: Paz e Terra, 1967), および *Pedagogy of the Oppressed* (New York: Seabury Press, 1970); Hélder Câmara, *Revolution through Peace* (New York: Harper & Row, 1970); Jose de Broucker, *Dom Helder Camara* (Maryknoll, N.Y.: Orbis Books, 1970); Luís Gonzaga de Souza Lima, ed., *Evolução Política dos Católicos e da Igreja no Brasil* (Petrópolis: Editora Vozes, 1979) を参照.

(54) Teófilo Cabestrero, *Diálogos en Mato Grosso con Pedro Casaldáliga* (Salamanca: Sígueme, 1978), および Shelton Davis, *Victims of the Miracle: Development and the Indians of Brazil* (New York: Cambridge University Press, 1977).

(55) Peace and Justice Commission, *São Paulo: Growth and Poverty* (London: Bowerdan Press, 1978).

(56) 人口の 50%にあたる最下層の所得が国民総所得に占める割合は, 1960 年の 16.6 %から 1980 年の 15.1%にまで減少した一方で, 人口の 10%にあたる最上層の所得は 39.4%から 48%にまで増加した. 国の人口の 30%を擁する北東部は, 1975 年に, 国民所得の 10%しか受け取っていない. 北東部の 1 人当たりの所得は, ブラジル全体の所得の 3 分の 1 以下であった. 対照的に, もっとも裕福なサンパウロ州の 1 人当たりの所得は, もっとも貧しいピアウイ州のほとんど 7 倍であった. Thomas Skidmore, *The Politics of Military Rule in Brazil, 1964–1985* (New York: Oxford University Press, 1988), pp. 284 ff を見よ.

(57) "Y Juca-Pirama. The Indians: A People Doomed to Die," in Mainwaring, *Catholic Church*, p. 94.

(58) Emilio Willems, *Followers of the New Faith* (Nashville, Tenn.: Vanderbilt University Press, 1967); Cândido P. Ferreira de Camargo, *Católicos, Protestantes, Espíritas* (Petrópolis: Editora Vozes, 1973) および上記の注 (24) の引用文を参照.

(59) Bruneau, *Political Transformation*, pp. 242–51, および Moreira Alves, *Igreja e Política*, pp. 57–104 を参照.

(60) Leonardo Boff, *Ecclesiogenesis: The Base Communities Reinvent the Church* (Maryknoll, N.Y.: Orbis Books, 1986); Marcello de Azevedo, S. J., *Basic Ecclesial Communities in Brazil: The Challenge of a New Way of Being Church* (Washington, D.C.: Georgetown University Press, 1987); Alvaro Barreiro, *Basic Ecclesial Communities: The Evangelization of the Poor* (Maryknoll, N.Y.: Orbis

the Nicaraguan Revolution," in Thomas Walker, ed., *Nicaragua in Revolution* (New York: Praeger, 1982) を参照.

(43) CERIS, "Investigación sobre el Clero," in Issac Rogel, ed., *Documentos sobre la Realidad de la Iglesia en América Latina, 1968–1969*, Cuernavaca, CIDOC, *Sondeos*, no. 54, 1970; Ivan Illich, "The Vanishing Clergyman," *Critic* 25 (June–July 1967); Renato Poblete, S. J., *Crisis Sacerdotal* (Santiago: Editorial del Pacífico, 1965); Renato Poblete et al., *El Sacerdote Chileno: Estudio Sociológico* (Santiage: Centro Bellarmino, 1971); Ivan Vallier, "Religious Elites: Differentiations and Developments in Roman Catholicism," in Seymour M. Lipset and Aldo Solari, eds., *Elites in Latin America* (New York: Oxford University Press, 1967); *Social-Activist Priests: Chile*, LADOC Keyhole Series no. 5 (Washington, D.C.: United State Catholic Conference, 1974); *Social-Activist Priests: Colombia, Argentina*, LADOC Keyhole Series no. 6 (Washington, D.C.: United State Catholic Conference, 1974); Michael Dodson, "Priests and Peronism: Radical Clergy in Argentine Politics," *Latin American Perspectives* 1 (Fall 1974), および "The Christian Left in Latin American Politics," in Levine, *Churches and Politics*.

(44) Roland Robertson, "Liberation Theology in Latin America: Sociological Problems of Interpretation and Explanation," in Hadden and Shupe, *Prophetic Religions*; Alan Neely, "Liberation Theology in Latin America: Antecedents and Autochthony," *Missiology: An International Review* 6, no. 3 (1978); John Eagleson, ed., *Christians and Socialism: Documentation of the Christians for Socialism Movement in Latin America* (Maryknoll, N.Y.: Orbis Books, 1975) を参照.

(45) José Casanova, "Religion nd Conflict in Latin America: Conversation with Otto Maduro," *Telos* 58 (Winter 1983); Otto Maduro, *Religion and Social Conflicts* (Maryknoll, N.Y.: Orbis Books, 1982); Daniel H. Levine, ed., *Religion and Political Conflict in Latin America* (Chapel Hill: University of North Carolina Press, 1986) を参照.

(46) Gustavo Gutiérrez, *A Theology of Liberation and The Power of the Poor in History* (Maryknoll, N.Y.: Orbis, 1983). もちろん,「知識人たち」がこの爆発を,「奴隷道徳の再評価」ととらえるか,「大衆の反逆」ととらえるか, あるいは終末論的な解放と贖罪のプロセスととらえるかによって, 大きな相違が生じる.

(47) Luíz Bresser Pereira, *Development and Crisis in Brazil, 1930–1983* (Boulder, Colo.: Westview Press, 1984).

(48) Gilbert Freyre, *The Masters and the Slaves* (New York: Alfred A. Knopf, 1946).

(49) Inocêncio Engelke carta pastoral, *Conosco, sem Nós ou contra Nós Se Fará a Reforma Rural* (Rio de Janeiro, 1950); CNBB, *Pastoral da Terra* (São Paulo:

Catholicism in Latin America (Cambridge, Mass.: Harvard University Press, 1958); John J. Kennedy, *Catholicism, Nationalism and Democracy in Argentina* (South Bend, Ind.: University of Notre Dame Press, 1958); Carlos Mugica, *Peronismo y Cristianisno* (Buenos Aires: Ed. Merlin, 1973); Michael Fleet, *The Rise and Fall of Chilean Christian Democracy* (Princeton: Princeton University Press, 1985); Sergio Torres, *El Quehacer de la Iglesia en Chile, 1925–1970* (Talca: Fundación Obispo Manuel Larrain, 1971) を参照.

(39) David C. Bailey, *Viva Cristo Rey: The Cristero Rebellion and the Church-State Conflict in Mexico* (Austin: University of Texas Press, 1974); Robert E. Quirk, *The Mexican Revolution and the Catholic Church, 1910–1929* (Bloomington: Indiana University Press, 1973).

(40) Alexander Wilde, "Creating Neo-Christendom in Colombia," in Donald L. Herman, ed., *Democracy in Latin America* (New York: Praeger, 1988), および Levine, *Religion and Politics in Latin America* を参照.

(41) William D'Antonio and Frederick Pike, eds., *Religion, Revolution and Reform: New Forces for Change in Latin America* (New York: Praeger, 1964); Henry Landsberger, ed., *The Church and Social Change in Latin America* (Notre Dame, Ind.: University of Notre Dame Press, 1970); François Houtart, "Religion et lutte des classes en Amérique Latine," *Social Compass* 26, 2/3 (1979); François Houtart and Emile Pin, *The Church and the Latin American Revolution* (New York: Sheed and Ward, 1965); David Mutchler, *The Church as a Political Factor in Latin America* (New York: Praeger, 1971); Frederick C. Turner, *Catholicism and Political Development in Latin America* (Chapel Hill: University of North Carolina Press, 1971); CELAM, *The Church in the Present-Day Transformation of Latin America in the Light of the Council*, 2 vols. (Bogota: General Secretariat of CELAM, 1970) を参照.

(42) Scott Mainwaring and Alexander Wilde, eds., *The Progressive Church in Latin America* (Notre Dame, Ind.: University of Notre Dame Press, 1989) が, 3つの場所を議論している. ペルーについては, Catalina Romero de Iguiñiz, *Church, Stae and Society in Contemporary Peru, 1958–1988*, Ph.D. dissertation, Graduate Faculty, New School for Social Research, 1989 を見よ. 中央アメリカについては, Phillip Berryman, *The Religious Roots of Rebellion: Christians in Central American Revolutions* (Maryknoll, N.Y.: Orbis, 1984); Teófilo Cabestrero, *Revolutionaries for the Gospel: Testimonies of Fifteen Christians in the Nicaraguan Government* (Maryknoll, N.Y.: Orbis, 1986); Margaret Randall, *Christians in the Nicaraguan Revolution: Tomás Borges' Theology of Life* (Maryknoll, N.Y.: Orbis, 1987); Michael Dodson and Tommie Sue Montgomery, "The Churches in

(30) Alfred Stepan, ed., *Authoritarian Brazil* (New Haven: Yale University Press, 1973), および Maria Helena Moreira Alves, *State and Opposition in Military Brazil* (Austin: University of Texas Press, 1985) を参照.

(31) José Comblin, *The Church and the National Security State* (Maryknoll, N.Y.: Orbis, 1979).

(32) 実際, それは世界中を通じて, また, もっとも宗教的な伝統のなかで, いたるところに出現しつつある. Jeffrey K. Hadden and Anson Shupe, eds., *Prophetic Religions and Politics* (New York: Paragon House, 1986); Michael Dodson, "Prophetic Politics and Political Theory," *Polity* 12 (Spring 1980).

(33) Max Weber, *Ancient Judaism* (New York: Free Press, 1952).

(34) 解放の神学に関する文献は膨大であり, 今でも増大しつつある. 代表的ないくつかの発言としては, Gustavo Gutiérrez, *A Theology of Liberation: History, Politics and Salvation* (Maryknoll, N.Y.: Orbis, 1973); Leonardo and Clodovis Boff, *Introducing Liberation Theology* (Maryknoll, N.Y.: Orbis, 1986); Phillip Berryman, *Liberation Theology* (New York: Pantheon Books, 1987); Paul Sigmund, *Liberation Theology at the Crossroads: Democracy or Revolution* (New York: Oxford University Press, 1990); Otto Maduro, ed., *The Future of Liberation Theology: Essays in Honor of Gustavo Gutiérrez* (Maryknoll, N.Y.: Orbis, 1989); John R. Pottenger, *The Political Theory of Liberation Theology* (Albany: State University of New York Press, 1989); Michael Dodson, "Liberation Theology and Christian Radicalism in Contemporary Latin America," *Journal of Latin American Studies* 11 (May 1979) を参照.

(35) Enrique Dussel, *El Episcopado Latinoamericano y la Liberación de los Pobres, 1504-1620* (Mexico City: Centro de Reflexión Teológica, 1979).

(36) Euclides da Cunha, *Rebellion in the Backlands* (Chicago: University of Chicago Press, 1944), および Ralph Della Cava, "Brazilian Messianism and National Institutions: A Reappraisal of Canudos and Joaseiro," *Hispanic American Historical Review* 48 (August 1968).

(37) Mecham, *Church and State*; Frederick Pike, ed., *The Conflict between Church and State in Latin America* (New York: Alfred A. Knopf, 1967); Edward Norman, *Christianity in the Southern Hemisphere* (Oxford: Clarendon Press, 1981); Kalman H. Silvert, ed., *Churches and States: The Religious Institutions and Modernization* (New York: American Universities Field Staff, 1967); Daniel H. Levine, ed., *Churches and Politics in Latin America* (Beverly Hills: Sage, 1980) を参照.

(38) Edward J. Williams, *Latin American Christian Democratic Parties* (Knoxville: University of Tennessee Press, 1967); Robert Cross, *The Emergence of Liberal*

and *Abertura,*" in Alfred Stepan, ed., *Democratizing Brazil* (New York: Oxford University Press, 1989) を参照.

(19) ヘゲモニー闘争は，もちろん，教会内外の状況の諸変化に対する反動的および適応的な応答として理解できる．もっとも問題があるのは，制度に関するブルーノーの分析の，道具主義的で戦略的な仮定である．似たような傾向にあるものとして，David Muchtler, "Adaptations of the Roman Catholic Church to Latin American Development: The Meaning of Internal Church Conflict," *Social Research* 36, no. 2 (Summer 1969) を見よ.

(20) Enrique Dussel, *A History of the Church in Latin America: Colonialism to Liberation (1492-1979)* (Grand Rapids, Mich.: Eerdmans, 1981), および *De Medellín a Puebla: Una Década de Sangre y Esperanza* (Mexico City: Edicol, 1979); Hugo Latorre Cabal, *The Revolution of the Latin American Church* (Norman: University of Oklahoma Press, 1978); Penny Lernoux, *Cry of the People* (New York: Penguin, 1982) を参照.

(21) Daniel H. Levine, *Religion and Politics in Latin America: The Catholic Church in Venezuela and Colombia* (Princeton: Princeton University Press, 1981); Brian H. Smith, *The Church and Politics in Chile: Challenges to Modern Catholicism* (Princeton: Princeton University Press, 1982); Jeffrey Klaiber, S. J., *Religion and Revolution in Peru, 1824-1976* (Notre Dame, Ind.: University of Notre Dame Press, 1977) を参照.

(22) De Kadt, *Catholic Radicals.*

(23) CNBB. *Plano de Emergência para a Igreja do Brasil* (Rio de Janeiro: Livraria Dom Bosco, 1963), および *Plano de Pastoral de Conjunto* (Rio de Janeiro: Livraria Dom Bosco, 1977).

(24) Roger Bastide, *The African Religions in Brazil* (Baltimore: Johns Hopkins University Press, 1978); Boaventura Kloppenburg, *O Espiritismo no Brasil* (Petrópolis: Editora Vozes, 1964); Diana Brown, "Religion as an Adaptive Institution: Umbanda in Brazil," および Chester Gabriel, "Spiritism in Manaus: The Cults and Catholicism," in Thomas Bruneau et al., eds. *The Catholic Church and Religions in Latin America* (Montreal: Center for Developing Area Studies, 1985) を参照.

(25) De Kadt, *op. cit.*, および Luís Alberto Gomes de Souza, *A JUC: Os Estudantes Católicos a Política* (Rio de Janeiro: Editora Civilização Brasileira, 1984) を参照.

(26) Antoine, *Church and Power in Brazil*, および *O Integralismo Brasileiro.*

(27) Antoine, *Church and Power in Brazil*, p. 29 その他随所.

(28) Bruneau, *Political Transformation*, pp. 126 ff.

(29) Della Cava, "The 'People's Church'," p. 150.

1930," *Síntese* 10 and 11 (1977) を参照.「新キリスト教世界の教会」については, Scott Mainwaring, *The Catholic Church and Politics in Brazil, 1916-1985* (Stanford: Stanford University Press, 1986) を参照. カトリック・アクションについては, Gianfranco Poggi, *Catholic Action in Italy: The Sociology of a Sponsored Organization* (Stanford: Stanford University Press, 1967) を見よ.

(11) Bruneau, *Political Transformation*, p. 37.

(12) Mainwaring, *Catholic Church*, pp. 25 ff., および Emanuel de Kadt, *Catholic Radicals in Brazil* (New York: Oxford University Press, 1970).

(13) Paulo José Krischke, *A Igreja e as Crises Políticas no Brasil* (Petrópolis: Vozes, 1979).

(14) Margaret Todaro Williams, "The Politicization of the Brazilian Catholic Church: The Catholic Electoral League," *Journal of Interamerican Studies and World Affairs* 16 (1974), および "Church and State in Vargas's Brazil: The Politics of Cooperation," *Journal of Church and State* 18 (Autumn 1976).

(15) Mainwaring, *Catholic Church*, p. 33.

(16) Hélgio Trindade, *Integralismo: O Fascismo Brasileiro na Decada de 30* (São Paulo: Difel, 1974); Charles Antoine, *O Integralismo Brasileiro* (Rio de Janeiro: Editora Civilização Brasileira, 1980).

(17) すでに言及した資料に加えて, Ralph Della Cava, "Catholicism and Society in Twentieth Century Brazil," *Latin American Research Review* 11, no. 2 (1976); Thomas Skidmore, *Politics in Brazil, 1930-1964* (New York: Oxford University Press, 1967); Peter Flynn, *Brazil: A Political Analysis* (Boulder, Colo.: Westview Press, 1978); Charles Antoine, *Church and Power in Brazil* (Maryknoll, N.Y.: Orbis Books, 1973) を見よ.

(18) トマス・ブルーノーは, 制度上の分析を用いて, この回答をより複雑に微妙にしたような解釈を出している. ブルーノーは, 自らの分析的枠組みをはっきり踏み超えた豊かな記述的分析のなかで, ブラジルの教会の政治的変容は, 状況における制度的適応の戦略であった, つまり, そうした状況のなかで教会の影響力を維持あるいは最大限にすることを狙った戦略であったとして, それを純粋に道具的なタームで再構成している. ブルーノーの制度に関する分析は, 教会の影響力が脅かされたことを, 変化への最初の触媒として認識する重要性を強調しており, その限りでは正しいのだが, しかし分析的枠組みが狭すぎて, その変容の複雑さと新奇さを抱え込むことができない. ブルーノーが提出したものに加えて, スコット・メインウァリングとラルフ・デラ・カーヴァはまた, あらゆることを試みて同じ物語を豊かに語りなおし, 異なった角度からその同じ変容を歴史的にみごとに再構成してみせた. Bruneau, *Political Transformation*; Mainwaring, *Catholic Church*, および Ralph Della Cava, "The 'People's Church,' the Vatican

(62) これはチリの経験がもたらした教訓であり，これによりカトリック教会は，その政治的戦略を随所で再考することを余儀なくされた．Brian H. Smith, *The Church and Politics in Chile* (Princeton: Princeton University Press, 1982).

5章 ブラジル

(1) C. R. Boxer, *The Church Militant and Iberian Expansion, 1440–1770* (Baltimore: Johns Hopkins University Press, 1978).

(2) Robert Richard, "Comparison of Evangelization in Portuguese and Spanish America," *The Americas* 14 (April 1958).

(3) W. Eugene Shiels, S. J., *King and Church: The Rise and Fall of the Patronato Real* (Chicago: Loyola University Press, 1961); Lloyd M. Mecham, *Church and State in Latin America* (Chapel Hill: University of North Carolina Press, 1966) を参照.

(4) Mecham, *Church and State*, p. 36.

(5) Thomas C. Bruneau, *The Political Transformation of the Brazilian Catholic Church* (Cambridge: Cambridge University Press, 1974); Márcio Moreira Alves, *A Igreja e a Política no Brasil* (São Paulo: Editora Brasiliense, 1979) を参照.

(6) Eduardo Hoornaert, *A Formação do Catolicismo Brasileiro, 1550–1800* (Petrópolis: Vozes, 1974); Bradford E. Burns, *A History of Brazil* (New York: Columbia University Press, 1970); Rubem César Fernandes, *Os Cavalheiros do Bom Jesus* (São Paulo: Brasiliense, 1982); C. R. Boxer, "Faith and Empire: The Cross and the Crown in Portuguese Expansion, 15th–18th Centuries," *Terrae Incognitae*, 1976; Donald Warren, "Portuguese Roots of Brazilian Spiritism," *Luso-Brazilian Review* 5, no. 2 (December 1968) を参照.

(7) Mary Crescentia Thornton, *The Church and Freemasonry in Brazil, 1872–1875: A Study in Regalism* (Washington, D.C.: Catholic University of America Press, 1984). ブラジルの実証主義については，João Cruz Costa, *O positivismo na República: Notas sobre a historia do positivismo no Brasil* (São Paulo: Companhia Editora Nacional, 1956) を見よ.

(8) Bruneau, *Political Transformation*, pp. 11–31.

(9) Ibid., p. 29.

(10) Ibid.; Moreira Alves, *Igreja e Política*; Júlio Maria, *O Catolicismo no Brasil* (Rio de Janeiro: Ed. Agir, 1950); Roger Bastide, "Religion and the Church in Brazil," in T. Lynn Smith and Alexander Marchant, eds., *Brazil, Portrait of Half a Continent* (New York: Dryden Press, 1951); Pedro Ribeiro de Oliveira, "The Romanization of Catholicism and Agrarian Capitalism in Brazil," *Social Compass* 26, 2/3 (1979); Riolando Azzi, "O Início da Restauração Católica no Brasil, 1920–

ドの政治で,「現実主義」と「理想主義」との間でたたかわされている現在進行中の論争については, Adam Bromke, *The Meaning and Uses of Polish History* (Boulder, Colo.: East European Monographs, 1987); *Poland's Politics: Idealism vs. Realism* (Cambridge, Mass.: Harvard University Press, 1967); "Poland's Idealism and Realism in Retrospect," *Canadian Slavonic Papers* 31 (March 1979), および Michnik, *Letters from Prison* を見よ.

(51) Andrzej Micewski, "Kościół ostrzegal 'Solidarność,'" *Polityka*, 14 November 1987; Daniel Passent, "Miedzy Kościółem a Solidarnością," *Polityka*, 19 March 1988; Zenon Rudny, "Cesarzowi—co Cesarskie, Bogu—co Boskie," *Polityka*, 24 October 1983 を参照.

(52) Patrick Michel and G. Mink, *Mort d'un Frère: L'Affaire Popiełuszko* (Paris: Fayard, 1985); Grazyna Sikorska, *Jerzy Popiełuszko, a Martyr for the Truth* (Grand Rapids, Mich.: Eerdmans, 1985); John Moody, *The Priest and the Policeman* (New York: Summit Books, 1987); Paul Lewis, "Turbulent Priest: Popiełuszko Affair," *Politics* 5, no. 2 (October 1985) を参照.

(53) Jerzy Popiełuszko, *Kazania patriotyczne* (Paris: Libella, 1984), および *The Price of Love: The Sermons of Fr. Jerzy Popiełuszko* (London: Inc. Catholic Truth Society, 1985).

(54) F・クリスティアーナとのインタビュー(1985年11月27日)のなかでグレンプ枢機卿はこう述べている,「ポピェウシュコ神父を操ったのは,教会の人々ではなかった.彼らは神父を,神父が強い愛着を感じている反対グループのチャプレンにしたのである.彼はまったくの被害者だった」. Smolar, "The Polish Opposition," p. 242の引用による.

(55) David Ost, "Introduction" to Michnik, *The Church and the Left* を見よ.

(56) Ibid., p. 20.

(57) Prymas Polski, Józef Glemp, "Uwagi o projekcie dokumentu Prymasowskiej Rady Spolecznej," in *Aneks*, no. 53 (1989, London). 伝統的なカトリックの立場や,第2バチカン公会議でのその放棄については,本書7章の注(56)〜(60)を見よ.

(58) この法案は,セイム(ポーランドの議会)の下院を通過しなかった.

(59) 監督権,保留された領域,あるいは倒錯した制度化という概念については, J. Samuel Valenzuela, "Democratic Consolidation in Post-Transitional Settings: Notion, Process, and Facilitating Conditions," paper presented at Conference on Democratization in Central Europe and Latin America, UCLA, 1 December 1990を見よ.

(60) 知識人たちの責任と役割については, Adam Michnik, "Troubles," in *The Church and the Left* を見よ.

(61) Smolar, "Polish Opposition."

California Press, 1985), p. 168.

(44) 1937年のスペイン司教団が集団で出した司牧書簡が，合法的な共和政府に対する1936年の軍事暴動に，公式な支持と正当化を与えたのは，その稀な例の1つである．Isidro Gomá Tomás, *Pastorales de la Guerra de España* (Madrid: Rialp, 1955) を見よ．

(45) Adam Michnik, "What We Want to Do and What We Can Do," *Telos* 47 (Spring 1981), p. 72.

(46) Andrew Arato, "Civil Society vs. the State," および "The Theory of the Polish Democratic Opposition: Normative Assumptions and Strategic Ambiguities," *Working Papers of the Kellogg Institute* (Notre Dame, Ind.: University of Notre Dame Press, 1984), および Adam Michnik, "A New Evolutionism," in *Letters from Prison* を見よ．

(47) KORのメンバーの1人は，「われわれは多分，ストライキを孤立させることで，政府からなんらかの譲歩を勝ち得たかもしれない．しかし，ポーランド人の教皇が，私個人には想像もできなかったやり方で，ポーランド人を1つにまとめた」と述べた．Steven Stewart, *The Poles* (New York: Macmillan, 1982), p. 155の引用．また，Radio Free Europe Research, "The Pope in Poland," *Spectator*, 9 and 16 June 1979; Alexander Tomsky, "John Paul II in Poland," *Religion in Communist Lands* 7, no. 3 (Autumn 1979), および "Poland's Church on the Road to Gdańsk," *Religion in Communist Lands* 1–2, 1981; Jerzy Turowicz, "Pięć Lat Pontyfikatu," *Tygodnik Powszechny*, 16 October 1983 も見よ．

(48) Thomas Bird, "The New Turn in Church-State Relations in Poland," *Journal of Church and State* 24 (1982); Vincent Chrypinsky, "Church and State in Poland after Solidarity," in J. L. Black and J. W. Strong, eds., *Sisyphus and Poland: Reflectinos on Martial Law* (Winnipeg: Ronald P. Frye, 1986); Hannah Diskin, "The Pope's Pilgrimage to Jaruzelski's Poland," in Black and Strong, *Sisyphus and Poland*; J. B. de Weydenthal, "The Church and the State of Emergency," *Radio Free Europe: Research* 49 (19 February 1982); Peter Raina, *Kósciół w Polsce, 1981–1984* (London: Veritas, 1985).

(49) ピノチェト政権下のチリにおける調停症候群の批判的分析としては，Hugo Villela, "The Church and the Process of Democratization in Latin America," *Social Compass* 26, nos. 2–3 (1979) を見よ．

(50) 1980年代を通じた教会の役割についての，批判的ながらバランスのとれた分析としては，Aleksander Smolar, "The Polish Opposition," in Fehér and Arato, *Crisis and Reform in Eastern Europe*; David Ost, *Solidarity and the Politics of Anti-Politics* (Philadelphia: Temple University Press, 1990), および "Poland Revisited: Normalization and Opposition," *Poland Watch* 7 (1985) を見よ．ポーラン

Polish People," *Scientific American* 245, no. 1 (July 1981) を見よ.

(39) Micewski, *Pax und Znak*; Michnik, *The Church and the Left*; Anton Pospieszalski, "Lay Catholic Organizations in Poland," *Survey* 24, no. 4 (Autumn 1979); P. Jegliński and A. Tomsky, "'Spotkania'—Journal of the Catholic Opposition in Poland," *Religion in Communist Lands* 7, no. 1 (1979); Andrzej Świecicki, "Les origines institutionnelles de mouvement 'Znak,'" *Actes de la 12ième conférence de sociologie religieuse* (Lille: CSIR, 1973); Bohdan Cywiński, *Doswiadczenie Polskie* (Paris: Spotkania, 1984), および *Rodowody Niepokornych* (Warsaw: Więż, 1971).

(40) Mieczysław Malinski, *Pope John Paul II: The Life of Karol Wojtyła* (New York: Seabury Press, 1979); George Williams, *The Mind of John Paul II: Origins of His Thought and Action* (New York: Seabury Press, 1981); George Blazynski, *Pope John Paul II* (London: Weidenfeld-Nicholson, 1979) を参照.

(41) Grażyna Sikorska, "The Light-Life Movement in Poland," *Religion in Communist Lands* 2, no. 1 (1983). ヴォイティーワ枢機卿はまた, ローマカトリック教会内におけるオプス・デイの, 早くからの支持者にして保護者となった. ヴォイティーワの保守主義や, 第2バチカン公会議における彼の役割についての, より批判的な見解としては, Peter Hebblethwaite, *Synod Extraordinary: The Inside Story of the Rome Synod, November–December 1985* (Garden City, N.Y.: Doubleday, 1986) を見よ. ミフニクは, 次のような的確な性格づけをしている. 「ヴォイティーワは知識人たちの希望であった. 彼はナショナリズムのレトリックを避けたが, それでもナショナリズムの伝統に深く根をおろしていた. 彼は人権の名のもとに共産主義に反対して広範囲の理解を得たが, それでも, 世俗的で民主的な国家における寛容な社会という, 西洋的なモデルに強い留保を維持していた. ……ポーランドにおいてわれわれは, 自由の友としての彼に, あいさつを送った. 西ヨーロッパは彼を, 教会の進歩的な働きにストップをかけようとする保守主義者とみていた」. Michnik, *The Church and the Left*, p. xiv.

(42) John Paul II, *The Acting Person* (Boston: Reidel, 1979), および *Toward a Philosophy of Praxis* (New York: Crossroad, 1981); *Return to Poland: The Collected Speeches of John Paul II* (London: Collins, 1979); Pope John Paul II, *Brazil: Journey in the Light of the Eucharist* (Boston: Daughters of St. Paul, 1980).

(43) ミフニクは, 教皇のキリスト教的メッセージのなかにある, 特殊主義的な局面と普遍主義的な局面との間の緊張を把握している. 教皇の1979年のポーランド訪問に関する解説の結びで, 彼はこう述べている. 「クラクフにおけるヨハネ・パウロ2世の説教を聞いた時, こう言ってよければ, 私はなにか不思議な感じを覚えた. 教皇が信仰深いカトリック信者たちに向かって「どうか私を見捨てないで下さい」と頼んだ時, 彼は同時に「異教徒よ」と私に呼びかけていた」. Adam Michnik, *Letters from Prison and Other Essays* (Berkeley: University of

ランドの指導的なカトリック神学者であるヨゼフ・ティシュナーは，連帯の精神的指導者として卓越した役割を演じた人物でもあるが，彼によるかなり激しく非友好的な批判ですら，ミフニク自身のオリジナル・テキストより早く，アメリカの出版市場に出回ったのである（しかも皮肉なことにミフニクによる友好的な序文付きで）．Józef Tischner, *Marxism and Christianity: The Quarrel and the Dialogue in Poland* (Washington: Georgetown University Press, 1987), および *The Spirit of Solidarity* (New York: Harper & Row, 1984) を見よ．

(34) コワコウスキは，ポーランドのカトリシズムに対する初期の典型的な批判のうちの1つのなかで，カトリシズムを「まぎれもない田舎的な性格をもった，伝統的で，曖昧主義的で，狂信的でうすのろの」ものとして性格づけた．Leszek Kołakowski, *Notatki o współczesnej kontrreformacji* (Warsaw: Książka i Wiedza, 1962), p, 53. コワコウスキの人格的および知的な発展は，ポーランドの左翼が，典型的な世俗主義，反聖職者主義の立場から，宗教やポーランド・カトリシズムに対する新たな開かれた理解と敬意を示すように変化した例として，おそらく模範的でもっとも影響力をもったものである．コワコウスキの見解の変化した例については，Leszek Kołakowski, "La revanche du sacré," *Contrepoint* 13 (1977), および *Religion* (New York: Oxford University Press, 1982) を見よ．

(35) Michnik, *The church and the Left*, p. xi. また Leszek Kołakowski and Jan Gross, "Church and Democracy in Poland: Two Views," *Dissent*, Summer, 1980 も見よ．

(36) Ferenc Fehér and Agnes Heller, *Eastern Left, Western Left* (Cambridge: Polity Press, 1987); Adam Podgórecki, *The Polish Burial of Marxist Ideology* (London: Poets' and Painters' Press, 1981); Jeffrey C. Goldfarb, *Beyond Glasnost: The Post-Totalitarian Mind* (Chicago: University of Chicago Press, 1989); Andrew Arato, "Social Theory, Civil Society and the Transformation of Authoritarian Socialism," in Ferenc Fehér and Andrew Arato, eds., *Crisis and Reform in Eastern Europe* (New Brunswick, N.J.: Transaction Books, 1991).

(37) Pedro Ramet, ed., *Religion and Nationalism in Soviet and Eastern European Politics* (Durham, N.C.: Duke University Press, 1989).

(38) カトリックとナショナリストと労働者階級の連帯という3つの歴史的な伝統は，多くの国々では分離したままであり，しばしば敵対関係にあるが，実際，この3つが一緒になって，運動としての連帯のユニークさを形成したのである．ポーランド人民の諸々の価値と態度は，民主主義的とはいえないにせよ，人類平等主義な性格で一貫しているが，このことは，社会主義体制のイデオロギー的な成功によってよりも，このユニークな歴史的配置によって，よりよく説明できると私は信じる．なお，社会主義体制の成功は，他のあらゆる点でイデオロギー的には失敗であったという見方については，Stefan Nowak, "Values and Attitudes of the

(30) *Listy Pasterskie Episkopatu Polski, 1945-1974* (Paris: Édition du Dialogue, 1975); Jesús Iribarren, *Documentos Colectivos del Episcopado Español, 1870-1974* (Madrid: Editorial Católica, 1974); *Estudos da CNBB,* および *Documentos da CNBB*（この2つのシリーズはサンパウロの Edições Paulinas から定期的に刊行されている）を参照.

(31) 教皇が回勅のなかで人権についての言説を採用するようになったのは，1950年代にピオ12世によって先鞭がつけられたものであり，ヨハネ23世によって決定的なものになった．ジョン・コートニー・マリーは，これが，教会の自由 *libertas ecclesiae* という伝統的に熱心に守られてきた原則が諸個人に移し替えられたものとして神学的に正当化された，ということを説得力をもって示した．John Courtney Murray, "The Problem of Religious Freedom," *Theological Studies* 25 (1964): 503-75 を見よ．ポーランドの司教団がこの新たな言説を採用したことは，それでも注目に値することであり，ヴィシンスキ枢機卿に，第2バチカン公会議に関する周知の深い不信感を与えた．ミフニクによれば，「近代性と人権という言葉は，フリーメーソンのなんらかの邪な計画であるかのような不快な臭気を，彼に残していった」．Michnik, *The Church and the Left*, p. xiv.

(32) Brian Smith, "Churches and Human Rights in Latin America," *Journal of Interamerican Studies and World Affairs* 21 (February 1979); David Hollenbach, *Claims in Conflict: Retrieving and Renewing the Catholic Human Rights Tradition* (New York: Paulist Press, 1979); Hubert Lepargneur, *A Igreja e o Reconhecimiento dos Direitos Humanos na Historia* (São Paulo: Cortez e Moraes, 1977); Robert F. Drinan, *Cry of the Oppressed: The History and Hope of the Human Rights Revolution* (San Francisco: Harper & Row, 1987); Penny Lernoux, *Cry of the People* (New York: Penguin, 1980) を参照.

(33) 近代ポーランドの知的および政治的歴史に関するこの生産的なテキストは，ようやく英語で利用できるようになった．それは最初，亡命中の1976年に出版され，1979年になってフランス版が出版され，ポーランドでの最初の出版は1981年であった．デヴィッド・オーストの編集翻訳によるアメリカ版には，ミフニク自身による1976年から1987年にかけての一連の「あとがき」——これは諸批判に対する回答として，また，教会と左翼との間のはかないポーランド的な対話のなかの新たな「諸問題」の概観として書かれた——に加えて，オースト氏によるすぐれた序論が付けられており，そこではこのテキストの解釈学的な内容およびその影響と論争の歴史が説明されている．東欧のマルクス主義とキリスト教との対話を記録したこの決定的な文書が，アメリカで出版元をさがすのに難渋したという事実，またその一方で，ラテンアメリカ版のそうした対話の諸テキストが，知的にも政治的にもそれほどの重要性をもたないのに，出版しようという者や熱心な読者をやすやすと手に入れているという事実は，驚くべきことである．ポー

Michnik, *The Church and the Left* (Chicago: University of Chicago Press, 1993), pp. xiii–xiv.

(21) Karol Górski, "L'histoire de la spiritualité polonaise," in *Poland's Millennium of Catholicism* (Lublin: Scientific Society of the Catholic University of Lublin, 1969); Jerzy Braun, "A Thousand Years of Christianity in Poland," in *Poland in Christian Civilization* (London: Veritas Foundation, 1983); Stefan Czarnowski, "Kultura religijna wiejskiego ludu polskiego," *Dzieła*, vol. 1 (Warsaw: 1956), pp. 88–107; Thomas W. I. and F. Znaniecki, *The Polish Peasant in Europe and America* (New York: Dover, 1958); *Social Compass* 15, nos. 3–4 (1968) (special issue on Poland with essays by J. Majka, W. Zdaniewicz, W. Piwowarski, et al.).

(22) Ruben Cesar Fernandez, "Images de la Passion: L'église Catholique au Brésil et en Pologne," *Esprit*, December 1987.

(23) ポーランド・カトリック教会は，世界中のどのカトリック教会よりも，理念型的ピラミッド構造を呈しており，これはブラジル・カトリック教会と著しい対照をなしている．それは首座大司教をめぐって頂点へと位階構造的に集約されており，中間の聖職者構造として，1人当たり245人の司祭をしたがえた司教，1人当たり1860人の住民をしたがえた司祭があり，その基盤にはほとんど自主性のない膨大な平信徒がいる．Fernandez, "Images de la Passion" を見よ．

(24) Władysław Piwowarski, "The Image of the Priest in the Eyes of Parishioners in Three Rural Parishes," *Social Compass* 15, nos. 3–4 (1968); Bohdan Cywiński, "Myśli o polskim duszpasterstwie," *Znak* 23, no. 204 (1971).

(25) Monticone, *Catholic*; Szajkowski, *Next to God*, および Lawrence Biondi, *Poland's Church-State Relations* (Chicago: Loyola University Press, 1981) を参照.

(26) S. Małkowski, "Kościół a totalitaryzm," *Spotkania* (London) 3 (1978), および Michnik, *The Church and the Left*.

(27) Jakub Karpiński, *Countdown: The Polish Upheavals of 1956, 1968, 1970, 1976, 1980* (New York: Karz-Cohl, 1982); Peter Raina, *Political Opposition in Poland, 1954–1977* (London: Poets' and Painters' Press, 1978).

(28) Szajkowski, *Next to God*, p. 32.

(29) Jan Lipski, *KOR* (Berkeley: University of California Press, 1985); Alain Touraine et al., *Solidarity: Poland, 1980–1981* (Cambridge: Cambridge University Press, 1983); Neal Ascherson, *The Polish August* (New York: Viking Press, 1982); Timothy G. Ash, *The Polish Revolution* (New York: Scribners, 1983); Abraham Brumberg, ed., *Poland: Genesis of a Revolution* (New York: Random House, 1983); Jadwiga Staniszkis, *Poland's Self-Limiting Revolution* (Princeton: Princeton University Press, 1984); Andrew Arato, "Civil Society against the State: Poland, 1980–1981," *Telos*, Spring 1981.

Graham and M. K. Ciechocińska, *The Polish Dilemma* (Boulder, Colo.: Westview Press, 1987); Józef Majka, "Historical and Cultural Conditions of Polish Catholicism," *The Christian in the World* 14 (1981).

(16) Lucjan Blit, "The Insoluble Problem: Church and State in Poland," *Religion in Communist Lands* 1, no. 3 (1973); Wiesław Mysłek, "Państwo i Kościół," *Nowe Drogi* 5 (1979); Zenon Rudny, "Cesarzowi—co Cesarskie, Bogu—co Boskie," *Polityka*, 242 October 1983.

(17) Pomian-Srzednicki, *Religious Change*; Vincent Chrypinski, "Political Changes under Gierek," *Canadian Slavonic Papers* 15 (1973).

(18) T. M. Jaroszewski, *Laicyzacja* (Warsaw: Książka i Wiedza, 1966), および "Pratiques et conceptions religieuses en Pologne," *Recherches internationales à la lumière du Marxisme*, 1965; Edward Ciupak, *Katolicyzm ludowy w Polsce* (Warsaw: PWN [Państwowe Wydawnictwo Naukowe], 1973); Jan Jerschina, *Młodzież i procesy laicyzacji świadomości społecznej* (Warsaw: PWN, 1978); Hieronim Kubiak, *Religijność a środowisko społeczne* (Kraków: Ossolineum,1972).

(19) Pomian-Srzednicki, *Religious Change*; Michael D. Kennedy and Maurice D. Simon, "Church and Nation in Socialist Poland," in Peter Merkl and Ninian Smart, eds., *Religion and Politics in the Modern World* (New York: New York University Press, 1983); Władysław Piwowarski, *Religijność wiejska w warunkach urubanizacji* (Warsaw: Więź, 1976); Witold Zdaniewicz, *Kościół Katolicki w Polsce* (Poznan-Warsaw: Pallottinum, 1979).

(20) Micewski, *Wyszyński*, pp. 342-43. さらには, Stefan Wyszyński, *A Freedom Within: The Prison Notes* (New York: Harcourt Brace, 1983), および *Kościół w sluzbie Narodu* (Poznan: Pallottinum, 1981). 高度にレトリカルな発言においてつねにそうであるように, 根本的な問題は, それが真実であるかどうかということではなく, それが役に立つかどうかということである. かつてそのような説教ができたスペイン人の枢機卿はなかったし, もしだれかがそれをやったとしても, そのレトリックが意図したものとは, むしろ反対のイデオロギー的効果をもつことになったことだろう. ほとんどのポーランド人がこのレトリックを, それに対抗する共産主義のレトリックよりも, より説得的なものと受け取ったという, 十分な証拠がある. そしてこの2つのレトリックは, 1960年代のポーランドにおける2つの主要な競合する公的レトリックあるいはイデオロギー的主張であった. アダム・ミフニクのように理解力があり偏向のない観察者によれば, ヴィシンスキの「偉大さは, 共産主義の本性を解読する欠点のない能力, および, すばらしい戦略をもった抵抗の仕方のなかに存する. この点において, 枢機卿は驚くほど近代的であった. しかし, この実践面での近代性は, 時代錯誤のレトリックと教義を相携えていた. 保守主義者の反共産主義こそ, 彼のものであった」. Adam

(6) Maciej Pomian-Srzednicki, *Religious Change in Contemporary Poland: Secularization and Politics* (London: Routledge & Kegan Paul, 1982); Gerges Castellan, *Dieu garde la Pologne! Histoire du Catholicisme polonais, 1795-1980* (Paris: Laffont, 1981); Olga Narkiewicz, *The Green Flag: Polish Populist Politics, 1867-1970* (London: Croom Helm, 1976) を参照.

(7) 1931年にはカトリック信者がポーランドの人口に占める割合は65%だったが, 1946年までにはそれが96.6%にまで上がった.

(8) Jan de Weydenthal, *The Communists of Poland* (Stanford: Hoover Institution, 1986); Teresa Torańska, "*Them*": *Stalin's Polish Puppets* (New York: Harper & Row, 1987).

(9) Czesław Miłosz, *The Captive Mind* (New York: Random House, 1951).

(10) Szajkowski, *Next to God*; Ronald Monticone, *The Catholic Church in Communist Poland, 1945-1985* (Boulder, Colo.: East European Monographs, 1986).

(11) Bohdan Bociurkiw and John Strong, eds., *Religion and Atheism in the USSR and Eastern Europe* (London: Macmillan, 1975); Eric Weingartner, ed., *Church within Socialism: Church and State in East European Republics* (Rome: IDOC, 1976); Jakov Jukic, "La religion et les sécularismes dans les sociétés socialistes," *Social Compass* 28, no. 1 (1981).

(12) Lucjan Blit, *The Eastern Pretender* (London: Hutchinson, 1965); Andrzej Micewski, *Katholische Gruppierungen in Polen, Pax und Znak, 1945-1976* (Munich: Kaiser, 1978); Dennis Dunn, *Detente and Papal-Communist Relations, 1962-1978* (Boulder, Colo.: Westview Press, 1979).

(13) Andrzej Micewski, *Cardinal Wyszyński: A Biography* (New York: Harcourt Brace, 1984). この研究はおそらく, 共産主義ポーランドにおける教会・国家・社会の三者の関係の単独の情報源としては, 最良のものである. Peter Raina, *Stefan Cardinal Wyszyński, Prymas Polski*, 2 vols. (London: Poets' and Painters' Press, 1979) も見よ.

(14) 典型例としては, Antoni Nowicki, *Wykłady o krytyce religii w Polsce* (Warsaw: Książka i Wiedza, 1965) を見よ.

(15) Karol Borowski, "Religion and Politics in Post-World War II Poland," in J. K. Hadden and A. Shupe, eds., *Prophetic Religions and Politics* (New York: Paragon House, 1986), および "Secular and Religious Education in Poland," *Journal of Religious Education* 70, no. 1 (1975); Ewa Morawska, "Civil Religion versus State Power in Poland," in Th. Robbins and R. Robertson, eds., *Church-State Relation* (New Brunswick: Transaction Books, 1987); Władysław Piwowarski, "Polish Catholicism as an Expression of National Identity," in L. S.

(46) Pérez Díaz, *El Retorno de la Sociedad*, p. 457.
(47) Ibid., p. 459.
(48) Ibid., p. 460.
(49) *El País*, Edición Internacional, Madrid, 30 September 1991, pp. 16–17.

4章　ポーランド

（1）ポーランド史のよい概説としては，Norman Davies, *God's Playground: A History of Poland*, 2 vols. (New York: Columbia University Press, 1982), および *Heart of Europe: A Short History of Poland* (Oxford: Clarendon Press, 1984) を見よ．ポーランド史のなかの教会とカトリシズムについては，Bogdan Szajkowski, *Next to God ... Poland* (New York: St. Martin's Press, 1983); Adam Piekarski, *The Church in Poland* (Warsaw: Interpress, 1978), および Oscar Halecki, *Tysiąclecie Polski katolickiej* (London: Veritas, 1966) を参照．ポーランドの国民的アイデンティティとカトリック的アイデンティティの融合については，Konstantin Symmons-Symonolewicz, *National Consciousness in Poland* (Meadville, Pa.: Maplewood Press, 1983) を見よ．
（2）近代初期のポーランドにおける宗教的な多元主義，寛容，葛藤については，Oscar Halecki, *From Florence to Brest* (Rome: Sacrum Poloniae Millennium, 1958); Ambroise Jobert, *De Luther à Mohira: La Pologne dans la crise de la chrétienté, 1517–1648* (Paris: Institut d'Études Slaves, 1974); Stanislaw Kot, *Georges Niemirycz et la lutte contre l'intolérance au 17-e siècle* (The Hague: Mouton, 1960); Frank E. Sysyn, *Between Poland and the Ukraine: The Dilemma of Adam Kysil, 1600–1653* (Cambridge, Mass.: Harvard University Press, 1985); Harry Dembkowski, *The Union of Lublin, Polish Federalism* (Boulder, Colo.: East European Monographs, 1982); Feliks Gross, "Tolerance and Intolerance in Poland: The Two Political Traditions," *Polish Review* 20 (1975) を参照．
（3）David Martin, *A General Theory of Secularization* (New York: Harper & Row, 1978).
（4）Andrzej Walicki, Philosophy and Romantic Nationalism: The Case of Poland (Oxford: Clarendon Press, 1982); Adam Bromke, *Poland's Politics: Idealism vs. Realism* (Cambridge, Mass.: Harvard University Press, 1967); Piotr Wandycz, *The Land of Partitioned Poland, 1795–1918* (Seattle: University of Washington Press, 1974), および Czesław Strzeszewski et al., *Historia Katolicyzmu społecznego w Polsce, 1832–1939* (Warsaw: Ośrodek Dokumentacjii Studiów Społecznych, 1981) を参照．
（5）Józek Majka, "The Character of Polish Catholicism," *Social Compass* 15, nos. 3–4 (1968).

Holt, Rinehart & Winston, 1974); C. Lisón-Tolosana, *Belmonte de los Caballeros* (Oxford: Oxford University Press, 1966) を参照.

(33) Lannon, *Privilege*, pp. 89–115; Payne, *Catolicismo*, pp. 225 ff.; Victor Pérez Díaz, *El Retorno de la Sociedad Civil* (Madrid: Instituto de Estudios Económicos, 1987), chap. 15; Enrique Miret Magdalena, *Los Nuevos Católicos* (Barcelona: Nova Terra, 1966) を参照.

(34) José M. Martín Patino, "La iglesia en la sociedad española," in Juan J. Linz, ed., *España: Un Presente para el Futuro*, vol. 1, *La Sociedad* (Madrid: Instituto de Estudios Económicos, 1984); Ruiz Rico, *Papel de la Iglesia*, pp. 189 and 213.

(35) José L. Martín Descalzo, *Tarancón, el Cardenal del Cambio* (Barcelona: Planeta, 1982).

(36) Ruiz Rico, *Papel de la Iglesia*, p. 236.

(37) Alfonso C. Comín, *Cristianos en el Partido, Comunistas en la Iglesia* (Barcelona: Laia, 1977).

(38) José M. Maravall, *Dictatorship and Political Dissent: Workers and Students in Franco Spain* (London: Tavistock, 1978).

(39) Juan J. Linz, "Religion and Politics in Spain: From Conflict to Consensus above Cleavage," *Social Compass* 27, nos. 2–3 (1980); Rafael del Aguila y Ricardo Montero, *El Discurso Político de la Transición Española* (Madrid: C.I.S., 1984).

(40) Antonio Hernández Gil, *El cambio político español y la constitución* (Barcelona: Planeta, 1982); Emilio Attard, *La constitución por dentro* (Barcelona: Planeta, 1983); Joaquín Ruiz Giménez, "El papel del consenso en la constitución del estado democrático," *Sistema* 38–39, (1980). バスク地方のナショナリズムは，重要な政治的勢力としては唯一，新憲法の作成に参加しないことを選んだ.

(41) Richard Gunther and Roger Blough, "Religious Conflict and Consensus in Spain: A Tale of Two Constitutions," *World Affairs* 143 (Spring 1981).

(42) これらの諸問題を，神学的および体系的に再考しようとした注目すべき試みとしては，Olegario González de Cardenal, *España por Pensar: Ciudadanía Hispánica y Confesión Católica* (Salamanca: Ediciones Universidad de Salamanca, 1984) を見よ．スペインの場合，デノミネーションとしてカトリシズムに対抗する主な相手は，他宗教からではなく，むしろ世俗的な世界観——多くのスペイン人にとって，それは伝統的な宗教的世界観に取って代わっている——からやってくる.

(43) Centro de Investigaciónes Sociólógicas (C.I.S.), "Iglesia, religión y política," *Revista Española de Investigaciones Sociológicas*, no. 27 (July–September 1984).

(44) J. J. Toharia, *Los Jóvenes y la Religión* (Madrid: Fundación Santa María, 1985).

(45) Martín Patino, "La Iglesia en la sociedad," pp. 202 ff.

Existencia (Madrid: Revista de Occidente, 1952); *Catolicismo Día Tras Día* (Barcelona: Noguer, 1955); *Contralectura del Catolicismo* (Barcelona: Planeta, 1978); Pedro Laín Entralgo, *El Cristiano en el Mundo* (Madrid: Propaganda Popular Católica, 1961); Federico Sopeña, *En Defensa de una Generación* (Madrid: Taurus, 1970) を参照.

(23) P. Llabres i Martorell, "Cursets de Cristiandat: Un Moviment apostolic mallorqui pels quatre vents del mon," *Questions de Vida Cristiana* 75-76 (1975); José Casanova, "The First Secular Institute: The Opus Dei as a Religious Movement-Organization," *Annual Review of the Social Science of Religion* 6 (1982), および *The Opus Dei Ethic and the Modernization of Spain.*

(24) José Castaño Colomer, *La JOC en España (1946-1970)* (Salamanca: Sígueme, 1978), および Hermet, *Les Catholiques* を見よ.

(25) José Casanova, "The Opus Dei Ethic, the Technocrats and the Modernization of Spain," *Social Science Information* 22, no. 1 (1983).

(26) Xavier Tusell, *La Oposición Democrática al Franquismo* (Barcelona: Planeta, 1977); Gonzalo Fernández de la Mora, *El Crepúsculo de las Ideologías* (Buenos Aires: Ed. Andina, 1970); Laureano López Rodó, *Política y Desarrollo* (Madrid: Aguilar, 1970); "Prólogo," to W. W. Rostow, *Política y Etapas de Crecimiento* (Barcelona: Dopesa, 1972).

(27) Javier Angulo Uribarri, *Documentos socio-políticos de obispos españoles (1968-1972)* (Madrid: Propaganda Popular Católica, 1972).

(28) Alfonso C. Comín, *España, ¿ País de Misión?* (Barcelona: Salvaterra, 1966); Rogelio Duocastella et al., *Análisis Sociológico del Catolicismo Español* (Barcelona: Nova Terra, 1967); Fundación Foessa, *Informe Sociológico Sobre la Situación Social de España* (Madrid: Euramérica, 1971).

(29) Pierre Jobit, *L'église d'Espagne à l'heure du Concile* (Paris: Spes, 1965).

(30) Javier Tusell, *Historia de la Democracia Cristiana en España*, 2 vols. (Madrid: Edicusa, 1974); Manuel Fernández Areal, *La Política Católica en España* (Barcelona: Dopesa, 1970), および *La Libertad de Prensa en España, 1938-1971* (Madrid: Edicusa, 1971); Rafael Gómez Pérez, *Conciencia Cristiana y Conflictos Políticos* (Barcelona: Dopesa, 1972).

(31) たとえば, *Ecclesia, Vida Nueva, Razón y Fe* を参照.

(32) 都市の若い司祭と, スペインの田舎の伝統的カトリシズムとの衝突は, 当時のスペインの村の民族誌によく描かれている. William Christian, Jr., *Person and God in a Spanish Village* (New York: Seminar Press, 1972); Joseph Aceves, *Social Change in a Spanish Village* (Cambridge, Mass.: Schenkman, 1971); Richard Barrett, *Benabarre, the Modernization of a Spanish Village* (New York:

Church and State in Franco Spain (Princeton: Center for International Studies, 1960); Norman Cooper, *Catholicism and the Franco Regime* (Beverly Hills: Sage, 1975); Ramón Garriga, *El Cardenal Segura y el Nacional-Catolicismo* (Barcelona: Planeta, 1977); Juan José Pérez Rico, *El Papel Político de la Iglesia Católica en la España de Franco* (Madrid: Tecnos, 1977) を参照．フランコ体制のファシズム的性格については，Juan Linz, "Some Notes toward a Comparative Study of Fascism in Sociological Historical Perspective," in Walter Lacqueur, ed., *Fascism: A Reader's Guide* (London: Wildwood House, 1976)，および Julián Casanova, "La Sombra del Franquismo: Ignorar la Historia y Huir del Pasado," in *El Pasado Oculto* を参照．

(17) Juan J. Linz, "An Authoritarian Regime: The Case of Spain," in E. Allardt and Yrjo Littunen, eds., *Cleavages, Ideologies and Party Systems* (Helsinki: Academic Bookstore, 1964); Hermet, *Les Catholiques*, vol. 1, *Les acteurs du jeu politique*; Rafael Gómez Pérez, *Política y Religión en el Régimen de Franco* (Barcelona: Dopesa, 1976); B. Oltra and A. de Miguel, "Bonapartismo y catolicismo: Una hipótesis sobre los orígenes ideológicos del franquismo," *Revista de Sociología* 8 (1978); José Casanova, *The Opus Dei Ethic and the Modernization of Spain* (forthcoming); Jesús Ynfante, *La Prodigiosa Aventura del Opus Dei* (Paris: Ruedo Ibérico, 1970); A. Sáez Alba, *La Asociación Católica Nacional de Propagandistas* (Paris: Ruedo Ibérico, 1974); Daniel Artigues, *El Opus Dei en España* (Paris: Ruedo Ibérico, 1971) を参照．

(18) Francisco Franco Bahamonde, *Palabras del Caudillo, 1937–1943* (Madrid: Editora Nacional, 1943); *Discursos y Mensajes del Jefe del Estado, 1955–1959* (Madrid: Editora Nacional, 1960); *Pensamiento Político de Franco* (Madrid: Ed. del Movimiento, 1975); Joachim Boor (Franco), *Masonería* (Madrid, 1952); Luis Carrero Blanco, *Discursos y Escritos, 1943–1973* (Madrid: I.E.P., 1974); Juan de la Cosa (Carrero Blanco), *Spain and the World* (Madrid: Publicationes Españolas, 1954)，および *Las Modernas Torres de Babel* (Madrid: Ediciónes Idea, 1956) を参照．

(19) José Casanova, "Modernization and Democratization: Reflections on Spain's Transition to Democracy," *Social Research* 50, no. 4 (Winter, 1983); Francisco Gil Delgado, *Conflicto Iglesia-Estado* (*1808–1975*) (Madrid: Sedmay, 1975).

(20)「反動的な有機体説のパターン」とスペインについては，David Martin, *A General Theory of Securalization* (New York: Harper & Row, 1978) を見よ．

(21) Aurelio Orensanz, *Religiosidad Popular Española* (*1940–1965*) (Madrid: Editora Nacional, 1974).

(22) José L. L. Aranguren, *Catolicismo y Protestantismo Como Formas de*

Revuelta González, *La Exclaustración, 1833-1840* (Madrid: La Editorial Católica, 1976) を参照.

(11) Antonio Ramos Oliveira, *Politics, Economics and Men of Modern Spain* (London: Victor Gollancz, 1946), p. 426; Jaime Vicens-Vives, *Historia de España y America*, vol. 5 (Barcelona: Editorial Vicens Vives, 1961), pp. 140-41; Payne, *Spanish Catholicism*, pp. 71-87, および Juan Sáez Marín, *Datos Sobre la Iglesia Española Contemporánea, 1768-1868* (Madrid: Editora Nacional, 1975) を参照.

(12) 1876年憲法の第11条は, 他の諸宗教に「寛大である」一方で, 「ローマカトリシズムが国の宗教である」こと, また「国民は（カトリックの）礼拝と聖職者たちを保守する義務を負う」ことを宣言した.

(13) Frances Lannon, *Privilege, Persecution, and Prophecy: The Catholic Church in Spain, 1875-1975* (Oxford: Clarendon Press, 1987); Payne, *Spanish Catholicism*; Manuel Tuñón de Lara, *La España del Siglo XIX*, 2 vols. (Barcelona: Laia, 1980); José L. López Aranguren, *Moral y Sociedad* (Madrid: Edicusa, 1974); Domingo Benavides Gómez, *El Fracaso Social del Catolicismo en la España de la Restauración, 1875-1931* (Madrid: Ed. Nacional, 1978) を参照.

(14) Yvonne Turin, *L'éducation et l'école en Espagne de 1874 à 1902* (Paris: P.U.F., 1959); J. B. Trend, *The Origins of Modern Spain* (New York: Russel & Russel, 1965); Elena de la Souchere, *An Explanation of Spain* (New York: Random House, 1964), およびラノン, リンツ, ウルマン, ブレナン, ヘアの引用された著作を参照.

(15) E. Allison Peers, *Spain, the Church and the Orders* (London: Eyre & Spottiswoode, 1939); Gabriel Jackson, *The Spanish Republic and the Civil War* (Princeton: Princeton University Press, 1965); Richard Gunther and Roger Blough, "Religious Conflict and Consensus in Spain: A Tale of Two Constitutions," *World Affairs* 143 (Spring 1981); Hebert R. Southworth, *El Mito de la Cruzada de Franco* (Paris: Ruedo Ibérico, 1963); A. Montero Moreno, *Historia de la Persecución Religiosa en España, 1936-1939* (Madrid: B.A.C., 1961); Burnett Bollotten, *The Spanish Revolution* (Chapel Hill: University of North Carolina Press, 1979); Hilari Raguer, *La Espada y la Cruz* (*La Iglesia, 1936-1939*) (Barcelona: Bruguera, 1977); Julián Casanova et al., *El Pasado Oculto: Fascismo y Violencia en Aragón* (*1936-1939*) (Madrid: Siglo XXI, 1992) を参照.

(16) 国家カトリック主義については, Guy Hermet, *Les Catholiques dans l'Espagne Franquiste*, 2 vols. (Paris: Presses de la Fondation nationale de sciences politiques, 1980); Rafael Abella, *Por el Imperio Hacia Dios* (Barcelona: Planeta, 1978); J. M. Laboa, *El Integrismo* (Madrid: Narcea, 1985); William Ebenstein,

1976); José Antonio Maravall, *Antiguos y Modernos* (Madrid: Sociedad de Estudios y Publicaciónes, 1966); Ernesto and Enrique García Camarero, *La Polémica de la Ciencia Española* (Madrid: Alianza Editorial, 1970) を参照.

(5) Richard Herr, *The Eighteenth Century Revolution in Spain* (Princeton: Princeton University Press, 1958); José A. Ferrer Benimeli, *Masonería, Iglesia e Ilustración*, 4 vols. (Madrid: F.U.E., 1975–77); William J. Callahan, *Church, Politics and Society in Spain, 1750–1874* (Cambridge, Mass.: Harvard University Press, 1984) を参照.

(6) Miguel Artola, *Antiguo Régimen y Revolución Liberal* (Barcelona: Ariel, 1978); José Fontana Lázaro, *La Quiebra de la Monarquía Absoluta* (Barcelona: Ariel, 1971); Richard Herr, *An Historical Essay on Modern Spain* (Berkeley: University of California Press, 1970); Raymond Carr, *Spain, 1808–1939* (Oxford: Oxford University Press, 1970); Ramón Menéndez-Pidal, *The Spaniards in Their History* (London: Hollis and Carter, 1950); Javier Herrero, *Orígenes del Pensamiento Reaccionario Español* (Madrid: Edicusa, 1973); José Manuel Cuenca, *La Iglesia Española ante la Revolución Liberal* (Madrid: Rialp, 1971); Emilio La Parra López, *El Primer Liberalismo Español y la Iglesia: Las Cortes de Cádiz* (Alicante: Instituto de Estudios Juan Gil-Albert, 1985); José Pérez Vilariño, *Inquisición y Constitución en España* (Madrid: ZYX, 1973) を参照.

(7) Stanley Payne, *Politics and the Military in Modern Spain* (Stanford: Stanford University Press, 1967); Antoni Jutglar, *Ideologías y Clases en la España Contemporánea* (Madrid: Edicusa, 1968) を参照.

(8) Callahan, *Church, Politics and Society*; Gerald Brenan, *The Spanish Labyrinth* (Cambridge: Cambridge University Press, 1943); Martin Blinkhorn, *Carlism and Crisis in Spain, 1931–1939* (Cambridge: Cambridge University Press, 1975); José M. Sánchez, *Reform and Reaction: The Politico-Religious Background of the Spanish Civil War* (Chapel Hill, N.C.: University of North Carolina Press, 1962); Joan C. Ullman, *La Semana Trágica: Estudios Sobre las Causas Socio-Económicas del Anticlericalismo en España* (Barcelona: Ariel, 1972); Julio Caro Baroja, *Introducción a una Historia Contemporánea del Anticlericalismo Español* (Madrid: Istmo, 1980) を参照.

(9) David Martin, *A General Theory of Secularization* (New York: Harper & Row, 1978), p. 6.

(10) Edward Malefakis, *Agrarian Reform and Peasant Revolution in Spain* (New Haven: Yale University Press, 1970): Pascual Carrión, *Los Latifundios en España* (Madrid: Gráficas Reunidas, 1932); Gabriel Jackson, "The Origins of Spanish Anarchism," *Southwestern Social Science Quarterly*, September 1955; Manuel

3章　スペイン

（1）短いながら洞察に満ちたスペイン史は，Jaime Vicens Vives, *Approaches to the History of Spain* (Berkeley: University of California Press, 1970) および Pierre Vilar, *Spain, a Brief History* (Oxford: Pergamon Press, 1967) である．時代の標準的歴史は，J. H. Elliott, *Imperial Spain, 1469–1716* (New York: St. Martin's Press, 1964); Antonio Domínguez Ortiz, *El Antiguo Régimen: Los Reyes Católicos y los Austrias* (Madrid: Alinza, 1973). さらには，Stanley Payne, *Spanish Catholicism: An Historical Overview* (Madison: University of Wisconsin Press, 1984); Henry Kamen, *The Spanish Inquisition* (New York: New American Library, 1966); Américo Castro, *The Spaniards: An Introduction to Their History* (Princeton: Princeton University Press, 1971); Claudio Sánchez-Albornoz, *Spain: A Historical Enigma* (Madrid: Fundación Universitaria Espanõla, 1975); José Casanova, "The Spanish State and Its Relations with Society," *State, Culture and Society* 1 no. 2 (Winter 1985); Fernando de los Ríos, *Religión y Estado en la España del Siglo XVI* (New York: Instituto de las Españas, 1927).

（2）Fernand Braudel, *The Mediterranean and the Mediterranean World in the Age of Philip II*, 2 vols. (New York: Harper & Row, 1973); Perry Anderson, *Lineages of the Absolutist State* (London: New Left Books, 1974); Immanuel Wallerstein, *The Modern World System* (New York: Academic Press, 1974); Charles Tilly, ed., *The Formation of National State in Western Europe* (Princeton: Princeton University Press, 1975); Juan J. Linz, "Early State-Building and Late Peripheral Nationalisms against the State," in S. N. Eisenstadt and S. Rokkan, eds., *Building States and Nations* (Beverly Hills: Sage, 1973) を参照.

（3）C. R. Boxer, *The Church Militant and Iberian Expansion, 1440–1770* (Baltimore: Johns Hopkins University Press, 1978); Geoffrey Parker, *The Army of Flanders and the Spanish Road, 1567–1659* (Cambridge: Cambridge University Press, 1972); J. H. Elliott, *The Revolt of the Catalans: A Study in the Decline of Spain (1598–1640)* (Cambridge: Cambridge University Press, 1963), および "Self-Perception and Decline in Early Seventeenth-Century Spain," *Past and Present* 74 (February 1977); Vicente Palacio Atard, *Derrota, Agotamiento, Decadencia en la España del Siglo XVII* (Madrid: Rialp, 1949); José A. Maravall, *Poder, Honor y Élites en el Siglo XVII* (Madrid: Siglo XXI, 1980); H. R. Trevor-Roper, "The General Crisis of the Seventeenth Century," in *Religion, the Reformation and Social Change* (London: Macmillan, 1967) を参照.

（4）Luis Sánchez Agesta, *España al Encuentro de Europa* (Madrid: B.A.C., 1971); Pedro Laín Entralgo, *España Como Problema* (Madrid: Aguilar, 1957); Bernhardt Schmidt, *El Problema Español de Quevedo a Manuel Azaña* (Madrid: Edicusa,

域よりも明らかにするのは，このもっとも女性的な領域である．Rosemary R. Ruether, *Sexism and God-Talk: Toward a Feminist Theology* (Boston: Beacon Press, 1983) を参照．

(67) Benhabib, "Models of Public Space," p. 82.

(68) Ibid., p. 22.

(69) Ibid., pp. 88-89.

(70) Ibid.

II 五つの事例研究

(1) これらの記録文書がどれも，会議で伝統主義者の司教たちによって議論されたものであること，また3分の2の多数投票によって通過するまでにはたびたび草案が書きなおされ，委員会で真剣な作業がくりかえされたこと，また，これらの記録文書が伝統的神学の教理決定からの離脱になっていることを全員が自覚していたこと――たとえそれがかつてのより真正な教理決定への回帰として正当化できたとしても――，これらのことを理解することは重要である．Walter M. Abbot, ed., *The Documents of Vatican II* (New York: Guild, 1966) を見よ．

(2) 権威ある厳然たる教えが伝統に及ぼした影響という点から見ると，教会はたった今，良心の自由という近代的原則と折り合いをつけはじめたか，あるいはそれから出てくる意図せざる結果を実際に避けようとしはじめた．

(3) ラッツィンガーの復古は，次のようなことを強調することによって，これら4つの記録文書の意味を修正しようと試みている．つまり，(a)教義的な相対主義と道徳的主観主義に対して，個人の意識が啓示された真理および客観的な道徳的命令に従うべき義務の強調，(b)教会の「ポピュリズム的」な定義に対して，「超自然的な神秘」としての教会の強調，また，内在論的な社会的福音に対して，神の王国の超越的で終末論的で霊的な性格の強調，(c)平信徒の一般的司祭職への参与や神学者の教導権への参与に対して，教皇の権威のもとにある司教職の位階構造の強調，(d)シノッドや司教協議会において，司教たちが平等な権利をもつ構造と教義的機能に対して，教皇と霊的にじかに交わるそれぞれの司教の教会法的，教義的，そして聖職者としての至高の支配権の強調，である．Peter Hebblethwaite, *Synod Extraordinary: The Inside Story of the Rome Synod, November-December 1985* (Garden City, N.Y.: Doubleday, 1986) を見よ．

(4) Guillermo O'Donnell, "Tensions in the Bureaucratic-Authoritarian State and the Question of Democracy," in David Collier, ed., *The New Authoritarianism in Latin America* (Princeton: Princeton University Press, 1979).

Vaillancourt, *Papal Power: A Study of Vatican Control over Lay Catholic Elites* (Berkeley: University of California Press, 1980); Owen Chadwick, *The Pope and European Revolution* (Oxford: Clarendon Press, 1981); Stein Rokkan, *Citizens, Elections and Parties* (Oslo: Universitets forlaget, 1970), および "Towards a Generalized Concept of Verzuiling: A Preliminary Notes," *Political Studies* 4 (1977); J. Billiet and K. Dobbelaere, "Vers une déinstitutionalisation du pilier chrétien?", in L. Voyé et al., *La Belgique et ses dieux: Églises, mouvements religieux et laïques* (Louvain-la-Neuve: Cabay, 1985); K. Dobbelaere and J. Billiet, "Les changements internes du pilier Catholique en Flandre: D'un Catholicisme d'église à une Chrétienté Socio-culturelle," *Recherches sociologiques* 2, no. 14 (1983).

(62) もちろんこのことは，東欧において，キリスト教・民主と呼ばれるいくつかの政党が当分存続したり，あるいはあらたに出現しさえするかもしれないという可能性を排除するものではないし，また，北アイルランドにおけるプロテスタントとカトリックとの未解決の戦争状態が将来にわたってつづきそうだという可能性を排除するものでもない．

(63) そのような展開は，たとえば，オイコス，つまり家事が「仕事」の領域であり，あらゆる形態の人間の「労働」がそこで起こる領域であった，古代都市のモデルと，鋭い対照をなしている．ハンナ・アレントが『人間の条件』のなかで展開した哲学的人間学の諸カテゴリーは，歴史的に形成された特定の古代によって，正確に特徴づけられている．近代のほとんどの哲学や社会科学がそうであったように，近代の諸カテゴリーは「家庭」と「仕事」の分離に由来するものだったが，アレントはそのような鏡のなかで無分別に生きるよりも，むしろ，いわばギリシア的精神の諸カテゴリーのなかで生きることを選んだ．

(64) Peter Berger, *The Sacred Canopy* (Garden City, N.Y.: Anchor Books, 1969), p. 138.

(65) Ann Douglas, *The Feminization of American Culture* (New York: Alfred A. Knopf, 1977). もっとニュアンスに富んだ複雑な歴史的分析としては，Nancy Cott, *The Bonds of Womanhood: 'Woman's Sphere' in New England, 1780–1835* (New Haven: Yale University Press, 1977) を見よ．

(66) 上記の注（12）を見よ．さらには，Rosemary Radford Ruether, "The Cult of True Womanhood," *Commonweal*, 9 November 1973. さらに逆説的に意味深いのは，フェミニズム側から批判的に指摘されていることだが，公的な男性/私的な女性という裂け目は，もっとも宗教的な諸制度中にも走っているという事実である．聖職や教会関係の職員は優先的に，部署によっては排他的に，男性に門戸が開かれており，その一方で，平信徒や熱心な教会出席者は，女性のほうが不釣り合いに多い傾向にある．実際，家父長的な支配の兆候を，おそらく他のどの領

Broken Covenant: Civil Religion in Time of Trial (New York: Seabury Press, 1975); Robert Bellah and Phillip Hammond, *Varieties of Civil Religion* (New York: Harper & Row, 1980); R. E. Richey and Donald G. Jones, eds., *American Civil Religion* (New York; Harper & Row, 1974), および Michael W. Hughey, *Civil Religion and Moral Order* (Westport, Conn.: Greenwood Press, 1983) を参照.

(54) Jean-Jacques Rousseau, *The Social Contract* (New York: Hafner Publishing Co., 1947).

(55) ルソーの反聖職者的な論評は，今日のカトリックの政策のグローバル化，また，このグローバル化が国民国家というシステムを掘り崩し，グローバルな市民社会の形成に貢献していることを説明するのに役立つかもしれない．「聖餐と破門は聖職者の社会的契約であって，それによって彼らはつねに，諸人民や諸王の主人となるであろう．連絡をとりあっているすべての司祭たちは，たとえ地球の2つの極に離れて住んでいようと，市民仲間である．これはまさしく政治の傑作と呼ばれるにふさわしい発明である」. Rousseau, *Social Contract*, pp. 118-20. グローバル化については，Roland Robertson and JoAnn Chirico, "Humanity, Globalization and Worldwide Religious Resurgence: A Theoretical Explanation," *Sociological Analysis* 46, no. 3 (1985), および Roland Robertson and William Garrett, eds., *Religion and Global Order* (New York: Paragon House, 1991) を見よ.

(56) Rousseau, *Social Contract*, pp. 120-21.

(57) Ibid., pp. 123-24.

(58) Benjamin I. Schwartz, "The Religion of Politics: Reflection on the Thought of Hannah Arendt," *Dissent* 17 (March-April, 1970) を見よ.

(59) Alfred Stepan, *Rethinking Military Politics* (Princeton: Princeton University Press, 1988), pp. 3-12.

(60) Cohen and Arato, *Civil Society and Social Theory*, および Benhabib, "Models of Public Space" を見よ.

(61) 近代世界におけるキリスト教の政治的動員のさまざまなパターンを，もっとも体系的に比較歴史的に分析したものは，David Martin, *A General Theory of Secularization* (New York: Harper & Row, 1978) である．さらには以下を見よ. Joseph N. Moody, ed., *Church and Society: Social and Political Thought and Movements, 1789-1950* (New York: Arts, Inc., 1953); M. P. Fogarty, *Christian Democracy in Western Europe, 1820-1953* (Notre Dame, Ind.: University of Notre Dame Press, 1957); Ellen Lovell Evans, *The German Center Party, 1870-1933: A Study in Political Catholicism* (Calbondake: Southern Illinois University Press, 1974); Gianfranco Poggi, *Catholic Action in Italy: The Sociology of Sponsored Organization* (Stanford: Stanford University Press, 1967); Jean-Guy

(46) 旧左翼と新左翼の違いとイデオロギー的な葛藤については，Alan Heimert, *Religion and the American Mind: From the Great Awakening to the Revolution* (Cambridge, Mass.: Harvard University Press, 1966) を見よ．

(47) Alexis de Tocqueville, *Democracy in America* (New York: Vintage, 1990), vol. 1, p. 305.「それは共同体の習慣を方向づける．そして家庭生活を規制することによって，それは国家を規制する」という，トクヴィルがあげた主な理由の1つは，今日ではかつてほどの妥当性がないかもしれない．が，たとえそうでも，宗教はアメリカにおいては今なお，重要な政治的機関・制度かもしれない．

(48) Jellinek, *Declaration of the Rights of Man.*

(49) 国家を宗教から分離し，教会の諸機関に優越する主権を与えることは，ホッブズの *De Cive* においてすでに擁護されており，また，ルター派のプロイセン王国において，カルヴィニストの議会の絶対主義的な支配のもと，はじめて制度化された．Otto Hintze, "Calvinism and Raison d'État in Early Seventeenth-Century Brandenburg," in Felix Gilbert, ed., *The Historical Essay of Otto Hintze* (New York: Oxford University Press, 1975). 啓蒙的な絶対主義君主にしてヴォルテールの弟子であったフリードリッヒ2世は，ローマカトリック信者を自らの国家の市民として迎えるにあたって，その理論的根拠を示して，次のように書いた．「すべての宗教は，それを信仰する者が正直な人々でありさえすれば，平等であり善良である．もしトルコ人や異教徒がこの国にやって来て住みたいと望めば，われわれは彼らのためにモスクや教会を建てるであろう」.「宗教はすべて寛容でなければならない．法務長官は，誰も他の人を傷つけることがないよう見張っているべきであり，それだけでよい．ここでは万人がそれぞれのやりかたで救われるべきだからである」. Peter Gay, *The Enlightenment*, pp. 348–49 の引用による．

(50) Thomas Robbins, "Church-State Tension in the United State," in Robbins and Robertson, *Church-State Relations*, pp. 67–75.

(51) これらのさまざまな立場や論争として，Leonard Levy, *The Establishment Clause: Religion and the First Amendment* (New York: Macmillan, 1986); A. Stokes and Leo Pfeffer, *Church and State in the United States* (Westport, Conn.: Greenwood Press, 1975); Leo Pfeffer, *God, Caesar and the Constitution* (Boston: Beacon Press, 1974): Robert Drinan, *Religion, the Courts and Public Policy* (New York: McGraw-Hill, 1963); Richard Neuhaus, *The Naked Public Square* (Grand Rapids, Mich.: W. D. Eerdmans, 1984); James Reichley, *Religion in American Public Life* を参照．

(52) ここでの私の議論は，ジーン・コーエンが他の文脈のなかで説得力をもって行ったものに似ている．Jean Cohen, "Discourse Ethics and Civil Society," *Philosophy and Social Criticism* 14, 3/4 (1988) を参照．

(53) Robert Bellah, "Civil Religion in America," *Daedalus* 96, no. 1 (1967); *The*

omy and Society, vol. 2, pp. 1205 and 1207．さらに，“Max Weber on Church, Sect and Mysticism,” in Benjamin Nelson, ed., *Sociological Analysis* 34, no. 2 (1973): 140–49.

(37) Ernst Troeltsch, *The Social Teaching of the Christian Churches*, 2 vols. (Chicago: University of Chicago Press, 1960)．典型的なドイツ観念論のやりかたで，トレルチは「チャーチ」，「セクト」および「個人的神秘主義」を，代替可能でしかも同等に真正な，この世に制度化されたキリスト教的思想の3つの形態であると考えた．実際，彼の手になる特別なキリスト教史の再構成は，これらの3つの形態が歴史を通じて論理的かつ体系的に展開したものとして，構築されている．まさにその理由で，トレルチは，H・リチャード・ニーバーが「デノミネーショナリズムの悪弊」と呼んだものの出現を，予測することができなかった．それは，デノミネーションがキリスト教的理想の制度化の形態ではなく，むしろ，制度が分化してゆくという近代の構造に対する，あらゆる宗教的組織の適応の形態だからである．H. Richard Niebuhr, *The Social Sources of Denominationalism* (New York: Henry Holt & Co., 1929), p. 24.

(38) Max Weber, “Religious Rejections of the World and Their Directions,” “Science as a Vocation,” および “Politics as a Vocation,” in H. H. Gerth and C. W. Mills, eds., *From Max Weber* (New York: Oxford University Press, 1958).

(39) これは，タルコット・パーソンズからニクラス・ルーマンにいたる，社会システム分析の伝統によって示されている．とくに，Niklas Luhmann, *The Differentiation of Society* を見よ．異なったパースペクティヴとしては，Benjamin Nelson, “Eros, Logos, Nomos, Polis: Shifting Balances of the Structures of Existence,” in *On the Roads to the Modernity* (Totowa, N.J.: Lowman & Littlefield, 1981).

(40) ロバート・ベラーの「近代宗教」の分析を見よ．Robert N. Bellah, “Religious Evolution,” in *Beyond Belief* (New York: Harper & Row, 1970), pp. 39–40.

(41) Bellah et al., *Habits of the Heart*, p. 221.

(42) Troeltsch, *Social Teachings*, p. 997.

(43)「伝統的で宗教的な人物において「神……によって占められているのに相当する位置を」(Seeger 1965 を参照) 個人の生活においてたしかに占めているような信条」(Welsh 1970) を含む．N. J. Demerath III and Rhys H. Williams, “A Mythical Past and Uncertain Future,” in Robins and Robertson, *Church-State Relations*, p. 80 から引用．

(44) これらの点に関する参考のため，また，より体系的な展開としては，本書の6章と7章を見よ．

(45) Robert Wuthnow, *The Restructuring of American Religion* (Princeton: Princeton University Press, 1988), chap. 5 および随所．

起源神話の範型的な力によって，より困難になっている．西洋の植民地主義の拡大，トルコ帝国の崩壊，また，イスラム的な国民国家の出現が，宗教的および政治的な二重の意味での共同体としてのウンマの，あらゆる伝統的で歴史的な制度化の形態を掘り崩してきた．そのため，そのプロセスは，本来のウンマへの回帰という名において，あらゆる種類の宗教的・政治的な実験に道を開いた．したがって，イスラム「原理主義」を——その呼称そのものは仮に適当だとして——もともと反近代の伝統主義的な反応と見ることは，誤解をまねくものである．「原理主義」のさまざまな現われは，イスラム的な「改革」および「革命」の実験と見るのが，よりふさわしいであろう．そのような実験と，それらの背後にある観念の多様性については，Mortimer, *Faith and Power*; Hamid Enayat, *Modern Islamic Political Thought* (Austin: University of Texas Press, 1982), および James Piscatori, *Islam in the World of Nation-States* (New York: Cambridge University Press, 1986) を参照．

(31) Karl Jaspers, *The Origin and Goal of History* (London: Routledge & Kegan Paul, 1953); Max Weber, *The Sociology of Religion* (Boston: Beacon Press, 1963).

(32) Peter Brown, "Late Antiquity," in Philippe Ariès and Georges Duby, eds., *A History of Private Life*, vol. 1, *From Pagan Rome to Byzantium* (Cambridge, Mass.: Belknap Press of Harvard University Press, 1987), pp. 251-60.

(33) マックス・ウェーバーとエルンスト・トレルチのほかに，私はここで，ルイ・デュモンの *Essays on Individualism: Modern Ideology in Anthropological Perspective* (Chicago: University of Chicago Press, 1986) での分析にかなり依拠している．

(34) Mary Fulbrook, *Piety and Politics: Religion and the Rise of Absolutism in England, Württemberg, and Prussia* (New York: Cambridge University Press, 1983), および William J. Callahan and David Higgs, eds., *Church and Society in Catholic Europe of the Eighteenth Century* (Cambridge: Cambridge University Press, 1979) を参照．

(35) プロテスタンティズム内部の多様な集団については，H. Richard Niebuhr, *Christ and Church* (New York: Harper & Row, 1951) および Thomas G. Sanders, *Protestant Concepts of Church and State* (New York: Holt, Rinehart & Winston, 1964) を参照．

(36) のちにトレルチによって発展させられることになるチャーチ・セクトという類型論の創始者であったウェーバーは，次のように主張していた．「十分に発達したチャーチは，普遍的であるという主張を前面に出すので，良心の自由を容認することはできない」．そして，「政教分離という公式は，2つの権力のどちらかが，……これらの生活領域を完全に制御するという主張を事実上放棄してしまった時にのみ，適したものである」．Max Weber, "Sect, Chrch and Democracy," *Econ-*

(20) Bronisław Malinowski, *Magic, Science and Religion* (Garden City, N.Y.: Doubleday, 1954), p. 57 その他随所.

(21) 原始宗教の「個人主義的」局面については，E. E. Evans-Pritchard, *Theories of Primitive Religion* (Oxford: Oxford University Press, 1965), および Paul Radin, *Monotheism among Primitive Peoples* (New York: Bollingen Foundation, 1954) も見よ.

(22) Max Weber, "The Social Psychology of the World Religion," in *From Max Weber*, p. 272.

(23) W. Robertson Smith, *Religion of the Semites*, pp. 29 and 55.

(24) フュステル・ド・クーランジュは次のように述べている.「もし市民を正確に定義しようとするならば，それは都市の宗教をもっている者であるというべきである．反対に，余所者とは礼拝に出入りしない者，都市の神々によって保護されない者，神々を呼び出す権利すらもたない者である……他の都市の市民である者は，決してアテネの市民にはなれなかった．同時に２つの都市の市民であることは，ちょうど，２つの家族の１員であることができないように，宗教的には不可能事であった」. Fustel de Coulanges, *The Ancient City* (Garden City, N.Y.: Doubleday, Anchor Books, n.d.), pp. 194 and 196.

(25) W. James, *Varieties of Religious Experience*, pp. 127-258 を見よ.

(26) マックス・ウェーバーにしたがって，ベンジャミン・ネルソンは，同胞化を彼の普遍化のプロセスの理論の中心的カテゴリーにした．Benjamin Nelson, *The Idea of Usury: From Tribal Brotherhood to Universal Otherhood* (Princeton: Princeton University Press, 1949), および *On the Road to Modernity* (Totowa. N.J.: Rowman & Littlefield, 1981) を見よ.

(27) この形態は基本的に，教会は自らのうえに支配権を行使する既存の政治的構造に順応せねばならないということを意味していた．そしてこの形態において，ビザンチン教会は第２のローマのなかを生き延び，第３のローマであるモスクワのなかで継続された.

(28) 西洋的な発展の独自な複雑さは，ジョゼフ・ストレイヤーによって強調された. "The State and Religion, an Exploratory Comparison in Different Cultures: Greece and Rome, the West, Islam," *Comparative Studies in Society and History* 1 (1958), 38-43. また Randall Collins, "Historical Perspectives on Religion and Regime: Some Sociological Comparisons of Buddhism and Christianity," in Hadden and Shupe, *Prophetic Religions*, pp. 254-71 を見よ.

(29) Edward Mortimer, *Faith and Power: The Politics of Islam* (New York: Vintage, 1982), および Hamid Dabashi, "Symbiosis of Religions and Political Authorities in Islam" in Robins and Robertson, *Church-State*, pp. 183-203.

(30) イスラム教にとって，そのような近代的な世俗化のプロセスを受容することは,

(10) Weintraub, "Public/Private."

(11) Hannah Arendt, *The Human Condition* (Chicago: The University of Chicago Press, 1958), および *On Revolution* (New York: Viking, 1963); Jürgen Habermas, *Structural Transformation of the Public Sphere* (Cambridge, Mass.: MIT Press, 1989), および "The Public Sphere," *New German Critique* 1, no. 3 (Fall, 1974); Seyla Benhabib, "Models of Public Space: Hannah Arendt, the Liberal Tradition and Jürgen Habermas," in Craig Calhoun, ed., *Habermas and the Public Sphere* (Cambridge, Mass.: MIT Press, 1991) を参照.

(12) Albert O. Hirschman, *Shifting Involvements: Private Interest and Public Action* (Princeton: Princeton University Press, 1982); Alasdair MacIntyre, *After Virtue* (Notre Dame, Ind.: University of Notre Dame Press, 1981); Robert N. Bellah et al., *Habits of the Heart: Individualism and Commitment in American Life* (Berkeley: University of California Press, 1985) を参照.

(13) Jean Bethke Elshtain, *Public Man, Private Woman* (Princeton: Princeton University Press, 1981), および "Moral Woman and Immoral Man: A Consideration of the Public-Private Split and Its Political Ramifications," *Politics and Society* 4, no. 4 (1974); Carole Pateman, "Feminist Critiques of the Public/Private Dichotomy," in Benn and Gaus, eds., *Public and Private*, pp. 281-303; Seyla Benhabib and Drucilla Cornell, eds., *Feminism as Critique* (Minneapolis: University of Minnesota Press, 1987) を参照.

(14) 分析のこれら3つのレベルを区別するに際して，私はニクラス・ルーマンにしたがっている．彼の，"Interaction, Organization and Society," in *The Differentiation of Society* (New York: Columbia University Press, 1982), pp. 69-89 を見よ.

(15) William James, *The Varieties of Religious Experience* (New York: Penguin, 1982), p. 31. 傍点は原文どおり.

(16) W. Robertson Smith, *Lectures on the Religion of the Semites* (New York: Macmillan, 1927), p. 55.

(17) James, *The Varieties of Religious Experience*, pp. 28-31 その他随所.

(18) Max Weber, *Economy and Society*, 2 vols. (Berkeley: University of California Press, 1978), vol. 1, chap. 6; vol. 2, chaps. 14-15. 実際，ウィリアム・ジェイムズが制度的宗教にほとんど言及していないことは，ウェーバーの「カリスマの日常化」の理論を連想させる．ジェイムズにとって，「教会は，ひとたび設立されると，受売り式に伝統によって存続してゆく．ところが，いかなる教会の開祖も，その力を，最初は，彼らと神との直接の個人的な交わりという事実から得たのである」(p. 31).

(19) Émile Durkheim, *The Elementary Forms of Religious Life* (New York: Free Press, 1965), pp. 59-63.

察であった．Max Horkheimer and Theodor W. Adorno, *Dialectic of Enlightenment* (New York: Herder, 1972); Max Horkheimer, *Critique of Enlightenment* (New York: Seabury Press, 1974), および Theodor W. Adorno, "Theses upon Art and Religion Today," *Kenyon Review* 7, no. 4 (Autumn, 1945) を参照.

2章　私的宗教と公共宗教

（1）Mary Douglas, "Judgement on James Frazer," *Daedalus*, Fall, 1978, p. 161.

（2）Thomas J. Curry, *The First Freedom: Church and State in America to the Passage of the First Amendment* (New York: Oxford University Press, 1986); William Lee Miller, *The First Liberty: Religion and the American Republic* (New York: Alfred A. Knopf, 1985); Georg Jelinek, *The Declaration of the Rights of Man and of Citizen* (Westport, Conn.: Hyperion Press, 1979) を参照.

（3）H. J. McCloskey, "Privacy and the Right to Privacy," *Philosophy* 55 (1980); Edward Shils, "Privacy: Its Constitutions and Vicissitudes," *Law and Contemporary Problems* 31 (1966); Barrington Moore, Jr., *Privacy: Studies in Social and Cultural History* (Armonk, N.J.: M. E. Sharpe, 1984).

（4）Thomas Robbins and Roland Robertson, eds., *Church-State Relations: Tensions and Transitions* (New Brunswick, N.J.: Transaction Books, 1987); Jeffrey K. Hadden and Anson Shupe, eds., *Prophetic Religion and Politics* (New York: Paragon House, 1986); および A. James Reichley, *Religion in American Public Life* (Washington, D.C.: Brookings Institution, 1985) を参照.

（5）Jeff Weintraub, "The Theory and Politics of Public/Private Distinction," in Jeff Weintraub and Krisnan Kumar, eds., The Public/Private Distinction (Chicago: University of Chicago Press, forthcoming).

（6）Jean L. Cohen and Andrew Arato, *Civil Society and Political Theory* (Cambridge, Mass.: MIT Press, 1992) を見よ．本書を通じて用いている，市民社会および公的領域の概念は，コーエンとアラートーの理論に近く，それに多くを負っている．

（7）たとえば，Joseph Bensman and Robert Lilienfeld, *Between Private and Public: The Lost Boundaries of the Self* (New York: Free Press, 1979) を見よ．

（8）Erving Goffman, *Relations in Public: Microstudies of the Public Order* (New York: Basic Books, 1971) p. ix; *The Presentation of Self in Everyday Life* (Garden City, N.Y.: Doubleday, 1959); *Behavior in Public Places* (New York: Free Press, 1963); *Interaction Ritual* (New York: Anchor Books, 1967) を参照.

（9）公と私のリベラルな概念をめぐるさまざまな批判，およびその再構成に関しては，I. Benn and G. F. Gaus, eds., *Public and Private in Social Life* (New York: St. Martin's Press, 1983) を見よ．

(74) Ludwig Feuerbach, *The Essence of Christianity* (New York: Haper & Row, 1957), pp. xvi-xviii. エルンスト・ブロッホは，彼のユートピア的な宗教論のなかで，「キリスト教のための無神論，無神論のためのキリスト教」という逆説によって，この洞察と思考の筋道を体系的にたどった．

(75) Karl Löwith, *From Hegel to Nietzsche*, pp. 332 ff.

(76) Feuerbach, *Essence of Christianity*, pp. 12-13.

(77) Ibid., p. 26.

(78) Marx, *Early Writings*, pp. 252-53.

(79) Sigmund Freud, "Obsessive Actions and Religious Practices," *The Standard Edition of the Complete Psychological Works of Sigmund Freud* (London: Hogarth Press, 1959), vol. 9, pp. 117-27; *Civilization and Its Discontents* (New York: Norton, 1962); *The Future of an Illusion* (Garden City, N.Y.: Anchor Books, 1964); および Philip Rieff, *Freud: The Mind of the Moralist* (Chicago: University of Chicago Press, 1979).

(80) Friedrich Nietzsche, *On the Genealogy of Morals* (New York: Vintage, 1967).

(81) Feuerbach, *Essence of Christianity*, p. xliv, および Löwith, *From Hegel to Nietzsche*, pp. 235-388.

(82) Schluchter, *Rationalism, Religion*, pp. 253-54.

(83) Thomas Luckmann, *Invisible Religion* (New York: Macmillan, 1967). 以下の論述で，私は，かつてルックマンの命題を詳しくまとめたものを，自由にあるいはそのまま利用している．José Casanova, "The Politics of the Religious Revival," pp. 9-12. ここで強調しておくべき重要なことは，伝統的宗教の諸機関が衰退し周縁に追いやられ，新たな「見えない」諸宗教に取って代わられる，ということをルックマンが強調しすぎたことを認めるとしても，ルックマンの命題の構造は基本的には同じまま生き残るだろう，ということである．

(84) Luckmann, "Politics of the Religious Revival," p. 86.

(85) おそらく上記のいくつかの理由から，(a)の解決はアメリカの宗教的「信仰者」の大多数にとって典型的で一般的な解決であり，一方，(c)の解決はヨーロッパの「信仰者」の大多数にとって典型的で一般的な解決である，ということができるだろう．

(86) Luckmann, "Politics of the Religious Revival," p. 116.

(87) Niklas Luhmann, "Durkheim on Morality and the Division of Labor", および "The Differentiation of Society," in *The Differentiation of Society* (New York: Columbia University Press, 1982).

(88) Schluchter, *Rationalism, Religion*, p. 254.

(89) Ibid., p. 256.

(90) フランクフルト学派の批判的な宗教理論を根本的な修正に導いたのは，この洞

itive Religion (Oxford: Oxford University Press, 1965) 参照. デュルケームは, 宗教的世界観が主張する認識上の真理性は宗教にとって本質的ではないこと, またしたがって宗教はこれらの認識上の主張を脱ぎ捨てることによって, 近代の科学的世界観との歴史的な競争を勝ち残ることができるだろう, ということを認めていた. 皮肉なことは, そのデュルケームさえ, 同じ実証主義的な謬見にとらわれていたことである. 彼は, デュルケーム派の社会学が新たな道徳科学であるという自らの科学的主張を支持するために, 宗教は社会学の原始的形態であると説明せざるをえなかった. 道徳科学の課題は, 近代社会の合理的で世俗的で道徳的な基盤を樹立することによって, 古い宗教に取って代わることだった.

(64) Max Weber, "Science as a Vocation," in *From Max Weber*.

(65) Jean-Jacques Rousseau, *The Social Contract* (New York: Hafner Publishing Co., 1947), pp. 119-120, および「市民宗教について」の章全体.

(66) Edward Gibbon, *The Decline and Fall of the Roman Empire*, vol. 1 (New York: Modern Library, 1932), pp. 25-26.

(67) Frank Manuel, *The Changing of the Gods*, p. 38 その他随所.

(68) Karl Marx, "A Contribution to the Critique of Hegel's Philosophy of Right: Introduction," in *Early Writings*, pp. 243-45, および *Capital*, vol. 1 (New York: International Publishers, 1967), pp. 78-80 を参照.

(69) Schluchter, *Rationalism, Religion*, p. 251 その他随所.

(70) Löwith, *From Hegel to Nietzsche;* Hook, *From Hegel to Marx,* および Rudolf Siebert, *The Critical Theory of Religion, The Frankfurt School* (New York: Mouton, 1985) を参照.

(71) Herbert Marcuse, "A Study on Authority," in *Studies in Critical Philosophy* (Boston: Beacon Press, 1973), および Erich Fromm, *Escape from Freedom* (New York: Holt, Rinehart & Winston, 1941) を参照.

(72) 逆説的なことに, カントは,「公的領域」における無制限な表現の自由の権利を要求する一方で, ルター的な分裂を再びもち出して, 軍将校や会衆を前にした聖職者が,「公民としてある地位や公職に任ぜられている」状態で理性を「私的」に使用することと,「学者として, 一般の読者全体の前で彼自身の理性を……公的に使用する」こととを区別した.「聖職者たる彼は決して自由ではない, また他からの委任を果たしているのであるから, 自由であることを許されていない. しかし彼は, 著書を通じて公衆すなわち世界に向かって話す学者としては, したがってまた, 理性を公的に使用する聖職者としては, 自分の理性を使用したり, 個人の資格で話したりする無制限の自由を, 享受するのである」. Kant, "What Is Enlightenment?", pp. 87-88.

(73) Friedrich Engels, *Ludwig Feuerbach and the Outcome of Classical German Philosophy* (New York: International, 1941), p. 18.

る．「啓蒙とは，人間が自ら招いた自分の未成年状態から抜け出ることである．未成年とは，他人の指導がなければ，自分の理性を使用しえない状態である．そのような未成年状態にとどまっているのは彼自身に責めがある．というのは，その原因が，理性が欠けているためではなくて，むしろ他人の指導なしに自分自身の理性をあえて使用しようとする決意と勇気を欠くところにあるからである．それだから「敢えて賢かれ！」（*Sapere aude!*）「自分自身の理性を使用する勇気をもて！」――これがすなわち啓蒙の標語である」．Immanuel Kant, *Foundation of the Metaphisics of Morals and What Is Enlightenment?* (New York: Liberal Arts Press, 1959), p. 85. 知的運動としての啓蒙（主義）と，啓蒙主義的宗教批判については，以下を参照．Frank Manuel, *Changing of the Gods, and the Prophets of Paris* (New York: Harper & Row, 1965); Peter Gay, *The Enlightenment, an Interpretation: The Rise of Modern Paganism* (New York: Alfred A. Knopf, 1967); Lucien Goldmann, *The Philosophy of the Enlightenment: The Christian Burgess and the Enlightenment* (Cambridge, Mass.: MIT Press, 1973); Jacob, *Radical Enlightenment: Paul Hazard, The European Mind, 1680–1715* (London: Hollis & Carter, 1953); Reinhart Koselleck, *Critique and Crisis: Enlightenment and the Pathogenesis of Modern Society* (Cambridge, Mass.: MIT Press, 1988); Karl Lowith, *From Hegel to Nietzsche: The Revolution in Nineteenth-Century Thought* (New York: Holt, Rinehart & Winston, 1964); Sidney Hook, *From Hegel to Marx* (New York: Reynal & Hitchcock, 1936); Owe Chadwick, *The Secularization of the European Mind in the Nineteenth Century* (Cambridge: Cambridge University Press, 1975); Henri de Lubac, S. J., *The Drama of Atheist Humanism* (New York: Sheed & Ward, 1950); Henry F. May, *The Enlightenment in America* (New York: Oxford University Press, 1976); Bernard Bailyn, *The Ideological Origins of the American Revolution* (Cambridge, Mass.: Harvard University Press, 1967).

(62) ダーウィン的革命は，カトリック諸国にほんの小波を立てただけだったが，カルヴァン主義の諸国には文化的ショックと宗教的危機を引き起こした．このことは，ニュートン的な信仰と理性の総合が，つまりニュートン的宇宙の理神論的な神と聖書の神との間，自然宗教と啓示宗教との間に，なんら矛盾はないという前提をともなった総合が，カルヴァン主義的な文化地域でいかに大きい成功をおさめていたか，ということを示している．スコットランド的な素朴実在論，啓蒙主義，アメリカのプロテスタンティズムについては，May, *The Enlightenment in America,* および Theodore Dwight Bozeman, *Protestants in an Age of Science: The Baconian Ideal and Antebellum American Religious Thought* (Chapel Hill, N.C.: University of North Carolina Press, 1977) を参照．

(63) Durkheim, *Elementary Forms,* および E. E. Evans-Pritchard, *Theories of Prim-*

Mead, *The Lively Experiment* (New York: Harper & Row, 1976) である．アメリカは「例外的である」という，有名でわけのわからない主張のもう1つのもの，つまり，ヨーロッパ全土では概して労働者階級が非キリスト教化して社会主義を奉ずるようになるのに対して，アメリカの労働者階級はそうならないという事実について，類似の説明を提出しようとすれば，それは可能だろう．イタリアの農民は，トリノやブエノスアイレスに行くと非キリスト教化して社会主義を奉ずるようになるが，ニューヨークに行くとそうならないのは，なぜだろうか？　社会主義運動を国家が抑圧しているからというのは，説明にならない．異なっているのは，ヨーロッパでは国家による抑圧はつねに国家教会の祝福とともに行われるという事実である．さらに，ヨーロッパにおいては，国家教会が存在しないか，もしくは教会が労働者の側に立つ傾向にあるところでは（ポーランド，アイルランド，バスク地方など），労働者階級は非キリスト教化することもなく，カトリックが社会主義労働組合と一緒にいるのが見出されるのである．

(57) 以下を参照.「教会は，国家の現世的権力を共有する時，国家によってかきたてられた敵意の一部を引き受けざるをえない……ヨーロッパの不信心者たちは，キリスト教徒たちを，宗教的な敵というよりむしろ政治的な敵として攻撃した．彼らが信仰を憎んだのは，誤った信条というよりも一政党の見解として憎んだのであり，彼らが聖職者を拒絶したのは，聖職者は神の代理人というよりは権力の友人だからという理由であった」. Alexis de Tocqueville, *Democracy in America*, vol. 1 (New York: Vintage, 1990), pp. 310 and 314. マルクスにとっては，「宗教が存在するということは欠陥が存在するということであるから，この欠陥の源は国家自体の本性のなかに探し求められねばならない」. Marx, "On the Jewish Question," p. 217.

(58) Caplow, "Contrasting Trends." しかしながら，私見によれば，カプローが，依然としてつづく衰退は，教会の公認制度がヨーロッパ中でいまだに存続していることで説明できると論じる時，彼はこの時代の現実を誤読していると思う．

(59) Andrew Greeley, *Religions and Values: Three English-Speaking Nations* (Chicago: NORC, 1987) を見よ．

(60) 宗教が世俗化し衰退するという命題と，宗教の啓蒙主義的批判との間には，密接な関連があるとする命題も，古い．トクヴィルはそれらの関連性がおかしいことをきわめて簡潔に暴露したが，彼の研究の他の多くの局面と同じように，諸社会科学は彼のこの洞察を無視するほうを選んだ.「18世紀の哲学者たちは，宗教的信仰が次第に衰微していることを，きわめて単純なやりかたで説明した．彼らが言うには，自由がより普遍的に確立され知識が普及すれば，宗教的情熱はかならず弱まってくるはずだった．残念ながら事実は，どうしても彼らの理論と一致しなかった」. *Democracy in America*, p. 308.

(61)「啓蒙とは何か？」この質問に対しては，カントの返答が今でも最善の定義であ

Religions and Politics (New York: Paragaon House, 1986) を参照.

(49) Karl Marx, "On the Jewish Question," in *Early Writings* (New York: Vintage, 1975), pp. 217 ff.

(50) Jon Butler, *Awash in a Sea of Faith: Christianizing the American People* (Cambridge: Harvard University Press, 1990) を見よ.

(51) ミドルタウンを再訪したセオドア・カプロー他は，リンド夫妻自身の予測と期待に反して，ほとんどの指標は，1924年以来のミドルタウンの宗教が衰退というよりはむしろ隆盛に向かってきたことを示していることを見出した．Theodore Caplow et al., *All Faithfull People: Change and Continuity in Middletown's Religion* (Minneapolis: University of Minnesota Press, 1983). アンドリュー・グリーリーも，ほとんどの指標によれば，1940年代以来のアメリカで優勢な宗教的趨勢は，連続性と一貫性であったことを示した．Andrew Greeley, *Religious Change in America* (Cambridge: Harvard University Press, 1989).

(52) Theodore Caplow, "Contrasting Trends in European and American Religion," *Sociological Analysis* 46, no. 2 (1985).

(53) マックス・ウェーバーもまた1904年の合衆国訪問の折，「いまだに印象的な強い教会志向」に衝撃を受けた．Max Weber, "The Protestant Sects and the Spirits of Capitalism," in *From Max Weber*, p. 303. しかしながら，3ページあとでウェーバーは，第1印象を修正して，「教会志向それ自体は，いまだにかなり重要であるにしても，急速に消滅しつつある」と述べている（p. 306）．ウェーバーの観察は，1890年代から1920年代のアメリカ宗教の衰退し世俗化する趨勢――これはミドルタウンを研究したリンド夫妻のようなほかの観察者たちも気づいていた趨勢である――を，逸話風に洞察力をもって確認したものとして解釈できるし，あるいは，私はむしろこちらのほうが正しいと思うのだが，近代世界における世俗化の普遍的プロセスに関するウェーバー自身の仮説を確認したにほかならないものとして，解釈することができるだろう．「さらに精査してみると」と，ウェーバーは付け加えている，「「世俗化」の特徴的なプロセスの着実な進展が明らかになった．近代において，宗教的な概念に由来する現象はすべて，これに圧倒されている」（p. 307）.

(54) Luckmann, *Invisible Religion*, pp. 36-37. 1984年には私自身がこの点で依然としてまったく「ヨーロッパ人」であったこと，そしてウェーバーやルックマンの説明は自然であり直観的に説得力のあるものと思っていたことを，認めなければならない．"The Politics of the Religious Revival" を見よ.

(55) この点は，シドニー・アールストームによって，もはや古典となった *A Religious History of the American People* (New Haven: Yale University Press, 1972) のなかで，説得力をもって主張された.

(56) この線にそったアメリカのデノミネーショナリズムの古典的解釈は，Sidney E.

Ramet, ed., *Religion and Nationalism in Soviet and East European Politics* (Durham, N.C.: Duke University Press, 1989) を参照.

(48) ここで日本からの証拠を紹介することは，当を得ていないかもしれない．私が本書で論じているのは，西洋キリスト教世界の崩壊という厳密な歴史的タームとしての世俗化のプロセスであり，またついにはそれに取って代わる分化のプロセスについてだからである．世俗化の概念を非西洋の諸宗教に適応すること自体が，問題の多いことであろう．しかしながら，日本の宗教事情を表面的に一見するだけでも，宗教とその未来に関する啓蒙主義の生ぬるい憶測のいくつかを，疑問にさらすのに役立つであろう．合衆国と同じく，日本はこの地上でもっとも世俗的な社会の1つであるように見えるが，その一方，また，あらゆる宗教に対してきわめて好意的であるように見える．実際，日本の宗教状況のうちもっとも印象的なのは，諸宗教の共存と逆説的な融合である．古代的で神聖呪術的な形態をもっているように見える宗教（私的および公的な，あらゆる種類の形態をとった神道），歴史的で普遍主義的な宗教（私的および公的な，あらゆる印象的な形態をとった仏教），また，さまざまな「新」宗教と「カルト」が，キリスト教やもっとも世俗的で現世的で科学的な世界観まで含んで，共存・融合しているのである．事実，第2次世界大戦以来，日本の社会は数回の「神々のラッシュアワー」を経験している．西洋的なパースペクティヴから見て同様に印象的なのは，同じ人間が，西洋人の目には快楽主義者で，物質主義者で，不可知論者で，世俗的であるように見えながら，これらの形態の多くの宗教にさまざまな形で現実に参加している，という事実である．「東京の増上寺における壊れた電話機のための供養」という恰好の「シュールレアリスム的」なキャプションをもった写真は，この逆説を完璧に説明している．そこには，日本という会社の会議室に似合いそうな服装をした紳士たちが着席している前で，法衣をまとい法具を手にした3人の僧侶が，壊れた電話機の山を前に，儀式を執行している様子が映っている．Ninian Smart, *The World's Religions* (Englewood Cliffs, N.J.: Prentice-Hall, 1989), p. 465 を見よ．日本の「公共」宗教という点から見て，同じく興味深いのは，仏教と神道とが，公認された国家宗教として，過去に交替したという事実である．Brian Bocking, "The Japanese Religious Tradition in Today's World," in Whaling, *Religion Today*; Winston Davis, *Dojo: Magic and Exorcism in Modern Japan* (Stanford: Stanford University Press, 1980); H. B. Earhart, *Religions of Japan: Many Traditions within One Sacred Way* (San Francisco: Harper & Row, 1984); D. C. Holton, *Modern Japan and Shinto Nationalism* (New York: Paragon Books, 1963); Robert N. Bellah, *Tokugawa Religion* (Boston: Beacon Press, 1957); Horace McFarland, *The Rush Hour of the Gods* (New York: Macmillan, 1967); Anson Shupe, "Accomodation in the Third Civilization: The Case of Japan's Soka Gakkai Movement," in Jeffrey Hadden and Anson Shupe, eds., *Prophetic*

Rinehart & Winston, 1968) を見よ．

(42) 世俗化の比較歴史的・社会学的研究が貧弱ななかにあって，デヴィッド・マーティンの *A General Theory of Secularization* は，おそらく傑出した唯一の例外である．最初の3つの因子（プロテスタンティズム，国家，啓蒙主義）に加えて，宗教的市場の性質（市場の独占，複占，多元性など），その他さらに歴史的な特定の諸変数を考慮に入れることによって，彼は世俗化の8つの基本的パターンと，いくつかのサブパターンを体系的に区分することができた．

(43) もっとも有名な「近代」宗教の2つの理論は，トーマス・ルックマンの「見えない宗教」論と，それに比べるとやや体系性に欠けるが，ロバート・ベラーが展開した2つの近代宗教論である．ベラーは，近代宗教の公的形態を「市民宗教」論で論じ，また「宗教的進化」論のなかで，近代宗教の私的形態を，「近代宗教」そのものの理論として展開した．Thomas Luckmann, *Invisible Religion,* および Robert Bellah, "Civil Religion in America" and "Religious Evolution," in *Beyond Belief: Essays on Religion in a Post-Traditional World* (New York: Harper & Row, 1970) を参照.

(44) グローバルな宗教の諸趨勢の定量的な分析を展開しようとする企てのほとんどは，私の見たかぎりでは，ほとんど無価値であるように思われる．たとえば，「スペイン—カトリック信者率— 1900年は100%— 1970年は97.6%— 1970年から1980年への減少率は0.007」のような定量的データに基づく諸理論は，疑いをもって見ざるをえない．James T. Duke and Barry L. Johnson, "Religious Transformations and Social Conditions: A Macrosociological Analysis," in William Swatos, Jr., ed., *Religious Politics in Global and Comparative Perspective* (New York: Greenwood Press, 1989), p. 108. スペイン史を知っている人は，そのような計算がほとんど無意味であることもまた知っている．世界中のすべての国々についての，同じような定量的証拠を見せられた時，私は直観的に，提示されたデータのほとんどは同様に無意味である，と考える．

(45) Frank Whalings, ed., *Religion in Today's World: The Religious Situation of the World from 1945 to the Present Day* (Edinburgh: T&T Clark, 1987). これは，専門家たちが，それぞれの専門とする領域における宗教的な状況を論じたすぐれた論集である．この論集には，主要な世界宗教のすべてに関する見出し語に加えて，「原始宗教」，日本，中国，「カルトと市民宗教」，「世俗化的世界観」，「霊性」などに関する補助的な見出し語が含まれている．

(46) Andrew Walls, "Primal Religious Traditions in Today's World," in Whaling, *Religion Today.*

(47) Tu Wei-Ming, "The Religious Situation in the People's Republic of China Today," in Whaling, *Religion Today,* および Sabrina P. Ramet, *Social Currents in Eastern Europe* (Durham, N.C.: Duke University Press, 1991), および Pedro

Tawney, *Religion and the Rise of Capitalism* (New York: Harcourt Brace, 1926); Werner Sombart, *The Jews and Modern Capitalism* (New York: Collier, 1962), および *Der Moderne Kapitalismus* (München: Duncker & Humblot, 1919); Benjamin Nelson, *The Idea of Usury* (Chicago: University of Chicago Press, 1969); Christopher Hill, *Society and Puritanism in Pre-Revolutionary England* (Harmondsworth: Penguin, 1964) を参照．商品化の論理が宗教的領域へ浸透してくることとしての，今日的な世俗化の分析例としては，Berger, *The Sacred Canopy* を見よ．

(33) Blumenberg, *Modern Age,* および B. Nelson, *Road to Modernity* を参照．

(34) Frank Manuel, *The Change of the God* (Hanover, N.H.: University Press of New England, 1983).

(35) Robert Merton, *Science, Technology and Society in Seventeenth Century England* (New York: Harper & Row, 1970), および James R. Jacob and Margaret C. Jacob, "The Anglican Origin of Modern Science," *Isis* 71 (June 1980).

(36) Margaret C. Jacob, *The Newtonians and the English Revolution* (Ithaca, N.Y.: Cornell University Press, 1976), および *The Radical Enlightenment: Pantheists, Freemasons and Republicans* (London: George Allen & Unwin, 1981).

(37) Susan Budd, *Varieties of Unbelief: Atheists and Agnostics in English Society, 1850-1960* (New York: Holmes & Meier, 1977).

(38) Leopoldo Zea, *Positivism in Mexico* (Austin: University of Texas Press, 1974); João Cruz Costa, *O positivismo na Republica: Notas sobre a historia do positivismo no Brasil* (São Paulo: Companhia Editora National, 1956); Oscar Teran, *Positivismo y nación en la Argentina* (Buenos Aires: Punto sur, 1987) を参照．

(39) Bohdan Bociurkiw and Jonn W. Strong, eds., *Religion and Atheism in the USSR and Eastern Europe* (London: Macmillan, 1975).

(40) 世俗化の３つの異なった――衝撃的に異なっているといえるかもしれない――歴史的パターンを体系的に調べた最初の研究が，社会学者ではなくむしろアメリカ宗教史家から出てきたというのは，兆候的である．『近代の分裂』においてマーティン・マーティーは，「まったくの世俗性に向かう」ヨーロッパ大陸のパターンと，「単なる世俗性に向かう」イギリスのパターンと，「コントロールされた世俗性に向かう」アメリカのパターンとを吟味した．Martin Marty, *The Modern Schism: Three Paths to the Secular* (New York: Harper & Row, 1969).

(41)「カトリック」の世俗化に関するより卓越した分析としては，Bernhard Groethuysen, *Die Entstehung der bürgerlichen Welt- und Lebensanschauung in Frankreich.* 2 vols. (Halle, 1927-30), あるいはその短縮英訳である *The Bourgeois: Catholicism versus Capitalism in Eighteenth-Century France* (New York: Holt,

いは，かつてされていた．彼らはかつてはつねに，プロテスタンティズムが近代の諸々の悪と異端に門を開いたといって，プロテスタンティズムを非難した．この見解はまた，「進歩的」発展に宗教がなんらかの「肯定的」影響を与えたという考えは受け入れがたいと思っている世俗主義を自認する者すべてによって，共有されていた．ほとんどの経済史家，とりわけ「プロテスタンティズムの倫理命題」の批判者たちも，このカテゴリーのうちに入る．

(27) さまざまな形をとっているけれども，これは基本的にマルクス主義的なプロテスタンティズム観である．Friedrich Engels, *The Peasant War in Germany* (New York: International, 1966) をみよ．

(28) この見解は，思想の伝統全体によって，おもにはプロテスタントによって——ヘーゲルの『初期神学論集』*Early Theological Writings* から，ウェーバー，トレルチの軸を経て，近代産業社会をキリスト教原則の制度化とするパーソンズの極端な解釈にまでいたる——表現されている．Talcott Parsons, "Christianity and Modern Industrial Society," in Edward Tiryakian, ed., *Sociological Theory, Values and Sociocultural Change* (New York: Free Press, 1963) を見よ．ディートリッヒ・ボンヘッファーから，フリードリッヒ・ゴーガルテンを経てハーヴェイ・コックスの『世俗都市』と「神の死」の神学にまでいたる近代の世俗的な諸神学もまた，この伝統の上に立てられている．究極的には，それは，受肉，未完成の創造，千年王国といったようなキリスト教的な教義のプリズムを通してみた，世俗化されたキリスト教的歴史観である．Karl Löewith, *Meaning in History* (Chicago: University of Chicago Press, 1949) を見よ．

(29) J. N. Figgis, *The Divine Rights of Kings* (Cambridge: Cambridge University Press, 1914); Marc Broch, *The Royal Touch: Sacred Monarchy and Scrofula in England and France* (London: Routledge & Kegan Paul, 1973), および W. Stark, *Sociology,* vol. 1, *Established Religion* を参照．

(30) Martin, *General Secularization;* Mary Fullbrook, *Piety and Politics: Religion and the Rise of Absolutism in England, Württemberg, and Prussia* (New York: Cambridge University Press, 1983); Felix Gilbert, ed., *The Historical Essays on Otto Hintze* (New York: Oxford University Press, 1975); Lord Acton, *Essays on Church and State* (New York: Thomas Y. Crowell, 1968) を参照．

(31) マルクス・エンゲルス『共産党宣言』は，ブルジョア資本主義の革命的な力に対する絶賛の声として，今も比類のない，つまり「古典的な」ままである．このプロセスのグローバルな性質に関するもっとも包括的で体系的な分析としては，Immanuel Wallerstein, *The Modern World System*, 3 vols. (New York: Academic Press, 1974–89) を見よ．

(32) 宗教と資本主義に関する古典的な所説のうち，Max Weber, *The Protestant Ethic and the Spirit of Capitalism* (New York: Scribner's Sons, 1958); Richard

(Cambridge: Cambridge University Press, 1979), および José Casanova, "Legitimacy and the Sociology of Modernization," in Arthur Vidich and Ronald Glassman, eds., *Conflict and Control* (Beverly Hills, Calif.: Sage, 1979) を見よ.

(20) 今日, われわれが近代の経済的, 政治的, あるいは文化的カテゴリーを, いわば時代錯誤にも中世の現実の研究に導入する時, それらの世俗的な諸カテゴリーは, 中世の世俗の現実は, 公式の宗教的見解にしたがってのみ構築されたものでは決してないということを明らかにする. それ自身「文明化する」原動力をもった, 活気あり義侠心ある宮廷風な封建文化があり, また, 自由都市にはそれ自身「ブルジョア的な」原動力をもった,「市民」文化があった. 公式の分類体系が現実の経済的基盤の宗教的上部構造にほかならないことを明らかにするために, その体系を逆さまにひっくりかえすところまで, その時代錯誤を拡大してもいいかもしれない. マルクスの偉大な歴史的・方法論的な洞察は,『綱領』への序文で展開されているが, それは, 現在が過去の鍵となるのであって, 過去が現在の鍵となるのではない, ということを示すことであった. つまり, ブルジョア的な近代性がわれわれに, かつてできなかったような見方で過去を見ることを, 初めて可能にしたのであった. Karl Marx, *Grundrisse* (New York: Vintage, 1973), pp. 104-8.

(21) Weber, "Religious Rejections," p. 336.

(22) そのようなパースペクティヴからの説得力ある分析として, Charles Tilly, *Coercion, Capital and European States, A.D. 990-1990* (Cambridge, Mass.: B. Blackwell, 1990) を見よ.

(23) ニクラス・ルーマンは, これらの線にそって, 宗教の機能主義的理論のもっとも体系的な定式化を提供している. 彼の *Religious Dogmatics and the Evolution of Societies* (New York: E. Mellen Press, 1984) を見よ.

(24) この議論の目的のためには, 近代の世俗化のプロセスと, ルネサンスや中世後期その他の時代における歴史的先行例との間にありうる, 歴史的な連続性の問題を取り上げる必要はないし, また, ここでもともと世俗化の歴史的プロセスとして概念化されたものと, 普遍的・歴史的なパースペクティヴからみた世俗化の発達上のプロセスとの関係を取り上げる必要もない.

(25) もちろん, キリスト教世界の統一は, 少なくともビザンティウムとローマの分裂以来, ずっとフィクションであった. はじめに「第2ローマ」(ビザンティウム), 次に第3ローマ (モスクワ) が, キリスト教の「正教 (正統)」の真の相続者であり守護者であると主張した. Steven Runciman, *The Byzantine Theocracy* (Cambridge: Cambridge University Press, 1977) および *The Orthodox Churches and the Secular State* (Auckland: Auckland University Press, 1971), および Nicholoas Zernov, *Moscow: The Third Rome* (New York: AMS Press, 1971) 参照.

(26) この見解は, カトリックの護教論者のほとんどによって共有されている, ある大な社会的制度のほとんどすべてが生まれてきた」「集合的な生活全体の集中的表現」である，と見ている．経済的活動は，すぐれて俗的な領域であることが明らかだが，それをのぞけば，「宗教は社会に本質的なものすべてを生み出してきた」. Émile Durkheim, *The Elementary Forms of the Religious Life* (New York: Free Press, 1965), p. 466. 道徳の科学としての社会学は，近代の世俗的社会のための合理的な基盤を確立するという課題をもつ．デュルケームにとって宗教の研究はまさに，宗教の真正な社会的本質，つまり社会の本質を発見する機能をもっているが，それというのも，社会の本質を宗教的シンボルから引き離し，それを神話的な中間段階ぬきに世俗的で合理的な形態において再生するためである．彼の多くの「世俗主義的な宣言書」のなかでもっとも明晰なものの1つとして，Émile Durkheim, "Introduction: Secular Morality," in *Moral Education* (New York: Free Press, 1973) を見よ．

(15) ルックマンは，世俗化論が経験的な評価の基準をもっていることを認めながらも，世俗化論は「そもそもは近代世界の出現を神話的に説明したものだ」と論じることさえした．Thomas Luckmann, "Theories of Religion and Social Change," *Annual Review of the Social Science of Religion* 1 (1977).

(16) Durkheim, *Elementary Forms*, p. 475. デュルケームの宗教論をもっとも包括的に分析したものは，W. S. F. ピカリングの *Durkheim's Sociology of Religion* (London: Routledge & Kegan Paul, 1984) である．

(17) Max Weber, "Science as a Vocation," および "Religious Rejections of the World and Their Directions," in H. H. Gerth and C. W. Mills, eds., *From Max Weber* (New York: Oxford University Press, 1946). ウェーバーの宗教社会学のもっとも良質の網羅的な研究は，ヴォルフガング・シュルフターの *Rationalism, Religion and Domination: A Weberian Perspective* (Berkeley: University of California Press, 1989) である．

(18) 1960年代の世俗化論のもっともよく知られた定式化は，以下によるものである．Bryan Wilson, *Religion in Secular Society* (London: C. A. Watts, 1966); Peter Berger, *The Sacred Canopy* (Garden City, N.J.: Doubleday, 1967); Joachim Matthes, *Die Emigration der Kirche aus der Gesellschaft* (Hamburg: Furche, 1964); および Sabino S. Acquavia, *L'eclissi del Sacro Nella Civiltà Industriale* (Milan: Edizioni di Comunità, 1966). 最初の批判は，David Martin, *The Religious and the Secular*, および Andrew Greely, *Unsecular Man: The Persistence of Religion* (New York: Schocken, 1972) からきた．

(19) 近代化というのも同じように問題が多く人を惑わす概念であり，理論である．他の人たちはそれらを埋葬してしまいたいであろうが，私は世俗化の概念と理論を擁護しているのと同じ理由で，それらを保存したいと思う．Immanuel Wallerstein, "Modernization: requiescat in pace," in *The Capitalist World Economy*

Kantorowicz, *The King's Two Bodies: A Study in Medieval Political Theology* (Princeton: Princeton University Press, 1957); Werner Stark, *The Sociology of Religion: A Study of Christendom,* vol. 1, *Established Religion,* および vol. 3, *The Universal Church* (New York: Fordham University Press, 1966-67); Gerd Tellenbach, *Church, State and Christian Society at the time of the Investitures* (New York: Harper & Row, 1970); Brian Tierney, *The Crisis of Church and State, 1050-1300* (Englewood Cliffs, N.J.: Prentice-Hall, 1973); J. A. F. Thompson, *Popes and Princes, 1417-1517* (Boston: Allen & Unwin, 1980); Geoffrey Barraclough, *The Medieval Papacy* (New York: Norton, 1979); Benjamin Nelson, *On the Roads to Modernity* (Totawa, N.J.: Rowmann & Littlefield, 1981).

(9) セクト的な宗教運動の古典的な研究の1つである，Norman Cohn, *The Pursuit of the Millennium* (New York: Oxford University Press, 1970) を見よ．

(10) これらの問題のいくつかに関する学問の現状を概観した本として，Philippe Ariès and Georges Duby, eds., *A History of Private Life,* vol. 2, *From Feudal Europe to the Renaissance* (Cambridge, Mass.: Harvard University Press, 1987) を見よ．今日きわめて人気のある「民衆宗教」に関しては，以下を参照．James Obelkeivich, *Religion and the People, 800-1700* (Chapel Hill: University of North Carolina Press, 1979); François Isambert, *Le sens du sacré-Fête et religion populaire* (Paris: Les éditions du minuit, 1982); Carlo Ginzburg, *The Cheese and the Worms: The Cosmos of a Sixteenth-Century Miller* (New York: Penguin, 1980); および *The Night Battles: Witchcraft and Agrarian Cults in the Sixteenth and Seventeenth Centuries* (New York: Penguin, 1984); William Christians, Jr., *Apparitions in Late Medieval and Renaissance Spain* (Princeton: Princeton University Press, 1980); および *Local Religion in Sixteenth-Century Spain* (Princeton: Princeton University Press, 1981).

(11) 近代ヨーロッパ初期の信仰と不信仰については，Lucien Febvre, *The Problem of Unbelief in the Sixteenth-Century* (Cambridge, Mass.: Harvard University Press, 1982); および *Local Religion and the Decline of Magic* (New York: Scribner, 1971) 参照．

(12) 宗教に関する初期の諸社会科学の重要図書の編集物で非常に有益なものとして，Norman Birnbaum and Gertrud Lenzer, eds., *Sociology and Religion: A Book of Readings* (Englewood Cliffs, N.J.: Prentice-Hall, 1969) を見よ．

(13) Talcott Parsons, "The Theoretical Development of the Sociology of Religion," in *Essays in Sociological Theory* (New York: Free Press, 1954).

(14) デュルケームにとっての世俗化とは，分化の普遍的なプロセスの原点であると同時に究極の目的でもあるということは，彼の著作のいたるところでくりかえされていることである．デュルケームは，宗教は社会の水源であり，そこから「偉

（5）デヴィッド・マーティンが1960年代にこの概念の消去を要求したのも，したがって驚くにあたらないことである．社会学にとって幸運なことに，彼は自らの忠告に従わず，10年後には1つの研究を刊行し，それは今でも，ヨーロッパとアメリカ中の異なった世俗化のパターンを比較歴史的に分析した最良のものとして残っている．David Martin, "Toward Eliminating the Concept of Secularization," in *Religious and Secular,* および *A General Theory of Secularization* (New York: Harper & Row, 1978) 参照.

（6）宗教社会学者たちは，少なくとも合衆国においては，いわゆる世俗化の「指標（インジケーター）」—— 1人当たりの教会数，教会の会員数，礼拝の出席者数，宗教的な目的のための寄付などといった——はどれも，なんら長期低落傾向を示していないことを明らかにすることができたと思って，この概念の意味を，世俗化は神話であると確実に証明できたとする地点まで引きずり降ろした．こういう事実がなかったならば，これら概念上の説明は必要なかったであろう．これが，人によっては陳腐なことと感じるかもしれないような歴史的根拠を，見直す必要が起こってきた唯一の理由である．しかしながら，私は，世俗化の概念を無視することができるのは，ただこの概念に歴史的堆積物が積もった多くの層があることを知らないか，あるいはすでに忘れてしまったかした者たちだけ，また，ここで描かれたような発展は的外れの上部構造的な出来事であると考える者たちだけである，ということを強調しておきたい．その他の人々，とりわけ近代性とポスト近代性の「系譜学」や「考古学」に関心をもつ者たちは，意味論的な堆積物の背後に，「万物の理法」への糸口が隠されているのを，今なお見出すかもしれない．

（7）国家やその他の世俗の諸機関が放棄したこれらの機能のいくつかが，教会の諸機関によって再び専有される事態を，今日われわれは目撃しつつある．この事実は，公的領域と私的領域との間の境界と同じく，宗教的領域と世俗的領域との間の境界もシフトしつつあることの，さらなる指標としてみなされるかもしれない．

（8）以下の再構成が，歴史的に正確であるとか，満足できるほど複雑であるというつもりはない．それはただ，歴史的な基礎づけをもつ世俗化の諸理論の出発点，その基礎づけなしにはあまりに抽象的に思われたであろう諸理論の出発点となることをめざしている．この問題について，歴史的な事実に関して私が依拠したり，また私の考えに影響を与えたりした研究は，次のとおりである．Ernst Troeltsch, *The Social Teaching of the Christian Churches* (New York: Macmillan, 1931); Mari-Dominique Chenu, *Nature, Man and Society in the Twelfth Century* (Chicago: University of Chicago Press, 1968); Richard Southern, *Western Society and the Church in the Middle Ages* (Harmondsworth: Penguin Books, 1970); Max Weber, "Political and Hierocratic Domination," in *Economy and Society,* vol. 2 (Berkeley: University of California Press, 1978); Fritz Kern, *Kingship and Law in the Middle Ages,* 2 vols. (Oxford: Blackwell, 1968); E. H.

University of Minnesota Press, 1983); Andrew Greeley, *Religious Change in America* (Cambridge, Mass.: Harvard University Press, 1989); Jeffrey K. Hadden, "Desacralizing Secularization Theory," in Jeffrey K. Hadden and Anson Shupe, eds., *Secularization and Fundamentalism Rreconsidered* (New York: Paragon House, 1989) があり，他方には，Bryan Wilson, "The Secularization Debate," *Encounter* 45 (1975); "The Return of the Sacred," *Journal for the Scientific Study of Religion* 18 (1979); "Secularization: The Inherited Model," in Phillip E. Hammond, ed., *The Sacred in a Secular Age* (Berkeley: University of California Press, 1985); Karel Dobbelaere, *Secularization: A Multi-Dimensional Concept* (Beverly Hills, Calif.: Sage Publications, 1981); "The Secularization of Society? Some Methodological Suggestions," in Hadden and Shupe, *Secularization and Fundamentalism* がある．双方を比較せよ．

（2）最初の世俗化論争におけるさまざまな立場の分析としては，私の初期の小論，"The Politics of Religious Revival," *Telos* 59 (Spring 1984) を見よ．読者はそれが，本書でより体系的に，また望むらくはより満足のいく形で発展させられたすべての問題の，最初の暫定的な素描であることに，容易に気づかれるであろう．私の立場は基本的には以前のままである．しかし多くの問題，とくにこの章で導入している分析的区別や，私的宗教と公共宗教に関する新たな議論は，当時の私には今ほどはっきりしていなかった．

（3）もちろん，これらの区別は，単なる分析的なものではない．それらはつねに，現実そのものを，ある特定のやり方で知覚し，把握し，秩序づけ，系統立てるという企てである．きわめて微妙な弁別的説明としては，Eviatar Zerubavel, *The Fine Line: Making Distinctions in Every Day Life* (New York: Free Press, 1991) を見よ．

（4）世俗化の概念については，Hermann Lubbe, *Säkularisierung-Geschichte eines ideenpolitischen Begriffs* (Freiburg: Alber, 1965); Hans Blumenberg, *The Legitimacy of the Modern Age* (Cambridge, Mass.: MIT Press, 1983); David Martin, "Secularization: The Range of Meaning," in *The Religious and the Secular* (New York: Schocken Books, 1969); Peter Berger, *The Sacred Canopy* (Garden City, N.Y.: Doubleday, 1969) を参照せよ．タルコット・パーソンズは，「世俗化」というタームを独特の使い方をすることでウェーバーに従っているが，「世俗化の概念にしばしばその反対と思われてきた属性を帰すること，つまり，宗教的な諸価値その他へのコミットメントが失われることではなく，むしろ文化的・社会的システムが進化する際，そのような諸価値や宗教的方向性をもった他の構成要素が制度化することが世俗化であるとすることで，わざと逆説的にしている」ことを認めた．*Action Theory and the Human Condition* (New York: Free Press, 1978), p. 241, n. 11.

Neo-Nationalism in Europe (Baden-Baden: Nomos, 2020), pp. 29–48.

I 序 論

（1）対照的に，このタームとその背景にある人々は，英語訳では「地上のみじめな者」という世俗的な表現に平板化された．Said Arjomand, *The Turban of the Crown: The Islamic Revolution in Iran* (New York: Oxford University Press, 1988), pp. 93–94 を見よ．

（2）Gustavo Gutiérrez, *Power of the Poor in History* (Maryknoll, N.Y.: Orbis, 1983).

（3）Václav Havel, *Power of the Powerless* (New York: Sharpe, 1990).

（4）Michael Walzer, *Exodus and Revolution* (New York: Basic Books, 1985), および Ernst Bloch, *Man on His Own* (New York: Herder and Herder, 1970) 参照．

（5）「新」宗教運動に関する膨大な文献のなかから，以下を見よ．David Bromley and Phillip E. Hammond, eds., *the Future of New Religious Movements* (Macon, Ga.: Mercer University Press, 1987); Eileen Baker, ed., *New Religious Movements* (New York: Mellen, 1982); Charles Glock and Robert Bellah, eds., *The New Religious Consciousness* (Berkeley: University of California Press, 1976); Rodney Stark, ed., *Religious Movements: Genesis, Exodus, Numbers* (New York: Rose of Sharon Press, 1984); Steven Tipton, *Getting Saved from the Sixties* (Berkeley: University of California Press, 1982); Bryan Wilson, ed., *The Social Impact of New Religious Movements* (New York: Rose of Sharon Press, 1981); Robert Wuthnow, *The Consciousness Reformation* (Berkeley: University of California Press, 1976).

（6）Mary Douglas, "The Effects of Modernization on Religious Change," in Mary Douglas and Steven M. Tipton, eds., *Religion and America. Spirituality in a Secular Age* (Boston: Beacon Press, 1982), p. 25.

（7）カトリシズムは最大の宗教であり，かつもっとも研究が遅れた宗教の1つである，と付け加えることもできるかもしれない．カトリシズムの社会学は，今なお未開発である．

（8）もちろん，このあらたな趨勢が永続的なものなのか，それとも単なる過渡的な現象であるかどうかは，かりそめの不確かな答えしか出せないたぐいの質問である．

1章 世俗化と啓蒙主義と近代宗教

（1）ここで行われている「世俗化論争」については，一方には，Rodney Starl and William Sims Bainbridge, *The Future of Religion* (Berkeley: University of California Press, 1985); Theodore Caplow et al., *All Faithful People* (Minneapolis:

本仏教徒」の中に残留し続けるものと想像された。

(10) José Casanova, "Locating Religion and Secularity in East Asia Through Global Processes: Early Modern Jesuit Religious Encounters," *Religions* 9 (11), 349, 2018, pp. 1–12.

(11) John Lagerwey, *China. A Religious State* (Hong Kong: Hong Kong University Press, 2010).

(12) Isomae Jun'ichi, *Religious Discourse in Modern Japan. Religion, State and Shinto* (Leiden: Brill, 2014).

(13) Marion Eggert and Lucian Hölscher, eds., *Religion and Secularity. Transformations and Transfers of Religious Discourses in Europe and Asia* (Leiden: Brill, 2013).

(14) Anna Sun, *Confucianism as a World Religion: Contested Histories and Contemporary Realities* (Princeton, N.J.: Princeton University Press, 2013).

(15) Vincent Goossaert and David A. Palmer, *The Religious Question in Modern China* (Chicago: University of Chicago Press, 2011).

(16) Peter van der Veer, *The Modern Spirit of Asia: The Spiritual and the Secular in China and India* (Princeton, N.J.: Princeton University Press, 2014).

(17) José Casanova, *Global Religious and Secular Dynamics: The Modern System of Classification* (Leiden: Brill, 2019).

(18) José Casanova, "Parallel Reformations in Latin America. A Critical Review of David Marti's Interpretation of the Pentecostal Revolution," in Hans Joas, ed., *David Martin and the Sociology of Religion* (New York: Routledge, 2018), pp. 85–106.

(19) ラテンアメリカを通じたさまざまな宗教と公的空間を活写した論文として, Renée de la Torre and Pablo Semán, eds. *Religiones y Espacios Públicos en América Latina* (Buenos Aires: CLACSO, 2021) を見よ。

(20) Casanova, *Global Religious and Secular Dynamics*, pp. 63–64.

(21) José Casanova, "Religion, Politics, and Gender Equality: Public Religions Revisited," in José Casanova and Anne Philips, *A Debate on the Public Role of Religion and Its Gender and Social Implications*. Programme on Gender Development. Paper, no. 5, September 2009, UNRISD, Geneva; および "Catholicism, Gender, Secularism, and Democracy: Comparative Reflections," in Jocelyne Cesari and José Casanova, eds., *Islam, Gender and Democracy in Comparative Perspective* (New York: Oxford University Press, 2017), pp. 46–62.

(22) José Casanova, "Transnationalism and Religion: the European Union, from Christian-Democratic Project, to Secular Cosmopolitanism, to Populist 'Christian' Neo-Nationalisms," in Florian Höhne and Torstein Meireis, eds., *Religion and*

注

改訂日本語版への序文

（1）José Casanova, "Public Religions Revisited," in Hent de Vries, ed., *Religion. Beyond the Concept* (New York: Fordham University Press, 2008), pp. 101-119.

（2）José Casanova, "Cosmopolitanism, the Clash of Civilizations, and Multiple Modernities," *Current Sociology*, vol 59, no. 2, 2011, pp. 252-267; および "Religion, the Axial Age and Secular Modernity in Bellah's Theory of Religious Evolution," in Robert N. Bellah and Hans Joas, eds., *The Axial Age and Its Consequences* (Cambridge, MASS.: Harvard University Press, 2012), pp. 191-221.

（3）José Casanova, "The Jesuits Through the Prism of Globalization, Globalization Through a Jesuit Prism," in Thomas Banchoff and José Casanova, eds., *The Jesuits and Globalization: Historical Legacies and Contemporary Challenges* (Washington, D.C.: Georgetown University Press, 2016), pp. 261-285.

（4）Charles Ralph Boxer, *The Christian Century in Japan, 1549-1650* (Berkeley, C.A.: University of California Press, 1951); Murat Antoni John Üçerler, "The Jesuit Enterprise in sixteenth- and seventeenth-century Japan," in *The Cambridge Companion to the Jesuits* (Cambridge: Cambridge University Press, 2008), pp. 153-68.

（5）Kiri Paramore, *Ideology and Christianity in Japan* (N.Y.: Routledge, 2009), p. 55.

（6）George Elison, Deus Destroyed, *The Image of Christianity in Early Modern Japan* (Cambridge, M.A.: Harvard University Press, 1973).

（7）Robert Bellah's and Shmuel Eisenstadt's theories of Japanese culture as "pre-axial" feed on such a modern national Japanese myth.

（8）Kevin M Doak, ed., *Xavier's Legacies: Catholicism in Modern Japanese Culture* (Vancouver: University of British Columbia Press, 2011). さらに詳述したものとして，José Casanova, "Asian Catholicism, Interreligious Colonial Encounters and Dynamics of Secularism in Asia," in Kenneth Dean and Peter van der Veer, eds., *The Secular in South, East and Southeast Asia* (New York: Palgrave Macmillan, 2019), pp. 13-35 を見よ。

（9）日本の隠れキリシタンとスペインの隠れユダヤ教徒マラーノとの構造的な類似性には，実に著しいものがある。スペインの異端審問と日本の宗門改との類似性も著しく，どちらも，国民の血と国民の宗教文化を，異物の汚染から浄めるために創設された国家機関であった。その異物は，国民の血と文化に執拗に侵入し，自発的にあるいは強制されて回心した後ですら，「新たなキリスト教徒」や「日

ワ　行

ラ　行

ヤ　行

マ 行

ハ 行

ナ 行

タ 行

サ　行

カ 行

索　引

ア　行

本書は、一九九七年五月二十日、玉川大学出版部より刊行された。

ナショナリズムとは何か

アントニー・D・スミス
庄司信訳

ナショナリズムは創られたものか、それとも自然なものか。この矛盾に満ちた心性の正体を、世界的権威が徹底的に解説する。最良の入門書、本邦初訳。

日常的実践のポイエティーク

ミシェル・ド・セルトー
山田登世子訳

読書、歩行、声。それらは分類し解析する近代的知が見落とす、無名の者の戦術である。領域を横断し、秩序に抗う技芸を描く。（渡辺優）

反解釈

スーザン・ソンタグ
高橋康也他訳

《解釈》を偏重する在来の批評に対し、《形式》を感受する官能美学の必要性をとき、理性や合理主義に対する感性の復権を唱えたマニフェスト。

声と現象

ジャック・デリダ
林好雄訳

フッサール『論理学研究』の綿密な読解を通して、「脱構築」「痕跡」「差延」「代補」「エクリチュール」など、デリダ思想の中心的〝操作子〟を生み出す。

歓待について

ジャック・デリダ
アンヌ・デュフールマンテル序論
廣瀬浩司訳

異邦人＝他者を迎え入れることはどこまで可能か？ギリシャ悲劇、クロソウスキーなどを経由し、この喫緊の問いにひそむ歓待の（不）可能性に挑む。

省察

ルネ・デカルト
山田弘明訳

徹底した懐疑の積み重ねから、確実な知識を探り世界を証明づける。哲学入門者が最初に読むべき、近代哲学の源泉たる一冊。詳細な解説付新訳。

方法序説

ルネ・デカルト
山田弘明訳

「私は考える、ゆえに私はある」。近代以降すべての哲学は、この言葉で始まった。世界中で最も読まれている哲学書の完訳。平明な徹底解説付。

社会分業論

エミール・デュルケーム
田原音和訳

人類はなぜ社会を必要としたか。社会はいかにして発展するか。近代社会学の嚆矢をなすデュルケーム畢生の大著を定評ある名訳で送る。（菊谷和宏）

公衆とその諸問題

ジョン・デューイ
阿部齊訳

大衆社会の到来とともに公共性の成立基盤は衰退した。民主主義は再建可能か？プラグマティズムの代表的思想家がこの難問を考究する。（宇野重規）

近代ヨーロッパ史　福井憲彦

ヨーロッパの近代は、その後の世界を決定づけた。現代をさまざまな面で規定しているヨーロッパ近代の歴史と意味を、平明かつ総合的に考える。

イタリア・ルネサンスの文化（上）　ヤーコプ・ブルクハルト　新井靖一訳

中央集権化がすすみ緻密に構成されていく国家あってこそ、イタリア・ルネサンスは可能となった。ブルクハルト若き日の着想に発した畢生の大著。

イタリア・ルネサンスの文化（下）　ヤーコプ・ブルクハルト　新井靖一訳

緊張の続く国家間情勢の下にあって、類稀な文化と個性的な人物達は生みだされた。近代的な社会に向かう時代の、人間の生活文化様式を描ききる。

はじめてわかる　ルネサンス　ジェリー・ブロトン　高山芳樹訳

ルネサンスは芸術だけじゃない！　東洋との出会い、科学と哲学、宗教改革など、さまざまな角度から光をあてて真のルネサンス像に迫る入門書。

増補　普通の人びと　クリストファー・R・ブラウニング　谷喬夫訳

ごく平凡な市民が無抵抗なユダヤ人を並べ立たせ、ひたすら銃殺する――なぜ彼らは八万人もの大虐殺に荷担したのか。その実態と心理に迫る戦慄の書。

叙任権闘争　オーギュスタン・フリシュ　野口洋二訳

十一世紀から十二世紀にかけ、西欧では聖職者の任命をめぐり教俗両権の間に巨大な争いが起きた。この出来事を広い視野から捉えた中世史の基本文献。

大航海時代　ボイス・ペンローズ　荒尾克己訳

人類がはじめて世界の全体像を識っていく大航海時代。その二百年の膨大な史料を、一般読者むけに俯瞰図としてまとめ上げた決定版通史。（伊高浩昭）

20世紀の歴史（上）　エリック・ホブズボーム　大井由紀訳

第一次世界大戦の勃発が20世紀の始まりとなった。この「短い世紀」の諸相を英国を代表する歴史家が渾身の力で描く。全二巻、文庫オリジナル新訳。

20世紀の歴史（下）　エリック・ホブズボーム　大井由紀訳

一九七〇年代を過ぎ、世界に再び危機が訪れる。不確実性がいやますなか、ソ連崩壊が20世紀の終焉を印した。歴史家の考察は我々に何を伝えるのか。

世界宗教史6　ミルチア・エリアーデ　鶴岡賀雄訳

中世後期から宗教改革前夜までのヨーロッパの宗教運動、宗教改革前後における宗教、魔術、ヘルメス主義の伝統、チベットの諸宗教を収録。

世界宗教史7　ミルチア・エリアーデ　奥山倫明／木塚隆志／深澤英隆訳

エリアーデ没後、同僚や弟子たちによって完成された最終巻の前半部。メソアメリカ、インドネシア、オセアニア、オーストラリアなどの宗教。

世界宗教史8　ミルチア・エリアーデ　奥山倫明／木塚隆志／深澤英隆訳

西・中央アフリカ、南・北アメリカの宗教、日本の神道と民俗宗教。啓蒙期以降ヨーロッパの宗教的創造性と世俗化などを収録。全8巻完結。

回教概論　大川周明

最高水準の知性を持つと言われたアジア主義者の力作。イスラム教の成立経緯や、経典などの要旨が的確に記された第一級の概論。（中村廣治郎）

神社の古代史　岡田精司

古代日本ではどのような神々が祀られていたのか。《祭祀の原像》を求めて、伊勢、宗像、住吉、鹿島など主要な神社の成り立ちや特徴を解説する。

中国禅宗史　小川隆

唐代から宋代において、禅の思想は大きく展開した。各種禅語録を思想史的な文脈に即して読みなおす試み。〈禅の語録〉全二〇巻の「総説」を文庫化。

原典訳 チベットの死者の書　川崎信定訳

死の瞬間から次の生までの間に魂が辿る四十九日の旅――中有（バルドゥ）のありさまを克明に描き、死者に正しい解脱の方向を示す指南の書。

インドの思想　川崎信定

多民族、多言語、多文化。これらを併存させるインドという国を作ってきた考え方とは。ヒンドゥー教や仏教等、主要な思想を案内する恰好の入門書。

旧約聖書の誕生　加藤隆

旧約聖書は多様な見解を持つ文書を寄せ集めて作られた書物である。各文書が成立した歴史的事情から旧約を読み解く。現代日本人のための入門書。

ちくま学芸文庫

近代世界の公共宗教

二〇二一年九月十日　第一刷発行

著　者　ホセ・カサノヴァ
訳　者　津城寛文（つしろ・ひろふみ）
発行者　喜入冬子
発行所　株式会社　筑摩書房
東京都台東区蔵前二―五―三　〒一一一―八七五五
電話番号　〇三―五六八七―二六〇一（代表）
装幀者　安野光雅
印刷所　明和印刷株式会社
製本所　株式会社積信堂

乱丁・落丁本の場合は、送料小社負担でお取り替えいたします。

ISBN978-4-480-51066-2 C0114